四川绿色发展报告

(2018年)

《四川绿色发展报告》编委会 ◎ 编

图书在版编目(CIP)数据

四川绿色发展报告(2018年)/《四川绿色发展报告》编委会编．—成都：
西南财经大学出版社,2019.11
ISBN 978-7-5504-4196-5

Ⅰ.①四…　Ⅱ.①四…　Ⅲ.①绿色经济—经济发展—研究报告—四川—2018　Ⅳ.①F127.71

中国版本图书馆CIP数据核字(2019)第237376号

四川绿色发展报告(2018年)

SICHUAN LÜSE FAZHANBAOGAO(2018NIAN)

《四川绿色发展报告》编委会　编

责任编辑	王利
封面设计	何东琳设计工作室
责任印制	朱曼丽
出版发行	西南财经大学出版社(四川省成都市光华村街55号)
网　　址	http://www.bookcj.com
电子邮件	bookcj@foxmail.com
邮政编码	610074
电　　话	028-87353785
照　　排	四川胜翔数码印务设计有限公司
印　　刷	郫县犀浦印刷厂
成品尺寸	185mm×260mm
印　　张	28.25
字　　数	559千字
版　　次	2019年11月第1版
印　　次	2019年11月第1次印刷
书　　号	ISBN 978-7-5504-4196-5
定　　价	88.00元

中共中央总书记、国家主席、中央军委主席习近平指出：

四川自古就是山清水秀的好地方，生态环境地位独特，生态环境保护任务艰巨，一定要把生态文明建设这篇大文章写好；要把建设长江上游生态屏障、维护国家生态安全放在生态文明建设的首要位置，扎实推进节能减排、资源节约和综合利用、污染防治、国土绿化、生态建设，让四川天更蓝、地更绿、水更清。

内容简介

为全面记载四川全省及各市（州）绿色发展历程，充分反映重点领域绿色低碳循环发展状况，讲好绿色发展“四川故事”，加快推进绿色发展，建设美丽四川，由四川省发展和改革委员会会同省直相关部门、单位，以及各市（州）发展改革部门，共同编辑出版大型绿色发展典籍《四川绿色发展报告（2018年）》。

《四川绿色发展报告（2018年）》主要包括2018年全省绿色发展领域的法律法规、重要政策文件，重点领域绿色发展报告，21个市（州）绿色发展报告，以及有关资料、案例等，内容全面、丰富、详实，具有权威性、可靠性和较高的实用价值，可作为各级党政机关、企事业单位、院校、科研院所、专家学者及有关人员在政策决策、规划研究、科研教学、绿色管理等工作中的参考书。

《四川绿色发展报告》编辑委员会

主　　编：

范　波　　四川省发展和改革委员会主任

副 主 编：

徐　立　　四川省发展和改革委员会副主任

徐一心　　四川省发展和改革委员会副主任

编委会主任：

曾义平　　四川省发展和改革委员会环资处处长

陈波涛　　四川省区域经济协同发展研究中心主任

编委会副主任：

王　睿　　四川省发展和改革委员会环资处副处长

杨　静　　四川省经济和信息化厅环资处处长

罗秀兵　　四川省生态环境厅综合处处长

张　虎　　四川省住房和城乡建设厅景观园林处处长

黄朱林　　四川省交通运输厅办公室副主任

徐广渊　　四川省水利厅省河湖保护局局长

刘兴万　　四川省农业农村厅土壤肥料与资源环境处副处长

唐　柯　　四川省商务厅流通业处处长

张革成	四川省林业和草原局规划改革发展处处长
刘守辉	四川省能源局综合处处长
祝小文	成都市发展和改革委员会副巡视员
邹　宏	自贡市发展和改革委员会副主任
孙　超	攀枝花市发展和改革委员会副主任
赵林春	泸州市发展和改革委员会总经济师
黄代强	德阳市发展和改革委员会副调研员
兰　劲	绵阳市政协副主席、绵阳市发展和改革委员会主任
周　勇	广元市低碳发展局副局长
钱　春	遂宁市发展和改革委员会副主任
陈　伦	内江市发展和改革委员会副主任
刘　群	乐山市发展和改革委员会机关党委书记
尹晓钟	南充市发展和改革委员会副主任
郭建华	眉山市发展和改革委员会副主任
谢　杰	宜宾市发展和改革委员会副主任
何树进	广安市发展和改革委员会副主任
王江春	达州市发展和改革委员会副县级干部
苟　刚	雅安市发展和改革委员会副主任
李保丰	巴中市发展和改革委员会副主任
曾　钢	资阳市发展和改革委员会副主任
陈伟国	阿坝藏族羌族自治州发展和改革委员会副主任
刘　屹	甘孜藏族自治州发展和改革委员会副主任
向　睿	凉山彝族自治州发展和改革委员会副主任

陈　哲	达州市发展和改革委员会环资科
李明松	巴中市发展和改革委员会环资科
韦凌云	雅安市发展和改革委员会环资科
周宋军	眉山市发展和改革委员会环资科
贺祥勇	资阳市发展和改革委员会环资科
张　舟	阿坝藏族羌族自治州发展和改革委员会环资科
尹泽旺	甘孜藏族自治州发展和改革委员会环资科
谢　军	凉山彝族自治州发展和改革委员会环资科
程亨丽	四川省区域经济协同发展研究中心
王君君	四川省区域经济协同发展研究中心
刘丽鹃	四川省区域经济协同发展研究中心
张缤月	四川省区域经济协同发展研究中心
张　波	四川省区域经济协同发展研究中心

编辑说明

推进绿色发展，建设生态文明，是关系人民福祉、关乎民族未来的大计，是实现中华民族伟大复兴中国梦的重要内容。习近平总书记指出："我们既要绿水青山，也要金山银山。宁要绿水青山，不要金山银山，而且绿水青山就是金山银山。"因此，我们要按照绿色发展理念，树立大局观、长远观、整体观，坚持生态优先，践行绿色发展，坚持节约资源和保护环境的基本国策，把生态文明建设融入经济建设、政治建设、文化建设、社会建设各方面和全过程，推进美丽四川建设。

为全面记载四川全省及各市（州）绿色发展历程，充分反映重点领域和各市（州）绿色低碳循环发展状况，讲好绿色发展"四川故事"，加快推进绿色发展，建设美丽四川，四川省发展和改革委员会会同省直相关部门、单位，以及各市（州）发展改革部门，共同编辑出版大型绿色发展典籍《四川绿色发展报告（2018年）》（以下简称《报告》）。

《报告》主要内容为2018年四川绿色状况、重要信息数据、基本经验和主要成效、典型案例。

《报告》在编辑出版全过程中，全面贯彻习近平生态文明思想，认真落实总书记对四川工作系列重要指示精神。

《报告》强化综合分析，系统分析和总结了2018年度全省绿色发展总体情况，约请省直相关部门单位、重点行业和领域、21个市（州）撰写了30多篇绿色发展报告，极大地丰富了《报告》内容，增强了《报告》的权威性、系统性、实用性，具有较高的历史价值和参考价值。

《报告》涵盖内容较为全面、广泛，从省级层面到地方、企业、园区、行业、领域，涉及言论、重大活动和事件、法规、政策、典型案例等，多层次、全方位涵盖绿色发展的各个方面，内容丰富、详实、完备，图文并茂，具有较强的可读性。

《报告》编撰及出版过程中，省直相关部门、单位，各市（州）发展改革部门，相关专家学者给予了大力支持，积极撰写和提供文稿、资料、图片，提出了许多指导意见，在此予以诚挚感谢。

《四川绿色发展报告》编辑部设在四川省区域经济协同发展研究中心。由于系初次编撰大型报告典籍，我们的经验和水平有限，书中可能存在疏漏或错误，敬请读者不吝指正。

需要提请读者注意的是，本书部分地方，特别是在相关政策文件中，未根据政府机构改革方案对相关部门名称进行调整，仍沿用旧称，特此说明。

《四川绿色发展报告》编辑委员会

2019年10月

目 录

综合报告

四川省2018年绿色发展报告

四川是长江上游重要的生态屏障和水源涵养地，肩负着维护我国生态安全格局的重要使命。推进绿色发展，加强生态文明建设，不仅关系到巴山蜀水的秀美风光，更关系到国家生态安全和长远发展。2018年，四川省认真贯彻落实党中央、国务院决策部署和习近平总书记对四川工作系列重要指示精神，自觉肩负新时代治蜀兴川的生态重任，将建设长江上游生态屏障、维护国家生态安全放在生态文明建设的首要位置，扎实推进生态建设、节能减排、资源节约和综合利用、污染防治、国土绿化，取得了积极成效。

一、加快转变发展思路，贯彻落实习近平生态文明思想

（一）及时传达、学习习近平生态文明思想

省委、省政府召开全省生态环境保护大会，认真学习贯彻习近平新时代中国特色社会主义思想特别是习近平生态文明思想，全面落实全国生态环境保护大会精神和党中央、国务院关于全面加强生态环境保护，坚决打好污染防治攻坚战的决策部署，全面部署当前和今后一个时期全省生态文明建设和生态环境保护工作，对打好污染防治攻坚战“八大战役”以及落实中央环境保护督察反馈意见整改工作进行了再安排再部署。省委常委会、省政府常务会多次学习习近平生态文明思想，研究部署有关生态环境保护问题。

（二）认真汲取典型问题的经验和教训

省委常委会召开专题会议，带领全省上下认真学习中央有关甘肃祁连山国家级自然保护区生态环境问题、秦岭北麓西安境内违建别墅问题、洞庭湖区下塞湖非法矮围问题等通报精神，切实增强“四个意识”，坚决做到“两个维护”，持续加大生态环境保护力度，扎实有效开展突出生态环境问题和中央环保督察反馈意见整改工作，切实解决突出问题和防范风险隐患。省委、省政府将中央对这些破坏生态环境典型问题督察处理情况及其教训的通报，作为一次发人深省的警示教育，深刻反思并引以为戒，切实落实好党中央、国务院关于绝不以牺牲环境、追求效益为代价发展经济的要求，正确处理经济发展和生态保护的关系，大力推进政治、经济、文化、社会、生态文明建设统筹融合、一体发展。

（三）将习近平生态文明思想融入和贯穿经济社会发展全过程

省委、省政府认真践行新发展理念，坚持将习近平生态文明思想作为建设美丽四川的强大思想武器，以之武装头脑、指导实践、推动工作，并贯彻到四川生态文明建设全过程，贯穿于经济社会发展各方面。省委、省政府紧紧抓住国家“一带一路”建设和长江经济带发展的重大战略机遇，紧紧围绕系统推进全面创新改革试验区建设的重点工作部署，从供给侧改革入手，加快补齐生态环境短板，持续推动发展观念向生态优先转变、产品供给向优质环保转变、生产方式向节约高效转变、城乡建设向和谐相融转变、生活方式向绿色低碳转变、治理方式向依法治理转变，追求更高质量、更有效益的发展，各个方面不断取得新的成绩。

二、切实加强组织领导，生态文明治理体系逐步完善

（一）生态文明建设工作格局初步形成

省委、省政府坚持将生态文明建设做得好不好、群众满意不满意，作为检验党的执政能力和政府公信力的试金石。省委常委会多次专题研究生态文明建设和生态环境保护工作，成立了以省长为组长的四川省生态文明建设领导小组，各市（州）也相应成立组织领导机构，各级各部门密切协调配合，初步构建了生态文明建设良好工作格局。省委、省政府印发实施《四川省加快推进生态文明建设实施方案》《四川省生态文明体制改革方案》，省委十届八次全会通过了《关于推进绿色发展 建设美丽四川的决定》，省委十一届三次全会通过了《深入学习贯彻习近平总书记对四川系列重要指示精神的决定》《全面推动高质量发展的决定》，不断加强生态文明建设制度设计；召开全省生态环境保护大会，对推进生态文明建设做出总体部署；不断健全生态文明法规标准体系，推动实施一批地方性法规规章和标准。

（二）深入推进生态文明体制改革

省委、省政府紧紧围绕重点改革任务，紧紧盯住重要改革事项，着力突破改革瓶颈障碍，不断推动生态文明体制改革取得新突破：出台污染防治改革方案、生态文明体制改革方案等 19 个改革方案，推进生态环境保护监管体制改革，建立健全生态环境保护体系、环境污染治理体系、统一衔接的空间规划体系，推进重点领域改革试点突破，推动领导干部自然资源资产离任审计常态化，落实生态保护补偿机制，加快推进生态环境监测网络建设，取消重点生态功能区县和生态脆弱贫困县的地区生产总值考核，在全省 5 916 条河流、所有湖泊实施河长制、湖长制，初步建立起具有“四梁八柱”性质的生态文明体制改革体系框架。

（三）加快完善生态文明经济政策体系

省委、省政府坚持推进激励和约束并举的制度创新，建立健全财税、金融、价格等政策，形成促进绿色发展的利益导向机制；省级财政加大对重点生态功能

区转移支付力度，2018 年安排重点生态功能区转移支付资金 42.73 亿元，同比增长 98.5%；建立省对市（州）大气和水环境质量激励约束考核机制，2018 年安排激励奖补资金 2.7 亿元；实施“三江”流域水环境生态补偿办法，在长江流域率先建立跨省水环境横向补偿制度，建立沱江流域横向生态保护补偿机制，在全国率先开展以退牧还湿补偿和湿地管护补助为主的省级湿地生态补偿试点；加快建立具有四川特色的环境污染责任险，开展环境污染责任保险试点，参保企业近 2 000 家；深化资源环境价格改革，在全国率先实行煤改电等电能替代电价支持政策，全省 34 个设市城市已全部开征城镇生活垃圾处理费；稳步推进资源税全面改革，实施水资源税改革试点。充分发挥市场机制的作用，加快推进国家用能权有偿使用和交易制度试点，大力推进碳排放权交易。四川碳市场开市以来，国家核证温室气体自愿减排量（CCER）累计成交 1 160 万吨，其中 2018 年全年累计成交量居全国第 4 位。积极推行环境污染第三方治理，建立排污者付费、第三方治理的治污新机制；探索推进排污权交易，积极推行合同能源管理、合同节水管理。

（四）考核评价和统计监测体系基本建立

省委、省政府高度重视健全生态文明建设和绿色发展目标评价考核制度规范，进一步增强指标约束。省委、省政府制定并印发《四川省生态文明建设目标评价考核办法》及《四川省绿色发展指标体系》《四川省生态文明建设考核目标体系》，开展生态文明建设年度评价，加强节能减排降碳目标责任评价考核，不断强化考核结果应用；出台《关于组织工作服务生态文明建设的实施意见》《关于在干部选拔任用工作中进一步体现和落实环境保护、安全生产相关要求的暂行规定》，提升各级领导班子和党员干部推进生态文明建设的政治担当和能力水平；实施水土保持目标责任制考核，建立健全绿色发展统计制度，强化统计基础工作，开展能源环境统计季度核算，规范企业统计台账。

三、强化主体功能定位，加快形成绿色发展空间体系

（一）主体功能区战略有效落实

省委、省政府全面落实主体功能区规划，明确以县为单位的主体功能定位，构建科学合理的城镇化格局、农业发展格局、生态安全格局，出台《四川省主体功能区规划》，推动重点开发区加快新型工业化和新型城镇化进程，支持农产品主产区以提高农产品生产能力为重点提高农业现代化水平，引导重点生态功能区加强生态环境保护修复和提供生态产品；将 58 个县（市）纳入国家重点生态功能区，数量居全国第一，面积占全省 60%以上，编制两批国家重点生态功能区产业准入负面清单；以主体功能区规划为基础，统筹各类空间性规划，推动县（市）“多规合一”，以县级行政区为单元开展资源环境承载能力监测预警试评价工作；全面划定生态保护红线，全省生态保护红线总面积达到 14.80 万平方千米，占全

省面积的 30.45%，形成了符合四川实际的“四轴九核”生态空间保护格局。

（二）国土空间开发格局不断优化

省委、省政府大力实施“一干多支、五区协同”发展战略，推动成都平原、川南、川东北、攀西经济区和川西北生态示范区协同发展，塑造高效协调可持续的国土空间开发格局；加快完善国土空间规划体系，推进编制《四川省国土空间规划》，调整完善《四川省土地利用总体规划（2006—2020 年）》，编制实施矿产资源总体规划、国土资源“十三五”规划、土地综合整治规划等；完善国土空间用途管制制度，出台建设项目用地预审管理办法实施细则、土地利用年度计划管理办法实施细则，从加强建设项目准入的角度贯彻落实空间用途管制的相关要求，规范土地利用年度计划的编制、下达、执行、监督和考核；全面划定永久基本农田红线，全省实际划定 520.34 万公顷，超过国家确定的保护目标任务。

（三）绿色城镇化发展成效显著

四川省加快推进新型城镇化工作领导小组办公室印发《关于开展公园城市建设试点的通知》，积极推动公园城市建设试点。成都市大力开展美丽宜居公园城市建设先行先试，自贡市、广安市、遂宁市、乐山市等 10 余个市、县吸收借鉴成都市的有益经验，积极推进当地的公园城市建设试点。持续开展生态园林城市系列创建，制定并发布《四川省生态园林城市系列评定管理办法》和《四川省生态园林城市系列标准》，将原有的省级园林城市系列创建提质升级为生态园林城市系列创建，明确了全省生态园林城市、县城、镇的建设标准，2018 年新创建 11 个省级生态园林城市（县城）；宜宾、资阳、广元等地稳步推进国家园林城市创建工作。积极推进海绵城市建设，出台《关于推进海绵城市建设的实施意见》，突出抓好国家及省级海绵城市建设试点；加快市政管线、垃圾处理、停车场等市政设施“入地”进程，颁布实施《四川省城镇地下管线管理办法》；坚持“一镇一规”，按照生态宜居的绿色发展理念，利用四川独特的山、水、林生态优势，创建山水相依、自然和谐的绿色小城镇；加快城镇环境基础设施建设，除三州民族地区外，实现县城污水垃圾处理设施全覆盖。

（四）美丽乡村建设形成特色模式

省委、省政府印发并实施《四川省幸福美丽新村建设总体规划（2017—2020 年）》，编制《四川省乡村景观绿化建设导则》，以实施扶贫解困、产业提升、旧村改造、环境整治、文化传承“五大行动”为抓手，着力打造“业兴、家富、人和、村美”的幸福美丽新村，探索形成以“小规模、组团式、微田园、生态化”为代表的四川美丽乡村建设模式；统筹推进彝家新寨、藏区新居、巴山新居、乌蒙新村、环境优美示范村和幸福美丽新村建设；注重新建、改造、保护相结合，从平原、丘陵、山区及民族地区实际出发，把民居新建、改造和保护性修缮结合起来，宜建则建，宜改则改，宜保则保，充分体现地域特点和民俗特色，避免了

“千村一面”，实现了“各美其美”。

四、坚定推进转型发展，有效激发绿色发展新动能

（一）科技创新能力不断提升

省委、省政府围绕重点区域、流域的环境和生态安全问题，加强环境治理和生态保护等方面的技术研发与示范；设立环境治理与生态保护重大科技专项，重点支持生态文明领域科技攻关与示范；依托大型科学仪器共享服务平台、计量测试与技术标准共享服务平台等基础性公益性平台，整合资源及人才优势，为生态环境保护相关企业和科研机构提供各类科技服务；围绕环境污染防治科技需求，组建产学研技术创新联盟，开展生态保护领域共性核心关键技术攻关，培育建立了“九寨沟生态保护国际联合研究中心”“沼气技术国际科技合作基地”等国家级国际科技合作基地，促进相关技术和人才不断“引进来”和“走出去”。

（二）产业结构持续优化

省委、省政府加快培育五大支柱产业和数字经济“5+1”现代产业体系，持续推动产业结构战略性调整，“三二一”型产业结构进一步巩固提升；一批高精尖产品快速增长，战略性新兴产业和高端成长型产业强势起步，航空与燃机、信息安全、新能源汽车、轨道交通、生物医药、石墨烯等一批重点产业加快崛起；严把产业项目准入关，严格落实国家产业政策，坚决禁止以任何名义、任何方式备案钢铁、电解铝、水泥、平板玻璃等产能严重过剩行业的新增产能项目，全面停止5万千瓦以下小水电核准，全省自然保护区核心区和缓冲区内116个小水电项目已全部关停；严格投资项目审查，坚持环保优先导向，在项目管理中严格落实规划环评、项目环评，依法开展固定资产投资项目节能评估和审查，从源头控制高耗能项目；严格淘汰落后设备设施，积极化解过剩产能，全面完成四川省化解钢铁行业过剩产能目标任务，为先进产能腾出发展空间和环境容量。

（三）加快建设清洁能源示范省

省委、省政府立足四川省优势，加快培育壮大清洁能源产业，基本实现以清洁能源为主体的能源供给结构。2018年全省水电装机容量7 660万千瓦，居全国第一，占全省电力总装机容量的79.2%。新能源发电装机增加到420万千瓦，页岩气年产量超过40亿立方米，占全国的36.4%，位居全国第二。四川水电累计外送电量达到6 836亿千瓦时，替代减少化石能源消耗折合标准煤1.8亿吨以上，为国家节能减排绿色低碳发展做出了积极贡献，初步建成全国重要的优质清洁能源基地和“西电东送”基地。积极开展煤炭减量生产，实施“电能替代、清洁替代”工程，全省煤炭消费比重下降至29.5%，远低于全国平均水平；非化石能源和天然气占一次能源消费比重分别提高到35.8%、13.8%，均远高于全国平均水平。

（四）绿色产业快速发展壮大

省委、省政府将节能环保产业纳入“5+1”现代产业体系重点培育，在高效清洁节能锅炉、大气污染防治装备等优势领域，形成成都、自贡两个节能环保装备产业基地，拥有东方电气、华西能源、环能科技等优势节能环保装备企业，创建国家烟气脱硫工程技术研究中心等一批国家级创新平台。四川高效燃煤锅炉、工业余热回收锅炉等优势特色产品国内市场占有率超过 30%，脱硫脱硝成套设备、尾气净化催化剂等产品国内市场占有率超过 20%。四川节能环保产业技术水平和竞争力不断提高，发展规模持续壮大，全省节能环保产业规模以上企业主营业务收入超过 1 300 亿元。

五、大力开展节能减排，资源利用效率不断提高

（一）重点领域节能减排扎实推进

“十二五”时期和“十三五”前两年，四川省均超额完成国家下达的节能目标任务。在工业领域，开展重点用能单位节能低碳行动，加快淘汰燃煤小锅炉，推进“散乱污”企业整治，推动水泥、平板玻璃生产线提标升级改造。在建筑领域，全面推进绿色建筑发展，分解下达“十三五”新建绿色建筑目标任务，推进绿色建材评价标识工作，建设完成省公共建筑能耗监测平台，不断完善绿色建筑标准体系。在交通运输领域，优先发展城市公共交通，公交出行分担率提升至 29.4%，加快构建全省甩挂运输网络，大力推进智慧交通建设，推广应用清洁能源和新能源汽车，开展绿色交通试点示范，基本完成全省营运黄标车淘汰任务，促进移动源污染物减排。在商贸流通领域，加快完善再生资源回收利用体系，积极推进绿色商场创建。在公共机构领域，扎实开展节约型公共机构示范单位创建，推进省直机关新能源汽车自助分时租赁试点，全面推行公共机构生活垃圾分类，开展既有公共建筑节能改造。

（二）循环经济发展成效显著

近年来，全省创建了循环经济示范城市（县）、循环化改造示范试点园区、循环经济教育示范基地、“城市矿产”示范基地、餐厨废弃物资源化利用和无害化处理试点城市等一批国家级试点示范单位并充分发挥示范引领带动作用；实施省级园区循环化改造三年行动计划，推动资源循环利用基地建设，提升城市废弃物资源化利用水平；开展秸秆综合利用全域试点示范，支持秸秆收储运体系项目建设；推行生产者责任延伸制度，印发清洁生产审核实施办法和生活垃圾分类制度实施方案，全省再生资源回收利用体系基本建立，资源利用水平不断提升。

（三）资源节约集约利用水平大幅提升

全省范围内加强用水需求定额管理，严控无序调水，建立流域水资源调度长效机制，实施最严格的水资源管理制度考核，再生水、雨水等非常规水利用量逐

年提高；累计投入资金20.5亿元，开展70个节水型社会重点县建设；实施水资源消耗总量和强度“双控”，首次以地方标准形式发布《用水定额》，开展全省公共机构节水型单位建设；推广高效节水技术和产品，大力发展节水农业，加快高效节水灌溉技术推广；大力推进土地节约集约利用，逐步完善以规划管控、计划调节、标准控制、市场配置、政策鼓励、监测监管等为重点的节约集约用地制度；从加快前期开发、强化供后监管、完善供地手续、建立预警奖惩制度等方面采取措施，强化土地批后利用监管，批后供地率明显提升。

六、加强生态保护修复，生态安全屏障初步建成

（一）强力推进长江经济带绿色发展

省委、省政府坚持把修复长江生态环境摆在压倒性位置，全面构建“四区八带多点”生态安全战略格局，不断筑牢长江上游生态屏障。省委、省政府出台《四川省长江经济带发展实施规划（2016—2020年）》，围绕水污染治理、水生态修复、水资源保护“三水共治”，着力打好长江保护修复攻坚战；推进长江经济带化工企业和园区污染治理与风险管控，实施化工污染整治专项行动；启动长江干流岸线利用项目清理整治，印发清理整治工作方案，国家要求2018年年底前限期拆除的53个项目已全部拆除；推动尾矿库污染治理，实施长江入河排污口整改提升工作，开展非法码头、非法采砂专项整治，拆除非法码头82个，整改规范提升6个，全面完成长江干线非法码头整改任务；与重庆、云南、贵州建立环境联合执法机制，逐步建立了生态环境信息共享和应急响应机制。

（二）绿化全川行动取得积极成效

省委、省政府印发并实施《大规模绿化全川行动方案》，推进有山皆绿，以川滇、秦巴、大小凉山等重点生态功能区为主战场，大力实施重点生态工程；推进身边增绿，首次提出建设成都平原、川南、川东北、攀西四大森林城市群，印发四大森林城市群建设规划、森林小镇建设方案，成立省绿化基金会。2015年以来，全省完成营造林3 600余万亩（1亩≈667平方米，全书同），森林覆盖率达到38.03%，较2015年提高2.01%；森林蓄积量达到18.61亿立方米，较2015年提高1.28亿立方米，林地保有量控制在3.54亿亩以上。全省生态保护呈现出自然生态状况持续改善的良好势头，生态屏障功能得到有效发挥。

（三）扎实推进重点生态治理工程

省委、省政府坚持以大工程带动大治理，全省自然生态系统保护与建设取得明显成效：常年有效管护森林2.88亿亩，实施新一轮退耕还林还草263万亩，其中还林249.4万亩、还草13.6万亩；加强脆弱地区生态治理，2015年以来全省共完成水土流失综合治理面积2 490万亩，完成沙化土地治理和成果巩固115.7万亩，综合治理石漠化土地195.6万亩；启动长江上游干旱河谷生态治理产业脱贫

工程建设，治理干旱河谷12万亩；制定《四川省城市生态修复“双百工程”实施方案》，大力推进城市生态修复；启动川西高原生态脆弱区综合治理工程，系统推进沙化土地治理和湿地保护修复，开展高寒地区生态修复示范；启动实施森林草原湿地生态屏障重点县建设；开展采煤沉陷区综合治理，矿区生态、人居环境得到改善。

（四）森林湿地资源保护持续加强

省委、省政府落实森林资源“双增长”目标，将森林覆盖率纳入县域经济发展考核指标，制定实施省、县两级林地保护利用规划；健全森林火灾防治体系，深入开展“云贵川渝藏”联合执法和“鄂渝川陕”联防联治；加强生物多样性保护，全省建成各级各类自然保护区166个，占全省面积的18.1%；出台《四川省湿地保护修复制度实施方案》，划建国际重要湿地2处、国家重要湿地3处、湿地公园64个、修复退化湿地5万亩；开展极小种群抢救性保护，全省95%以上的重点保护野生动植物物种得到有效保护，大熊猫种群数量、栖息地和人工圈养数均居全国第一，卧龙雪豹分布密度居全国首位，唐家河保护区入选全球首批最佳管理保护地名单。

（五）有序推进大熊猫国家公园体制试点

省委、省政府整合现有各类保护机构、职责和人员，成立大熊猫国家公园体制试点工作推进领导小组和大熊猫国家公园管理局，编制完成总体规划和实施方案，完成公园边界和功能区划勘界落图；推进大熊猫生态廊道建设，加强大熊猫国家公园体制试点期间生产经营等人为活动管控，全面停止国家公园范围内新设采矿权、商业性探矿权等项目审批，严格规划建设管理，不断加强国家公园自然生态系统原真性、完整性保护。

七、打好污染防治攻坚战，环境污染治理初见成效

（一）坚决打赢蓝天保卫战

省委、省政府将打赢蓝天保卫战作为污染防治攻坚的重中之重，印发并实施蓝天保卫行动方案、挥发性有机物污染治理实施方案、成都平原及川南地区臭氧污染防控方案等；深化工业污染治理，建立完善工业污染源清单，推进燃煤发电机组超低排放改造，加强工业企业无组织排放管理和园区污染治理，建立完善重点污染源监控体系；严格控制新建、扩建重大耗煤项目，促进煤炭清洁利用，开展燃煤锅炉综合整治；加强新车环境监管和在用车监督检测，开展非道路移动机械污染整治和柴油货车污染整治；提高城市环境管理水平，建立扬尘控制责任制度和施工工地管理清单制度，严控城市“五烧”污染；以成都平原、川南、川东北三大区域为主战场，进一步深化区域大气污染联防联控。2018年全省未达标城市PM2.5（细颗粒物）平均浓度同比下降10.6%；全省空气优良天数率达到

84.7%，同比提高2.6%。

（二）坚决打赢碧水攻坚战

省委、省政府制定出台全省城镇污水处理设施和城乡垃圾处理设施建设三年推进方案、农村生活污水治理五年实施方案，实施农村生活污水治理“千村示范工程”；以水环境质量改善为核心，全面推进落实“水十条”各项工作任务，加强流域水环境管理，组织开展岷江、沱江流域水污染防治督查，完善全省水环境质量监测通报制度；全面落实河（湖）长制，编制十大主要河流污染防治规划，全面启动24条重点污染小流域整治；推进水污染防治设施建设，全省62家省级及以上工业集聚区均已完成污水处理设施建设并安装在线监控装置；强化固定源管理，加快总磷综合防治，确定岷江、沱江流域内6个控制单元实施总磷总量控制。2018年，全省87个国考断面中，地表水水质优良断面达77个，优良率为88.5%。

（三）坚决打赢净土保卫战

省委、省政府全面实施土壤污染防治行动计划，突出重点区域、行业和污染物，有效管控农用地和城市建设用地土壤环境风险。《土壤污染防治行动计划四川省工作方案》《四川省土壤污染治理与修复规划》相继出台，设立土壤污染防治项目库，在3个省级土壤环境风险管控区和8个省级土壤污染综合防治先行示范区探索不同类型土壤污染防治模式，开展土壤污染状况详查；推进农用地和建设用地土壤环境管理，开展重金属污染调查并制订整治方案，6个矿产资源集中开发县全面执行重点污染物特别排放限值；出台危险废物集中处置设施建设规划，开展打击固体废物环境违法行为专项行动和长江经济带固体废物大排查活动。

（四）推动落实环保督察制度

省委、省政府出台党政领导干部生态环境损害责任追究实施细则等一系列政策文件，划“红线”、标“底线”，保障环保督察有据可依、有规可循；高质量配合中央环保督察组“回头看”，全省上下动真碰硬，扎实有效地开展边督边改，圆满完成督察组交办的各项工作任务；高规格开展省级环保督察，成立由省领导牵头，21个省督察工作领导小组成员单位参与的督查组，从2016年6月到2017年3月开展了集中督察，在全国率先实现省级环保督察全覆盖；高标准推进环保督察问题整改，针对中央和省级环保督察发现的问题，迅速制订整改方案，明确整改措施、责任单位和责任人，强化督查督办；全覆盖开展省级环保督察“回头看”，巩固提升整改工作成效。截至2018年年底，省级环保督察发现的8 924个问题，已完成整改8 558个，整改完成率达95.9%；中央第五环境保护督察组移交信访件涉及的9 070个各类环境问题，已整改完成8 778个，整改完成率达96.8%；中央环保督察反馈意见89项整改任务，已整改完成42项，其余任务均按时序进度推进。

对照新时代人民群众对优美生态环境、优质生态产品日益增长的需要，四川省推进生态文明建设和绿色发展工作还存在许多差距和不足。一些地方和部门对生态环境保护认识不到位，责任落实不到位，生态文明意识仍待加强；空间规划布局不够合理，人口、产业、要素过度集聚，区域性、布局性、结构性污染问题突出；重工业占比仍然较高，节能环保产业和循环经济发展仍然不足，绿色经济体系有待健全；生态保护建设难度大、任务重，环境治理保障能力亟待提升。

下一步，省委、省政府将全面贯彻习近平新时代中国特色社会主义思想和党的十九大精神，以习近平生态文明思想为指导，认真践行新发展理念，坚决打好污染防治攻坚战，着力解决突出的生态环境问题，加快构建生态文明体系，全面推动绿色发展，有效防范生态环境风险，形成节约资源和保护环境的生产方式、生活方式和治理方式，以最大的决心肩负起建设长江上游生态屏障和维护国家生态安全的重大使命，加快谱写美丽中国的四川篇章。

重点领域

工业和信息化领域绿色发展报告

2018年，全省工业和信息化领域以习近平新时代中国特色社会主义思想为指导，牢固树立和践行新发展理念，深入贯彻落实中央和省委、省政府关于绿色发展的系列决策部署，坚持以供给侧结构性改革为主线，聚焦构建现代产业体系、能源资源节约、资源综合利用、工业污染防治、绿色制造工程等重点方向，科学谋划，创新机制，持续发力，全省工业“转型不减势、量增质更优”，绿色发展水平得到不断提升。

一、全力优化区域布局，加快构建现代产业体系

工业和信息化领域牢固树立和践行新发展理念，聚焦五大支柱产业和数字经济，花大力气推动转方式调结构，以污染防治倒逼转型升级、以转型升级促进绿色发展。相关部门制定了《加快构建“5+1”现代产业体系 推动工业高质量发展的意见》，并报请省委、省政府印发实施，研究提出16个重点领域产业培育方案，成立16个重点领域产业培育工作专班，落实省领导联系指导重点产业工作推进机制，扎实推进“5+1”现代产业体系建设，着力构建现代产业体系，优化提升产业发展层次；落实“一干多支、五区协同”部署，省政府办公厅印发《关于优化区域产业布局的指导意见》，制定实施产业布局优化指导目录，出台《关于加强四川长江经济带工业绿色发展的意见》，严禁在长江干流及主要支流岸线1千米范围内新建布局重化工园区，严控新建石油化工、煤化工、涉磷、造纸、印染、制革等项目；加快推进产业园区提档升级，深入实施产业园区创新改革发展规划，建立产业园区创新发展云服务平台，推进园区向特色化、专业化转型提质。在绿色发展理念引领下，全省工业经济质效不断提升。2018年，全省工业增加值总量突破1.2万亿元，规模以上工业增加值同比增长8.3%，比全国平均水平高2.1%；利润增长22.1%，比全国平均水平高11.8%，增加值及利润增速均列全国十大经济省份第2位。新获批国家新型工业化产业示范基地4家，累计达20家，居中西部第一。

二、深化节能减排降耗，持续提升能效水效水平

本领域坚持以国家下达的“十三五”工业节能目标为引领，持续推动重点企业节能低碳行动、重点企业节水行动，引导企业加大节能技术改造投入，大力支持重点行业企业实施节能减排示范项目，积极推广先进节能节水技术、装备和产品，持

续提升工业能效水效水平。相关部门制定了《2018年四川省节能监察工作方案》，认真组织开展重点用能企业日常监察以及违规企业整改落实、重点高耗能行业能耗、阶梯电价执行、重点用能产品设备能效提升等专项监察，并对8户能耗超标企业实施限期整改；认真落实《四川省技术改造项目节能审查办法》，促进技术改造投资项目科学合理利用能源，严控高耗能行业增长。2018年，全省规模以上工业综合能耗增长0.4%，增速比2018年回落0.3%；单位工业增加值能耗下降7.27%，超年度目标（2.5%）4.77%。2016—2018年，全省单位工业增加值能耗累计下降21.2%，已完成国家下达四川省“十三五”工业节能目标（18%）的117.8%。2018年共新增省级节水型企业41户，全省单位工业增加值用水量达到目标计划进度。

三、实施绿色制造工程，加快构建绿色制造体系

本领域积极组织省内机械、食品、电子、纺织、家电、大型成套等行业龙头企业，围绕绿色设计平台建设、绿色关键工艺突破、绿色供应链系统构建3个方向进行攻关，支持企业组成联合体实施覆盖全部工艺流程和供需环节系统集成改造，着力解决绿色设计能力不强、工艺流程绿色化覆盖度不高、上下游协作不充分等问题，加快形成绿色增长、参与国际竞争和实现发展动能接续转换的领军力量，带动制造业绿色升级。2016—2018年，全省共16个项目列入国家绿色制造系统集成专项，其中绿色设计平台建设项目4个、绿色关键工艺突破项目10个、绿色供应链系统构建项目2个，获得中央财政启动资金支持1.143亿元，有力地带动了相关地区和行业工业绿色转型升级。本领域以促进全产业链和产品全生命周期绿色发展为目的，以企业为建设主体，以公开透明的第三方评价机制和标准体系为基础，以化工医药、建材、食品饮料、轻工纺织、电子信息、机械装备等行业为重点，以绿色工厂、绿色产品、绿色园区、绿色供应链为主要内容，加快推动高效、清洁、低碳、循环的绿色制造体系建设，积极建立促进工业绿色发展的技术服务支撑体系和政策激励约束机制。截至2018年年底，共创建国家级绿色工厂21家、绿色园区3家、绿色设计产品5种、绿色供应链管理企业2家，省级绿色工厂30家、绿色园区2家、绿色供应链管理企业1家。同时加快启动省级绿色制造示范单位创建工作。

四、强化综合标准约束，加快推动落后产能退出

相关部门印发并实施《四川省2018年度推动落后产能退出工作方案》，全面明确工作目标、任务分工、实施步骤及保障措施，依法依规推动落后产能退出。2018年，全省共推动砖瓦、造纸等重点行业338户企业落后产能退出，减少不合理用能约45万吨标准煤。相关部门印发《关于进一步推动砖瓦行业落后产能退出的通知》《关于坚决遏制烧结砖瓦行业产能盲目扩张的通知》，召开全省烧结砖瓦行业转型发展工作座谈会，要求各地暂停备案新增产能项目，加快推动砖瓦行业

落后产能退出，确保烧结砖瓦行业产能只减不增。相关部门印发《关于做好畅通举报渠道 强化落后产能和产能违规置换查处工作的通知》，公开省级落后产能举报平台，进一步强化社会监督，加快建立“发现一起、淘汰一起”工作机制。在实现地级及以上城市建成区 10 蒸吨/时及以下燃煤小锅炉“清零”的基础上，相关部门安排部署全省县级以上城市建成区 10 蒸吨/时及以下燃煤小锅炉淘汰工作，力争到 2020 年年底全面淘汰县级及以上城市建成区 10 蒸吨/时及以下燃煤小锅炉。截至 2018 年年底，各市（州）计划淘汰燃煤小锅炉 337 台，实际淘汰燃煤小锅炉 460 台，淘汰总数超额完成年度目标任务。

五、加强工业污染防治，提升工业清洁生产水平

省政府办公厅印发《四川省打好“散乱污”企业整治攻坚战役实施方案》，组织开展产业政策整治、无证无照违规生产经营整治、违法用地整治、环境污染整治、违法建设整治、安全生产整治六大专项整治行动，综合运用“关停取缔一批、整合搬迁一批、整改提升一批”等整治措施，加快推动“散乱污”企业整治。截至 2018 年年底，全省各地累计推动完成 2. 9 万余户“散乱污”企业整治。相关部门制定出台了《关于进一步加强全省工业园区与工业集中区集中供热和热电联产工作的通知》《关于完善综合性政策措施 推动全省工业园区集中供热工作的通知》，加快推进工业园区集中供热和热电联产，全省已有 11 个集中供热项目建成投运，在建集中供热项目 15 个。相关部门组织实施《四川省工业园区（工业集聚区）工业废水处理设施建设三年行动计划》。截至 2018 年年底，第二批 61 个工业园区已有 34 个工业园区至少建成运行 1 个园区污水处理厂或按要求依托城镇生活污水处理厂运行，21 个工业园区正在开展园区污水处理厂主体工程建设，6 个工业园区正在调整园区规划或开展污水处理厂前期工作。相关部门组织对城镇人口密集区危险化学品生产企业再评估、再核实，加快推动全省城镇人口密集区危险化学品生产企业搬迁改造。截至 2018 年年底，重新核实上报的 35 户搬迁改造企业，已完成 8 户搬迁改造任务，其余正按照计划目标有序推进。相关部门积极组织开展水泥行业错峰生产，进一步缓解行业产能过剩矛盾，促进持续健康发展，减少大气污染物排放。2018 年，全省 102 条全能型熟料生产线全部参与错峰生产，完成全年错峰生产 100 天任务，减少熟料年产量 4 200 万吨，减排污染物 4 万余吨。相关部门加快实施重点行业自愿性清洁生产审核计划，指导重点企业将节能减排的重心从末端治理向源头控制和过程优化转移。“十二五”规划实施以来，已有 481 家企业完成自愿性清洁生产审核。省政府办公厅印发《关于进一步规范电镀行业发展的意见》，积极推进电镀集中区规划建设，严格电镀行业企业规范管理，加快电镀行业落后产能退出，着力解决电镀行业散、乱、污问题，促进行业整体转型升级。相关部门印发《关于做好工业领域全面落实河长制有关工作的通知》，进一步明确提升工业用水效率、积极推行清洁生产、加快落后产能退

出、深化资源综合利用等重点任务，组织召开进一步加强入河排污口监督管理座谈会，全力做好工业领域河长制及入河排污口监管工作。

六、推进资源综合利用，促进绿色低碳循环发展

相关部门印发《四川省工业固体废物资源综合利用评价管理实施细则》，组织开展四川省工业固体废物资源综合利用评价机构推荐评选工作，遴选出省循环经济协会、省建材工业科学研究院等 6 家省级评价机构。相关部门组织编制《四川省新能源汽车动力蓄电池回收利用试点实施方案》，筹备组建四川省新能源汽车动力蓄电池回收利用产业联盟，积极推进新能源汽车动力蓄电池回收利用试点工作，并被成功列入国家试点地区。相关部门积极推动组建四川省工业副产石膏产业技术研究院，整合省内科研院所技术力量以及相关企业资金、市场资源，加大工业副产石膏资源综合利用关键共性技术以及前瞻性技术攻关力度，加快推动产学研用结合。相关部门认真落实《四川省长江经济带固体废物大排查行动工作方案》，积极推动开展长江经济带工业绿色发展和固体废物排查，进一步摸清沿江工业固体废物综合利用情况以及固体废物综合利用重点企业、园区情况。

七、立足产业基础和优势，大力发展节能环保产业

相关部门制定并实施《四川省新能源汽车产业 2018 年推进方案》，大力推进新能源汽车产业发展，强化示范推广。截至 2018 年年底，全省已累计推广新能源汽车 6.4 万辆以上，四川省氢燃料电池汽车示范应用取得阶段性成果，中国西部第一条氢燃料电池示范线、第一座加氢站建成。相关部门组织举办 2018 年四川节能环保品牌推广“全川行”活动，加快推广一批全省优秀的节能环保新产品、新技术、新工艺、新材料，扩大省内企业节能环保产品及技术服务的市场空间，提升“四川制造”的品牌影响力。2018 年“全川行”活动累计吸引省内展览展示和对接服务企事业单位 250 余家，举办大型专业论坛 10 场，组织 80 余人次深入企业、园区等开展节能问诊服务。成功举办 2018 年中国国际节能环保技术装备展示交易会暨中国（成都）绿色国际产业博览会，围绕工业节能、清洁能源高效利用与新材料、大气污染防治、节水与水污染防治、工业固体废物处置、环境监测服务、新能源汽车、节能环保新材料、工业绿色制造综合服务等重点领域，集中展示一批先进适用技术与产品和服务。吸引来自国内外的参展企业 332 家（国外及省外企业 157 家、省内企业 175 家）参展，展览面积近 25 000 平方米，专业参观观众 19 000 余人。相关部门印发《关于开展工业园区及企业环保合同管理服务工作的通知》，安排工业发展专项资金 1 000 万元推动重点园区、企业开展环保合同管理服务，加快推动节能环保服务业发展。2018 年，累计为 32 个工业园区、7 户企业提供环保合同管理服务，帮助排查生态环境隐患，提供污染治理决策服务，相关园区和企业环保管理水平显著提升。

生态环境领域绿色发展报告

四川是长江上游重要生态屏障和水源涵养地，在全国生态安全格局中的地位十分重要。2018 年以来，全省生态环境部门始终坚持以习近平新时代中国特色社会主义思想为指导，认真贯彻落实《省委关于推进绿色发展 建设美丽四川的决定》《省委 省政府关于全面加强生态环境保护 坚决打好污染防治攻坚战的实施意见》重大部署，牢固树立绿色发展理念，全力打好污染防治攻坚战，加快改善生态环境质量。在省委、省政府的坚强领导下，在全省生态环境部门的共同努力下，2018 年，全省生态环境质量各项指标均达到“十三五”以来的最好水平。

一、坚决担起生态文明建设和生态环境保护政治责任

省委、省政府深入学习贯彻习近平生态文明思想，认真落实习近平总书记在全国生态环境保护大会和深入推动长江经济带发展座谈会上的重要讲话精神，认真落实党中央、国务院决策部署，始终把生态文明建设放在事关全局的重要位置，围绕推进绿色发展、加强生态环境保护、打好污染防治攻坚战，做出系列安排部署并深入推进。同时，结合省情实际，创新提出打好污染防治攻坚“八大战役”、开展绿色低碳循环发展“五大行动”、建设环境治理保障支撑“五大体系”等举措。省委十一届三次全会做出《中共四川省委关于深入学习贯彻习近平总书记对四川工作系列重要指示精神的决定》和《中共四川省委关于全面推动高质量发展的决定》，充分运用相关成果，对生态文明建设、绿色发展和生态环境保护做出重点安排部署。省委十一届四次全会对持续打好污染防治攻坚战做出进一步安排部署。省委、省政府召开全省生态环境保护大会，制定出台《关于全面加强生态环境保护 坚决打好污染防治攻坚战的实施意见》，在全国率先部署系统制定打好污染防治攻坚“八大战役”以及完善生态环境准入等九个配套实施方案，明确了打好污染防治攻坚战的规划图、路线图和作战图。

全省生态环境部门坚持把学习贯彻习近平总书记关于“四川一定要把生态文明建设这篇大文章写好”等重要指示作为重大政治任务，深入学习贯彻习近平新时代中国特色社会主义思想和习近平总书记对四川工作系列重要指示精神，坚决贯彻落实习近平生态文明思想，紧扣事关治蜀兴川全局“六个重大问题”，深入开展“大学习、大讨论、大调研”活动，不断把学习习近平生态文明思想和习近

平总书记对四川工作重要指示精神引向深入。

二、着力推动形成绿色发展方式和生活方式

本领域全面落实新发展理念，大力发展绿色低碳循环经济，使经济社会发展与生态环境保护相协调。①严把环境准入关。在全国率先启动长江经济带战略环评四川省“三线一单”（生态保护红线、环境质量底线、资源利用上线、生态环境准入清单）编制工作。相关部门出台《关于进一步加强规划环境影响评价的意见》，规范并加强规划环境影响评价。②推进绿色创建。蒲江县、成都市温江区、金堂县、洪雅县、南江县 5 个县（区）成功创建国家级生态文明建设示范县（区），九寨沟县、巴中市恩阳区被命名为国家“绿水青山就是金山银山”实践创新基地。③推动形成绿色生活方式。相关部门推动开展创建绿色家庭、绿色社区、绿色学校等行动。大力推进绿色消费、绿色出行，倡导简约适度、绿色低碳的消费方式。将生态文明建设内容纳入地方教材，丰富生态文明教育内容，推动日常生活方式向绿色转变。

三、坚决打赢以成都平原为重点的蓝天保卫战

本领域继续将成都平原作为大气污染防治工作的重中之重，着力改善大气环境质量，坚决打赢蓝天保卫战。①强化系统部署。制定《四川省打赢蓝天保卫战实施方案》《四川省大气污染防治考核暂行办法》，进一步明确重点任务和工作责任。出台《四川省重污染天气应急预案（2018 年修订）》，提高预报预警和应对能力，突出提前响应、联合应对。部署各市（州）编制完成环境空气质量限期达标规划或持续改善规划。②强化联防联控。进一步加强成都平原、川南、川东北三大区域大气污染联防联控，深入实施“减排、压煤、治车、抑尘、控秸”五大工程。完成燃煤机组超低排放改造 150 万千瓦，淘汰县级及以上城市 10 蒸吨以下燃煤小锅炉 460 台，排查“散乱污”企业 2.9 万家，整治完成 2.6 万家，淘汰老旧车辆 37 万辆。不断加强城市精细化管理，整治建筑施工扬尘和道路扬尘。③强化科技支撑。启动国家重大科技专项“成渝地区大气污染联防联控技术与集成示范项目”，建成空气质量网格化微站 1 202 个，开展激光雷达走航和大气颗粒物组分分析，建立完善大气污染源数据库。西南区域空气质量预警中心落户四川并完成阶段性建设，切实提升空气质量预测预报精准度。2018 年，全省未达标城市细颗粒物（PM2.5）平均浓度同比下降 10.6%，优良天数率 84.8%，同比提高 2.6%；成都平原优良天数率 81%，同比提高 4.9%，同比增加 14 天。

四、坚决打好以沱江、岷江为重点的碧水保卫战

本领域牢固树立“上游意识”，担起“上游责任”，扎实抓好中央环保督察反

馈意见指出的“长江部分支流水环境形势依然严峻的问题”整改，深入推进水污染防治攻坚。①强力推进水污染整治。将沱江、岷江流域污染治理作为水污染防治攻坚的重中之重，严格执行《四川省岷江、沱江流域水污染物排放标准》，编制全省十条主要河流水污染防治规划和重点小流域水体达标方案。开展沱江流域水环境综合治理与可持续发展国家级试点。制定《四川省农村生活污水治理五年实施方案》，全面启动“千村示范工程”。②加强环保基础设施建设。着力补短板、强基础，扎实推进城镇污水和城乡垃圾处理设施建设两个“三年推进方案”，累计开工项目 1 392 个、完工 675 个、完成投资 397. 1 亿元。统筹完成 82 条地级及以上城市建成区黑臭水体整治。大力实施良好水体保护。加强金沙江、雅砻江等水质优良河湖保护，严格控制河流湖库周边开发建设活动。建立健全嘉陵江上游、赤水河流域、泸沽湖等省级联防联控机制，严防跨省流域污染。2018 年，全省水环境质量创近年来最好水平，87 个国家考核断面地表水水质优良率达到 88. 5%，同比上升 14. 9%；劣 V 类水质断面 1 个，占 1. 1%，连续 3 年下降；长江一级支流沱江水质明显改善，16 个国家考核断面优良水质比例同比提升 56. 3%。

五、坚决守住长江上游生态环境风险底线

本领域扎实推动中央生态环保督察及“回头看”所发现问题的整改，着力抓好长江经济带生态环境保护，坚决守住环境风险底线。①强化督察发现问题的整改。按照省委“四个决不”（决不因多年积累的问题而推责，决不因涉及复杂利益而回避，决不因可能造成一些经济损失、付出一定代价而退缩，决不因需要较长时间治理方能见效而延缓的整改要求，高质量推进问题整改）要求，在全国率先实现省级环保督察“回头看”全覆盖，全力配合中央生态环保督察“回头看”，坚决杜绝生态环保领域问题整改“一刀切”。中央环保督察反馈意见 89 项整改任务已完成整改 42 项，中央环保督察组移交信访件涉及的 9 070 个环境问题，完成整改率达到 96. 8%。②强化长江经济带生态环境保护。划定生态保护红线面积 14. 8 万平方千米，占全省面积的 30. 45%。扎实推进自然生态问题整改，涉及自然保护区的 1 252 个问题已完成整改 1 163 个，完成率达 93%。推进沿江 5 家危险化学品生产企业搬迁，取缔非法码头 82 座，大力整治违法乱采河砂行为。③强化饮用水水源地环境问题整治。在 2017 年完成地级及以上城市集中式饮用水水源地环境问题整治基础上，不断巩固整治成效，全面实施县级城市集中式饮用水水源地环境问题整治，提前完成 137 个县共计 249 个饮用水水源地环境问题整治。强化土壤及危废固废等环境风险防控。全面实施土壤污染防治行动计划，扎实开展土壤污染状况详查，完成 2. 8 万个农用地土壤污染点位详查、4 514 个工业企业污染地块信息采集。开展长江经济带化工企业排查和“清废行动 2018”，排查整治各类固体废物问题 545 个。全面整治磷石膏等工业固体废物堆存场所，建设和完善

“防扬散、防流失、防渗漏”设施。与重庆市签订危险废物跨省转移合作协议，为危险废物跨省应急处置开启绿色通道。2018 年，全省新增危险废物处置利用能力 13.4 万吨/年，同比增长 16%。

六、着力推进以各类自然保护地为重点的生态保护修复

本领域坚持节约优先、保护优先、自然恢复为主，加大生态系统保护修复力度，筑牢长江上游生态屏障。①扎实推进大熊猫国家公园试点。协助完成大熊猫国家公园划定工作，其中四川园区面积 2.02 万平方千米，占公园总面积的 74.4%。成立大熊猫国家公园四川省管理局，四川省大熊猫国家公园体制试点工作迈入全面推进新阶段。②坚决整改各类自然保护区生态环境问题。持续深入推进全省自然保护区专项督察发现的 1 252 个问题整改，已完成整改 1 163 个，完成率达 93%。其中，197 个探矿权已全部停止并完成整改，137 个采矿问题已整改完成 127 个，涉及自然保护区核心区、缓冲区的 116 个小水电已全部取缔。③持续开展绿化全川行动。实施《四川省森林城市群发展规划（2017—2020 年）》，全省共完成营造林 1 082 万亩，退耕还林还草 55 万亩，新增治理水土流失面积 4 900 平方千米。④持续推进生态脆弱区修复治理。扎实推进川西藏区生态保护与建设工程沙化土地治理、林业防沙治沙等项目建设，治理沙化、旱区土地 35 万亩。在牧区划定基本草原 2.13 亿亩，占牧区草原总面积的 86.7%；落实草原生态补奖政策，开展草畜平衡 1.42 亿亩。

七、不断健全生态环境治理体系

本领域深化生态环境保护管理体制改革，加快构建生态环境治理体系，健全保障举措，不断提升生态环境治理能力和水平。①健全生态环境监管体系。统筹推进全省机构改革、环保机构监测监察执法垂直管理制度改革和生态环境保护综合行政执法改革。完成 158 个省控空气自动监测站点事权上收和 48 个新建国控地表水水质自动监测站建设。落实排污许可制度，在全国率先完成排污许可证核发工作，发放 6 个行业排污许可证 1 538 张。健全生态环境保护经济政策体系，出台《四川省生态环境损害赔偿制度改革实施方案》，落实排污者责任。与贵州省、云南省签订《赤水河流域横向生态保护补偿协议》，每年共同出资 2 亿元开展生态补偿。组织沱江流域各市签订横向生态保护补偿协议，流域各市共同出资 5 亿元，推动形成“成本共担、效益共享、合作共治”的流域治理长效机制。开展企业环境信用评价试点工作，参加环境信用评价企业达 1 109 家。②健全生态环境保护法治体系。修订《四川省〈中华人民共和国大气污染防治法〉实施办法》《四川省自然保护区管理条例》，即将出台四川省沱江流域水环境保护条例。加大执法监管力度，全省共办理环境违法案件 7 895 件，处罚金额 6.9 亿元。③健全生态文明建

设考核机制。开展环境保护党政同责考核，把环境保护在市（州）政府目标考核中的权重从2017年的13%大幅提高到2018年的16%。严肃追责问责。2018年全省各级纪检监察机关在生态环境保护领域问责1 215人，促进领导干部切实履行自然资源资产管理和生态环境保护责任。

虽然四川省全面加强生态环境保护、坚决打好污染防治攻坚战工作取得了一定成效，但我们也清醒地认识到了面临的困难和挑战，如仍存在少数干部绿色发展理念树得不牢、生态环境保护责任落实不到位，区域性流域性污染问题突出，治理能力保障支撑不强，环保基础设施建设滞后等问题和不足。

下一步，全省生态环境领域将坚持以习近平新时代中国特色社会主义思想为指导，深入贯彻落实习近平生态文明思想和习近平总书记对四川工作系列重要指示精神，全面贯彻省委十一届三次、四次全会，全国生态环境保护工作会议的决策部署，以更严的标准、更实的举措，持之以恒地抓好环保督察所发现问题的整改，打好污染防治攻坚“八大战役”，打造一支生态环保铁军，全力助推高质量发展等方面工作，持续推进环境质量改善，让古蜀大地天更蓝、地更绿、水更清、环境更优美。

住房城乡建设领域绿色发展报告

作为长江上游生态屏障，四川省一贯注重住房城乡建设领域绿色发展，坚持城市生态环境保护，推进绿色生产生活方式，坚持生态优先、绿色发展，建设四川美丽城镇。

一、工作开展情况和取得的成效

（一）大力推进生态园林城镇建设，构建城镇生态大格局

按照《全国城市市政基础设施建设“十三五”规划》和《四川省城镇园林绿化“十三五”规划》，全省各地积极实施园林绿地增量提质工程，因地制宜实施全域增绿的同时提升绿地质量，积极推进城市公园、绿道绿廊建设，沿山沿河沿干道提升景观绿化，不断优化城市人居环境。2018 年全省新建公园 230 余个、绿道绿廊约 2 100 千米，公园服务半径覆盖率稳步提升，大部分城市（县城）超过或接近 80%。截至 2018 年年底，全省设市城市和县城建成区绿地率、绿化覆盖率和人均公园绿地面积分别达到 34.09%、38.34%、12.43 平方米。

相关部门研究出台了《四川省生态园林城市系列标准》及评定办法，引导全省城镇建设走更加生态、自然和可持续发展的道路，以生态园林城市系列创建为抓手不断加强城市生态文明建设、改善城镇人居环境。2018 年，省政府命名隆昌市、什邡市、珙县等 11 个市（县）为全省第一批省级生态园林城市（县城）。2018 年全省创建省重点公园 7 个、省园林镇（乡）7 个、省园林村 6 个、省园林式单位 53 个、省园林式居住小区 36 个。全省国家园林城市系列达到 23 个（其中国家园林城市 14 个、国家园林县城 6 个、国家园林城镇 3 个），省级园林城市系列达到 115 个（其中城市 13 个、县城 26 个、镇 25 个、村 51 个），省重点公园 27 个，园林细胞数量 600 余个。四川省以“城市、县城、城镇、村”为骨架，以“公园、单位、居住小区”为补充的园林城市体系不断发展壮大，全面提升了四川省城镇面貌，城镇生态格局不断优化。

（二）开展公园城市建设试点，引领绿色低碳城市体系建设

四川省积极推动公园城市建设试点，引导城市规划建设更加突出生态价值，努力实现生态、生产、生活和谐统一。成都市大力开展美丽宜居公园城市建设先行先试，组织研究公园城市重大课题，编制《成都市美丽宜居公园城市规划》，实

施公园城市示范区建设。自贡市、广安市、遂宁市、乐山市等10余个市、县吸收借鉴成都市的有益经验，积极推进当地的公园城市建设试点。

（三）推进城市生态修复“双百工程”，充分发挥城市绿肺吸碳功能

相关部门出台了《四川省城市生态修复“双百工程”实施方案》，推进城市生态修复，系统治理、修复被破坏的山体和水体，优化城市绿地系统，拓展绿色空间，提升环境品质。计划到2020年，结合山体、水体修复，全省城镇规划区内建成100个城市山体公园和100个城市湿地公园，巩固长江上游生态屏障，充分发挥城市绿肺吸碳功能。相关部门建立了“双百工程”项目库，实施城市生态修复“双百工程”项目135个，其中已竣工项目49个，开工在建项目86个。竣工和开工建设“双百”项目占总目标的67.5%，建设规模达19 148公顷，投资金额约430亿元。

（四）加大城市黑臭水体治理力度，着力提升黑臭水体整治水平

本领域完成全省城市（县城）建成区黑臭水体摸底排查，内江市成功申报国家黑臭水体治理试点城市。相关部门组织召开了2次全省城市黑臭水体整治工作专题会，开展城市黑臭水体整治专项行动，落实生态环境部和住房城乡建设部黑臭水体整治环境保护专项行动的部署。相关部门编制了《四川省打好黑臭水体治理攻坚战役实施方案（2018—2020）》，着力提升全省城市建成区黑臭水体整治水平。相关部门开展环保督察发现的污水垃圾问题整改，督促各地落实中央环保督察反馈意见问题整改工作，扎实推进黑臭水体治理工作。全省101个地级及以上城市建成区黑臭水体整治项目已整治竣工82个。

（五）推动建筑领域节能减排，促进城市低碳发展

一是继续推进新建居住建筑执行65%节能标准。四川省在成都、绵阳、德阳等9个城市率先执行居住建筑节能65%的标准基础上，编制完成《四川省居住建筑节能65%设计标准》。自2019年5月起，全省所有市（州）全面执行新建居住建筑节能65%标准。

二是积极推进绿色建筑发展。2018年，四川省继续积极推进绿色建筑，在绿色建筑的政策法规、技术标准、宣传推广、产业支撑等方面均做了大量卓有成效的工作。①积极推进绿色建筑评价标识工作。2018年共评出了39个绿色建筑设计标识项目，总建筑面积573万平方米。全省获得绿色建筑标识项目共153个，总建筑面积达到2 329万平方米。②大力推进绿色建筑的宣传和培训，着力普及绿色建筑大众认知。2018年5月，相关部门召开四川省第四届绿色建筑与建筑节能大会，围绕“海绵城市”“智慧城市”建设展开深入探讨和交流。相关部门发布了《2018年四川省绿色建筑与建筑节能年度报告》，举办建筑节能与绿色建筑的专项培训、研讨会十余次。③进一步完善绿色建筑标准体系。相关部门制定并发布《四川省绿色建筑评价标准（修编）》《四川省绿色建筑运行维护技术规程》《四川

省绿色建筑工程施工质量验收规程》。

三是积极推动国家机关、大型公共建筑节能监管体系建设。相关部门编制完成《四川省公共建筑能耗监测系统技术规程》，建设完成省级数据中心，全省完成能耗数据采集系统建设的建筑共 44 栋，实现了试点建筑水、电情况用能统计、用能公示、用能分析、用能测评等功能。

四是积极推进绿色建材评价标识工作。为提高资源利用效率，更好地服务于绿色建筑的发展，四川省大力加快发展绿色建材产业，切实推进绿色建材应用。目前共编制 9 大类 29 项绿色建材细则；有 82 家企业 186 项产品获得一、二、三星绿色建材标识证书。到 2018 年年底，绿色建材在新建建筑中的应用比例达到 26. 29%，在绿色建筑中的应用比例达到 27. 88%，在既有建筑改造中的应用比例达到 36. 56%。

五是大力发展装配式建筑。装配式建筑能大幅度降低能源消耗和资源损耗。装配式建筑构件在工厂生产，可减少现场湿作业，充分利用工业废料，大幅减少水电、木材、钢材等资源消耗，减少建筑垃圾的产生、建筑污水的排放、建筑噪声的干扰，节省劳动力；施工过程能有效减少污染、粉尘排放和安全事故发生率。2018 年，全省各地按照省政府办公厅《关于大力发展装配式建筑的实施意见》，启动实施推进装配式建筑三年行动计划，建立装配式建筑发展机制，完善配套政策措施，积极开展试点示范，加大装配式建筑的推广应用。相关部门出台了《四川省装配式农村住房建设导则》《四川省装配式建筑产业基地管理办法》《四川省装配式建筑装配率计算细则（试行）》等政策文件。全省已建成装配式钢结构部品部件生产企业 46 家，年生产能力 227 万吨；建成装配式混凝土部品部件生产企业 15 家，年生产能力 214. 9 万立方米；在建装配式混凝土部品部件生产企业 14 家，年生产能力 323 万立方米。全省现有全国装配式建筑试点城市 2 个、示范基地 8 家，全省装配式建筑示范基地 15 家。2018 年，全省新开工装配式建筑 3 010 万平方米，有效推动了建筑领域节能减排。

（六）坚持试点示范引领，积极推进海绵城市建设

本领域坚持试点先行的思路，充分发挥试点的示范、突破和带动作用，积极有序推进全省海绵城市建设。①加快推进规划编制。2018 年 5 月，相关部门协调住房城乡建设部专家来川对四川省海绵城市专项规划进行专题辅导；7 月，组织对全省海绵城市建设专项规划编制情况进行了书面调查；9 月，安排专家抽查了 22 个城市（县城）规划编制情况；10 月，向各市（州）人民政府做了情况通报。截至 2018 年年底，全省 35 个设市城市完成海绵城市建设专项规划编制 32 个，完成率 91. 4%。②扎实抓好试点工作。2018 年初，相关部门安排省级专项资金 1 亿元用于支持省级海绵城市建设试点项目；4 月，对遂宁等 16 个国家和省级海绵城市建设试点城市进行年度绩效考核。相关部门指导遂宁市认真做好国家试点终期

评估验收工作，先后3次安排专家赴遂宁市现场指导，遂宁市终期评估验收准备工作已基本完成。其他试点城市不断完善规划设计和工作机制，着力推进海绵城市建设理念落实落地。截至2018年年底，16个试点城市计划实施的1 212个试点项目，完工709个、在建269个，完工率达58.5%；已建成海绵城市面积365平方千米，在建430平方千米，累计完成投资543亿元。③加大督查指导力度。相关部门将海绵城市建设纳入了各市（州）住房城乡建设部门目标考核。8月，相关部门印发了《四川省海绵城市建设技术导则》，进一步完善海绵城市建设技术标准体系。相关部门采取定期调度、现场督查等形式，加大对各地海绵城市建设的督查力度。截至2018年年底，全省35个设市城市已建成海绵城市面积359.6平方千米，消除城市易涝点198个，对1 042个老旧小区实施了海绵化改造，新建和改造海绵化公园199个，整治和治理河道湖泊184个，新建和改造排水防涝管网3 380千米，累计完成投资671.9亿元。

（七）推进生活垃圾分类，促进绿色低碳消费

一是生活垃圾分类制度体系逐步构建。2018年3月30日，省政府办公厅转发《四川省生活垃圾分类制度实施方案》，就深入推进生活垃圾分类的“总体要求、强制分类要求、主要任务、保障措施”提出了具体要求。成都、德阳、广元3个城市被确定为国家级生活垃圾分类示范市，攀枝花、泸州、绵阳、遂宁4个城市被确定为省级生活垃圾分类示范市，在成都市温江区、蒲江县，泸州市纳溪区、德阳市罗江区，筠连县、宝兴县、丹棱县7个县（区）开展农村生活垃圾分类和资源化利用示范工作。各地因地制宜，按照“可回收物、有害垃圾、易腐垃圾、其他垃圾”四分类或者“可回收物、有害垃圾、其他垃圾”三分类开展分类工作。相关部门明确了到2020年国家强制分类试点城市城区内生活垃圾回收利用率达到35%。省直有关部门先后就推进党政机关等公共机构、学校、医疗机构等开展生活垃圾分类工作做出了制度性安排。成都、德阳、广元三市也分别出台了相应的生活垃圾分类工作实施方案。

二是生活垃圾分类工作体系协同推进。相关部门大力推进分类收运体系和处理设施建设，坚持系统推动垃圾分类各项工作，坚持后端建设牵引前端分类。相关部门以《四川省城乡垃圾设施建设三年推进方案》的实施为抓手，深入推进城乡生活垃圾收运转处体系建设和生活垃圾分类项目建设，促进垃圾分类体系和处置能力建设。新修订后的《四川省城乡垃圾设施建设三年推进方案》共规划461个项目，总计投资299亿元，全省生活垃圾分类收集运输处理体系正在逐步形成。各相关部门协同推进，2018年5月和9月，先后召集7个国家和省试点城市和部分参与分类的企业代表，以及19个具有分类工作职责的省直机关单位召开推进工作会，就进一步贯彻落实有关工作进行布置、推动，形成工作合力。省机关事务管理局、教育厅等积极推进公共机构和学校开展分类工作，其他一些省级部门也

结合工作职能职责开展了分类有关的工作。

三是试点城市分类工作有计划推进。成都市已初见成效，生活垃圾分类顶层设计、体系建设、组织动员等方面有所突破，生活垃圾分类工作体系不断完善，垃圾分类覆盖范围不断扩大，前分后混问题逐步破解，分类效果和社会氛围逐步凸显，探索出了“属地政府主责、前端减量分流、成建制整体推进、各部门协同”等有益经验。广元市建立了市、县（区）财政共同承担居民生活垃圾分类服务费用的分担机制，并纳入中长期预算；建立了垃圾分类挂联机制；建立了积分激励引导机制，通过“互联网+垃圾分类和智慧生活”模式，让居民自觉参与垃圾分类。德阳市坚持政府主导，制定了《德阳市生活垃圾分类管理办法》，全市公共机构、248个学校生活垃圾分类工作全面铺开，75个条件成熟的居民小区试点推进，覆盖居民4.27万户，生活垃圾焚烧发电项目预计年底竣工并试运行。攀枝花、绵阳、遂宁和泸州4个省级试点城市正积极开展试点探索。

（八）坚持示范引领，大力开展农村人居环境整治

本领域将农村人居环境整治作为乡村振兴战略的第一场硬仗，以农村垃圾、污水治理和村容村貌提升为主攻方向，加快补齐农村人居环境“短板”，住房和城乡建设部门就四川经验在全国改善农村人居环境工作会议上做了交流发言。截至2018年年底，全省启动实施乡村居民聚居点生活污水处理项目8 004个，占目标任务的103.3%；新建乡村公厕1 566个，占目标任务的149.14%；改建乡村公厕765个，占目标任务的159.71%。

二、存在的问题

四川省城镇基础设施短板依然突出，绿色发展理念落实不深不细，城市建设整体性、系统性不强，“头痛医头脚痛医脚”、部门“各自为政”的问题仍然存在，城市基础设施规划、建设和管理缺乏有效的统筹和衔接。

（一）城市黑臭水体治理任务艰巨

部分水体控源截污不到位，存在非法排污口、城镇污水管网不配套、污水处理能力不足、截流的污水未经处理异地排放、雨污合流等现象。部分黑臭水体河面存在大面积漂浮物、河岸随意堆放垃圾，部分垃圾堆放点管理较差，垃圾无人清理，垃圾渗滤液随雨水进入河道污染水体。部分城市内源污染治理不彻底，重污染底泥未得到有效清除，完成整治的河道仍存在大面积翻泥现象，清理出的底泥随意堆放，未进行规范化处理处置，极易造成二次污染。

（二）生活垃圾分类任重道远

一是各地受资金不足因素影响，垃圾处理终端设施建设相对滞后，餐厨垃圾处理设施尤为突出。二是垃圾分类收转运体系和机制未进行合理搭建，各试点城市的经验不足，办法不多。三是四川省的生活垃圾分类工作才起步，部分市（州）

对生活垃圾分类试点的认识和参与度有待进一步提高。

（三）农村基础设施和公共服务设施历史欠账较多

四川省农村基础设施和公共服务设施历史欠账严重，农村居住环境“脏乱差”问题依然比较突出；镇（乡）垃圾污水处理设施建设普遍存在“重城轻乡”“先城后镇”问题，导致基础薄弱、区域差异明显，专业技术人员严重缺乏；融资渠道少，未纳入市、县污水处理设施 PPP 项目包，仅依靠政府投资和债券筹措资金。

三、下一步工作的重点

（一）推动公园城市建设试点

大力支持成都市建设美丽宜居公园城市，积极引导其他城市（县城）学习借鉴成都市先行先试的有益经验，因地制宜开展本地公园城市建设试点探索，进一步推动四川省城市建设高质量发展。

（二）全力推进生态修复“双百工程”

城市生态修复要始终坚持生态优先、以人民为中心、统筹兼顾、系统修复。要求地方结合城市“双修”、海绵城市建设等工作，积极拓宽融资渠道，充分利用山体水体地形地貌，践行节约型园林，坚持“低干扰、控投入、少维护”建设思路，杜绝过度景观化，不断完善建设方案，按时按质完成城市生态修复“双百”工程。

（三）持续开展园林城市系列的创建活动

继续支持成都、泸州、德阳、绵阳、遂宁、乐山等城市国家生态园林城市创建工作。配合住建部开展宜宾市、资阳市、广元市、洪雅县、仪陇县等已申报国家园林城市（县城）实地考察和国家园林城市复查工作，推动城市（县城）高质量发展。同时抓好四川省生态园林城市系列申报、评审、实地考察、命名等工作。

（四）大力推进城市黑臭水体治理

抓好《城市黑臭水体治理攻坚战实施方案》和《四川省打好城市黑臭水体治理攻坚战实施方案》贯彻落实，明确地级及以上城市建成区黑臭水体治理目标和重点任务，加强督查评估，狠抓工作落实；适时召开相关专题会议，研究解决城市黑臭水体治理工作中的难题，为黑臭水体整治工作提供技术支持；各地城市严抓黑臭水体管理工作，防止反弹。

（五）持续推进生活垃圾分类

一是深入推进成都、德阳、广元三市国家试点工作。确保三个试点城市在体制机制上日趋完备，收转运处分类体系基本建立，管理监督考核体系不断完善，初步形成可复制、可推广的试点经验。二是加快推进攀枝花、泸州、绵阳、遂宁四市省级试点工作。引导试点城市在示范小区打造、可回收物市场化运作、有害垃圾单独收运处置等方面下大功夫。三是启动其他设市城市、百万人口县的分类工作，逐步在全省范围内推行生活垃圾分类工作。

（六）积极开展海绵城市建设

大力宣传海绵城市理念，努力提高各级领导和群众的认知水平。继续抓好遂宁市国家试点和 16 个省级试点，积极协调对接国家相关部委，做好省级层面政策支持、专家技术指导帮扶和迎接遂宁市国家试点终期评估等工作，同时督促指导 16 个省级试点城市加快推进试点工作。组织对全省海绵城市建设专项规划编制和管控机制建立健全情况进行检查，视情况组织部分设市城市海绵专项规划集中技术审查。紧紧围绕年度海绵城市建设目标任务，及时收集、动态跟踪全省海绵城市建设进展情况，督促各地加快进度，确保实现国务院和省政府确定的考评目标。

（七）继续做好建筑节能与绿色建筑工作

一是继续深入推进新建居住建筑节能 65%标准。尽快颁布实施《四川省居住建筑节能 65%标准》，全省执行。二是深入推动绿色建筑行动。三是进一步推进绿色建材评价与标识工作。逐步完善绿色建材评价体系，通过绿色建材评价与标识工作，引导建材企业向低能耗、低污染的节能环保方向发展，推动建材产业升级改造，逐步淘汰落后产能及高污染高能耗企业。四是进一步完善公共建筑能耗监测平台建设。逐步建立包括国家机关办公建筑、大型公共建筑、机关事务管理局（公共机构）、校园建筑在内的全省联网的建筑能耗监测平台，完善公共建筑能耗数据库。建立以能耗监测平台为基础，以能耗统计、能源审计、能效公示、用能定额为手段的建筑节能监管体系。五是进一步推进既有建筑节能改造工作。

（八）积极推进农村人居环境整治

贯彻落实《四川省农村人居环境整治三年行动实施方案》，按照机构改革部门职责，重点抓好农房风貌引导、农村生活垃圾收运和处理体系建设、非正规生活垃圾堆放点整治等重点工作，开展“美好环境与幸福生活共同缔造”活动，高标准完成住建系统负责的农村人居环境整治任务。

交通运输领域绿色发展报告

交通运输是国民经济中基础性、先导性、战略性产业，也是节能减排和应对气候变化的重点领域之一。2018 年，四川省交通运输领域不断完善政策体系，优化运输结构，强化污染监管，扎实开展各项工作，取得积极成效。

一、工作进展及成效

（一）强化组织领导，全方位推进绿色交通不断发展

四川省交通运输管理部门高度重视生态文明建设和绿色发展工作，成立了“三大战役”污染防治及绿色交通发展工作领导小组，制定并实施了一系列专项方案，并将绿色发展作为重要内容予以重点部署，强力推进落实，进一步明确目标任务，落实责任分工，细化措施清单，确保工作落实见效。

（二）强化顶层设计，绿色交通政策体系不断健全

本领域加强绿色交通战略谋划和绿色交通重大政策储备，不断提升交通运输绿色发展的科学性、系统性和指导性。相关部门制定并实施了《关于全面加强交通运输生态环境保护 坚决打好污染防治攻坚战的实施方案》《交通运输环境污染防治“三大战役”及绿色交通发展 2018 年度工作任务分工方案》《四川省高速公路服务区污水循环利用推广工作实施方案》等一系列专项方案，编制了《四川省汽车维修行业挥发性有机物治理实施方案》《普通公路养护管理规范化实施指南》（DB51/2511-2018）《ACMP 温拌改性沥青应用技术》（DB51/T25122018）等行业技术标准。

（三）持续实施攻坚，交通基础设施体系更趋完善

本领域紧紧围绕“一带一路”建设、长江经济带发展、新一轮西部开发开放等国家战略和“一干多支、五区协同”“四向拓展、全域开放”等重大战略部署，立足全省综合交通发展实际，研究编制《综合交通建设三年行动计划》《五大经济区交通运输协同发展实施方案》，加快完善高品质的快速交通网、高效率的普通干线网、广覆盖的基础交通网，高速公路为骨架的三级路网体系初具规模，路网规模、质量、效率显著提高。截至 2018 年年底，全省高速公路建成总里程达 7 238 千米，建成和在建总里程突破 1 万千米，实现所有市（州）政府所在地通高速公路；普通公路建成总里程达 33. 2 万千米，基本实现市（州）至县通二级（三州三

级）及以上公路；通航河流 176 条，通航水库湖泊 147 个，通航里程 10 540 千米。

（四）强化转型升级，公路水路运输效率持续提升

一是提升公路运输效率。①持续推进货运结构优化，重点引导中长距离货物运输向公+铁、公+水和公+铁+空等联运方式转变，成功入选国家多式联运示范工程 3 个。扎实推进无车承运人试点，单车运输成本降低 10%。成立全省接驳运输联盟，在 231 条长途客运线路、805 辆客运班车上试点推进接驳运输。②实施公交优先战略，21 个市（州）政府所在地城市均发展公共交通，183 个县（市、区）中的 172 个发展了城市公共交通。③实现全路网移动支付全覆盖，ETC 用户突破 390 万。在全国率先完成取消省界收费站试点，实现川渝之间 10 个高速公路通道“自由流”通行。④推进城市共同配送试点，成都市已有 1 800 余辆（其中新能源纯电动货车超过 600 辆）纳入试点。全省已发展天然气营运汽车 6.88 万辆，已发展新能源营运汽车 6 140 辆。

二是加快水路运输绿色发展。相关部门积极指导各市（州）人民政府完成《港口和船舶污染物接收、转运、处置设施建设方案》编制工作并明确年度建设任务。截至 2018 年年底，泸州、宜宾、乐山、自贡、内江、广元、攀枝花、眉山、广安、资阳、南充、遂宁、绵阳 13 个市已经完成了方案的编制工作并由市政府印发实施。相关部门积极引导船舶加装防污染设备。截至 2018 年年底，在用主机功率 22 千瓦以上船舶油水分离器配备率 100%，22 千瓦以下的船舶均按要求配备了垃圾桶和污油桶。无法加装生活污水处理装置的船舶采取船上打包收集、岸上统一回收，停用厕所、厨房等方式，避免生活污水直排入江。积极推广新能源船舶，组织研究设计并试建 30 客位钛酸锂电池作为船舶动力推进装置的旅游船舶，在乐山试点推广新能源旅游示范船型。

（五）强化严抓强管，绿色交通建养环保措施全面落实

一是加速新旧动能转换。相关部门加快推进清洁能源和新能源汽车推广应用，提高清洁能源及新能源消费比重。截至 2018 年年底，全省共计淘汰营运“黄标车”3 743 辆，174 艘客船和 206 辆营运车辆退出公路水运营运市场，拆解老旧船舶 483 艘。发展天然气营运汽车 6.88 万辆，新能源营运汽车 6 140 辆，1 000 载重吨以上标准船舶 15 艘，全省新增及更换公交车中，新能源公交车所占比例超过 25%。相关部门积极优化能源消费结构，在沪蓉、蓉遵等高速公路沿线 11 对服务区建设了充电站；在成德南、成自泸、绵遂绵阳段、成名等高速公路沿线 9 对服务区建设了 L-CNG 加气站，为节能汽车城际出行提供了有利条件；在泸州港、南充港 6 个泊位建成岸电系统 11 套，为靠岸船舶提供电力支撑。

二是抓好汽修行业污染防治。相关部门积极推进汽修行业 VOCs 治理。提升汽车维修行业喷烤漆设施技术和工艺水平，推进油性漆改用水性漆工作，坚决取缔露天和敞开式汽修喷涂作业。目前，全省 5 605 家从事汽车喷烤漆作业的维修企

业正按工作计划对喷烤漆房进行升级改造，全省481家汽车维修企业已推广使用水性漆。相关部门积极组织全省道路运输管理机构维修管理人员和部分汽车维修企业人员共300余人次，对汽车维修行业危险废物管理的相关法律法规、烤漆房光氧催化环保处理技术、I/M制度建设等内容进行了培训，进一步强化汽车维修行业污染防治。相关部门联合环境保护部门对全省机动车维修行业存在的危险废物管理不规范的问题进行全面排查，督促企业认真落实危险废物管理的各项法规标准，持续提升机动车维修行业危险废物全过程管理水平；在维修企业质量信誉考核评分标准中，将环境保护的分值占比由12%提高到20%，提升环境保护措施在质量信誉考核中的权重。

三是严控港口、船舶污染。相关部门积极督促港口企业对生活污水、固体污染物、港口码头扬尘及噪声采取防护处理措施，确保清洁、清净作业，完成长江干线（宜宾合江门—泸州合江县）88座非法码头整治。启动省内金沙江、岷江、嘉陵江、渠江、涪江、沱江等其他主要通航河流非法码头整治，整治工作将于2020年6月前全面完成。严格航行于岷江、嘉陵江等主要江河运输船舶船舶垃圾管理计划审核，严禁内河单壳化学品船舶和600载重吨以上的单壳油船进入岷江、嘉陵江。2018年，全省共组织开展水运行业环保督查49次。

四是加强建设工地扬尘治理。相关部门积极督促建设单位在项目施工过程中，做好规范弃土、及时清理弃渣工作；落实洒水、覆盖、围栏等防护措施，减少公路扬尘；通过绿化隔离，施工围栏等工程措施减少噪声污染；统一收集生产废料、集中堆放，采取环保利用或无害化措施，达到环保要求；统筹布设公路施工临时便道、驻地、预制场、拌和站等，加强资源有效利用，减少重复建设；严格控制扬尘、噪音、有害气体、石油等物质对大气的污染；注重植被及耕植土的保护利用，尽量减少对公路沿线植被的破坏，并在受到干扰的地区补种当地植物物种；严禁使用排放不合格的机械，强化公路施工中的节能减排和环境保护。

（六）强化真抓实改，中央环保反馈问题限期保质完成

相关部门按照省委、省政府《中央环保督察反馈意见整改方案》确定的目标任务，紧盯时间节点，对照销号标准，立足源头管控，长短结合、标本兼治，着力从制度政策上解决问题，在项目前期环保审批、工程建设环保措施落实、船舶港口污染防控、公路噪声和扬尘治理以及机动车维修企业监管等方面，进一步建立健全了相关长效机制，相继制定出台了船舶污染物接收、转运、处置监管联单制度等一系列制度。通过努力，涉及交通运输领域的7个整改问题、20项整改任务，已累计完成整改问题6个、整改任务18项，剩余1个整改问题、2项整改任务正按计划加快推进。其中，紫坪铺水库环境风险问题高质量销号，长江干流88个非法码头整治和营运“黄标车”淘汰任务已按时保质完成。

二、存在的问题

（一）绿色交通环保意识有待进一步增强

目前，四川省正处于交通基础设施建设的黄金期，项目多、上线快、工期紧、战线长，“重建设轻环保”思想仍不同程度存在。全行业生态文明意识、优先发展绿色交通的理念还需进一步增强，制度体系建设还不够健全，配套支持政策还不完善，存在粗放发展的惯性思维，交通建设中执行生态环境保护要求不到位情况时有发生。

（二）绿色交通运输结构有待进一步优化

综合交通运输管理体制尚不健全，工作运行体系还不完善。普通国（省）干线公路等级整体偏低，长江干线航道等级尚不能满足发展需求。规划建设统筹不够，土地、岸线等资源综合利用率仍然较低。运输结构不够合理，铁路、水运等绿色低碳运输方式的承运比重较低。各种运输方式之间衔接不畅，客运联程运输、货运甩挂运输和多式联运等先进运输组织模式发展缓慢。

（三）绿色交通技术力量有待进一步加强

现代物流、智能交通、节能环保等领域的新技术应用不足。绿色交通新装备、新产品、新材料、新技术还不广泛。绿色交通环境监测体系指标不全，统计监测、计量检测、评估考核等方面管理手段不多，还不能适应大规模建设需要。节能环保监测统计能力薄弱，基础数据的可靠性、及时性还需进一步提升。

三、下一步工作的重点

（一）健全长效机制，深化绿色理念

强化宣传力度，通过网站、微信公众号、出租车 LED 顶灯、公交站牌等多种媒体介质加大绿色交通宣传力度。组织教育培训，将习近平生态文明思想、生态环境保护法律法规政策纳入交通运输系统教育培训内容。以绿色交通顶层设计为主线，不断加强绿色交通法规标准和制度体系建设，推动绿色交通制度创新研究，及时制定或修订交通运输绿色发展相关标准。完善交通领域监管考核机制，更新交通运输能耗监测技术手段和指标体系，确保考核结果的科学性和准确性。完善行业管理制度，推进交通运输领域生态文明建设和环境保护工作制度化、常态化。

（二）科学规划布局，优化交通结构

优化运输结构，以交通运输需求为导向，合理配置各类运输方式，做好运输衔接，充分发挥组合效率；优化交通结构，优先发展公共交通，协调发展私家汽车，有计划发展轨道交通；优化装备结构，加快推广应用交通运输节能与新能源装备，完善节能减排产品推广机制；优化能源结构，推进能源动力多元化、清洁化和低碳化，以最少的资源消耗支撑交通运输绿色健康发展。

（三）鼓励科技创新，推动成果应用

强化科技创新和信息化引领，促进智慧交通与绿色交通的深度融合，全面提升绿色交通科研能力和创新水平。加大环保研发推广力度，推广绿色交通新装备、新产品、新材料、新技术，推动老旧设备更新换代。创新施工标准和公路养护工艺，鼓励使用新型建设标准、采用节能环保工艺。

水利领域绿色发展报告

2018 年，全省水利领域认真践行“绿水青山就是金山银山”理念，坚持共抓大保护、不搞大开发，扎实推进河长制，全面建立湖长制，有力有序开展河湖管理保护治理各项工作，圆满完成年度目标任务。

一、2018 年推进河长制湖长制工作主要情况

四川是长江上游重要生态屏障和水源涵养地，全省近 6 000 条河流、136 个天然湖泊、8 千余座水库及其骨干渠道已全面落实河长制湖长制，有效推动了河湖水质持续改善，87 个国控考核断面中，优良水质断面由 64 个增加到 77 个，高于国家考核要求 9.2%；劣 V 类水质断面由 2 个减少为 1 个，优于国家年度考核要求 3.5%。

（一）以习近平生态文明思想为指导，坚决落实中央河长制湖长制决策部署

习近平总书记高度重视四川生态环境保护工作，多次做出重要指示，特别是 2018 年 2 月来川视察时，提出四川要坚持把生态文明建设摆在突出位置，谱写美丽中国四川篇章的重大要求。省委、省政府牢记习近平总书记嘱托，自觉担负起维护国家生态安全的历史重任，把全面推行河（湖）长制作为践行习近平生态文明思想的重要内容，全力以赴抓好落实。省委十一届三次全会专门做出《关于深入学习贯彻习近平总书记对四川工作系列重要指示精神的决定》和《关于全面推动高质量发展的决定》，对落实河（湖）长制进行了全面安排部署。相关部门印发《关于全面落实湖长制的实施意见》，把全省所有湖泊纳入湖长制工作范围，把重要的天然湿地、水库、渠道等水域纳入河长制实施范围，将河长制湖长制工作统一部署、统一推进、统一落实、统一督查、统一考核。省委书记彭清华、省长尹力共同担任总河长，多次就贯彻习近平生态文明思想、推进河长制湖长制工作提出明确要求。相关部门调整设立省级河长、湖长，制定《四川省总河长制运行规则》《四川省河长制湖长制工作提示约谈通报制度》《2018 年四川省全面落实河长制湖长制工作要点》，印发省级主要河流年度目标、问题、任务、责任 4 张清单，22 位省级河长、湖长切实发挥“头雁”作用，先后巡河巡湖 30 次，召开现场会 30 余次，强力推动河湖治理任务落地见效。全省设立省、市、县、乡、村五级河长湖长岗位 10 万余个，由 7 万余人担任，实现了各类水域河湖长无缝衔接、

网格化管理，全省各级河长湖长巡河巡湖 44 万余次，查找河湖问题 46 万余个，落实整改 40 余万个。

（二）聚焦河长制湖长制六大任务，聚力推动全省河湖生态环境持续向好

四川省按照习近平总书记“让四川天更蓝、地更绿、水更清”重要指示的要求，结合中央和省级环保督察反馈问题整改，紧紧围绕水资源保护、河湖水域岸线管理保护、水污染防治、水环境治理、水生态修复和执法监督六大任务开展专项治理，全省河湖管护能力稳步提升，水生态环境持续向好。

第一，坚持节水优先，水资源保护更加严格。一是落实最严格水资源管理制度，推进水资源消耗总量和强度“双控”行动，完成第一批 30 个节水型社会重点县技术评估和 24 家重点企业清洁化生产改造，大力推动第二批 40 个节水型社会重点县建设和 46 个节能节水和绿色低碳发展项目。二是加强水功能区监督管理，完成成都、内江、泸州等 11 市水功能区划定，建成国控水质自动站 45 个。三是强化饮用水水源地保护和标准化建设，全面完成 249 个县级及以上饮用水水源地环境问题整治。

第二，突出空间管控，水域岸线管护更加有力。一是开展河湖管理范围划定工作，印发《四川省河湖管理范围划定工作方案》，全面启动 10 大主要江河干流划界工作，并在眉山市等地开展试点；编制《四川省河湖管理范围划定操作指南》《四川省河湖管理范围划定数字线划专用图生产指南（试行）》，为全省开展河湖管理范围划定工作提供技术支撑。二是开展全省河湖“清四乱”专项行动，对全省 141 条流域面积 1 000 平方千米以上河流、29 个水面面积 1 平方千米以上湖泊进行拉网式排查，发现乱占、乱采、乱堆、乱建问题 1 176 个，完成整改销号 897 个。三是开展长江干线非法码头整治，拆除长江干线（宜宾合江门—泸州合江县）非法码头 82 座，规范提升 6 座。四是开展长江经济带固体废物清理整治，排查出固体废物点位 54 个，已全部完成整改。

第三，狠抓源头治理，水污染防治更加有效。一是加快城镇生活污水处理设施建设，开工城镇生活污水处理项目 1 053 个，完工 450 个；启动农村生活污水治理“千村示范工程”专项行动，建设乡村居民聚居点污水处理设施 8 077 个。二是大力实施乡村公厕建设，新建乡村公厕 1 566 个，占年度任务的 149%；改建乡村公厕 765 个，占年度任务的 159. 7%。三是加强农业农村污染防治，关闭搬迁规模化畜禽养殖场 2 428 家，全省畜禽粪污资源化利用率达 66%，化肥农药使用量连续 3 年负增长，省内长江流域 14 个水生生物保护区全部实现全年禁渔。四是全覆盖整治提升入河排污口，排查出 10 549 个入河排污口（规模以上 1 778 个），已完成 6 529 个排污口整治提升（规模以上 1 127 个）。

第四，强化统筹协调，水环境治理更加规范。一是统筹制定全省重点流域水污染防治规划，编制《沱江流域水质达标三年行动方案（2018—2020 年）》、省

级主要河流水污染防治规划、污染严重的小流域水质达标方案，明确河湖水污染防治目标任务。二是建立重点流域生态保护机制，实施岷江、沱江、嘉陵江水环境生态补偿工作，推动上下游协同治理，发放生态补偿金近 4 亿元。三是落实挂牌督办制度，强化城市黑臭水体整治力度，国家挂牌督办的 101 个黑臭水体已整治竣工 82 个，完成年度目标任务。

第五，注重因地制宜，水生态修复更加长效。一是加强水土保持综合治理，新增治理水土流失面积 2 190 平方千米，完成国家水土保持重点工程投资 1. 8 亿元。二是加强水电工程生态流量专项整治，全面完成 3 301 座水电站“一站一策”整改方案编制和 1 868 座水电站下泄设施改造。三是加强水生生物保护，在长江流域建立 7 个自然保护区，进一步加强对长江鲟、长吻鮠等近百种珍稀水生动物和特有经济水生动物的保护。四是加强河湖绿地生态修复，实施主要河流流域带状防护林廊道行动，启动若尔盖国际重要湿地保护与恢复工程，成功申报四川长沙贡玛国家级自然保护区为国际重要湿地，完成构溪河、驷马河、泸沽湖等 11 个国家湿地公园的巡护监测设施建设维护任务。

第六，落实法治保障，执法监督更加有序。一是持续保持环境执法高压态势，严厉打击水环境违法行为，办理涉水环境行政处罚案件 1 026 件，处罚金额 1. 37 亿元；开展河道采砂领域乱采、乱挖、乱堆、乱弃问题排查整治，收集整理、分类处置涉黑涉恶相关线索 127 条。二是通过法治推动河湖治理，指导地方推进立法创新，明确村级河长的法律地位，健全基层农村自治管水制度；探索检察机关与地方河长办协同推进河湖管理保护模式，利用立案、检察建议督促部门履职。三是强化河（湖）长制工作监督考核，制定《四川省 2018 年度河长制湖长制工作考核实施方案》，进一步提高六大任务推进情况的考核权重；向各市（州）发出提示单 38 份，启动约谈 5 次，约谈 40 余人次，有力地推进了河长制湖长制工作落实和河湖突出问题整改。

（三）变“分散治理”为“协同治理”，共同筑牢长江上游生态屏障

四川省按照习近平总书记“一定要把生态文明建设这篇大文章写好”重要指示的要求，把建设长江上游生态屏障放在生态文明建设的首要位置，聚焦维护国家水生态安全，强化上游意识、担起上游责任，统筹左右岸、干支流，进一步完善河湖共治机制，构建水污染联防联控体系，全力确保一江清水向东流。长江出川断面水质稳定保持在Ⅱ类标准（国家考核要求为Ⅲ类标准）。

第一，打破行政界线，注重全域共治。一是注重省际协同，与云南省共同研究制定《共同保护治理泸沽湖“1+3”方案》，两省湖长共同开展巡湖活动；与重庆市签署跨界河流联防联控合作协议，两省市河长联合开展涪江支流琼江巡河；建立南广河沿线五地（四川省高县、筠连县、珙县、宜宾市翠屏区，云南省威信县）河长联盟；签订大清流河管理保护合作框架协议（涉及四川省安岳县、内江

市东兴区，重庆市荣昌区）。二是注重流域统筹，省政府与沱江流域7市签订《沱江流域水环境质量目标责任书》；建立岷江流域审计监督和河长制工作协同机制，实施河湖长制以来，流域5市纪检监察机关针对涉水问题问责192人；建立嘉陵江流域河道警长机制，对破坏河流生态、污染水体的环境违法犯罪案件，快侦快破、依法严惩。三是注重区域联动，成都、阿坝等6市（州）签署岷江、沱江协调联动推进流域水生态治理保护合作协议，实现流域共治；德阳市构建市域内跨县行政区域水环境生态补偿机制，厘清上下游治水责任，全年扣罚资金95.2万元、发放激励资金94.9万元；攀枝花市米易县分别与凉山州德昌县、盐源县、会理县签订《河流联防联控管理框架协议》，形成有效的上下游、左右岸联动机制。

第二，打破行业界线，强化部门协同。相关部门联合开展7轮省级综合督导和暗访抽查，协同开展中央和省级环保督察涉水问题整改，共同实现省级环保督察“回头看”全覆盖；联合开展长江岸线保护和利用、长江经济带固体废物排查等专项行动，全面掌握相关工作情况，推动所发现问题的整改落实；联合开展重点流域水污染治理，编制完成10条主要河流水污染防治规划，全年环境资源公益诉讼立案1 800余件，完成243口矿井封闭和15个磷石膏堆场整治；联合开展黄河“携手清四乱、保护母亲河”行动，召开现场工作会议，强力督促黄河“四乱”问题的清理和整改；联合举办“河小青”活动，积极营造关心河湖、珍惜河湖、保护河湖、美化河湖的良好氛围。

二、存在的问题

尽管四川省在河湖管理保护方面取得了一些成效，但仍存在一些薄弱环节和突出问题。一是治污能力仍显不足，城乡污水、垃圾处理设施及管网建设滞后，农村生活污水未经处理直接排放情况仍然存在。二是法治化建设有待加强，河湖管理保护规章制度体系有待进一步完善，河长制湖长制工作法治化建设有待加强。三是河湖管护水平还需提高，一些河（湖）长对突出问题还缺乏明确的解决思路和工作举措，非法排污、非法采砂、违法养殖、侵占河道、破坏岸线、垃圾乱倒等现象时有发生。全省做好河（湖）长工作、保护和改善水环境质量，依然需要持续用力，久久为功。

三、下一步工作的重点

四川省将进一步坚持以习近平生态文明思想为指导，按照党中央、国务院部署要求，聚焦管好盛水的“盆”，护好“盆”中的水，多措并举破解四川省面临的水资源、水环境、水生态、水灾害问题，推动河长制湖长制取得更加务实显著的成效，更好满足人民群众日益增长的优美生态环境需要。

一是进一步强化主体责任，不断完善工作体制机制。深入落实各级党委、政府以及各级河长、湖长的河湖管理保护主体责任，完善督查、交办、巡查、约谈、激励机制，积极引入第三方评估等方式，以强有力的考核倒逼责任落实。

二是进一步强化工作抓手，持续提升河湖水环境质量。加强对生态环境良好湖泊、重要天然湿地和水库的保护；全面加强河湖水域岸线管护，大力实施河湖管理范围划定工作；深入开展河湖“清四乱”专项行动，加强农村河湖的管理保护和治理。

三是进一步强化工作创新，有力推动河湖管护再上新台阶。结合实施乡村振兴战略和幸福美丽新村建设，开展河湖管护示范县建设，发挥典型示范和引领带动作用，推动全省河湖长制工作取得新成效。

四是进一步强化工作统筹，深入推进水生态文明建设协调发展。强化综合施策、源头治理，进一步加强重点流域综合整治、工业企业废水治理、饮用水保障工程建设，加快推进水土流失综合治理，加大黑臭水体治理力度，提高全省污水处理和城乡垃圾治理能力，确保水环境质量持续改善，坚决打赢“碧水保卫战”。

农业农村领域绿色发展报告

四川是农业大省，也是长江上游重要生态屏障。2018 年，全省农业农村领域坚持以绿色发展理念引领农业供给侧结构性改革，深入推进农业生产方式转变，加强农业生态环境保护与治理，加快推进农村人居环境整治，进一步夯实了农业农村绿色可持续发展基础。

一、绿色发展推进情况

（一）切实加强农业资源保护

一是草原资源保护。相关部门启动实施“大美草原守护行动”，在甘孜、阿坝、凉山三州牧区 48 县草原禁牧补助 7 000 万亩、草畜平衡奖励 14 200 万亩，落实禁牧休牧、草畜平衡、基本草原保护三项基本制度，向农牧民直补 8.8 亿元，完成超载减畜 27 万个羊单位。实施退牧还草工程，开展草原围栏 235 万亩、退化草原改良 30 万亩、人工饲草地建设 20 万亩、棚圈建设 0.4 万户、黑土滩治理 2 万亩、毒害草治理 2 万亩，退化草地治理与改良共 1 731 万亩次。实施退耕还草 2.6 万亩。

二是水生生物资源保护。建立水生生物自然保护区 7 个，水产种质资源保护区 39 个，依托保护区保护长江鲟、大鲵等珍稀水生动物 20 余种，长吻鮠、中华倒刺鲃等特有经济水生动物近百种。连续在赤水河流域实施十年全面禁渔制度，全省率先在 5 个水生生物自然保护区和 9 个水产种质资源保护区全年禁捕。开展人工增殖放流促进水生生物修复，启动了《长江鲟（达氏鲟）拯救行动计划（2018—2035）》（以下简称“拯救行动”），年放流鱼苗、鱼种超过 1 亿尾，其中每年放流长江鲟、胭脂鱼等珍稀特有水生动物 500 万尾以上。

三是耕地质量保护。建设“基础牢固、绿色生态、循环利用、产村融合、产品安全”的高标准农田 400 万亩，实施地力培肥 227 万亩，高标准农田绿色示范区 158 个，共 72.5 万亩。全省已建成高标准农田面积 3 393 万亩。在全省 97 个县新建 130 个农产品产地环境与耕地质量长期定位监测点，以耕地质量监测为核心的“1+4”监测体系日趋健全。全面完成 176 个涉农县农产品产地土壤重金属污染防治普查工作，共在 19 个县（市、区）开展农产品产地土壤重金属污染综合防治试点，组织宜宾珙县、绵阳安州区、广元朝天区、攀枝花盐边县等省级试点项目县启动了受重金属污染耕地粮食（水稻）禁止生产区划定暨种植结构调整试点工作，组织巴中巴州区、达州大竹县、绵阳安州区、广元朝天区、德阳罗江县、泸州泸县、自贡富顺县 7 个项目县试点编制并实施土壤环境保护工作方案。

（二）全面推进农业投入品减量增效

一是推动化肥减量增效。相关部门持续推进到 2020 年化肥使用量零增长行动，在果菜茶大县主推有机肥替代化肥技术，在粮油大县主推测土配方施肥技术，在农业园区主推水肥一体化技术，在蒲江、丹棱等 11 个县（区）开展果菜茶有机肥替代化肥试点，在中江、富顺等 15 个县（市、区）开展化肥减量增效示范，打造示范区 30 万亩以上，全省农用化肥使用量减少到 240 万吨左右，连续三年实现使用量负增长。

二是推动农药减量控害。相关部门持续实施到 2020 年农药减量控害计划，打造“一园四区”绿色防控示范基地（以 IPM 绿色防控示范园为平台，成片建设蜜蜂授粉、稻鸭共作、稻鱼共栖、统防统治与绿色防控融合示范区），推广高效低毒低残留农药和高效植保机械。以 60 个现代植保示范县为重点，建立主要粮食作物和优势经济作物绿色防控核心示范园区 120 个，统防统治与绿色防控融合示范区 400 余万亩，果树、茶叶病虫害全程绿色防控示范 27 万亩，带动大面积绿色防控 2 000 万亩次。

三是推动兽用抗菌药物减量使用。相关部门持续推进《四川省兽药（抗菌药）综合治理五年行动实施方案（2015—2019 年）》《四川省兽用抗菌药专项整治行动实施方案》《四川省遏制动物源细菌耐药行动工作方案（2017—2020 年）》，实施抗菌药减种减量计划，组织开展兽用抗菌药使用减量化示范创建活动，持续开展遏制动物源细菌耐药专项治理，已禁止 8 种抗菌药使用于食品动物中。

（三）深入推进农业废弃物资源化利用

一是加强畜禽养殖废弃物资源化利用。相关部门大力发展种养循环农业，以种带养，以养促种，推广“生态养殖+沼气+绿色种植”农牧结合生态治理模式，配套建成沼气工程 7 000 余处，户用沼气 600 余万口，在 18 个县开展 PPP 模式推进畜禽粪污综合利用试点，在 10 个县开展畜牧业绿色发展示范创建，在 16 个县开展畜禽粪污资源化利用整县推进项目，新改扩建畜禽标准化养殖场 1 000 个，规模养殖场粪污处理利用设施装备配套率达到 81%。

二是加强农作物秸秆资源化利用。省政府印发了《四川省秸秆综合利用工作推进方案》《四川省支持推进秸秆综合利用政策措施》，提出了深化推进秸秆综合利用 7 条工作措施，相关部门印发了《四川省秸秆综合利用规划（2016—2020 年）》及配套实施方案，启动秸秆综合利用整县推进和全域利用试点，全省初步形成农用为主、多元利用的秸秆综合利用格局，全省农作物秸秆综合利用率达 87.8%。

三是加强农膜和农药包装废弃物回收处置。相关部门印发《四川省“十三五”农药包装废弃物回收体系建设规划》《关于加强农膜科学使用 促进农田残膜回收利用的指导意见》《关于切实抓好农药包装废弃物回收处置工作的通知》，在崇州、简阳等 20 个市（县）探索推行押金制解决农药包装废弃物回收难题；在

60 个绿色植保示范县和 50 个政府购买服务示范县实行农药包装废弃物统一回收、集中处理。依托项目加强农膜科学使用技术指导，开展废旧农膜回收利用，示范带动全省废旧农膜回收利用率达到 74%。

（四）协同推进绿色发展与产业振兴。

一是加快绿色农产品基础建设。相关部门大力开展粮食生产功能区和重要农产品生产保护区划定工作，累计完成“两区”地块划定任务 3 000 万亩。大力推进绿色食品原料标准化基地建设，扎实开展省级和国家级农产品地理标志示范区创建。打响“川茶、川菜、川果、川药、川猪”等“川”字号知名农产品品牌，评选全省优秀农产品区域公用品牌 10 个、优质品牌农产品 50 个，建设省级农产品地理标志核心保护区 8 个。全省“三品一标”数量达到 5 320 个。“三品一标”产品质量检测合格率连续多年保持在 98%以上。

二是促进养殖业发展绿色转型。相关部门大力推动规模养殖场新（改、扩）建全环控、低耗能、环保型的高标准圈舍，配套建设机械化、自动化的高效生产设施和粪污收集、处理、储存、利用设施，建成部省级畜禽养殖标准化示范场达到 1 140 个。以创建牛、羊、生猪调出大县和种养业循环示范基地、种养业循环示范场为抓手，坚持粮饲兼顾、农牧结合、以种定养、种养循环，建成了洪雅、梓潼等一批畜牧养殖绿色示范县，50 个牛羊标准化生产基地县、上千个标准化示范场。

三是推进一、二、三产业融合发展。新建现代农业产业融合示范园区 200 个以上，新增农村创业创新园区 80 个。全省各地新建农业主题公园 122 个、美丽休闲乡村 203 个，休闲农业与乡村旅游接待游客量达 3. 69 亿人次，同比增长 4. 8%，综合经营性收入达 1 516 亿元。认定省级示范休闲农庄 200 个，全省总数达到 300 个。

（五）扎实推进农村人居环境整治

一是强化宜居乡村建设工作统筹。相关部门出台了《美丽四川 · 宜居乡村推进方案（2018—2020 年）》，安排部署了加强规划引领、推进农村人居环境整治“三大革命”、实施村容村貌提升“六化”工程、实施城乡公共服务一体化“六网一中心”工程、实施发展美丽经济“五变”行动、加强山水林田湖草系统治理六项重点任务。

二是突出重点推进生活垃圾和污水治理。省级财政共安排城乡环境综合治理专项资金 5 亿元、专项债券资金 30 亿元用于城乡垃圾、污水治理。相关部门广泛开展农村生活污水治理“千村示范工程”“四川最美古村落”创建行动等试点示范工作。全省 90%以上行政村生活垃圾得到有效处理，14 个村被评为国家改善农村人居环境示范村。

三是大力推进“幸福美丽新村建设”。相关部门针对新农村建设中出现的新情况、新问题，坚持把新农村建设与新型城镇化有机结合，更加注重扶贫解困，更加注重村庄改造，更加注重农村生态文明建设，创新理念、思路和举措，着力建设“业兴、家富、人和、村美”的幸福美丽新村。全省建成幸福美丽新村 6 765 个，新建农房 17 万户，保护传统村落 333 个，建成“1+6”公共服务活动中心 8 620 个，评选省级“四好村”2 000 个。

二、推进农业农村绿色发展主要措施

（一）统筹谋划，加快任务落实

省委办公厅、省政府办公厅印发《四川省农村人居环境整治三年行动实施方案》，从生活垃圾治理、生活污水治理、卫生厕所改造和粪污治理、旧村改造与村容村貌提升、完善建设和管护机制五个方面进行农村人居环境整治。省政府办公厅印发《推进农业供给侧结构性改革 加快四川农业创新绿色发展行动方案》，制定了蔬菜（食用菌）产业、柑橘和猕猴桃产业、优质水稻和青贮饲用玉米产业、猪牛羊产业、茶产业、渔业等重点产业发展行动方案，优化了发展空间布局和生产力布局。省政府办公厅印发《关于推进畜牧业转型升级绿色发展的意见》，推进畜牧业生产方式全面升级。相关部门印发《全省农业四区四基地建设实施方案》，提出力争用 5 年时间把四川省建设成为全国农业绿色可持续发展示范区。

（二）突出重点，加强示范引领

相关部门大力实施畜禽养殖废弃物资源化利用工程、化肥农药减量增效控害工程、秸秆资源化利用工程、农产品产地环境保护工程、长江流域水生生物保护工程、草原生态保护建设工程和高标准农田绿色示范工程等农业绿色发展“七大工程”，持续开展国家畜牧业绿色发展示范县创建，深入实施果菜茶有机肥替代化肥试点、果菜茶病虫害全程绿色防控试点、畜禽粪污资源化利用整县推进试点、农作物秸秆综合利用试点等试点项目，加快推进荣县国家农业绿色发展先行试点区建设，持续在南充市、绵阳市、广元市、攀枝花市、泸州市江阳区、岳池县、宜宾县、宜宾市南溪区、安岳县、红原县、汶川县 11 个市（县）开展国家农业可持续发展试验示范区创建。

（三）深化改革，加强制度创设

为认真贯彻落实中办国办《创新体制机制 推进农业绿色发展意见》，省委办公厅、省政府办公厅印发《四川省创新体制机制 推进农业绿色发展实施方案》，从优化农业主体功能与空间布局、资源保护与节约利用、产地环境保护与治理、养护修复生态系统、健全创新驱动和激励约束机制等方面，进一步细化了目标任务，落实了部门责任，明确了推进措施，加快推进农业绿色发展制度建设。结合农业生态文明体制改革，相关部门共同完成了《四川省农业废弃物综合利用方案》《四川省农业生态环境保护补偿制度建设方案》，从畜禽粪污资源化利用、病死畜禽无害化处理、农作物秸秆资源化利用、废旧农膜回收处理利用、农药包装废弃物回收处置、农产品副产物及加工副产物综合利用六个方面，提出农业废弃物综合利用方案，从农业自然资源保护补偿、农业物种资源保护补偿和农业环境保护补偿三个方面，提出农业生态环境保护补偿制度建设方案。

（四）明确任务，强化考核评价

省委办公厅、省政府办公厅《关于印发四川省生态文明建设目标评价考核办法的通知》明确指出，生态文明建设目标年度评价按照《四川省绿色发展指标体系》的要求，将“农作物秸秆综合利用率”“草原综合植被覆盖度”“单位耕地面积化肥使用量”“单位耕地面积农药使用量”等农业绿色发展指标纳入考核评价。省政府办公厅《关于加快推进畜禽养殖废弃物资源化利用的实施意见》明确要求，建立畜禽养殖废弃物资源化利用绩效评价考核制度，并纳入地方政府绩效评价考核体系。省委办公厅、省政府办公厅《关于印发四川省现代农业园区建设考评激励方案的通知》，将绿色发展纳入考核内容，考核重点为推进“一控两减三基本”计划，推广种养集合循环农业发展模式和技术，实施化肥农药减量控害行动，化肥农药用量持续减少，建立农业生产准入负面清单制度，发展绿色有机无公害农产品，奖励生产档案制度、产地准出制度和产品质量安全追溯制度等。

三、存在的问题与下一步的工作打算

四川省在推进农业农村绿色发展中，主要存在以下问题：一是政策支持不够。以绿色生态为导向的农业补贴机制未完全建立，农业生态补偿制度不完善。财政投入以问题导向为主，对农业绿色发展奖励不足。示范项目分散，未统筹推进，综合效益不明显。二是基础设施缺乏。秸秆、粪污、残膜和农药包装物等农业废弃物收运储处体系不完善，综合利用的设施设备缺乏。农村污水、垃圾处理基础设施建设滞后。三是技术支撑不足。各部门实施意见、方案、行动、计划多，农民和新型经营主体具体如何操作的技术手册、建设导则、生产规范少，农民等农业农村主体参与度不够。

下一步的工作打算：一是认真贯彻落实省委办公厅、省政府办公厅《四川省创新体制机制 推进农业绿色发展实施方案》，确保各项改革措施落实落地，进一步建立健全推进农业农村绿色发展体制机制；贯彻落实省政府《四川省打好农业农村污染防治攻坚战实施方案》，加快农村人居环境整治，着力解决养殖污染，有效预防种植污染，加强农业环保基础设施建设，推进农业突出环境问题治理。二是加强荣县国家农业绿色发展先行试点区建设，探索适合四川实际的丘区生态循环农业绿色发展模式；继续做好 11 个市（县）国家农业可持续发展试验示范区创建工作。三是加强资金整合，结合乡村振兴，切实加强农业农村基础设施建设，统筹实施一批农业面源污染治理流域综合示范区、整建制推进现代生态循环示范县、循环农业示范区建设。

林业领域绿色发展报告

2018 年，四川林业坚持以习近平新时代中国特色社会主义思想为指导，深入贯彻党的十九大和习近平总书记对四川系列工作重要指示精神，认真落实省委十一届三次、四次全会和省委、省政府部署要求，坚持稳中求进工作总基调，自觉践行新发展理念和高质量发展要求，协同推进林业草原事业发展，全年落实省级以上林草财政投入 103. 3 亿元，完成营造林 1 083 万亩，森林覆盖率达到 38. 83%，增长 0. 8%；实现林业总产值 3 600 亿元，同比增长 9%；林业生态服务价值 1. 76 万亿元，林业有害生物成灾率 0. 21‰、森林火灾受害率 0. 096‰、涉林案件综合查处率 96. 57%。

一、研究形成全面推动林业高质量发展思路和目标

省林草管理部门开展《新时代治蜀兴川中高质量建设长江上游生态屏障》《大熊猫国家公园（四川）体制试点的实践与建议》和《林业生态与产业助推乡村振兴》等重点课题研究，围绕林业改革发展热点难点问题，扎实开展大学习大讨论大调研活动。本领域牢固树立“绿水青山就是金山银山”一大理念，紧紧围绕“高质量筑牢长江上游生态屏障、高质量建设林业经济强省”两大目标，突出发挥林业“生态、经济、社会”三大效益，推进构建“生态安全、自然保护、绿色产业、支撑保障”四大体系，力争到 2022 年全省森林覆盖率超过 40%，绿化覆盖率超过 70%，林业总产值达到 5 000 亿元。

二、大熊猫国家公园体制试点工作步伐加快

为推进机构组建，相关部门印发并实施《四川省大熊猫国家公园管理机构设置实施方案》，省林草局加挂“大熊猫国家公园四川省管理局”牌子，7 个管理分局全面挂牌。完成公园边界和内部功能区划微调，石棉县栗子坪国家级保护区调入，增加小相岭片区，所涉县变为 20 个。相关部门积极完善制度政策，加强试点期间生产经营等人为活动管控，制定打桩定标技术方案，启动编制相关规划和指导意见，繁育成活大熊猫 44 胎 59 仔，DNA 检测出野外种群大熊猫个体 300 只，制定《四川省大熊猫野化放归技术指南（2018—2027）》，两只野化培训雌性大熊猫首次放归成都都江堰，大相岭放归基地投入使用。相关部门积极深化交流合

作，举办首届中国大熊猫国际文化周“四川之夜”、首届大熊猫保护与繁育国际大会，2018“四川自然保护周”在香港海洋公园顺利举行，会同世界自然基金会发布大熊猫友好型产品认证系统，省林草管理部门与中国银行四川省分行、省红十字会等签订战略合作协议，联合成都市检察院发布“崇州宣言”。

三、实施现代林业园区，助推脱贫攻坚

相关部门印发《四川省现代林业园区建设实施方案》，与亿利集团建立战略合作关系，选址凉山州普格县建设高标准现代林业脱贫攻坚示范园区，推动亿利集团与普格县签订战略合作协议；推进宜宾叙州区建设现代林业产业省级综合试验区，青神竹编园区申报为国家级林业产业示范园区，评选6个林产品省级特优区。省政府办公厅出台《扶持发展脱贫攻坚造林专业合作社的意见》，组建合作社770个，吸纳建档立卡贫困社员2万名；出台加快推进凉山林业脱贫攻坚的15条帮扶措施，安排贫困地区省级以上林草财政资金74.2亿元，占全省的71%；选聘生态护林员和草管员7.96万名，人均年收入6 000元。贫困地区新增现代林业产业基地115万亩。全面兑现生态效益补偿、天然林商品林停伐管护、退耕还林还草等补助政策，开展“贫困地区林产进都市”活动，完善深度贫困地区林地林木使用政策，降低深度贫困和民族地区森林保险费，支持4个深度贫困县实施整村林业扶贫，指导汶川县顺利脱贫摘帽。

四、竹子和花椒等林业产业发展提速增效

省委、省政府印发《推进竹产业高质量发展 建设美丽乡村竹林风景线的意见》，高规格召开竹产业高质量发展推进会，现场签约竹产业项目12个，协议金额91.69亿元。宜宾市成功申办第十一届中国竹文化节，青神县举办国际（眉山）竹产业交易博览会。全省竹林面积达到1 760万亩，竹业综合产值超过350亿元。省政府召开花椒产业持续健康发展推进会，省政府办公厅印发《推进花椒产业持续健康发展的意见》，成立国内首个省级花椒产业联盟。相关部门与省邮储银行推出“花椒贷”，首批试点发放贷款1 758万元，启动“四川花椒”集体商标注册申报，花椒种植面积556万亩，实现综合产值106亿元。新一轮现代林业重点县完成三年建设任务，全省新增现代林业产业基地150万亩，总面积2 900万亩。全省木竹人造板产能达到1 300万立方米，木竹家具产能突破4 000万件，特色经济林产品产能达到300万吨，成为全国最大的竹浆造纸基地和板式家具生产基地。相关部门积极推进三产融合，举办首届中国西部林业产业博览会，成交额8亿元。相关部门会同西部8省（区）成立中国西部生态旅游发展联盟，横断山入选第二批国家森林步道，雅安市、平武县获批全国森林旅游示范市（县）。相关部门指导举办生态旅游节会88场次，林业生态旅游直接收入达到1 144亿元。相关部门出

台《四川省森林自然教育基地评定办法》，成立四川省林学会森林康养专业委员会、四川省生态康养产业投融资联盟，新评定省级森林康养基地 76 处、森林自然教育基地 38 处、森林康养人家 163 个，命名省级森林小镇 35 家、星级森林人家 558 家。

五、启动实施绿化全川三年行动方案

相关部门印发《高质量绿化全川三年行动实施方案》，围绕“一干多支，五区协同”，开展春季和秋季集中造林行动。新建天府绿道 1 619. 78 千米。启动第二批全国“互联网+义务植树”试点，开展龙泉山城市森林公园“包山头”植树履责示范，全省义务植树 1. 3 亿株。提高森林质量，推进雅安市雨城区森林可持续经营、岷江—大渡河森林质量精准提升试点示范，新增森林经营样板基地 10 处，完成长江防护林三期工程 9 万亩，建设国家储备林基地 3. 3 万亩，实施德贷项目森林经营 24 万亩。开发森林碳汇项目 4 个，诺华川西南林业碳汇项目完成建设任务。抓好天然林保护，管护森林面积 2. 87 亿亩，完成公益林建设 46 万亩、国有中幼林抚育 77 万亩，集体和个人所有天然商品林纳入停伐管护补助。举办天保工程实施 20 周年系列活动。持续巩固前一轮退耕还林成果 1 336. 4 万亩，实施新一轮退耕还林 52. 7 万亩，其中安排贫困县占比 84. 6%。开展扩大新一轮退耕还林规模调查摸底。加强脆弱生态修复，治理沙化土地 34 万亩、岩溶地区 60 万亩、旱区生态 1. 8 万亩。完善九寨沟灾后重建林地林木使用政策，8 个林业项目全部开工建设。生态屏障重点县、川西高原生态脆弱区综合治理有序推进。实施若尔盖等一批湿地保护修复项目，长沙贡玛成为四川省第二个国际重要湿地。完成青衣江流域河长制省级联络员年度任务。

六、森林资源依法保护管理扎实有力

本领域大力推进法治林业建设，《四川省大熊猫国家公园管理条例》《四川省植物检疫条例（修正）》列入省政府立法计划。推进林业综合行政执法改革，清理涉林法规规章，开展“规范林业执法行为、提升林业执法能力”专项行动。严格森林资源监管，首次开展以遥感为支撑的森林督查。推进林地“一张图”纠错更新，实现全省 2. 57 亿亩公益林数据不重不漏。相关部门印发《坚决依法禁止私砍滥伐森林的通知》，推动实施川西北民生项目木材替代行动。审核审批建设项目使用林地 11. 9 万亩。发放林木采伐证 17 万份，采伐林木蓄积 350 万立方米，占年采伐限额 16. 6%。发放木材运输证 14. 8 万份，运输木材 142. 4 万立方米。强化自然保护地管理，开展“绿盾 2018”自然保护区监督检查、自然保护地大检查。环保督察涉林问题完成整改 947 个，整改完成率 96%。指导开展诺日朗瀑布实验性修复保育。蜀道申遗初审材料提交世界遗产中心。开展甘孜州世界遗产资源调查和培育。加强野生动植物保护，完成全国第二次陆生野生植物资源调查。开展兰科植物专项调查，实施距瓣尾囊草等极小种群野外保护和人工培育。加强森林火灾防控，联合省政府印发《四川省林区野外火源管理办法》，省直相关部门印发《四川省森林防火规划》。处置森林火灾229起，其中重大森林火灾2起，24小时扑灭率97%。加强有害生物防控。开展2015—2017年市（州）政府林业有害生物防治目标责任检查考核。深化云贵川渝藏陕鄂七省联防联治，防治林业有害生物灾害826.1万亩次，无公害防治率98%。松材线虫病2个疫区秋季实现无疫情，超额完成国家下达目标。做好野猪非洲猪瘟监测预报。开展"守护绿川2号"等专项执法行动，发现、受理各类涉林案件11 456起，侦破查处11 064起。开展林区缉枪治爆专项行动，查处涉毒违法犯罪案件17件。

七、草原保护管理积极有力

本领域大力落实草原保护政策项目，"三州"48县开展草原禁牧7 000万亩、草畜平衡14 200万亩。完成超载减畜27万个羊单位，超载率控制在9%以内。实施退耕还草2.6万亩，完成草原围栏235万亩，改良退化草原和天然草原103万亩，防治草原鼠虫害1 356万亩次，落实高产优质牧草人工草地建设33.4万亩。新建家庭牧场215户，牲畜棚圈建设1.49万户，巷道圈建设268个，草产品加工33个，草原综合植被盖度在84.8%以上。制定重要草原野生植物采集计划。开展"大美草原守护"等五个专项行动，立案查处草原违法案件396起，结案351起。办理征占用草原审核手续87件，收取草原植被恢复费5 115万元。处置草原火灾14起。4个草原承包确权试点县基本完成工作。强化草原科技支撑，申报草原科技项目39项，获立项15项，其中首次获国家自然科学基金1项。获省政府科技进步一等奖、三等奖各1个，获评天府杰出科学家人选1人（首次入选）、享受国务院政府津贴专家1人。申请专利22件，授权专利13件。推广"川草1、2号"老芒麦优良牧草种子260吨，生产优质青干草48万千克。成立国际草坪研究中心，组建省草科院会东分院，筹建色达分院。

八、林业重点改革继续深化

本领域着力深化国有林场林区改革，全面完成国有林场改革省级验收，国有林场数量由180个减少到159个，其中156个国有林场定性为公益一类事业单位。全面启动国有林区改革，审核批复攀枝花等6个市（州）和省长江造林局、省大渡河造林局改革实施方案。深化集体林权改革，印发集体林地林木"三权分置"指导意见，印发推进林权抵押贷款贯彻意见，明确林权、林地经营权、经济林木（果）权可抵押。推进成都市、巴州区成功申报新一轮集体林业综合改革试验区。新增省级林业示范社21个、示范场21个，新型林业经营主体突破2万个。深化行政审批改革，清理、规范林业行政权力和公共服务事项，将 5 项林业行政许可事项委托或下放给自贸试验区片区。办结林业行政审批事项 2 166 件。省本级林业行政许可事项“最多跑一次”和“网上办理”达到 90%以上，窗口按时办结率、现场办结率、群众满意率、提前办结率达到四个 100%。

九、林业支撑保障能力得到加强

本领域着力强化科技支撑，组建竹子和花椒两大科技创新团队，筹建省林科院凉山分院、巴中分院、油樟产业研究院。获省政府科技进步奖 9 项。制定发布林业地方标准 15 项。开展林业科技服务能力提升行动和“科技扶贫万里行”活动，建设各类试验示范点 300 余个、30 余万亩。认定省森林食品基地 20 个，面积 5 万余亩。强化种苗保障，修订《四川省主要林木品种审定办法》，审（认）定林木良种 11 个，主要造林树种良种使用率提高到 68%。强化资金保障，林区道路纳入交通部门项目库，省级财政新增预算 1 亿元。储备长江绿色发展专项项目 10 个，总投资 21 亿元。指导签订贷款协议项目 4 个，融资 8. 58 亿元。加强对外交流合作，因公临时出国（境）团组 14 批次 86 人次，接待境外重要访客 16 批次 310 人次。实现各类多双边合作项目落地资金 3 206. 6 万元，完成各类培训 1 711 人次。抓好对外宣传，召开新闻发布会 4 场，在全国率先建立“森林康养月”“生态康养日”宣传机制。推进信息化建设，启动编制《四川数字林业设计方案》，启动建设全省林地“一张图”信息发布系统。23 个林业信息系统整合为 16 个并全面迁移到省级政务云。标准化林业站、木材检查站建设有序推进。抓好安全生产，连续 11 年实现“零事故”“零死亡”。

下一步，四川林草将牢固树立“绿水青山就是金山银山”理念，紧紧围绕“高质量筑牢长江上游生态屏障、高质量建设林草经济强省”两大目标，突出发挥林业草原“生态、经济、社会”三大效益，着力构建“生态安全、自然保护、绿色产业、支撑保障”四大体系，充分展示新机构的新气象新作为，加快推动四川林业草原高质量发展。

服务业领域绿色发展报告

一、2018 年工作开展情况

（一）积极推动绿色流通发展

一是坚持新发展理念，以绿色商场创建为抓手，切实推进绿色流通工作。经过积极筛选和指导，成都伊藤洋华堂有限公司（双楠店、锦华店），梅西商业有限公司自贡第一分公司，遂宁万达广场管理有限公司 3 家企业（4 家门店）被商务部确定为绿色商场创建单位。二是推动编制出台《废钢铁回收管理规范》，鼓励和支持成都市再生资源行业协会编制《废钢铁回收管理规范》（DB51/T2556-2018），已于 2018 年 12 月 25 日经省市场监督管理局正式批准发布。

（二）大力促进绿色餐饮发展

一是加强顶层设计。省政府办公厅印发《四川省促进川菜走出去三年行动方案》，推动绿色餐饮发展，推进川菜走出去。出台政策支持绿色餐饮发展，在 2018 年省内贸流通服务业发展促进资金中，支持川菜企业连锁化经营、建设中央厨房和农餐对接。二是完善绿色餐饮相关环保标准。成都市启动《成都市大气污染防治条例》，合力推进餐饮行业油烟源头治理，中心城区烧烤店全部“炭改电”；绵阳市对未按规定安装油烟净化设施的、已安装油烟净化设施但不达标的、整治范围外有居民投诉的餐饮企业和单位食堂，要求必须按规定标准安装，使油烟排放浓度和去除效率符合国家规定。德阳市商务局专门拨付资金支持餐房节能改造。三是推广绿色消费理念，推动国际交流，借助国际慢食协会在成都市举办第 7 届国际慢食全球大会之机，积极推广国际慢食协会所倡导的“优质、洁净、公平”消费理念。

（三）强化报废车拆解行业监督管理

一是加强报废汽车回收拆解行业日常管理。相关部门印发《关于做好汽车流通领域安全生产工作的通知》等文件，组织各地开展汽车流通行业涉及环保等隐患进行排查治理；各市（州）商务主管部门积极会同当地安监、环保、消防等部门开展联合检查，实现对 40 家报废汽车回收拆解企业环保督查全覆盖，发现并整改环保、安全类隐患 35 起。二是督促指导报废汽车回收拆解企业开展危险废物处置。组织开展 2018 年报废机动车回收拆解企业废铅酸电池转移处置工作，共组织

26 家报废机动车回收拆解企业完成 983.74 吨废铅酸蓄电池转运工作。

（四）坚持环境保护优先，严把招商引资准入关口

本领域认真执行生态文明建设和环境保护决策部署、法律法规，按照“外资三法”要求，在外资项目审批环节，将环境影响评价作为项目合同章程审批的前置条件，对不符合环评标准的项目予以一票否决。对已环评批复的项目建立事中事后监管机制，确保项目在实施和营运中按照环评批复和环评报告要求落实相关环境保护措施。对于申报年度省级外经贸发展专项资金支持重大鼓励类外商投资项目，必须要环保达标才予以申报。

（五）加强环境保护宣传教育

相关部门举办“商务大讲堂”，邀请专家学者作题为《新时代下的生态环保工作》的环保讲座，助推干部职工深入贯彻落实习近平总书记关于生态文明建设的重要思想，进一步学习领会习近平生态文明思想的丰富内涵和精神实质。按照生态环境部、国家发展改革委的统一部署，6 月 11 日—17 日，全省商务系统以“创建绿色商场，推广绿色技术，促进绿色回收，发展绿色餐饮”为重点，开展了“绿色流通，低碳消费”节能宣传周活动。

二、存在的主要问题

（一）报废汽车拆解行业发展急需上档升级

目前，全省报废汽车回收拆解行业总体规模小，行业技术水平、资源回收率、汽车回收率低，危险固体废物处置成本高，二手车限迁取消，导致环保压力增大。

（二）绿色流通理念尚未完全树立，政策支撑体系有待建立

部分企业对推进流通领域资源节约、发展绿色流通的认识还不到位，还存在流通业不是能源消耗主要行业，资源节约、绿色发展与流通业关系不大等思维定式，对推动流通领域节能减排、创建绿色商场的参与积极性不高。发展绿色流通还缺乏有效的支持政策，往往是倡导多，实际支持力度不大。发展绿色流通的宣传力度还需持续加大，在全社会宣传引导形成绿色消费、合理消费、科学消费的理念和生活方式还有一个过程。

三、下一步工作的重点

（一）扎实推进绿色商场创建

积极发展绿色流通，推进绿色商场创建工作，着重在购物中心和超市业态中创建一批集门店节能改造、节能产品销售、废弃物回收于一体的绿色商场，发挥示范带动作用，引导和促进绿色消费。

（二）大力发展绿色餐饮

把发展绿色餐饮作为落实绿色发展理念的重要抓手，加大绿色餐饮宣传力度，

加强消费行为引导，形成“厉行勤俭节约、反对餐饮浪费”的良好社会风气。健全绿色餐饮工作机制，完善政策措施，及时总结推广绿色餐饮发展的成功经验和做法，在全社会营造“绿色生活、绿色发展”的良好氛围。

（三）积极推进绿色采购

积极落实绿色采购的相关要求，制定相关配套措施，搭建绿色采购信息和服务平台，鼓励流通企业扩大绿色采购，增设绿色产品专柜或专区，引导绿色消费。

（四）着力推动绿色包装

结合全国节能宣传周，宣传贯彻流通领域绿色包装标准，加快绿色包装标准化进程，大力倡导绿色商场减少塑料袋使用，引导绿色商场加大“减塑”力度。积极发挥行业协会作用，通过发布倡议等方式，做好绿色包装标准宣传，形成倡导绿色包装、反对过度包装的良好社会氛围。

（五）持续推广绿色回收

积极宣传绿色分拣中心建设标准，推动大中城市分拣中心绿色发展，组织编写再生资源新型回收模式案例集，宣传推广绿色回收先进经验和做法，引导再生资源回收行业转型升级。

能源领域绿色发展报告

2018 年，全省能源领域以习近平新时代中国特色社会主义思想为指导，认真学习领会党的十九大精神，切实牢固树立“四个意识”，不断增强“四个自信”，坚决做到“两个维护”，深入贯彻习近平总书记对四川工作系列重要指示精神，自觉践行新发展理念，以推进供给侧结构性改革为主线，深入实施“四个革命、一个合作”能源安全新战略，不断培育壮大清洁能源产业，加快构建清洁低碳、安全高效的能源体系，全国优质清洁能源基地和国家清洁能源示范省建设取得新成效。

一、总体情况

2018 年，全省能源领域加强以水电为主的清洁能源开发，积极推进供给侧结构性改革，能源供给规模持续增加，供给质量显著提高。同时，大力实施能源消费总量和强度“双控”，扎实推进天然气替煤代油、非化石能源替代化石能源“双重更替”，不断提高清洁能源消费比重，能源消费结构持续优化。

从供给侧看，2018 年全省电力装机总规模 9 683 万千瓦，其中水电装机达到 7 673. 95 万千瓦，同比增长 1. 45%；风电装机 252. 82 万千瓦，同比增长 20. 13%；光伏装机 180. 75 万千瓦，同比增长 34. 14%，非化石能源装机比重达到 83. 73%。发电量 3 658 亿千瓦时，同比增长 3. 18%，其中非化石能源发电量比重达到 88. 16%。境内天然气（含页岩气）产量 315 亿立方米，同比增长 13. 62%；其中页岩气产量 42. 37 亿立方米，同比增长 41. 23%。

从消费侧看，2018 年全省全社会用电量 2 459 亿千瓦时，同比增长 11. 53%；天然气消费量 215 亿立方米，同比增长 7. 87%。全省清洁能源消费占能源消费比重达到 49. 6%，其中非化石能源消费占比达到 35. 8%，天然气消费占比达到 13. 8%，均居全国前列。

二、主要工作

（一）科学谋划能源绿色发展战略

按照省委、省政府《关于加快构建“5+1”现代产业体系 推动工业高质量发展的意见》，相关部门出台《四川省培育壮大清洁能源产业方案（2018—2022）》，提出了未来五年全省清洁能源产业发展的总体要求、主要目标、重点任务，建立了省领导联系指导清洁能源产业培育的工作机制；全面完成《四川省“十三五”能源发展规划》中期评估，并开展规划实施环境影响回顾性评价，组织开展2017年清洁能源示范省建设运行情况自评价；贯彻落实国家能源局关于全国天然气产供储销体系建设的总体部署，编制川渝地区2035年1 000亿立方米天然气产能建设方案，明确了四川省天然气中长期发展目标。

（二）培育壮大清洁能源产业

相关部门坚持以供给侧结构性改革为主线，不断优化能源结构和开发布局。加快全国优质清洁能源基地建设，有序推进“三江”水电基地及龙头水库电站建设，大渡河长河坝、猴子岩、沙坪二级、水洛河固滴水电站全部机组投产发电；金沙江乌东德、白鹤滩，雅砻江两河口、杨房沟，大渡河双江口、硬梁包等重大水电项目加快推进；金沙江银江，大渡河巴拉、金川等水电站核准开工，全年新增水电装机110万千瓦。稳步推进新能源开发，全年新增风电并网装机42万千瓦，新增光伏并网装机46万千瓦。加快四川省天然气产能建设，着力推进长宁—威远页岩气、高磨地区震旦系气藏等重点天然气增产项目建设，全力保障川中龙王庙、川东北高含硫气田、普光气田、元坝气田、川西中浅层气田等重点气田正常满负荷生产，积极协调解决川西气田产能建设项目推进中的困难和问题，全国页岩气生产基地初步建成。

（三）促进化石能源高效清洁生产利用

相关部门持续推动煤炭落后产能有序退出和优质产能加快释放，全年关闭退出煤矿20处，去产能213万吨，新增优质煤炭产能120万吨，井下煤矿瓦斯抽采3.5亿立方米、利用1.7亿立方米，地面煤层气抽采利用1亿立方米，实施煤矿安全改造项目28个，煤矿安全条件显著改善。坚持“淘汰落后、优化存量、严控增量”的原则，研究制定《四川省推进供给侧结构性改革防范化解煤电产能过剩风险实施细则》《四川省2018年煤电超低排放和节能改造实施计划》，规范燃煤热电联产和燃煤自备电厂管理，全力推进4台210万千瓦煤电机组升级改造，关停黄桷桩电厂、内江白马电厂等共计85万千瓦煤电机组。

（四）不断完善清洁能源输送网络

相关部门加快清洁能源外送通道建设，大力推进四川水电外送第四回特高压直流工程前期工作；按照国家统一安排部署，结合在建梯级电站投产时序，积极协调推进白鹤滩、金沙江上游水电外送通道建设前期工作。完善省内电力骨干网架，全年建成投运猴子岩水电站送出等5个500千伏输变电工程、凉山盐源大河光伏电站送出等17个220千伏输变电工程、阿坝金川观音桥等39个110千伏输变电工程，核准开工5个500千伏输变电工程、19个220千伏输变电工程、33个110千伏输变电工程。提升天然气互联互通能力，楚雄—攀枝花、元坝—阆中等天然气输送管道项目建成投运，新场—三邑—天府新区、阆中—南充、中江—龙泉等天然气输送管道项目顺利推进，天府新区集输管网、元坝—德阳天然气管道等项目核准开工，调度灵活、输配合理、保障有力、安全可靠的油气管网正在逐步形成。

（五）积极推进清洁能源消纳

相关部门认真贯彻落实省政府《关于深化四川电力体制改革的实施意见》，增加电力交易市场主体，丰富电力交易品种，通过水电消纳示范区、降低一般工商业电价等措施，促进全省电力消费。深入推进电能替代，编制实施《四川省 2018 年燃煤（油、气）锅炉窑炉电能替代计划》《四川省 2018 年新能源充电基础设施和岸电设施电能替代示范项目计划》，大力推进燃煤（油、气）锅炉窑炉电能替代，不断完善配套支持政策，加大燃煤自备电厂清洁替代，实现省内燃煤自备机组能替代全替代，有序推进新能源充电基础设施和岸电设施建设。全年全省电能替代电量 84.08 亿千瓦时，同比增长 39.6%。加强省市间能源合作交流，充分利用现有水电外送通道，向山东、江苏、浙江、上海等省市外送水电 1 333.37 亿千瓦时；贯彻落实“川气东送”战略，外送天然气 73.99 亿立方米。

（六）加强能源领域生态环境保护

相关部门在水电开发中，统筹考虑经济、社会和生态效益，把生态环境保护放在更加重要的地位。在项目前期阶段，将河流水电规划环境影响评价作为河流水电规划审批工作的重要组成部分，水电专项规划必须符合流域水资源综合规划；申请核准的所有水电项目，必须先取得环境保护主管部门环境影响评价批复；水电规划论证必须统筹整条河流的环境敏感对象和生态保护要求，保留一定天然河段，保持合理开发强度。在项目建设监管阶段，督促项目业主落实环保三同时制度，加强施工期间废渣废水管理；督促已建工程落实水电环保监管主体责任，加快推行下泄生态流量远程联网监控；项目验收必须将环境保护专项验收作为水电项目各阶段验收的基础。

三、下一步工作的重点

全省能源领域将以习近平新时代中国特色社会主义思想为指导，全面贯彻党的十九大和十九届二中、三中全会精神，按照高质量发展的根本要求，以能源供给侧结构性改革为主线，积极培育壮大清洁能源产业，加快清洁低碳、安全高效的能源体系建设步伐。在能源生产方面，力争发电总装机容量达到 9 780 万千瓦，其中非化石能源装机占比 83.96%；天然气产量达到 360 亿立方米左右，其中页岩气产量 70 亿立方米左右。在能源消费方面，能源消费增速控制在 2.9%以内，力争非化石能源消费比重提高到 36.5%以上，天然气消费比重提高到 15%以上，煤炭消费比重下降到 25%左右。

(一)科学推进水电和新能源开发

有序推进金沙江、雅砻江、大渡河“三江”水电基地建设,优先建设龙头水库电站,严格控制中型水电核准,全面停止小型水电项目开发。积极推进大渡河流域综合管理试点,发挥流域综合效益。加快白鹤滩、双江口、两河口等重大水电项目建设,开工建设拉哇、格拉基等水电站,积极推进金沙江昌波、雅砻江孟底沟、大渡河巴底等水电站前期工作。力争全年新增水电装机60万千瓦,新核准水电规模120万千瓦,在建水电规模达到2 840万千瓦。按照“总量控制、适度开发”的原则,有序推进调整后的凉山州风电基地建设,严格控制基地外风电开发,创新推进“实验风场”建设。启动太阳能资源富集地区光伏基地规划编制,扎实推进三州村级光伏扶贫电站建设,严控商业光伏开发。

(二)统筹推进天然气(页岩气、煤层气)勘探开发

加快高磨地区震旦系灯影组气藏、川西下二叠统等区块勘探进程,开钻探井61口,力争全年新增探明储量7 600亿立方米,其中页岩气6 000亿立方米。大力提升油气勘探开发力度,建立健全推进机制,研究制定年度方案,加快川中龙磨溪龙王庙组、高磨震旦系、川东北高含硫气田、川西气田开发,以威远区块、长宁区块、昭通区块(四川境内部分)、富顺区块、井研—犍为区块、荣昌北区块为重点,加快页岩气生产基地建设。全年新建天然气产能100亿立方米,其中页岩气60亿立方米;力争产量达到360亿立方米,其中页岩气70亿立方米。认真落实国家煤层气(煤矿瓦斯)抽采利用政策,加强煤层气与煤炭资源综合勘查评价,重点推进川南筠连、古叙、芙蓉等矿区地面煤层气规模化、商业化和产业化开发。积极引导煤炭企业开展煤层气开采业务,在所属煤炭矿权范围内布置地面煤层气勘探井,力争2019年地面煤层气产能达到2亿立方米,产量达到1.2亿立方米。

(三)积极推进传统能源行业转型升级

推进新维煤矿等大中型煤矿建设,尽快释放先进产能,推广应用煤炭绿色开采技术,重点推进广安龙滩煤矿、泸州石屏一矿、攀枝花大宝鼎煤矿智能化开采示范建设,提升煤炭优质产能比重,促进四川省煤炭行业转型升级。继续做好煤炭结构性去产能工作,重点分类处置30万吨以下煤矿,引导小煤矿关闭退出。推进煤炭物流和应急储备建设,在川东、川北、川南等区域,加快推进以加工、参配、储备为主的洁净煤物流中心建设,强化商品煤质量监管和煤炭清洁高效利用。按照国家对煤电机组超低排放和节能改造要求,继续推进30万千瓦及以上机组升级改造。制定成品油质量升级方案并推动实施。

(四)进一步完善清洁能源输送网架

推动水电外送通道建设,尽快核准开工雅中至江西±800千伏特高压直流输电工程;加快以白鹤滩为主力电源的特高压直流工程前期工作,力争年内核准。完善省内骨干电网,力争丰水期前建成雅安加强等500千伏输变电工程,尽快核准

开工甘谷地—蜀州 500 千伏改接、康定—蜀州 500 千伏线路串补站等工程，加快尖山 500 千伏扩建等一批重要输变电工程建设。不断提升天然气输送和存储能力，核准攀枝花—西昌天然气管道、川南页岩气管道等项目，实施天府新区集输管网、元坝—德阳天然气管道项目。积极推动储气调峰设施建设，新开工 27 处 1 亿立方米储气设施，建成 1 287 万立方米储气能力，重点加快推进川南长垣坝构造带地下储气库项目前期工作，开工建设川东北储气调峰基地二期和彭州 LNG 储气库二期。

（五）大力推进水电消纳

积极落实“西电东送”，以“网对网”方式推动四川水电外送。深入推进电能替代，编制下达锅炉窑炉电能替代实施计划，挖掘自备电厂停发替代潜力，继续实施丰水期居民电能替代电价政策，在工业生产、交通运输、农业生产、供冷供暖、家居家电五大领域全面推进电能替代，不断提升电能在终端能源消费中的比重，力争 2019 年电能替代电量达到 120 亿千瓦时以上。加快充电基础设施建设，督导各地编制完善充电基础设施规划，建立部门联动和市场主体互动机制。加快推进四川省公用充电基础设施电能替代示范项目建设，进一步做好国家电网公司智慧车联网平台、特来电、万帮星星充电等充电桩营运平台的互联互通和数据共享工作。

（六）认真做好中央环保督察小水电问题整改工作

按照《四川省落实第五环境保护督察组督察反馈意见整改方案》的要求，2019 年年底全面完成自然保护区、雅安市青衣江和大渡河流域干支流、周公河雅安段和小水河等中央环保督察小水电问题整改。按照国家四部委开展长江经济带小水电清理整改的工作部署，积极配合水利部门开展四川省小水电清理整改工作。配合做好沱江、岷江流域水质整治有关工作，有序推进沱江、岷江流域的小水电问题整改。

地方报告

成都市2018年绿色发展报告

成都作为长江上游的重要生态屏障，在国家和全省生态格局中占有重要地位。成都市委、市政府高度重视绿色发展，深入贯彻党的十九大精神和习近平生态文明思想，全面落实习近平总书记对四川及成都工作系列重要指示精神，始终把生态文明建设放在事关全局的重要位置，把推动绿色发展作为强化全省“主干”担当的重要方面，融入治蓉兴蓉各领域全过程，着力推进制度体系完善、空间格局优化、经济转型升级、污染防治攻坚和绿色生产生活方式构建，全面推动“生态优先、绿色发展”理念落地生根。

一、完善绿色发展的顶层制度体系

牢固树立“绿水青山就是金山银山”的发展理念，从大局上提高政治站位，从制度上保障部署落实，系统化、法治化、市场化推进绿色发展。

（一）系统谋划绿色发展顶层设计

市委、市政府先后制定并出台《关于全面贯彻新发展理念 加快推动高质量发展的决定》《关于加快建设美丽宜居公园城市的决定》，为推进全市绿色发展明确了方向和路径；市委、市政府编制并印发《成都市加快推进生态文明建设实施方案》《成都市生态文明建设“十三五”规划》《成都市生态文明体制改革方案》等专项文件及年度计划；制定并实施《成都市生态文明建设目标评价考核办法》，发布区（市、县）绿色发展指数，总体有规划、年度有计划、落实有考评，全面适应国家中心城市和美丽宜居公园城市建设的绿色发展框架体系基本建立。在2018年长江经济带发展座谈会上，习近平总书记对成都强化顶层设计抓生态文明建设特别是锦江水生态治理的举措和成效给予了充分肯定。

（二）强化法治化监督管理机制

成都积极建立绿色发展“立法+监督+执法”全链条机制，完善地方法规规章，制定出台饮用水水源保护、兴隆湖保护等多部地方性法规和政府规章，加快推进大气污染防治条例和生活垃圾管理条例等立法进程，严格落实国内首个为城市特定区域生态保护出台的地方条例《成都市环城生态区保护条例》；加强环保监督，成立市级环保督察机构，扎实开展中央、省环保督察及“回头看”反馈问题整改；强化环境执法，建立环境行政执法与刑事司法联动工作机制，设立环境资源审判庭，组建“环保警察”，一批群众反映强烈的环境问题得到妥善解决。

（三）探索建立绿色发展市场机制

成都坚持以市场化手段协同推进经济社会发展和生态环境保护，深化资源要素价格改革，区（市、县）生活用水阶梯价格改革全面完成，落实环保电价政策，执行高耗能行业差别电价，“资源有价、环境无价”渐成社会共识；推进碳配额、碳普惠和减排量多层次碳市场体系建设，完成全国首例清洁能源替代领域碳减排量化方法学，启动实施碳普惠示范工程，加快推进“碳资产”确权赋能；探索碳交易和用能权交易协同管理机制，积极参与全省用能权有偿使用和交易试点；完善多元化生态补偿机制，印发并实施《关于健全生态保护补偿机制的实施意见》，在全省率先建立生活垃圾跨区（市、县）处理环境补偿和岷江、沱江流域水环境生态补偿机制。

二、构建全域统筹的绿色空间格局

成都始终坚持将绿色发展理念融入城市规划、建设、管理全过程，加快构建集约高效的生产空间、宜居适度的生活空间和山清水秀的生态空间，积极探索形成人、城、境、业高度和谐统一的现代化城市新格局。

（一）着力优化市域空间结构

成都尊重和顺应城市发展规律，突出公园城市特点，调整优化城市总体规划，成立全国首个公园城市研究院，组建公园城市建设管理局，编制美丽宜居公园城市规划及建设导则，以园中建城的大系统观、大文化观、大生态观为城市规划指引，推动市域城乡形态从“两山夹一城”到“一山连两翼”的千年之变，加快构建“一心两翼三轴多中心”的多层次网络化城市空间结构。

（二）实施差异化区域发展战略

成都全面落实国家主体功能区战略，分向、分区确定城市发展策略和功能定位，构建“东进、南拓、西控、北改、中优”差异化空间布局，高水平规划南北、东西城市轴线，严控中心城区开发强度，调减“西控”区域建设用地规模，提升全市农业用地和生态用地比重，与城市资源禀赋和生态环境特征相适应的城镇空间布局加快形成；坚持产城融合，重塑产业经济地理，推动产业功能布局与环境容量协调发展，加快 66 个产业功能区及园区规划建设。

（三）构建市域生态安全格局

成都以资源环境承载能力为硬约束，加快完善“两山、两网、两环、六片”市域生态安全格局，科学划分市域生态、农业、城镇空间，明确到 2020 年全市生态空间和农业空间占比不低于 78%的控制目标；筑牢城市永续发展的生态基础，划定永久基本农田 652. 78 万亩并实行特殊保护；12 个区（市、县）纳入省级生态保护红线面积达 1 182. 09 平方千米，占全市面积的 8. 25%。

三、强化创新驱动的绿色产业体系

成都坚持以绿色发展理念引领产业转型，加快构建资源节约、循环高效的生产方式，不断提升能源清洁化利用水平和资源产出效率，积极探索绿色化成为普遍形态的高质量发展之路。

（一）推进传统产业绿色转型

成都坚持依法依规淘汰和化解落后过剩产能，累计淘汰和关闭钢铁、建材等落后产能企业460户，基本退出钢铁长冶炼流程、烟花爆竹和印染行业；实施重点行业企业清洁化改造和达标行动，全面推进绿色制造体系建设，水泥、平板玻璃、火电等典型传统行业实现全行业绿色化改造升级；突出高端高质、绿色低碳，制订并实施《高质量现代化产业体系建设改革攻坚计划》《高质量发展评价指标体系》，积极培育创新驱动、环境友好的“5+5+1”现代化产业体系。

（二）加快发展新经济培育新动能

成都制定并实施《推进绿色经济发展实施方案》，发展壮大新能源、节能环保等九大绿色产业，2018 年新能源、节能环保规模以上企业主营业务收入分别超168亿元和782亿元，金堂淮州新城获批首个国家级节能环保新型工业化产业示范基地；培育壮大绿色经济市场主体，2018 年新登记绿色经济企业 2 731 家、注册资本219亿元；积极发展绿色金融，全省首个绿色金融中心正式开园，环境污染责任保险保额超3亿元，绿色信贷余额 3 200 亿元；以天府绿道、川西林盘为重点，创新开展生态价值实证核算，有机嵌入文体商旅等绿色业态，丰富绿色经济应用场景，探索生态价值转换路径，推动绿色资源向绿色产业转化，经济绿色化、绿色经济化特征更加清晰。

（三）着力优化调整能源结构

成都大力推动传统能源安全绿色开发和清洁低碳利用，强力实施电能替代，加快建设清洁能源生活区，累计淘汰改造燃煤锅炉 1 265 台，全市 10 蒸吨以下及禁燃区燃煤锅炉实现双“清零”，餐饮门店清洁能源改造入选联合国教科文组织推广案例，中心城区新增公交车100%使用新能源；强化清洁能源基础设施建设，累计建成充电桩逾万个，西南地区首个加氢站投入营运，双流航空港产业园、新都华润雪花啤酒等一批天然气分布式能源项目成为全省样板，全市清洁能源占比提升至 58. 78%，优于全国平均水平。

（四）不断提升资源利用效率

成都大力强化能源消费总量和强度“双控”，制定实施节能减排降碳综合方案，开展重点领域节能工程，用全省24%的能耗贡献了约38%的地方生产总值；强化工农业节水，加快再生水利用和海绵城市建设，主城区再生水利用能力达55万吨/日，约122平方千米的环城生态区海绵综合体初步形成；大力发展循环经济，长安静脉产业园以专家评估第一名成功申报创建国家资源循环利用基地，简阳市、金堂县获批省级全域秸秆综合利用试点，2018年全市秸秆综合利用率达97.9%。

四、打造宜人宜居的城乡生态环境

成都坚持把解决突出环境问题作为民生优先领域，全面落实中央打好污染防治攻坚战的决策部署，结合成都实际实施"三治一增"，着力补齐生态短板，厚植绿色优势。

（一）全面打响污染防治攻坚战

成都铁腕治霾，大力实施治污减排、控车减油、清洁降尘、科技治霾等创新举措，全面打响蓝天保卫战，空气质量持续改善，"窗含西岭千秋雪"胜景更高频次出现，2018年全市优良天数达251天，优良天数率同比提高5.4%，为新标准实施以来最好水平；重拳治水，以河长制管理为抓手，深化生产、生活、生态用水"三水共治"，中心"5+1"城区、县城污水处理率分别达到97.3%、88.5%，基本消除城市建成区黑臭水体，2018年市域地表水断面Ⅰ~Ⅲ类占比75.5%，同比提高7.2%，国控黄龙溪出境断面水质从V类提升到Ⅳ类，县城以上集中式饮用水水源地水质100%达标；科学治土，开展土壤环境质量调查，加快推进45个固危废处置项目，农药、化肥使用量分别减少2%、1.5%，全市土壤环境质量保持总体稳定。

（二）持续推进全域增绿行动

成都实施"全域增绿"，开展城区绿化春秋季战役，强力推进"两拆一增"，加快构建生态区、绿道、公园、小游园、微绿地五级城市绿化体系，开敞空间大幅增加，建成区绿化覆盖率达43%；大手笔规划建设天府绿道、龙泉山城市森林公园等标志性生态工程，建成三级绿道体系2 607千米，熊猫绿道建成开放；实施城市立体绿化，试点推出全国首个"城市森林花园建筑"，集中打造"花园式特色街区"38个，创建评选园林式单位43个、园林式住宅小区50个，美丽宜居公园城市的绿色底蕴更加鲜明。

（三）强化生态保护修复

成都切实担负全省主干责任，坚持共抓大保护、不搞大开发，协同推进长江经济带绿色发展，深入开展流域、区域生态保护修复和污染联防联控联治。强化森林资源保护，深入推进"大规模绿化全川"成都行动，先后启动龙泉山脉、大熊猫栖息地、芦山地震区域三大重点生态植被恢复工程，全市森林覆盖率达39.5%，森林蓄积量3 506万立方米。强化自然保护区综合治理和保护，积极推进大熊猫国家公园体制试点。强化湿地保护修复，在全国率先编制《成都市湿地修复与生物多样性保育技术导则》，桤木河建成省级湿地公园，白鹭湾、白鹤滩成功申报国家级湿地公园，全市湿地保有量达2.87万公顷。

五、倡导共建共享的绿色生活方式

成都始终秉承绿色发展为了人民也依靠人民，注重从需求端刺激绿色发展，积极倡导绿色低碳的生活方式和消费模式，推动形成全民参与、共建共享美丽宜居公园城市的良性局面。

（一）大力倡导绿色低碳出行

成都强力实施轨道交通加速成网计划，大力推进快速公交和微循环社区巴士建设，获批创建首批公交都市，公交出行分担率从2013年的28%提升至53%；加快提升慢行交通系统，出台全国首个《关于鼓励共享单车发展的试行意见》，自行车以共享形式回归城市，全市累计投放总量约145万辆，全长4 315千米的自行车网络启动建设，首条封闭式自行车“高速公路”开通投用，绿色低碳出行逐渐成为市民自觉行动；积极推广应用新能源汽车，实施新能源汽车地方补贴、停车收费减免、不限行不限号、启动专用号牌等鼓励政策，累计推广新能源汽车4.7万辆。

（二）积极培育绿色生活消费模式

成都大力推行绿色建筑，开展“绿色建筑+”试点示范，新建房建工程项目全面落实绿色建筑标准，全市星级绿色建筑面积达1 257万平方米，成功入选中国绿色建筑发展最佳城市十强；推广装配式建筑和成品住宅绿色环保装修，建成市级装配式建筑研发中心和多个生产基地，获批国家首批装配式建筑示范城市；积极推广环境标志产品，编制《成都市绿色建材产品指导名录》，推动绿色建材产品本地应用；全面推进生活垃圾分类和“厕所革命”，居民生活垃圾分类覆盖率达35.2%；推行公共机构绿色办公，政府采购中绿色采购比例达95%。

（三）着力普及宣传绿色发展理念

成都发布国内首个城市绿色低碳发展蓝皮书《成都市绿色低碳循环发展报告（2017）》，系统全面展现全市绿色低碳循环发展最新进展和亮点成效，社会各界对生态优先、绿色发展的认知程度不断提升。创新线上线下活动形式，组织开展“世界地球日”“世界环境日”“节能宣传周”和“低碳日”等主题宣传活动。推进绿色会展，创新实施全省首个会议碳中和项目，发布全国首个会展活动碳足迹核算地方标准《成都市会展活动碳足迹核算与碳中和实施指南》。全民积极主动参与绿色发展和生态文明建设的社会风气逐渐形成。

六、深化绿色低碳的示范合作建设

成都坚持用国际化视角推动绿色发展，融入国际社会绿色低碳可持续发展潮流，广泛开展试点示范和交流合作，切实用绿色低碳的国际语言讲好成都故事。

（一）积极开展绿色低碳试点示范

成都获批国家低碳城市试点，加入中国达峰先锋城市联盟，推进 2025 年碳排放达峰，为国家减排承诺贡献地方力量，全市人均二氧化碳排放量大幅低于全国平均水平。开展评选绿色低碳示范单位 59 家，创建国家级“公共机构能效领跑者”2 家。推动低碳产品认证试点，以低碳产品、低碳企业和碳足迹认证为主体的全方位认证管理体系基本建立，全市 15 家企业获得 24 张低碳产品或碳足迹证书，位居副省级城市第一。

（二）不断拓展绿色低碳国际合作

成都以绿色低碳园区和项目建设为着力点，引进先进低碳技术和管理经验，拓展应对气候变化国际合作。合作开展中美“可持续及宜居城市建设”项目，推动落实第四届中美省州长论坛合作事项，成都产业集团加入“加州—中国清洁能源基金”投资者联盟。“中国—瑞士低碳城市”成都项目成为两国创新战略伙伴关系重要载体，温江共建示范项目取得阶段性成果。与德国波恩市开展低碳可持续合作，落实“波恩—成都低碳可持续发展合作框架”。

（三）积极搭建国际合作交流平台

成都坚持“走出去”，在巴黎气候大会、中美气候峰会、加州全球气候行动峰会、宜可城 2018 世界大会、“一带一路”第三届城市绿色经济发展大会等国际舞台，向全球宣传成都绿色低碳发展经验。推动与 C40 城市气候领导联盟、全球气候与能源市长盟约等国际组织交流合作，签署《成都市与 C40 城市气候领导联盟合作备忘录》。注重“引进来”，连续两届成功举办联合国人居署国际城市可持续发展高层论坛，发布城市可持续发展《成都宣言》，荣获首批全球绿色低碳领域先锋城市蓝天奖，城市绿色低碳发展国际影响力显著提升。

对照党中央、国务院、省委省政府要求和人民群众的优美生态环境需要，全市绿色发展还面临思想认识和责任落实有待强化、资源环境约束日益趋紧、环境问题治理任重道远、绿色经济体系尚不健全等诸多挑战。下一步，成都市将坚决贯彻落实习近平生态文明思想和习近平总书记对四川及成都工作系列重要指示精神，把绿色发展作为全面推进国际化营商环境建设、实现高质量发展、推进高效能治理、创造高品质生活的重要抓手，坚定不移推进生态文明体制改革，打好污染防治十大攻坚战，全面推动生产体系、生活方式、生态环境绿色化，为共建长江上游生态屏障、维护国家生态安全发挥全省主干作用，加快建设美丽宜居公园城市，努力让绿色成为城市最厚重的底色、最鲜明的特质和最持久的优势。

自贡市2018年绿色发展报告

2018年，自贡市委、市政府深入学习贯彻党的十九大精神，认真落实党中央、国务院和省委、省政府推进生态文明建设和绿色发展的重大决策部署，坚持“绿水青山就是金山银山”的发展理念，坚持走生态优先、绿色发展之路，大力推进绿色发展、低碳发展、循环发展，努力打造碧水蓝天、绿色出行的美丽自贡，推动自贡老工业城市转型升级再上新台阶。

一、坚持规划引领，构建绿色发展新态势

自贡市深入推进生态文明体制改革和供给侧结构性改革，探索市场配置能源资源新模式，制定了《自贡市用能权有偿使用和交易试点实施方案》，确定2018—2020年用能权的主要目标和工作重点；编制生态基础设施规划和生态控制线规划，在市域范围内强化山水林园的生态基础保护，划定生态红线，严格禁建区范围。目前，自贡市完整保留城区山体87座、湿地74处。编制全域公园体系规划，实施城区全域绿化工程，推进燊海井山体公园、盐都植物园二期工程项目建设，建成各类公园绿地180个，建成区绿地率达35.85%，绿化覆盖率达42.1%，人均公园绿地面积达12.55平方米。自贡市科学编制长江经济带战略环境评价自贡市“三线一单”，编制工作已取得阶段性成果；印发《自贡市全民节能行动计划》，将节能贯穿于经济社会发展全过程和各领域，形成政府垂范、企业积极行动、公众广泛参与的全民节能氛围；制定了《关于下达自贡市2018年节能减排降碳工作任务的通知》，对年度重点工作进行了全面部署。

二、坚持重点领域节能，统筹谋划绿色发展新格局

自贡市大力发挥节能减排领导小组办公室“指挥棒”作用，倒逼各区县、各部门加快树立绿色发展理念，推进工业、交通、建筑、公共机构、商务、农业等重点领域节能。

一是重点推进工业节能减排。以化工、有色、建材、轻工、电力等行业为重点，推动行业结构调整和绿色转型发展。对照能耗限额标准贯彻执行情况，对全市17户企业实施了节能现场专项监察，阶梯电价执行情况和重点设备提升都达到国家标准的要求。对自贡金龙水泥、荣县自力水泥开展了水泥行业能耗限额标准

及阶梯电价执行情况专项监察，均达到能源消耗限额标准；指导晨光化工研究院取得能源管理体系认证；投入 100 万元工业发展资金引导企业开展信息化及两化融合工作。以年综合能耗 5 千吨标准煤以上企业为重点，启动了单位产品能耗对标监察，富源化工、富顺县沱江纸厂等 8 户高耗能企业均达到了国家标准的要求。全年淘汰 24 条（个）落后产能生产线（设备），其中砖瓦行业企业落后产能已全部完成淘汰，淘汰砖瓦产能近 1.2 亿匹。

二是积极推进建筑节能减排。共办理新建建筑节能设计审查备案项目 79 个，共计 395.16 万平方米，设计阶段节能执行率 100%；查验了 50 个，共计 179.37 万平方米的新建项目，49 个项目合格，施工阶段符合节能设计标准的执行率达 98%。以建筑门窗、外墙、遮阳、自然通风、屋顶绿化等为重点，积极推进既有居住建筑节能改造。2018 年，完成了自贡市沙湾饭店人大政协办公楼的节能改造，面积约 2.5 万平方米，预计投用后单位建筑面积能耗将下降 50% 以上，每年可减少标准煤消耗约 75 吨；正在推进自贡市第三人民医院 2 号楼节能改造，面积约 1 万平方米。严格执行建筑领域节能标准，在全市范围内全面推广应用节能标识门窗、页岩自保温多孔砖、水泥基发泡保温板、中空玻化微珠无机保温板等新材。大力推广新型墙体材料运用，全市取得节能标识的门窗企业 14 家，年产节能门窗近 200 万平方米，节能门窗使用近 50 万平方米。保温页岩多孔砖使用超过 30 万立方米，新型墙体材料的推广使用率达 90% 以上。加快散装水泥推广应用。2018 年，累计推广应用预拌混凝土 470 万立方米，同比增长 45%；预拌砂浆 53 万吨，同比增长 18%；生产供应散装水泥 110 万吨，水泥散装率达 65%，全年累计实现节约标准煤 7 万吨，综合利用工业固体废弃物 5 万吨，减少粉尘排放 0.5 万吨。

三是强化交通运输节能减排。大力发展公共交通。目前，自贡市四城区城市公交线路 149 条，线网总长 1 890 千米，日发班次 6 000 余班，日运送乘客 60 余万人次，城市公交已成为市民出行的主流方式。优化营运网线，降低无效营运行驶里程，2018 年新增公交线路 1 条（6 路），优化调整公交线路 30 余条次。清洁能源汽车在全市道路运输行业中有效推广。新投放纯电动公交车 60 辆，四城区新能源公交车达到 420 辆；逐步鼓励企业购买使用 LNG、混合动力和纯电动新能源车辆，新增 60 台纯电动高级车。稳步推进甩挂运输，大力发展多轴重型货车、厢式货车和集装箱运输车辆。大力推广节能新技术、新工艺。自贡公交集团使用路谱采集技术，分析测算出最适合的发动机功率、传动数比，以及最优化操作时间等标准，指导节能减排；三辰实业有限公司自主开发建成川南地区第一个公共物流信息平台，实现了多式联运的信息交换。在汽修行业中推广使用水性漆等环保材料，督促企业推广使用绿色维修工艺和维修设备，完成 126 户汽修业户喷烤漆房升级改造工作，强化对二级维护作业质量的监管。

四是抓好公共机构节能减排。认真做好全市公共机构能源资源消耗统计工作，准确掌握用能底数；将区县公共机构节能考核工作纳入目标绩效考核内容，督促各区县将工作落实到位。探索推进新能源汽车自助分时租赁试点，在市政府办公区、市人大政协及民主党派机关集中办公区、人民银行市中心支行办公区等10个单位先行布局建设37个充电基础设施并已投入使用。开展节约型公共机构示范单位创建工作，市第三人民医院、市妇幼保健院、荣县人民医院、人民银行市中心支行等4家单位累计投入472.7万元进行节能节水改造。目前，4家单位均已成为省级节约型公共机构示范单位，市第三人民医院正在申报国家级节约型公共机构示范单位。

五是推进商业、教育和农业农村等领域节能减排。在商贸流通领域，加快发展绿色流通，开展抑制过度包装和限制塑料购物袋专项治理工作，加大对大型商场、超市、餐饮等商业设施空调温度设置情况检查的力度。自贡梅西百货成功创建2018年绿色商场。在教育领域，以高校节能低碳行动、能源审计和能耗定额管理、节能节约文化培育为抓手，大力推进节约型校园建设。在农业农村领域，研究制定了《自贡市秸秆综合利用工作推进方案》，加强秸秆资源综合利用和禁烧工作，积极推广秸秆肥料化、饲料化、原料化和燃料化等先进技术，大力提升农业废弃物综合利用水平，全市2018年秸秆综合利用率达到85.96%。

三、坚持产业结构调整，着力培育绿色发展新动能

一是加快升级传统产业。自贡成功承办首届全国老工业城市产业转型升级培训，开创国家会议培训新模式。抓住转型升级考核评估“优秀”的契机，积极向上争取政策。全面推进电能替代项目，完成3家电能替代企业的项目验收，继续抓好自贡大成电子材料有限公司和大安区顺旗纸品厂电能替代项目建设，积极协调国网自贡供电公司加快推进电能替代电价政策落实和电网绿色通道建设。对全市956户“散乱污”企业开展整治，目前已完成整治852户，完成验收755户，非法商混搅拌站、小煤矿、砂石料场已全面取缔关停。清理排查重点挥发性有机物排放企业67户，目前正在对其进行监督性监测工作，并根据监测结果开展分类治理。

二是加快发展新兴产业。自贡将结构节能减排作为重要抓手，促进发展节能环保产业等崭新产业，降低对传统高耗能、高排放行业的依赖。制定并印发了《自贡市高新技术产业和战略性新兴产业“双倍增”行动方案2018—2021》《自贡市节能环保装备产业发展工作推进方案2018—2021》等一系列培育新兴产业发展的政策措施，推动全市工业发展逐步从资源、劳动密集型向资本、技术密集型转变，储备战略性新兴产业项目57个，计划总投资39亿元。充分发挥晨光院、大西洋公司等国家级企业技术中心的作用，先后组织实施东锅公司1 000MW超临界单列高压加热器、燃煤烟气多种污染物综合减排技术等59个省级重大关键技术研

究，夯实自贡战略性新兴产业技术基础。实施“百企改造计划”，鼓励德明电站等企业加快新产品研发和技术改造，扶持海川公司、西艾氟等企业提升自身能力抢占市场；按照“一企一策”培育巩固东锅公司、华西能源、晨光院等企业行业优势。

三是遏制“两高”行业过快增长。自贡严格执行国家产业政策和《政府核准的投资项目目录（四川省2017年本）》，依法开展节能审查和环境影响评价工作。对耗煤行业新增产能严格实行煤炭减量置换，对新上项目能耗总量增长过快以及未完成节能目标的区县从严控制高耗能项目节能审查。2018年以来，市本级完成75件固定资产投资项目节能审查工作，未核准、备案钢铁、水泥、平板玻璃、电解铝等产能严重过剩行业新增产能项目，有效遏制了产能过剩行业盲目扩张。大力推进各类开发区、产业园区及相关规划的环评工作，做好规划环评和项目环评的联动，对未开展规划环评的工业园区，不予受理入园项目的环评文件。

四是严格控制主要污染物新增量。自贡将主要污染物总量控制指标作为新建项目环评审批前置条件，主要污染物新增量实现双倍替代。2018年，审议申请主要污染总量指标调配的新建项目129个，分别申请化学需氧量、氨氮、二氧化硫和氮氧化物调配量415.60吨、30.27吨、23.75吨和40.64吨，其中涉及水污染物的基本进园区或城镇污水处理厂处理，对不符合总量控制要求的自贡创赢彩灯文化传播有限公司“彩灯及仿真模型工艺品生产建设项目”、四川恒力盛泰石墨烯科技有限公司“年产500吨石墨烯前驱体、石墨烯及其应用产业化项目”、自贡市顺永建材有限公司“鸿鹤电站废渣循环利用项目”等建设项目要求重新核定主要污染物排放量。

五是调整优化能源结构。自贡制定并印发《自贡市2018年燃煤总量控制工作方案》，在全市禁止新增任何以燃煤作为主要供能方式的项目，禁止在城市建成区销售使用小型低压燃煤锅炉、以煤炭为燃料的蒸汽炉和茶水炉，煤炭消费比重首次降至50%以内。进一步加快页岩气探勘开发，自贡市4个平台钻井、压裂工作推进顺利，已有2个平台完成钻井，1个开展压裂，另1个平台实现试采出气，全市页岩气累计产能达到7 500万立方米。东锅第二气源、汽车南站页岩气子站和成佳母站等一批页岩气就地利用项目有序推进。目前，全市已建成页岩气就地利用项目日可消纳页岩气约6万立方米。

四、坚持加大生态环保投入，全面打造绿色发展新品质

一是大力推进环保重点工程。自贡认真研究中央、省节能环保方面各项财政补助政策，全年共获得1.12亿元专项资金支持。制定燃煤总量控制方案及城市建成区燃煤锅炉淘汰工作方案，建成区燃煤锅炉全部清零，“大气十条”实施以来，新增的25台10蒸吨燃煤锅炉已全面淘汰。加快环境基础设施建设，新建城市

污水处理厂3座，园区污水处理厂4座，提标改造城市和乡镇污水处理厂（站）89座，完成新建延伸污水管网121.7千米；对市域50条主要河流、169个入河排污口、72个饮用水水源地全覆盖监管治理。推动“一江两河”绿色长廊工程建设顺利实施，新增造林10.97万亩，森林覆盖率达35%以上。实施城区全域绿化，燊海井山体公园、釜溪河复合绿道城区连接段建设以及盐都植物园二期工程有序推进，建成区绿地率达36%，人均公园绿地面积达12.7平方米。新建城乡垃圾压缩转运站11座，治理非正规垃圾堆场24个，新配置环卫清扫车辆近140台，城乡垃圾收运密闭车辆超过100台，完成城区阁楼式垃圾库改造74座，城市生活垃圾无害化处理率达100%。有序推进挥发性有机物整治，首批18个综合整治项目已完成6个。建成130个加油站和2个油库油气回收治理设施。

二是实施资源综合循环利用工程。自贡高新区成功申报省级循环化改造示范试点园区，获得省级园区发展引导资金900万元用于园区基础设施建设，园区循环化发展水平进一步提升。加快建设循环经济产业园，重点解决全市生活垃圾、医疗废弃物、工业危废、厨余垃圾的分类收集和处理问题，目前园区规划环评已获批，垃圾发电厂二期已动工。

三是积极推行清洁生产。自贡制定并印发了《关于做好2018年度清洁生产审核工作的通知》，积极推进清洁生产。积极鼓励和引导自贡源康新型建材制造有限公司等19户工业企业开展自愿性清洁生产工作。督促自贡张家坝氯碱化工有限责任公司等15户工业企业开展强制性清洁生产审核，督促已通过强制性清洁生产审核评审的10户企业实施中高费方案。

攀枝花市 2018 年绿色发展报告

2018 年，在省委、省政府的坚强领导下，攀枝花市坚持绿色发展、低碳发展、循环发展理念，创新工作思路，强化目标责任，深化工作基础，细化工作措施，解决突出问题，维护群众权益，在保持经济较快发展的同时，环境质量大幅改善。

一、工作推进情况

（一）构建长江上游生态屏障

（1）环境质量保持基本稳定。2018 年，全市空气质量优良率为 97.8%，可吸入颗粒物平均浓度 64μg/m^3，同比下降 4.5%，细颗粒物平均浓度 36 μg/m^3，同比上升 5.9%；二氧化硫平均浓度 40μg/m^3，同比上升 14.3%；二氧化氮平均浓度 38μg/m^3，同比上升 5.6%；臭氧平均浓度 140μg/m^3，同比上升 17.6%；一氧化碳平均浓度 2.526mg/m^3，同比下降 4.8%。水环境质量保持优良，全市纳入国家考核的断面水质均为Ⅱ类，达到目标考核要求，4 个地级集中式饮用水水源地水质达标率为 100%，土壤风险保持稳定。全市未发生重特大环境污染事件。

（2）突出环境问题整改有力推进。2018 年，省环保督察发现并移交的 237 个问题中，已完成问题整改的总数为 221 个，整改完成率 93%；中央环保督察期间转交信访投诉 123 件，已完成整改 120 件，整改完成率 97.6%；中央环保督察反馈意见涉及 30 个问题，已完成问题整改 15 个，整改完成率 50%；中央生态环保督察“回头看”现场核查发现的 7 个点位问题，已完成问题整改 5 个。所有未完成整改问题均按照时间节点稳步推进中。县级集中式饮用水源地环境问题 34 个，已全部整改完毕。

（3）生态环境建设扎实推进。出台《攀枝花市湿地保护利用规划》《攀枝花市生态环境损害赔偿制度改革实施方案》《金沙江干热河谷区生态修复综合治理建设规划》《关于在湖泊实施湖长制的指导意见》《关于加强耕地保护和改进占补平衡的意见》《农村人居环境整治三年行动实施方案》等政策措施，大力推进长江上游生态屏障建设。不断加强环境污染防治，印发了《攀枝花市环境污染防治改革方案》，积极探索“创新污染治理模式”，重点围绕 BOO 模式治理二氧化硫、全省首创区域污染治理、环境污染治理设施第三方营运、改革大宗物料运输方式、全省首创扬尘污染防治办法地方法规等方面做了有益探索，取得显著成效，多次被中央电视台、《人民日报》、新华社等媒体宣传报道。

（二）推进产业转型升级

（1）优化产业结构、产品结构和能源消费结构。重点发展低能耗的新技术，鼓励运用高新技术和先进适用技术改造和提升传统产业和传统工艺，促进产业结构优化和升级；加快产品结构、企业组织结构等行业内部结构调整，促进产品上规模、上质量、上档次，延长资源型企业产业链，提高资源型产品附加值。重点推进了以综合利用高炉渣生产四氯化钛项目的产业化工艺优化、硫酸法钛白粉废酸除杂浓缩连续生产、钒钛磁铁矿表外矿和尾矿再选铁钛精矿、煤矸石等工业废渣生产建材等为代表的一批重点工业“三废”资源综合利用项目的建设、投产，有效实现工业“三废”的资源化和减量化。构建清洁低碳、安全高效的能源体系，大力发展清洁能源产业。水电项目整体推进，金沙水电站主体工程加快推进，银江水电站已核准批复。水电完成投资9亿元，桐子林水电站、观音岩水电站机组已全部投运。加快推进风电项目建设，仁和区风电五期10万千瓦项目已开工建设，盐边大面山三期、米易龙肘山风电项目加快开工前各项准备工作。楚雄至攀枝花天然气管道项目已提前7个月竣工通气。

（2）大力发展绿色生态农业。为深入推进农业供给侧结构性改革，攀枝花市将“增加无公害、绿色、有机、地标农产品供给”工作纳入今后五年的目标任务，通过加强区域有机产业发展的合理规划、有机产业政策扶持、特色优势农产品有机认证和示范区建设、有机技术人员培养、有机产销全程监管、有机品牌的社会认知“六个加强”，积极推进全市有机产品认证和示范区建设。

（3）着力推进资源综合利用。一是“三废资源”综合利用取得显著成就，生态环境日益好转；二是低品位钒钛磁铁矿采选产生的大量剥离围岩、尾矿得到初步利用；三是采煤产生的煤矸石被大量用于发电和制砖，历史堆存量逐年减少；四是钢铁生产流程中产生的渣钢、渣铁、污泥等废弃物全部返回烧结、高炉生产，实现绿色循环生产；五是烧结烟气治理为攀枝花获得优良的空气质量做出了贡献，烧结烟气治理模式也得到国家的肯定；六是氧化钒清洁生产工艺能有效解决氧化钒生产的环保问题；七是产业集群初步形成，骨干企业在推进钒钛磁铁矿资源综合利用方面发挥了引领和示范作用，产业链逐步完善。

（4）扎实推进节能减排降碳工作。坚持把节能降耗作为转变经济增长方式的重要手段，以产业结构、产品结构调整为依托，以节能新技术、新工艺的引进推广为重点，切实加强组织领导，不断完善节能减排降碳体系，强化全民节能减排降碳意识，推动全市节能减排降碳工作见实效。

（三）构建新型城乡体系

（1）以规划为指导，建设绿色生态环境。一是编制了《攀枝花市城市总体规划实施评估报告（2011—2030）》；二是优化城市设计，尊重山地城市发展规律，更新城市规划建设理念，以科学规划为先导、以绿色发展为方向，着力优化城市组团布局、沿江线状发展“两个布局”，做优城市边缘形态、立体形态、空间形态，提高城市发展的宜居性；三是保护自然生态环境，编制了《攀枝花市自然环境生态保护与复育》《攀枝花市山体保护与利用规划》，启动对中心城区山体保护、利用、恢复、整治工作；四是启动了攀枝花市海绵城市规划编制工作，增强城市适应环境变化和应对雨洪等自然灾害的弹性。

（2）大力发展建筑节能。一是于 2008 年 12 月起执行民用建筑节能标准，建立建筑节能设计专篇制、建筑节能设计审查备案制、节能技术产品备案制、建筑节能专项施工管理制、建筑节能专项验收制、建筑节能分部工程竣工资料备案制六项制度，对新建民用建筑形成建筑节能设计备案、分部工程专项检查和竣工备案管理的闭合式管理；二是做到管理“五个到位”，即节能专项技术交底到位、现场节能材料复检到位、样板间节能质量查验到位、节能专项验收到位、节能竣工资料备案到位；三是印发了《关于加快推进民用建筑太阳能热水系统应用的通知》，自 2013 年 7 月 1 日起新建民用建筑必须同步设计、同步施工、同步验收太阳能热水系统，鼓励和推动建筑太阳能光伏发电项目建设。

（3）启动绿色建筑活动。一是编制绿色建筑行动方案，印发实施了《攀枝花市绿色建筑行动实施方案》，大力推广绿色建筑；二是制定绿色建筑实施办法，印发了《关于攀枝花市新建民用建筑工程执行绿色建筑标准的通知》。

（4）推广绿色建材。启动了禁止施工现场搅拌砂浆工作，进一步加大力度治理施工现场扬尘，经过近年来的努力，已基本形成建设系统内部联动、检测机构共同配合的格局。全市拥有大量可用于建材生产的工业固体废弃物，煤矸石、粉煤灰、高钛型高炉重矿渣、采矿弃石等已被大量用于生产预拌混凝土、烧结砖、人行道块、路缘石、加气混凝土砌块等建材。

（四）加强依法治理

（1）加强环境执法监管。一是全面建立环境监管网络，建立环境保护行政约谈制度，制定全市环境保护网格化监管方案，建立“横向到边、纵向到底的网格化”环境监管体系。二是持续加大执法监管力度，依法严肃查处环境违法行为，全面整改突出环境问题，重点强化对大气、水、土壤“三大战役”执法检查，开展了自然保护区“绿盾”行动、“清废”行动、保障空气质量强化执法“百日行动”等一系列环保执法专项行动。2018 年全市共立案 155 件，实施处罚 126 件，处罚金额 2 072 万元。三是制定完善各项环境应急预案，发布《攀枝花市重污染天气应急预案》，修订完善《攀枝花市辐射事故应急预案》，编制《攀枝花市环境保护局辐射事故应急预案》，规范了突发环境事件应急程序，增强了突发环境事件应对水平。四是强化社会监督，建立健全了环保义务监督员制度、环境违法行为有奖举报办法，有效调动了各方关心、支持、参与环保工作的热情和积极性，形成了强大的社会合力，营造了良好的社会氛围。

（2）严格落实耕地保护责任，健全耕地保护长效机制，有序推进全市中心城区永久基本农田划定工作，严格执行耕地占补平衡制度，大力实施土地开发整治。

（3）严格能评、环评审查，加强源头防控。严格执行国家制定的《产业结构调整指导目录》、高耗能行业准入标准，进一步强化能评、环评审查工作，把好源头关，从源头上杜绝新的高耗能、落后工艺、不符合环保要求、不符合环境容量控制目标、不符合城市规划的建设项目上马。

二、存在的问题

（一）环境存量问题解决难度加大

农村面源整治和大量矿山生态修复滞后。重化工企业沿江布局、重大风险源集中，流域性和区域性环境风险形势严峻，全市现有51座尾矿库、38处矿山排土场存在环境安全隐患。全市放射源和射线装置数量较多，监管力量薄弱，专业化水平不高。

（二）节能减排降碳压力大

预计到2020年，攀枝花市地区生产总值为1 300亿元，但工业产业、产品结构特点决定了攀枝花市经济是高耗能和资源消耗型经济，用能情况在短期内难以发生根本性改变，受经济形势下行导致能耗基数过低、技术节能空间缩小、能源加工转换企业能耗比重高等因素制约，攀枝花市“十三五”期间节能减排降碳工作压力巨大。

（三）建设用地、绿地用地紧张

攀枝花具有典型的山地城市特点，高山深谷，地形高差大且破碎，可建设用地规模远远小于平原城市，城市建设施工难度大、支挡设施多、成本高。

（四）工业产业结构仍待改善

攀枝花市工业内部结构重化比重过高的问题还没有得到有效改善，钢铁冶炼、化工等高能耗、高排放行业仍然占有较大比重，在引进大企业、好项目方面尽管做了很多努力但成效不大，培育发展新兴产业困难大、进展慢。

（五）关键技术亟待突破

攀枝花市在综合开发利用钒钛磁铁矿资源的环节上，还有不少能够明显推动绿色转型的重大技术难题未攻破，如钒钛磁铁矿非高炉直接还原的产业化、高钛型高炉渣提钛综合利用、低成本烟气脱硫技术装备等。

（六）环保基础设施建设欠账较多

全市污水处理厂建设进度滞后；围绕钒钛磁铁矿开发和深度利用而产生的工业废弃物，总量大、品类特殊、综合利用技术难度大，综合利用率仅20%，存在较大的环境污染风险。

三、下一步工作的重点

（一）优化城市发展空间，提升城市环境质量

市委、市政府印发《攀枝花市城市总体规划（2011—2030）》，进一步优化花城新区规划，调整规划布局，优化新区城市体态。启动《城市地下空间开发利用规划》《城市地下综合管廊建设前期研究》。根据《攀枝花市加快推进新型城镇化重点工作实施方案》，推进新型城镇化建设，构建结构合理、集约高效、绿色低碳的新型城镇化格局。结合城市污水、给排水、排洪专项规划，严格山体保护与利用、弃土场建设、城市色彩、重要节点城市景观等专项规划的实施工作。积极推进攀枝花市海绵城市规划建设工作，在尽快完成海绵城市研究的基础上，取得科学研究成果，推进海绵城市规划，形成海绵城市建设方案和实施路径，启动海绵城市建设，改善城市生态环境。加快国家传统村落、“幸福美丽新村”建设。

（二）进一步优化产业结构，转变生产方式

一是强化节能减排降碳工作认识。进一步统一思想，坚持习近平生态文明思想，坚持可持续发展理念。

二是调整和优化工业经济结构。着力抓产业培育，以重点产品培育和关键技术突破、科技成果转化为抓手，加快产业转型升级步伐。①促进煤炭、钢铁、矿业等传统产业改造提升。②做大做强钒钛、机械制造、能源等优势产业。③积极培育壮大新材料、新能源、节能环保、生物医药等战略性新兴产业。④积极推进两化融合和智能制造。

对新上项目做好能源消耗和环境影响评价，对不符合节能环保标准的不准开工建设，严格控制新上高耗能高污染项目，从源头上把关预防。发展低投入、低能耗、低污染、高效益的“三低一高”产业，同时压缩淘汰高投入、高能耗、高污染、低效益的“三高一低”产业。积极走新型工业化道路，调整优化工业结构，提高高新技术产业在工业中的比重。

三是进一步加强清洁生产和循环经济。继续抓好钒钛高新区的循环经济工作，使之成为全市循环经济典范，并引导企业改变只靠自身“单打独斗”式的内部节能减排，走多企业、跨行业、区域间循环经济之路，推进企业之间消化工业废物的“循环链”，通过行业成员之间副产品和废物的交换、能量和废水的逐级利用、基础设施的共享，达到工业废物全面得到循环利用的目的，提升节能减排的成效。

四是进一步加强重点企业节能减排工作。帮助重点耗能、高排放、高污染企业建立和推行严格的节能减排管理制度和有效的激励机制。

（三）加强污染防治工作力度，改善环境质量

（1）大气环境保护。一是强化源头控制，加快能源结构调整，扩大清洁能源供应范围，实施节能战略；二是加强市政基础设施二次污染防治，加强市政基础

设施污水污泥处理厂、生活垃圾焚烧厂及其他市政设施废气污染治理；三是深化工业源污染治理，以燃煤电厂、钢铁、水泥、石化企业及燃煤锅炉为重点，实施脱硫、脱硝、高效除尘设施改造，推进工业燃煤锅炉治理；四是强化移动源和面源污染控制，加强机动车污染控制，加快淘汰黄标车和老旧车，强化机动车环保定期检验和环保标志管理，强力控制工地和道路扬尘、餐饮油烟等面源污染；五是加强大气污染联防联控与重污染天气应急处置，建立地方之间的联动机制。

（2）水环境保护。一是加强饮用水水源和良好水体保护，推进水源地规范化建设，依法划定水源地保护区，加强水源地监管；二是加快实施水环境质量改善工程，对全市三区两县下辖乡镇的污水进行处理，新建城市生活污水处理厂及配套管网，新建一批新农村聚居点小型污水处理设施；三是加强重点流域综合治理，维持金沙江、雅砻江水环境质量，确保出市断面水质稳定达标，优化沿江产业布局，加强总磷控制；四是强化地下水污染防控，健全地下水环境监控网络，强化重点污染源监控。

（3）土壤环境保护。一是加强土壤环境监测和基础调查；二是实施农用地土壤环境分级管理；三是加强污染场地环境风险管控，完成全市受污染场地排查，建立受污染场地清单，并实现动态管理。

（4）农村生态环境保护。强化农业源污染防治，对全市农村面源污染情况进行详细调查，开展农村面源污染治理。以环境质量为导向，建立、完善评估和考核机制，加强农业生态环境保护工作，保护农村自然生态环境，保护农村饮用水安全，防治生活污水、生活垃圾、畜禽养殖粪污等造成农村面源污染。

（5）重点领域环境风险防控。一是实施环境风险全过程管理，二是加强核与辐射环境监管，三是深化重金属污染综合防控，四是加强危险废物污染防治，五是推进化学品环境风险防控。

泸州市 2018 年绿色发展报告

2018 年，泸州市认真贯彻落实党中央、国务院和省委、省政府重大决策部署，始终将“建设长江上游重要生态屏障，守护一江清水出川”作为重大使命，坚持走生态优先、绿色发展之路，生态环境持续向好，经济保持中高速发展良好态势。

一、工作开展情况

（一）坚持规划引领，优化国土开发格局

泸州市率先在全国市级城市编制完成《长江沱江沿岸生态优先绿色发展规划（2018—2020 年）》，推动构建“一核两区、两簇多点”的城镇空间布局、“一心一带两区多点”的产业空间布局和“两屏六廊多楔”的生态空间格局，修编完成《泸州市主体功能区规划暨中心城区“多规合一”规划》，科学确定三区四县国土空间开发功能，统筹各类空间性规划、开发边界和强度，促进人口分布、经济布局与资源环境承载能力相适应。

（二）发展循环经济，构建绿色产业体系

1. 推动发展绿色工业

泸州市制定了《泸州市千亿白酒产业三年行动计划（2018—2020 年）》《泸州市进一步优化全市工业产业和园区布局的指导意见》等，推进绿色制造体系建设；完成年度淘汰落后产能任务，推动 13 家涉及落后产能企业开展相关工作，淘汰电机 36 台、制砖产能 1 275 万匹、液氨产能 2 万吨、发电机组 1.8 亿千瓦时、燃煤锅炉 6 台；加快发展白酒“千亿产业”，泸酒市场占有率约为全国 13%，打造中国白酒金三角核心腹地；加快发展电子信息“千亿产业”，引进智能终端企业 113 家，建成华为四川大数据中心（一期），落户国家北斗导航位置服务数据中心四川（泸州）分中心；加快发展装备制造、航空航天、新能源新材料、现代医药新兴“千亿产业”。2018 年全市规模以上工业增加值比上年增长 10.4%，高技术产业工业增加值比上年增长 84.5%，拉动规模以上工业经济增长 2.0%。

泸州市积极推进工业园区提档升级。对城区老工业区范围内 48 家机械类企业实施退城入园整体搬迁。建设四川自贸区川南临港片区、泸州国家高新区、中国白酒金三角酒业园区和空港产业园区四大园区，推动产业集聚集群集约发展。加快园区循环化改造，重点推进泸州国家高新区循环化改造示范园区建设，“十三

五”期间拟投资 17.4 亿元实施 8 个专项资金支持项目，已开工建设睿盈废钢资源化利用及铸锻中心、力得能源集中供应中心等 5 个项目。

2. 加快发展现代服务业

泸州市积极深化服务业供给侧结构性改革，初步构建以现代商贸、现代金融、现代物流、智慧产业为重点的现代服务业体系。已建成全国第一个光网大城市，创建国家电子商务示范基地，列入国家文化消费试点城市、全国养老服务业综合改革试点城市。重点打造“春酒秋商冬农博”三大展会品牌，2018 年中国国际酒业博览会吸引了来自法国、澳大利亚、美国等 38 个国家和地区的 1 200 多家参展企业，签约酒类项目 271 个，意向签约金额 372 亿元；中国（泸州）西南商品博览会开设“一带一路”国家馆群，积极融入“一带一路”建设；中国（泸州）农产品交易博览会成为西南地区优质农产品宣传推介的重要平台。2018 年实现服务业增加值 621.4 亿元，比上年增长 7.2%。

3. 大力发展生态农业

泸州市积极推进江阳区董允坝现代农业示范园区、泸州老窖现代农业示范园区等 30 个产业示范园区建设，建成规模现代农业产业园区 20 个，重点打造 15 个现代农业产业融合示范园区，其中 4 个园区列入全国农村创业创新园区（基地），4 个园区列入省级现代农业示范园区。编制《泸州市休闲农业发展专项规划》，着力构筑“两带一心多点”的休闲农业旅游总体发展格局，构建 7 条以上休闲农业旅游精品线路。农产品品牌建设初见成效，泸州桂圆、“江之阳”蔬菜直销港澳地区，合江真龙柚、赤水河甜橙出口加拿大，实现泸州优质农产品出国、出境。

4. 注重开发清洁能源

泸州市积极严控煤炭生产，压减工业领域、服务业领域煤炭消费总量，化解煤炭产能过剩。全市关闭煤矿 68 处，化解过剩产能 782 万吨/年。2018 年争取农网改造升级资金 8 576 万元，完成投资 2.48 亿元，农网改造 99 个村，改造线路 2 034.6 千米；争取锅炉窑炉电能替代项目补助资金 267 万元，改造替代燃煤（油、柴）锅炉窑炉 43.5 蒸吨；争取采煤沉陷区综合治理项目省预算内资金计划 1 205 万元，实施古叙采煤沉陷区综合治理项目 2 个；争取燃煤发电机组节能改造资金 400 万元，完成川南发电厂 2 号机组节能改造；争取煤炭安全改造中央和省预算资金 5 500 万元，实施古叙煤田公司三个煤矿安全改造。积极开展售电侧改革试点，将泸州北辰电力责任有限公司等四家售电公司纳入四川省售电侧市场主体目录。鼓励和支持开展增量配电改革试点，泸州金融商业中心增量配电业务改革试点项目成为全国第三批第二批次增量配电业务改革试点项目。

泸州市积极加快页岩气、煤层气勘探开发。完钻页岩气井 36 口（含在钻 2 口），其中生产井 25 口，日均产气约 42 万立方米。四川省煤田地质局古叙矿区煤层气试采项目完成煤层气参数井 11 口、抽采试验井 5 口，实现连续排采。加快风电、生物质能、光能资源开发，大力发展天然气分布式能源。汉能沙湾充电站“光充储”分布式光伏项目已竣工投用，中广核古蔺德耀风电场项目、四川格润公司泸县园区天然气分布式能源项目正加快建设。

5. 积极推广绿色建筑

泸州市积极加强绿色建筑工程质量管理，制定《2018 年度建筑节能与绿色建筑质量检查工作方案》，对纳溪中学、华升 · 宝龙广场等 10 个在建项目开展建筑节能与绿色建筑质量抽查。2018 年城市规划区绿色建筑备案审查面积占新建建筑比重为 91.5%，民用建筑节能设计达标率和实施执行率均为 100%，公共建筑节能审查面积 180.8 万平方米，节能验收面积 94.4 万平方米。推进绿色建材标识认证，8 家企业的 10 种产品取得四川省绿色建材标识。推进墙体材料革新，新型墙体材料推广量 6.2 亿块（折标准砖），新建建筑中新型墙体材料使用比例达 85%以上。编制《泸州市装配式建筑产业专项规划（2018—2020）》，指导装配式建筑产业发展。

（三）加强环境保护，提升生态环境质量

1. 继续强化生态保护与修复

泸州市全力推进新一轮绿化泸州行动，完成营造林 42.58 万亩，实施森林管护 373.73 万亩，巩固退耕还林成果 61.47 万亩；新增森林面积 11.64 万亩、森林蓄积 75.45 万立方米。成功申报全省首批省级森林经营样板基地。出台《泸州市岩溶地区生态修复方案》，加强水土流失、石漠化等生态脆弱区治理修复。综合治理水土流失面积 168.3 平方千米，“十三五”以来累计治理岩溶石漠化面积 228 平方千米，全市森林覆盖率达 50.6%。

2. 扎实打好污染防治攻坚战

泸州市坚决打赢蓝天碧水保卫战，打好长江保护修复、黑臭水体治理、饮用水水源地环境问题整治、环保基础设施建设、农业农村污染治理、“散乱污”整治攻坚战“八大战役”。有关部门出台《泸州市环境空气质量限期达标规划（2018—2025 年）》《泸州市挥发性有机物污染防治实施方案（2018—2020 年）》，完成泸州老窖和泸州鑫福化工 20 蒸吨及以下燃煤锅炉清洁能源改造，主城区优良天数比例 83.6%，同比上升 8.2%，环境空气质量明显改善，改善幅度居全省第一、全国第九。全面落实河（湖）长制，全市 7 个国控考核断面水质优良比例达 85.7%以上，沱江大桥断面水质达Ⅲ类标准，长江出川断面水质保持Ⅱ类标准。长江、沱江沿岸实现规模以上入河排污口监督性监测“全覆盖”，长江上游特有珍稀鱼类自然保护区实现 81 个砂石堆场平场复绿，依法取缔并生态复绿非法码头 58 座，规范提升 6 座，全面取缔保护区段 62 处江河网箱养殖设施，禁养区 16 家规模化畜禽养殖场完成关闭搬迁，沱江流域 3 家畜禽养殖场去功能化清场关闭，51 家粪污处置设施设备完成配套升级改造。建成区城市黑臭水体整治竣工，完成率100%，全流域消除劣Ⅴ类水体。完成75个乡镇集中式饮用水水源地规范化整治，完成率66.4%。县城以上城市集中式饮用水水源地水质达标率稳定保持在100%。全市建成城市污水处理厂9座、城市截污干管220余千米，设计处理能力31.1万立方米/日；建成乡镇污水处理设施121个、农村聚居点污水处理设施170个，新建或改造配套管网300余千米，设计处理能力8.3万立方米/日；完成鸭儿凼污水处理厂提标扩容工程。开工建设城乡垃圾处理设施项目26个，完工19个，基本建成江阳区、龙马潭区、泸县（一期）、叙永县、古蔺县（一期）城乡生活垃圾收转运体系，新增生活垃圾转运能力1 036吨/日。除纳溪区经开区外（按要求于2019年年底建成投运），工业园区全部建成集中污水处理设施及配套管网。制定《泸州市2018年农药减量控害及农药包装废弃物回收行动方案》《泸州市2018—2020年主要作物科学施肥技术指导方案》《泸州市秸秆综合利用规划（2017—2020年）》等，农药、化肥使用量保持零增长，秸秆综合利用率达84%。编制《泸州市畜禽养殖粪污处理利用实施方案（2018—2020）》《泸州市畜牧业发展规划（2016—2020）》等，全市畜禽粪污综合利用率75.5%，规模化畜禽养殖场粪污处理利用设施装备配套率85%。实现乡镇和农村污水处理设施全覆盖。完成370家“散乱污”企业综合整治，完成对四川铁桥水泥有限公司、泸州巨源纸业有限公司、泸州观宇玻璃制品有限公司等10家企业强制性清洁生产审核报告评估，基本实现钢铁、水泥、煤炭等8个重点行业45家企业达标排放，完成18个行业116家企业达标排放区域评估，达标率79%。

（四）倡导绿色生活，建设生态宜居城市

泸州市积极巩固全国文明城市创建成果，大力实施“五美与共”“五创联动”“双五”战略，加快建成全国美丽城市。相关部门编制了《泸州市老城有机更新战略研究》，成功申报“城市双修”试点城市。持续推进城市生态园林建设，重点开展“两江四岸”园林景观建设工程，中心城区建成各类公园42个、城市干道绿化带50多条，建成区绿地率达到37.5%，绿化覆盖率达到41.27%，人均公园绿地面积达到12.5平方米，初步形成“300米见绿，500米见园”的城市绿地格局。积极创建“公交都市”、绿色货运配送示范城市，推广应用新能源汽车1 480台，建成新能源汽车集中充电站30座，投用交直流充电桩610个，开通新能源公交车线路48条。结合“世界水日”“世界环境日”“全国节能宣传周”等开展生态文明宣传教育，大力倡导市民绿色居住、绿色出行、绿色消费，推动共建绿色家园、共享绿色福祉意识形成。

（五）完善体制机制，巩固绿色发展保障

1. 完善目标责任评价考核机制

泸州市积极制发《泸州市2018年综合目标绩效考核评分细则》《泸州市2018年度环境保护党政同责工作目标任务及考评细则》，开展半年和年度考核，问责

35 人，集中约谈 2017 年度环保党政同责目标考核排名靠后的 4 个区县政府主要领导，从严从实问责问效。

2. 深入推进生态文明体制改革

泸州市积极落实《泸州市生态文明体制改革方案》《泸州市生态文明建设目标评价考核办法》《泸州市全面推进河长制实施方案》《泸州市健全生态保护补偿机制实施方案》等专项改革方案，认真开展年度绿色发展评价工作，发布《2016 年泸州市生态文明建设年度评价结果公报》，完成对各区县 2017 年绿色发展指数的计算，完成市级 6 大河流“一河一策”管理保护方案和年度“目标、问题、任务、责任”四张清单编制，确保河流水质稳定达标。建立健全稳定投入机制、区域补偿机制、横向生态补偿机制、配套制度体系、创新政策协同机制、精准脱贫六大创新机制，持续推进森林、湿地、石漠化、水流、耕地五大生态保护补偿。

3. 建立环保问题整改长效机制

泸州市积极制定《泸州市落实中央第五环境保护督察组督察反馈意见整改方案》等，实行“清单制+责任制”闭环管理，中央环保督察反馈问题 35 项任务 168 条措施中，完成整改 16 项任务 109 条措施；227 件交办信访件中，完成整改 222 件，整改完成率 97.8%；省级环保督察反馈问题 353 个中，完成整改 345 个，整改完成率 97.8%；省环保督察“回头看”移交问题 90 个中，完成整改 54 个，整改完成率 60%；全市自然保护区内排查问题 55 个中，完成整改 49 个，整改完成率 89.1%。

4. 建立区域合作协调发展机制

泸州市积极制定《泸州市加快推进川南经济区一体化发展行动计划》，推动构建优势互补、协调联动的一体化发展新格局，充分发挥泸州港港口优势，加强与上海港、武汉港等长江经济带沿岸港口合作。以中国（四川）自由贸易试验区川南临港片区为发展新引擎，积极对接成都片区，打造改革创新试验田、沿江开放型经济新高地、内陆与沿海沿边沿江协同开放示范区。强化区域联防联控机制，与宜宾市、内江市、自贡市定期开展交叉检查和联席会议，与宜宾市、重庆市江津区等毗邻地区建立环境应急联防联控机制，与资阳市、自贡市、内江市等地市签订沱江流域突发环境事件联防联控框架协议，建立同域共责、联防联控、协同预警、协作处置的联动机制。

二、存在的问题

（一）产业转型升级不平衡

2018 年，泸州市三次产业结构为 11.2∶52.1∶36.7，工业仍以化工等高耗能传统产业为支柱产业，新兴产业占比较小；农业大而不强、多而不优，综合效益和品牌效应还不明显；服务业增加值仅占地区产值的 36.7%，科学研究、技术服务等新兴服务业总量较小。

（二）环境治理负荷压力大

环境风险源多，2017年列入日常环境监管的单位有1 180家、长江干流沿线布置重点污染源工业企业36家、危险化学品从业单位533家。生态系统脆弱，全市仍有岩溶区面积2 978平方千米、石漠化面积1 280平方千米。环境治理能力差，城市污泥、雨污、餐厨垃圾等无害化处理水平不高。

（三）环保领域财政依赖强

在工业化城镇化快速发展过程中，生态环保类项目建设历史欠账较多，受城市建设发展、环保督察等压力，财政投入逐年增加。同时，由于生态环保类项目是一种社会公益性投资，加之经济下行压力增大，企业投入污染治理设施意愿不强。

三、下一步工作的重点

（一）进一步优化空间布局

在主体功能区规划的基础上，科学划定生产、生态、生活空间，统筹各类规划的城乡规划体系，形成生产空间集约高效、生活空间宜居和谐、生态空间山清水秀的绿色发展空间格局。

（二）进一步调整产业结构

以全国资源枯竭城市转型发展推动传统产业转型升级，培育壮大新兴产业，加快构建循环、低碳、绿色的现代产业体系。强力推进千亿白酒产业、千亿电子信息产业、千亿新兴产业三大千亿产业率先发展，商贸服务业、现代物流业、房地产业等十大现代服务业梯次发展，高效林竹产业、精品果业、绿色蔬菜产业等八大农业特色产业加快发展。

（三）进一步打好污染防治攻坚战

落实《泸州市长江沱江沿岸生态优先绿色发展规划（2018—2020年）》，深入推进长江、沱江沿岸生态优先绿色发展。持续用力，打好污染攻坚战“八大战役”，稳步提升全市生态环境质量。

（四）进一步推进生态宜居城市建设

以国家新型城镇化综合试点等建设为契机，推进海绵城市建设，创建“公交都市”、绿色货运配送示范城市，推广新能源汽车和清洁能源车辆，推进城乡公共交通一体化发展。建设美丽乡村，不断改善农村卫生条件和人居环境。加强生态文明宣传教育，倡导绿色生产生活方式。

（五）进一步加强政策保障体系建设

抓紧“一带一路”建设、长江经济带发展、成渝经济区规划、“一干多支、五区协同”区域协调发展等国家级、省级战略机遇，积极争取国家和省资金支持。积极拓展融资投资渠道，通过PPP、特许经营、政府购买服务等模式，引导和鼓励社会资金投资环保项目建设。

德阳市2018年绿色发展报告

2018年，德阳市委、市政府将推进绿色发展、建设美丽德阳作为落实“五位一体”总体布局和“四个全面”战略布局的重要抓手，坚持“绿水青山就是金山银山”的发展理念，生态文明建设取得新进展，通过了财政部、国家发展改革委对德阳市节能减排示范市绩效评价考核，实现连续三年考核结果均为“优秀”。

一、开展的主要工作及成效

（一）发展绿色循环经济

德阳市努力践行绿色发展理念，用好“联合国清洁技术与新能源装备制造业国际示范城市”金字名片，大力发展航空与燃机、高效清洁发电设备、核能装备、节能环保等高端装备智能制造；实施传统产业绿色升级改造，引导企业将节能治污从消费终端前移至产品的开发设计端，加快节能降耗、循环发展、清洁生产技术改造，推动传统产业向创新驱动、绿色发展转型；以建设“资源节约型、环境友好型和低碳经济型的生态工业示范园区”为目标，以产业结构调整、转型升级和自主创新为抓手，加快创建国家生态工业示范园区；二重集团、东方电气、烯碳科技等多家知名企业参展2018中国国际节能环保技术装备展示交易会暨中国（成都）国际绿色产业博览会，涉及航空模锻件、风电、环保新材料、资源循环利用与再制造等多个领域，充分展示了德阳的绿色制造能力。

（二）构建循环经济产业链

德阳市努力坚持以减量化、再利用、资源化为原则，以低消耗、低排放、高效率为目的，构建完善的清洁技术与新能源产业链、高端装备制造产业链、新材料产业链、轻工业产业链，增加产业关联度，实现产业耦合共生发展。按照工业生态学原理，通过企业间的物质集成、能量集成和信息集成，在企业间形成共生关系，推动项目间、企业间、产业间首尾相连、环环相扣、物料闭路循环，物尽其用，促进废物排放的减量化、再利用和资源化，以及危险废物的资源化和无害化处理。引进成都天翔环保、北京高能环境、德国欧绿保等“吃废”企业，着力打造固废处理静脉产业园，以废弃物为纽带构成共生循环链，实现变废为宝、变污为用。

（三）推进“三去一降一补”

德阳市努力加快推进供给侧结构性改革，着力做强先进装备制造业和生态旅游服务业等的“加法”，做好淘汰落后产能的“减法”，严控高能耗、高排放行业发展和低水平重复建设。2016年以来，共关闭关停淘汰过剩产能企业7户，包括盛达钢铁、金兔纸业、八角水泥厂、劲羊特种铸造公司、纵横纸业、南邡有色金属和德钢实业。其中，2017年德钢实业、盛达钢铁2户企业退出钢铁产能160万吨，占全省去产能总量的38%，彻底关停了生产工艺落后的劲羊特种铸造公司。

（四）创新企业循环式生产模式

德阳市努力建设和引进产业链接或延伸的关键项目，延伸产业链，构建循环经济链条。园区初步形成“污水——→污水处理——→污泥（垃圾）——→垃圾焚烧发电”“污水——→污水处理厂——→中水回用”“建渣（磷石膏）——→砂石原料——→新型建材”“废钢——→冶炼钢锭——→机械加工——→新型装备”“秸秆、农业废弃物——→蘑菇生产线——→食品”5条废弃物循环经济链条。投资8亿元的中电国际德阳分布式能源电站项目，利用天然气冷热电三联供，提供生产用电，推动余热循环，项目建成后可满足替代项目周边15千米范围内100余家自备锅炉用热的需求。中国二重建成投运的“树脂砂热法再生”项目，废钢的循环利用率达到100%，铸造废砂的综合利用率达到70%以上，重复用水率达到90%以上。

（五）开展清洁能源替代改造

德阳市努力利用余热等清洁能源和可再生能源产品，改善企业用能结构，按照“分配得当，各得其所，温度对口，梯级利用”原则，对余热余压进行综合利用，信义玻璃建成余热、光伏发电站，形成节能能力6 145吨标准煤。制订和实施入园企业的节能技术改造计划，推广应用节能技术、节能设备、节能工艺和节能材料，提高能源利用效率，每年可节约能源消耗8.33万吨标准煤、节约用水123万吨。

（六）大力发展高端装备绿色制造

东方电气风电有限公司、德阳万航模锻有限责任公司实施“高性能大兆瓦风电装备绿色设计平台建设与集成应用”“大型复杂航空模锻件全流程绿色制造工艺创新及应用”等绿色制造系统集成项目，获得工信部专项资金支持。二重集团“核电复杂关键构建全流程绿色制造工艺创新及应用”项目有序推进，项目完工后可突破超大型转子整体锻件、分段焊接转子锻件产品制造全过程的关键技术，缩短工程化周期，满足我国高端装备制造领域的发展需求，填补国内空白。

中国铁塔股份有限公司德阳市分公司、信义节能玻璃（四川）有限公司、四川依科制药有限公司等8户企业申报2018年省级工业节能节水项目，获得专项财政资金支持，项目完工后，年可节能9.95万吨标准煤，年可节水6.5万立方米。

（七）改善环境质量，坚决打好污染防治攻坚战

全市 141 家砖瓦企业完成整治，5 家挥发性有机物重点企业完成治理。县级及以上城市建成区燃煤锅炉基本“清零”。划定了德阳市中心城区高排放非道路移动机械禁用区。市区机械化清扫率 90. 3%，城区油烟净化设施安装率 100%。秸秆禁烧率 100%、综合利用率 93%。入冬以来 6 次启动黄色预警，落实了各项管控措施。打好水污染防治攻坚战，印发流域水体达标方案，建立市、县、乡、村四级河长组织体系，设立 14 位市级河长、138 位县级河长、481 位乡级河长，落实村组管理人员 2 441 名；投资 63. 5 亿元实施 230 个重点流域治理项目。打好涉磷污染防治攻坚战，完成 42 个矿产权整改，封闭井硐 243 口。20 个磷石膏渣场已完成规范化整治，建成年消纳磷石膏 390 万立方米的生产线，基本实现涉磷企业产消平衡。打好黑臭水体治理攻坚战，完成规划区 4 条黑臭水体整治任务的 80% 和第一批乡镇黑臭水体综合整治任务。打好饮用水水源地问题整治攻坚战，划定了 3 个城市、6 个乡镇饮用水水源地保护区，完成 30 个县级饮用水水源地环境问题整治。打好环保基础设施建设攻坚战，完成广汉市三星堆污水处理厂扩容提标建设，建成 8 个乡镇污水处理厂、配套建设管网 139 千米。打好农业农村污染治理攻坚战，全面完成禁养区内养殖场关闭搬迁及准养区内整治工作，完成 68 个行政村农村环境综合整治任务。对 351 家总地块深入开展土壤污染状况详查。打好“散乱污”企业整治攻坚战，完成全市 1 554 户“散乱污”企业分类整治。

（八）全面加强生态环境监管，零容忍、出重拳整治环境突出问题

一是加强网格监控。优化环境网格化管理，在全市 129 个重要监管网点，配备市、县、乡、村四级网格监管员 2 000 余名，落实基层环境保护职责。二是加强执法监管。推广“环保+公检法”模式，严厉打击各类环境违法犯罪行为。建立 24 小时全天候环境执法检查制度，强化“双随机”监管工作。2018 年全市下达处罚决定 486 件，实施配套办法 50 件，其中按日连续处罚 1 件，查封 5 件，限产停产整治 10 件，移送刑事和行政案件 34 件。三是加强社会监督。畅通“12345”“12369”热线监督平台，开通微博、微信公众号，鼓励社会公众参与环保监督。2018 年以来，全市共受理环境投诉 2 965 件，办结率 100%。

（九）推进能源清洁高效利用，促进热电联产健康有序发展

什邡市热电联产工作起步早，已在禾丰—双盛一线利用金诺金属公司和双盛海诺尔垃圾处理厂生产余热，于 2017 年初建成总长度为 7 200 余米的蒸汽输送管道，主要为双盛、禾丰工业集中区的企业提供蒸汽，通过对“散乱污”企业的整治和燃煤锅炉的淘汰，现供热企业已达到 18 家，年可节约标准煤 5. 4 万吨左右，减少排放二氧化碳 14 万吨。什邡市经济开发区拟建污泥集中资源化处置及多能互补热电联产项目，该项目总投资 2. 1 亿元，项目建设共分二期完成，目前正在开展项目相关调研，计划投产时间 2022 年。广汉市工业集中发展区与四川能投合作

拟建分布式能源项目，总投资 3.5 亿元，占地 35 亩，目前该项目正在收集合作用户，开展前期准备工作，计划建设时间 2020 年。德阳经开区已开工建设分布式能源站工程项目，总投资 8.3 亿元，已完成项目核准批复、项目论证、规划选址并取得建设用地使用权，计划建设时间 2020 年。

二、存在的问题

（一）环境质量有待提升

2018 年以来德阳市多项空气质量指标均明显好转，但氮氧化物不降反升，重污染天气预警预报和应急响应能力有待提高。全市 7 个国、省考核断面水质总体实现改善，但优良水质比例未达到全省平均水平。

（二）环保基础设施建设还较为滞后

成德工业园区、罗江城南工业园区等污水集中处理设施还未建成；部分城市污水处理设施提标扩容建设还未完成，城镇污水处理设施配套管网不足，不能正常运行；全市还有 50%以上的乡镇未实现污水集中处理。

（三）环保执法监管力度需进一步加强

环境执法监管全覆盖和零容忍的高压态势尚未完全形成，环境行政执法与刑事司法联动机制亟待进一步深化，按日计罚、查封扣押等环保执法的新手段运用还不足。

（四）网格化环境监管体系不健全，工作经费保障不足

目前三四级网格化管理工作经费未纳入预算，网格化管理工作机制未落实；基层网格员多数身兼数职，履职不到位。

（五）环保主体责任落实不到位，重点项目推进不力

一些部门对环保认识不到位、重视不够，致使环境问题整改进度缓慢。

三、下一步工作的重点

（一）坚决打好污染防治攻坚战

实施生态优先行动，持续打好大气污染防治、水污染防治、黑臭水体治理、环保基础设施建设等方面的污染防治攻坚战。推进高污染燃料锅炉淘汰和清洁能源改造工作，加强工业源、扬尘源、餐饮油烟、露天焚烧等各类重点污染源管控。加强水质超标控制单元的流域污染防治，推进流域水体达标方案及“一河一策”管理保护方案的实施，尽快恢复流域生态功能。加快污水处理设施建设改造，加大饮用水保护力度，推进乡镇饮用水水源地环境问题整治。探索土壤环境风险管控试点区建设，开展重点行业企业用地调查布点采样，巩固磷石膏污染防治。

（二）持续抓好环保督察问题整改落实

坚持问题导向、标本兼治，对照中央环保督察组第一轮环保督察整改情况

“回头看”曝光的各类问题，举一反三，自查自纠，对环保问题进行全面再排查、再分析，及时发现问题，分类施策、精准发力，确保全覆盖无盲区。正在整改的，倒排工期、挂图作战，跟踪推进、强化督办，整改一项、销号一项；已完成整改的，再核实再排查，做好巩固提升，确保整改工作取得实效。

（三）提升生态环境治理能力和水平

推动环保投入制度化，提高环境监管水平。继续在全市开展环境保护“大排查、大督察、大执法”专项行动，重点加强市县联动执法、交叉执法、专项执法、突击执法和节假日执法、24 小时巡查执法等常态化、全覆盖，持续形成执法合力，持续保持环境执法监管高压态势。进一步加强乡镇（街道）、村（社区）环境监管力量。依法处置和化解环境矛盾纠纷与信访投诉。

绵阳市2018年绿色发展报告

一、完善绿色发展制度体系

绵阳市印发了《绵阳市绿色发展指标体系》《绵阳市生态文明建设考核目标体系》《绵阳市市级部门网格化环境监管工作考核办法》，编制了《绵阳市生态环境损害赔偿制度改革实施方案》，持续推进《绵阳市健全生态保护补偿机制实施方案》，出台《绵阳市生态文明建设目标评价考核部门协作机制方案》以及组成成员名单，加强各部门协调配合，制定市级部门联席会议制度，进一步加大约束，强化绿色发展体系，加大环境保护力度。

二、构建绿色发展产业体系

（一）发展绿色工业

一是积极推进电能替代与淘汰落后产能工作。2018年，全市共实施电能替代项目4个，改造锅炉（窑炉）30台共80蒸吨，争取省财政补助资金400万元。绵阳市印发《绵阳市2018年度推动落后产能退出工作实施方案》，推动4个行业共计49户企业（涉及砖瓦行业企业45户、造纸行业企业1户、化工行业企业1户、机械加工行业企业2户）完成淘汰落后产能任务，其中关闭企业34户，淘汰落后工艺设备15户，共淘汰普通建筑用砖产能约43 960万匹、制浆造纸1.5万吨、钢铁铸造加工570吨。通过淘汰这些落后产能，共实现节能量7.42万吨标准煤，减少二氧化硫、二氧化碳、氮氧化物排放分别约1 188吨、103 944吨、520吨，减排固体废物约6万吨，节约工业用地116亩，有力地促进了全市工业产业转型升级。

二是强化资源节约与循环经济。绵阳市印发《绵阳市园区循环化改造三年推进计划（2018—2020年）》，推动三个园区启动循环化改造，积极推动项目建设，构建企业与企业、产业与产业间的循环链条。绵阳经济技术开发区成功申报省级园区循环化改造示范试点，争取省预算内资金1 000万元。2018年12月29日，中科绵投资源循环利用基地日处理100吨的绵阳市餐厨废弃物资源化利用和无害化处理项目（一期）正式投运，日处理污泥150吨的绵阳市污水处理厂污泥处置项目（一期）建成完工。四川保和富山再生资源产业园现园区已建成面积851亩，以废旧铜为主的铜加工、再制造产业链，达到熔融废旧铜 35 万吨、铜深加工 8 万吨的生产规模。

三是强化执法监管力度。绵阳市进一步加大节能监察与环保执法力度。通过专项执法、双随机执法、监督监测等方式切实推动落后产能退出，对全市范围内企业摸排过程中涉及的环境违法行为依法查处。

（二）发展绿色农林业

一是大力推进高标准农田及绿色示范区建设。绵阳市紧紧围绕中央、省、市绿色发展要求，着力推进“基础牢固、绿色生态、循环发展、产村融合、产品安全”的高标准农田及绿色示范区建设，不断改善农田生态环境，促进农业可持续发展。以高标准农田绿色示范区建设为重点，整合力量，统筹规划，精心组织，真抓实干，强力推进，激励土地流转机制创新，加快推进现代农业产业基地建设，助力乡村振兴发展。2018 年共建成高标准农田面积 31.70 万亩，完成 5 000 亩以上高标准农田示范区 24 个，绿色示范区 8 个，完成田型调整 8.33 万亩，修筑地埂 461.50 千米，修建灌排渠 480.76 千米，整治和新建山坪塘 343 口，整治和新建蓄水池 391 口，整治和新建提灌站 24 处，新建机耕道 180.69 千米，新建生产道 169.06 千米，地力培肥 22.77 万亩，培育经营主体 89 个，规模化经营面积 2.68 万亩，新增粮食 2 181.50 万千克，农民人均新增纯收入 200 元以上，带动二三产业增收 3 964.80 万元，带动贫困户 1 285 户，完成总投资 45 344 万元。

二是强力推进现代林业产业发展。绵阳市将优质藤椒、优质核桃、优质厚朴列入绵阳农业十大主导产品中，分别制定了发展方案和扶持方案，并成功举办全省花椒产业持续健康发展推进会议。不断推进现代林业产业基地建设，支持发展藤椒、核桃、油橄榄等现代林业产业基地，启动省特优区建设工作。进一步推进森林康养产业等林业新业态发展，积极开展森林康养基地和森林康养人家建设工作，共建成国家级森林康养基地 3 家，省级森林康养基地 20 家，市级森林康养基地 7 家；建成省级森林康养人家 36 家，市级森林康养人家 26 家。同时，以打造具有地方特色的“九朵鲜花”（月季花、百合花、辛夷花、樱花、梅花、海棠花、桃花、牡丹花、郁金香）为重点，积极开展花卉林木基地建设。大力推进循环林业发展，构建“一模式三产业三效益”的生态循环林业模型。培育省级林业龙头企业 17 家，规范林业专业合作组织 364 家（国家级 6 家），带动农户 20 余万户。

（三）发展绿色服务业

一是大力推广节能技术和产品，倡导绿色消费。绵阳市重点推动企业做好照明、空调、电梯及其他耗能设备的节能。鼓励企业积极运用先进设备技术和管理技术整合，改造现有用电、用水、用气设备，提升商贸企业的节能管理技术水平。鼓励在商场、超市、餐饮等场所推行节能标签制度，减少使用一次性用品，引导消费能源资源节约型产品。组织零售企业大力实施限制使用塑料袋行动，目前，城区各大商场超市均已不提供免费塑料袋。引导住宿、餐饮、洗染和沐浴等生活服务业推广使用节能技术和产品，开展用电、用水、用气等节能降耗活动。

二是严格温控标准，加强能耗监测。绵阳市逐步建立和完善了全市流通服务业能耗统计监测制度，确定重点能耗单位名单，实行重点监控。按照夏季室内空调温度设置不低于26℃、冬季室内空调温度设置不高于20℃的标准，加大对大型商场、超市、餐饮等商业设施空调设置情况检查的力度，尤其对市民反映温度设置有问题的超市进行检查和引导，鼓励流通企业加强其营业场所室内空调温度的监测调控，降低企业电能消耗。

三、打造绿色发展城市体系

（一）推进绿色建筑

绵阳市贯彻国家和四川省绿色建筑行动实施方案，全面执行绿色建筑标准，大力推广装配式建筑，2018年全年设计阶段完成绿色建筑140万平方米，新建成绿色建筑108万平方米，全市新建建筑节能率达到100%，新墙材使用率达到87%，绿色建筑和装配式建筑比例不断提高。逐步淘汰限制使用的墙材，全面推广应用自保温一体化新型节能措施和建筑节能新材料。结合中建科技绵阳PC工厂、宏达杭萧绵阳基地和金和新型建材盐亭基地等企业相关项目的投产，引导建筑节能企业找准革新方向，加快绿色建材产业健康高效发展。

（二）推进绿色交通

一是严格执行车辆核查范围标准。对公安交警部门已经颁发机动车行驶证、以汽油或者柴油为单一燃料、总质量超过3 500千克的客货车辆，在配发道路运输证时，将燃料消耗量作为必要指标。凡未列入燃料消耗量达标车型表的车辆不得进行营运车辆综合性能检测和营运手续办理。认真组织开展燃料消耗量达标核查工作，积极引导辖区内道路运输经营者选购符合条件的车辆，2018年共核查车辆2 896辆，从源头上促进了绿色发展。

二是积极推广应用新能源和清洁能源车辆。大力推广CNG、LNG和新能源汽车，加强车辆维护管理，提高车辆技术状况。截至2018年年底，共有CNG营运客车1 487辆，LGN客车12辆，绵阳城区出租汽车全部是CNG车辆，公交车保有量1 679辆（其中包含清洁能源车1 298辆、新能源车331辆）。

三是优化公交线路网络，引导市民绿色出行。截至2018年年底，全市线网里程4 170.9千米，194条公交线路，其中主城区线网里程2 899.5千米，123条公交线。为36家企事业单位开通商务定制公交线路214条，日服务2万余人次，与高校等单位合作开通定时（周末和节假日）定点公交线路，最大限度满足群众出行需要。

（三）推动公共机构领域绿色发展

一是加强公共机构能源管理。建成园艺新区区域智慧节能管理平台，通过物联网技术实现对中央空调、LED 照明、光伏发电、热电联产等系统的智能化控制，通过远传计量表计对能耗数据实时监测，通过智能电源管理器对办公设备能耗实时监测、待机能耗智能管理，实现了办公区物与物、物与人、物品与网络的连接。

二是着力推进公共机构绿色出行。大力发展新能源汽车分时租赁，启动新能源汽车分时租赁公务出行保障企业招标工作，充分利用公共机构现有停车位，引进社会资本投资充电桩等基础设施建设，逐步实现公共机构充电桩等基础设施全覆盖。截至 2018 年年底，全市共建有充电基础设施 2 053 套（其中公共机构建有 613 套），投放新能源汽车 490 辆，设立租赁网点 312 个。

四、强化绿色发展治理体系

（一）打好蓝天保卫战

一是开展系统谋划。2018 年，相关部门先后出台《绵阳市蓝天保卫战 2018 年作战计划》《2018 年绵阳市臭氧污染防治专项行动方案》《绵阳市打赢蓝天保卫战今冬明春攻坚行动方案》《绵阳市打好今冬明春蓝天保卫战二十八条措施的通知》等文件，系统指导全市大气污染防治工作。

二是实施重点工程。相关部门大力推进三台、盐亭秸秆综合利用试点建设，强化秸秆收储运处体系，严令禁止秸秆焚烧，加大秸秆综合利用率。全面完成四川巴蜀江油燃煤发电有限公司 33#、34#机组超低排放改造项目；在全省率先推进水泥行业超低排放改造工作，完成北川四星、江油红狮两家企业项目改造。完成全市 231 家砖瓦企业污染整治，恢复生产的砖瓦企业全部安装脱硫除尘等环保设施。大力推进挥发性有机物治理，督促 13 家重点企业进行限期治理，按时完成目标。加强移动源污染监管力度，采用遥感监测、便携式设备等技术手段完成了 2 000 辆柴油货车尾气抽测任务。

三是提升科技支撑。认真组织开展全市大气污染源解析工作，投资 1 300 万元建设了空气质量网格化监测管控系统、颗粒物组分站、激光雷达走航扫描监测等科技能力项目。安州区、江油市、三台县、北川县相继推进建设空气质量网格化微站。

四是积极应对重污染天气。全年启动重污染天气预警 7 次，其中黄色 6 次、橙色 1 次。重污染响应期间，建筑工地扬尘管控、货车限行，以确保省、市重点工程、民生工程项目正常推进。2018 年，绵阳市城区环境空气有效监测 352 天，达标天数比例为 79.3%，全市城区环境空气质量 PM2.5 平均浓度值为 45.0μg/m^3，同比下降 5.9%。

（二）打好碧水保卫战

一是加强城镇污染治理。全市已建成城市污水处理厂 17 座，污水处理能力 51.7 万吨/日；建成城市污水收集管网 1 643.5 千米，城市污水集中处理率已达 95.48%，255 个乡镇污水处理设施全面完工 157 个。

二是加强农业农村污染防治。相关部门印发并实施《绵阳市加快推进畜禽养殖废弃物资源化利用工作方案》，实现规模畜禽养殖场（小区）配套建设废弃物处理用设施的比例达 93.46%。完成 150 个村庄农村环境综合整治任务。

三是强化水资源节约保护。切实加强全市水资源消耗总量和强度控制，全面加强重点监控用水单位监管工作，已建成国家水资源监控能力项目取水户 47 户，监测点 71 个，总体运行情况较好；全面加强水功能区监督管理，已基本完成全市 97 个规模以上入河排污口整改提升工作。

四是加强水生态环境保护。相关部门印发了《绵阳市打好涪江保护修复攻坚战役实施方案（2018—2020 年）》，坚决打好污染防治攻坚战；出台《绵阳市水污染防治条例》，对改善和提高城镇水环境质量，强化城镇水源和水质保护提供有力支撑。全面推进饮用水水源环境保护规范化建设，市级、县级集中式饮用水水源地水质达标率 100%；切实加强地下水调查、加油站地下油罐更新改造，出台《绵阳市地下油罐更新改造工作方案》，全面部署地下油罐更新改造工作，地下油罐改造完成率 73.29%。

五是强化联防联控。绵阳市、阿坝州两地签署以涪江流域水环境联防联控为重点的生态环境保护合作协议，共同推进涪江流域水生态保护工作。

（三）打好净土保卫战

一是加强土壤污染源头预防。进一步强化重点企业与园区土壤环境管控、重金属污染防治、工业固体废物堆存场所环境整治、危险废物处置等，为 10 家涉重企业核发了排污许可证；全市 258 处非正规垃圾堆放点，已经初步完成治理 237 处；开展长江经济带固体废物大排查和打击固体废物环境违法专项行动，58 个问题中已完成整改 53 个。

二是严格建设用地准入管理。建立疑似污染地块名单、污染地块名录，加强土地征收、收回、收购等环节监管，强化暂不开发利用污染地块环境风险管控。

三是大力开展秸秆综合利用与秸秆禁烧工作。2018 年，全市秸秆产生总量 334.18 万吨（可收集量 263.79 万吨），实际完成秸秆利用量 253.92 万吨，秸秆综合利用率达 96.26%（按可收集量计算），超额完成了省下达秸秆综合利用率 93% 的目标。

四是实现农药、化肥使用负增长。2018 年，全市化肥使用量预估约 210 330 吨（折纯），较 2017 年减少 1 806 吨，使用量增幅为-0.85%；全市测土配方施肥技术推广面积达到了 828.24 万亩（次），配方肥施用面积达到了 551.1 万亩，配方肥施用量达到了 11.09 万吨（折纯），测土配方施肥技术覆盖率达到了 95.2%；农药使用量预估约 2 800.9 吨，较 2017 年减少 34 吨，使用量增幅为-1.2%，全市统防统治覆盖率已达到 54.4%，绿色防控覆盖率已达到 31.8%。

广元市2018年绿色发展报告

2018年，广元市积极践行创新、协调、绿色、开放、共享的新发展理念，认真贯彻落实党中央、国务院和省委、省政府重大决策部署，紧密结合广元实际，坚定不移地走生态立市、绿色崛起的后发赶超之路。

一、主要工作及成效

（一）坚持规划引领，明晰目标定位

广元历届市委、市政府都高度重视生态文明建设，2008年率先在地震灾区提出“低碳重建”“低碳发展”，将“生态立市”作为总体发展思路之首。2016年12月，市委做出了推进绿色发展、实现绿色崛起、建设中国生态康养旅游名市的决定，决心走绿色发展道路。2018年7月，市委做出了全面推动高质量发展的决定，把低碳发展、绿色发展提到了更加突出的位置。2018年9月，市人大制定出台的地方性法规《广元市白龙湖亭子湖保护条例》正式实施，对贯彻落实生态立市战略具有重大意义。《广元市国家生态文明先行示范（试验）区建设实施方案（2015—2020）》提出，到2020年广元基本建成西部绿色低碳发展的样板区、生态环境保护的模范区和制度机制创新的实验区，可复制、可推广、可示范的“广元生态文明建设模式”基本形成。2018年，全市认真落实《四川省长江经济带发展实施规划（2016—2020年）》，深入践行“两山”理念，大力推进国家生态文明先行示范区、国家低碳试点城市、国家气候适应型试点城市建设，以及国家新能源示范城市创建，相关部门印发《广元市2018年节能减排降碳工作安排》《2018年低碳城市试点工作实施方案》《广元市2018年气候适应型试点城市建设重点工作实施方案》，深入持续推进生态文明建设、重点领域节能减排降碳、打好污染防治“三大战役”、加快发展循环经济、应对气候变化等方面工作，践行绿色发展思路清晰、路径明确。

（二）厚植生态底色，夯实建设基础

广元市扎实开展大规模绿化全川广元行动，大力实施天然林、退耕还林、生态修复工程，全域推进绿化、彩化、美化、香化、亮化。构建森林、风景名胜区和江河、湿地等典型生态系统，提升国家湿地公园、森林公园、自然保护区和国家级风景名胜区生态功能，积极参与秦岭—大巴山国家公园、大熊猫国家公园建

设。截至2018年年底，建成自然保护区11个、森林公园7个、国家级湿地公园2个、国家5A级旅游景区1个、4A级旅游景区19个，全市森林覆盖率达56.6%，城市绿化覆盖率达40.3%，人均公园绿地面积11.2平方米，市中心城区建成低碳绿道67千米，广元的生态环境比较优势不断凸显。强力推进城乡环境综合治理，国家卫生城市复审高分通过，在全省第一个完成城区黑臭水体整治，加强农业面源污染防治，依法关闭或搬迁禁养区养殖场（户），推进废弃农膜收集处理，秸秆综合利用率达到89%，引入社会资金3.9亿元建成垃圾日处理量达700吨的城市生活垃圾焚烧发电厂并运行良好。美丽新村和绿色小城镇建设稳步推进，新建幸福美丽新村260个、新村聚居点300个、“1+6”村级公共服务中心260个，共创建全国重点镇14个，省级百镇建设试点镇15个，省级特色小镇3个。

（三）狠抓污染防治，打赢“三大战役”

广元市以建设中国最干净的城市为目标，坚决打赢污染防治攻坚战。大气环境治理方面，深入推进无霾城市建设，大力实施扬尘整治、秸秆禁烧、饮食油烟整治、工业治污和机动车污染防治五大行动，城市建筑施工工地管理全面加强，秸秆综合利用率达到89%，黄标车累计淘汰率达到95.49%，实施餐饮油烟整治示范工程100家，规范整治、淘汰关闭砖瓦企业84家，淘汰燃煤小锅炉31台计62蒸吨，实现了城市建成区燃煤锅炉“清零”目标。扣除西北地区沙尘暴影响，2018年，城市优良天数率达到95%以上，全面完成了省政府下达的年度环境空气质量目标任务。水环境治理方面，重点抓好流域污染综合治理、良好水体生态保护、黑臭水体整治、污水处理设施建设、饮用水源建设等。投入1亿多元，全面取缔白龙湖网箱养殖和违规钓鱼平台，发展生态渔业；投入1.73亿元整治南河流域水环境，筹措8.43亿元整治城区56条黑臭水体主、支沟，首批19条黑臭水沟已全部整治完成，城市建成区黑臭水体基本消除。全面落实河长制，市、县、乡、村四级设立河长2 304名，主要河流水质和县城及以上集中式饮用水水源地水质稳定达标，白龙江流域断面水质达到Ⅰ类。土壤环境治理方面，率先开展化肥及农药零增长、废弃农膜回收利用、土壤重金属污染防治等专项行动，全市已有95.24%的耕地经过国家无公害土壤认证，建成全省农产品产地无公害市和首个农产品质量安全监管示范市。

（四）发展绿色产业，推进转型升级

广元市深入实施大保护大转型战略，自觉推动绿色发展、循环发展、低碳发展。严格环境准入，严控“两高”行业新增产能，加快调整优化产业结构，2018年全市三次产业比重优化调整为14.7∶44.7∶40.6，全市万元产值综合能耗、万元产值二氧化碳排放、主要污染物排放量持续下降。积极构建绿色农业、低碳循环工业、生态旅游业、清洁能源等生态经济体系，全市建成绿色食品原料标准化生产基地236万亩、有机食品生产基地3.5万亩，认证无公害农产品175个、绿色食品 70 个、有机食品 67 个、地理标志产品 26 个，曾家山高山露地蔬菜直供澳门。生态旅游业态势良好，2018 年接待游客突破 5 000 万人次，实现旅游收入突破 400 亿元，同比增长分别为 11%、21%。推动清洁能源开发利用，新核准在（待）建风电项目总装机 44.8 万千瓦，中广核剑阁高池风电场、朝天八庙沟水电站等项目开工建设，大唐广元何家山风电建成投产，中广核剑阁摇铃风电项目并网发电，2018 年全市新能源和可再生能源发电总装机达到 245 万千瓦。大力实施园区循环化改造专项行动，编制《广元市园区循环化改造三年推进计划（2018—2020 年）》，加快推进广元经济技术开发区和旺苍、苍溪 2 个省级经济开发区实施循环化改造。海螺水泥、广旺能源、启明星铝业等 9 家工业企业被纳入四川省重点用能单位“百千万行动”名单。青川县从 2016 年起，每年预算安排 6 000 万元建立生态产业发展资金，被列为全省唯一“绿色发展指标体系研究试点县”。

（五）深化体制改革，激发内生动力

广元市努力完善生态文明绩效评价考核制度，依据《广元市绿色（低碳）发展指标体系》《广元市生态文明建设考核目标体系》，开展 2016 年度各县区生态文明建设评价，青川县绿色发展指数排全市第一。健全生态补偿制度，出台《广元市重点流域水环境生态补偿办法（试行）》（自 2019 年 1 月 1 日起试行），进一步完善流域水环境横向生态补偿制度，全面加强流域水环境保护工作。建立健全环境治理体系，完善污染防治区域联动工作机制，与甘肃省陇南市签订环境执法联动协议，成功处置汛期垃圾入侵白龙湖、江油油罐冲入清江河、嘉陵江漂浮蓝色塑料桶装化学原料等多起环境应急事件，确保了辖区环境安全。建立农村环境治理体制机制，出台农村厕所污水治理工作（2018—2020 年）实施方案、农村生活污水处理五年实施方案和农村人居环境整治三年行动方案。严格落实“环境有价，损害担责”，《广元市生态环境损害赔偿制度改革实施方案》已经市委深化改革领导小组审议通过。健全生态环境保护经济政策体系，建立生态环境保护财政投入稳步增长机制，在全省率先编制生态环境保护资金财政收支预算。结合环境保护税费改革，将各级环境监测监察执法运行经费和能力建设资金纳入财政预算保障。创新投融资机制，推动社会资本投资环保工程建设，推进污染第三方治理，污水、垃圾三年推进 PPP 方案正加快实施。

（六）坚持低碳试点示范，突出带动引领

广元市公共机构节能减排扎实有效，广元职中、市精神卫生中心、青川县行政中心、朝天区行政中心、旺苍县政务中心 5 家单位分三批成功创建全国节约型公共机构示范单位。截至 2018 年年底，全市已成功创建节约型公共机构国家级 5 个、省级 5 个、市级 76 个。低碳交通运输快速普及，全市累计建设自行车及步行绿道和生态廊道 100 多千米，累计发展天然气汽车 6 300 余台，投放便民自行车 1 500 余辆，900 余辆出租车全部实现“油改气”，累计发展新能源公交车 73 辆、

CNG公交车402辆，全年淘汰老旧客运班车100辆、运输船舶55艘，清退营运黄标车690辆。低碳建筑和绿色小城镇建设顺利起步，在新建、改建、扩建等工程项目中严格执行50%的节能设计标准，节能强标设计阶段执行率达100%，中心城区施工阶段执行率达100%。全面淘汰实心黏土砖，新型墙材使用率达65%以上，现共有规模以上新型墙体材料生产企业9家，预拌混凝土（砂浆）生产企业5家。全市一星绿色建筑设计标识建筑已达31.5万平方米，50多万平方米建筑正在按照绿色建筑设计。城乡低碳社区建设成效突出，有关部门制定出台《广元市低碳示范社区创建工作指导意见》，共创建省级低碳社区5个（全省共11个）、市级低碳社区24个。在全市24个市级低碳试点社区中，利州区芸香社区、朝天区曾家社区、苍溪县将军社区达到了低碳示范社区的相关要求，被评为市级首批低碳示范社区。芸香、曾家、柳池、中子、佛山5个社区被评为首批省级低碳社区，累计争取到了500万元省预算内投资。

二、存在的问题

近年来，广元市致力于推动人与自然和谐发展，生态文明建设取得了显著成效，但仍存在若干突出问题：一是基础建设还不完善。城市规划建设基础设施滞后，特别是雨污分流管网不足、污水处理设备和工艺落后、专业技术人才相对缺乏，全市乡镇污水处理设施建成率不足30%。农村地区面源污染仍然存在，化肥施用量较大、畜禽养殖业治理设施不足，农村面源污染综合治理进度缓慢。二是政策支持尚待加强。广元是国家低碳试点城市、气候适应型试点城市，也是新能源示范城市创建地区，支撑绿色发展需大量资金和项目。但作为川陕革命老区、盆周山区、秦巴山区连片贫困地区和“5·12”特大地震重灾区，财力非常薄弱，亟须国家、省在政策、资金和项目安排上给予支持和倾斜。三是节能减排压力较大。经济持续增长与环境压力递增矛盾突出，高耗能企业在全市工业中的占比仍然很大，承接产业转移新上项目也将累加能耗总量，能耗“双控”形势较为严峻，经济发展与环境保护协同推进的压力巨大。

三、下一步工作的重点

（一）夯实绿色发展基础补短板

一是完善环保基础设施。采取政府和社会资本合作（PPP），大力开展城乡垃圾、污水处理设施建设三年行动，提升城乡垃圾、污水处理水平。到2019年年底，全市新增生活垃圾无害化处理能力670吨/日，乡镇生活垃圾无害化处理率达70%以上；新建污水管网412.04千米，改造老旧污水管网113.75千米，改造合流制污水管网155千米，全市城镇基本具备污水收集能力。推进“厕所革命”，建设绿色生态厕所。

二是开展环境综合整治。全面落实河（湖）长制，加强江、湖、河、库、塘、堰和黑臭水体综合治理。大力实施嘉陵江、白龙江重点流域污染治理工程，打造流域污染治理和水体保护示范片。推进东河、西河、南河等 15 条中小河流治理，切实改善小流域水环境质量。推进饮用水源地专项整治，完成县级以上集中式饮用水源地规范化建设，逐步推进乡镇集中式饮用水源地专项整治。加强农村面源污染治理，持续开展化肥及农药零增长、畜禽粪污资源化利用、饲料清洁化、废弃农膜收集处理等专项治理行动，建设最干净乡村。

三是强化生态环境保护。统筹山、水、林、田、湖、草系统治理，严格自然保护区、风景名胜区管理，落实重点生态功能区产业准入负面清单制度，强化国土空间治理，科学划定生产空间、生活空间、生态空间。加强天然林资源保护，搞好公益林建设，扎实推进造林增绿和低效林改造，推进江河湿地保护修复和脆弱地区生态治理，积极参与大熊猫国家公园建设，筑牢嘉陵江上游生态屏障。

（二）突出生态特色亮点放红利

一是实施一批生态工程，释放生态红利。将生态文明建设贯穿于全市经济社会发展各方面和全过程，结合生态康养旅游名市建设，实施好已争取到的国家低碳试点城市、气候适应型城市、国家新能源示范城市建设工程，争取创建国家海绵城市、努力建设中国最干净城市，做强生态文明建设重大工程支撑。积极对接国家、省生态文明建设政策，用好用活国家试点示范工程的支持要素，最大限度为生态红利的释放奠定基础。

二是实施一批生态项目，激活生态红利。立足全市总体布局，科学谋划、储备包装和申报争取一批重大生态项目，建设一批森林康养基地、温泉度假区、中医药康养旅游示范基地、文化康养基地、中国南方滑雪场集群核心区、水上运动训练和度假基地。积极争取和实施国家海绵城市建设项目、国家园林城市建设项目、三江新区建设项目、旅游产业园建设项目、生态康养项目、新能源开发项目等，以大项目建设带动整体生态文明建设大发展，实现生态文明建设与经济发展双重共赢。

三是开发一批生态产品，放大生态红利。立足广元大山大水大森林自然禀赋，突出地域特色，实行差异化发展，突出开发森林、特色温泉、中医药、文化、健身休闲“五种康养旅游产品”。大力培育优质粮油、生态畜禽水产、高山绿色果蔬、特色山珍、富硒富锌茶叶、地道中药材和劳务“6+1”特色产业，重点发展剑阁县油料产业，苍溪县雪梨和猕猴桃产业，青川县、旺苍县茶叶和中药材产业，制定特色优势农产品地方标准，做靓“广元七绝”等一批无公害、绿色、有机农产品品牌，创建全国有机产品认证示范市。

四是推广一批生态技术，转换生态红利。以提高资源高效利用为目的，积极推广余热发电、回水利用、集中供热等工业循环利用技术。大力优化农产品种植结构，不断普及测土配方施肥、免耕覆盖、秸秆还田、绿色防控等节肥、节能、节水、节地的生态低碳农业技术，积极推广循环农业、生态种植、清洁养殖等生产模式，着力提高农村清洁能源利用率、农作物秸秆综合利用率、畜禽养殖粪便综合利用率、生活垃圾无害化处理率和农产品产出率等指标。积极推进三次产业节能减排技术，推广地热利用、一次性产品替代、低碳景区建设等技术和标准，促进绿色低碳技术和旅游深度融合。

（三）完善管理体制机制激活力

一是完善统筹协调机制。进一步理顺生态文明建设工作体制机制，探索整合发改、环保、林业、经信、住建、城管、国土部门涉及生态文明的相关职责，统筹规划、组织协调和督促检查全市生态文明建设相关工作。

二是深化体制机制改革。抓好国家、省、市已出台生态文明体制改革方案落实。加快推进领导干部自然资源资产责任审计、生态损害赔偿试点等重大改革试点，结合实际，出台一批规范性制度。进一步完善生态环境保护目标考核体系，逗硬目标绩效考核，修订完善各级各部门生态环境保护职责分工，落实生态环境保护责任。

三是加大生态文明投入。加强各领域生态项目统筹，建立生态经济重大项目库，梯次推进重点生态工程项目建设。整合现有支持生态建设的各类资金，建立政府逐年递增投入机制（占地方生产总值比重不少于5%），设立生态文明建设专项资金，用于引导激励绿色低碳产业发展、重点领域节能减排、重大生态修复工程建设、重大环境污染治理等。完善促进资源综合利用、低碳循环经济、生态康养旅游的产业、投资、税收、价格、财政等政策措施，形成促进绿色发展的利益导向机制。推进“金融+生态”创新，鼓励金融机构发展绿色金融，落实绿色信贷制度，支持企业发行绿色债券，通过PPP、第三方服务等方式引导社会资本投入生态建设。

四是培育树立生态文化。把生态文化作为市民素质教育和公共文化服务体系建设的重要内容，创新生态文化普及教育方式，打造一批绿色生态教育基地，引导全民牢固树立绿色发展理念，倡导绿色生活方式，让全社会共建共享生态文明美丽家园。培育生态文化新业态，实施生态文化品牌工程、培养工程，促进生态文化与蜀道文化、三国文化、女皇文化、红军文化的深度融合，形成特色鲜明的生态文明广元文化。

遂宁市 2018 年绿色发展报告

遂宁市委、市政府认真贯彻落实党中央、国务院和省委、省政府的决策部署，始终把生态文明建设放在突出位置，坚持用绿色发展新理念引领经济社会发展，大力实施富民强市“七大提升行动”，走出了一条发展与生态相融、生态与经济双赢的绿色发展新路子。

一、绿色发展是最根本的发展模式和最现实的路径选择

习近平总书记在党的十九大报告中强调：人与自然是生命共同体，人类必须尊重自然、顺应自然、保护自然。这就要求必须坚决担起生态文明建设重任，牢固树立绿色发展新理念，推动形成人与自然和谐发展现代化建设新格局。

遂宁市认真贯彻落实党中央关于生态文明决策部署和四川省委建设美丽四川的工作要求，积极探索生态、循环、低碳、高效为特征的绿色经济发展之路。从 2007 年提出的“环境立市、绿色崛起”发展战略，到建设美丽繁荣和谐遂宁，一届接着一届干，大力发展绿色产业，建设绿色城镇，倡导绿色生活，拓展绿色空间，以绿色发展定力成就遂宁跨越发展加速度。2018 年，地区生产总值实现 1 221 亿元，同比增长 8.8%，总量、增速在全省排位均比上年跃升一个位次，分别居全省第 14 位、第 6 位；一般公共预算收入同口径增长 9.6%，城乡居民人均可支配收入分别增长 8.6%和 9.3%。遂宁的绿色发展实践证明，良好的生态环境符合人民群众的核心利益，绿色发展不仅给遂宁带来了实实在在的经济增长，同时也给老百姓带来了实实在在的获得感、幸福感。

二、推进绿色发展，着力构建生态循环低碳高效的绿色产业体系

习近平总书记强调：我们要建设的现代化是人与自然和谐共生的现代化，既要创造更多物质财富和精神财富以满足人民日益增长的美好生活需要，也要提供更多优质生态产品以满足人民日益增长的优美生态环境需要。这就要求我们必须牢固树立保护生态环境就是保护生产力、改善生态环境就是发展生产力的理念，注重效率、和谐、可持续的辩证统一，不能以牺牲生态环境为代价换取经济的一时发展。

遂宁市坚持把发展作为第一要务不动摇，突出深化供给侧结构性改革主线，

坚持提质增效做大体量，高端切入培育增量，优化结构调整存量，加快构建起绿色产业体系。大力发展生态农业，建立健全农产品质量安全追溯体系，“遂宁鲜”农产品区域公用品牌影响力不断增强。大力发展绿色制造业，机电与装备制造、锂电及新材料、电子信息、油气盐化工、食品饮料等优势产业迅速崛起，成为西部电子元器件生产基地、中国光电产业基地，天齐锂业成为具有全球锂资源掌控能力的国际化公司。积极发展文化旅游、现代物流等现代服务业，中国西部现代物流港已入驻物流企业200余家，吸引投资663亿元，成功创建全国首批国家级物流示范园区；建设中国观音文化旅游区，中国死海、观音湖、广德寺、灵泉寺等旅游景点享誉中外。遂宁的绿色发展实践证明，只有把生态文明建设放在现代化建设全局的突出地位，持续用力、久久为功，在发展中保护，在保护中发展，把生态优势转化为发展优势，才能加快经济提质增效。

三、推进绿色发展，把保护和改善生态环境放在首位

习近平总书记强调：我们在生态环境方面欠账太多了，如果不从现在起就把这项工作紧紧抓起来，将来会付出更大的代价。这就要求我们必须认真贯彻节约资源和保护环境的基本国策，更加重视节能减排、污染防治等工作，推进资源的高效开发和利用。

遂宁市坚持把生态环境优化作为第一考量，重拳出击、铁腕治污，打好污染防治“三大战役”，让遂宁天更蓝、地更绿、水更清。“十二五”期间，拒绝亿元以上“三高企业”70多家，累计关停、淘汰落后产能企业57家。截至2018年年底，引导非城市建成区淘汰燃煤锅炉共计12.5蒸吨，完成“煤改电”“煤改气”，有效减少煤炭消费总量。推进农业清洁生产，成为全省首批农产品产地无公害化市。强化大气污染防治，2018年市城区空气质量优良天数达326天。强化水污染防治，积极推行“河长制+警长制”，涪江干流监测断面水质全部达标，成为全省首个拥有双水源城市。强化土壤污染防治，梳理出130多个土壤污染风险源进行重点监控和处置。积极造林增绿，成为四川省唯一的所有县（区）成功创建绿化模范县的市（州）。遂宁的绿色发展实践证明，改善生态环境必须坚持节约优先、保护优先、自然恢复为主的方针，既立足当前，着力解决突出的环境问题，又着眼长远，持之以恒，全面推进生态系统保护，才能构建人与自然和谐共生的发展新格局。

四、推进绿色发展，走集约智能绿色低碳的新型城镇化道路

习近平总书记强调：要坚持集约发展，框定总量、限定容量、盘活存量、做优增量、提高质量，立足国情，尊重自然、顺应自然、保护自然，改善城市生态环境，在统筹上下功夫，在重点上求突破，着力提高城市发展持续性、宜居性。

这就要求我们在推进城镇化过程中，坚持以人为核心，构建起集约高效绿色生产空间、山清水秀绿色生态空间和舒适宜居绿色生活空间。

遂宁市始终坚持把以人为本、尊重自然、传承历史、绿色低碳理念融入城镇规划全过程，科学确定城镇开发强度，全域构建“一核、两带、三片”城镇空间结构，中心城市构建“一城两区五组团”开放型组团式格局。加快推进城市重大生态工程建设，形成“城在水中、水在城中”的西部水都独特风貌。推进海绵城市建设试点，连续两年考评成绩居全国首批 16 个试点城市第 2 位。深入开展“多城联创”，成功创建“全国文明城市”“国际花园城市”等 20 多张城市名片。我们持续实施“十项民生工程”，民生投入保持在财政支出的 70%左右。建设“健康遂宁”，在全省率先统筹城乡居民基本养老保险和医疗保险，建成城市 15 分钟、农村 60 分钟就诊圈。推进义务教育均衡发展，开展教育集团化办学改革试点，全面缩小校际办学差距。遂宁的绿色发展实践证明，推进新型城镇化要顺应人民群众过上美好生活的新期待，坚持山、水、林、田、湖是一个生命共同体的理念，完善城市治理体系，提高公共服务水平，才能让人民群众在城市生活得更方便、更舒心、更美好。

五、推进绿色发展，加强绿色文化培育和引领

习近平总书记强调：保护生态环境就是保护生产力，绿水青山和金山银山绝不是对立的，关键在人，关键在思路。这就要求我们必须牢固树立生态文明观，大力培育生态文明伦理道德，通过绿色文化传承凝聚起绿色发展力量。

遂宁市坚持以社会主义核心价值观为引领，以创建全国文明城市为载体，加强文化基础设施建设，基本形成城市 10 分钟文化圈、农村 30 分钟文化圈。积极倡导“友善、包容、创新、奉献”的城市精神，连续三届荣获“中国城市公益慈善七星城市”称号。强化绿色发展舆论引导，深入宣传报道绿色发展理念和成效。开展志愿服务和绿色生活进学校、进社区、进家庭等活动，引导居民绿色消费、绿色出行、绿色家居，连续举办两届绿色生活博览会，市民以公交为主要出行方式的比例达到 40%以上。遂宁的绿色发展实践证明，必须坚持绿色文化与绿色责任一起培育，使崇尚绿色、崇尚自然、崇尚环保成为社会主流价值、主流文化，才能凝聚起绿色发展的共识和合力，实现全民参与、共建共享。

六、推进绿色发展，建立健全绿色发展制度体系

习近平总书记强调：一定要彻底转变观念，再不以 GDP 增长率论英雄。只有实行最严格的制度、最严密的法治，才能为生态文明建设提供可靠保障。这就要求我们必须坚持“五位一体”总体布局，不断强化法治手段和治理能力，构建起推进生态文明建设的长效机制。

遂宁市坚持深化生态文明体制机制改革，严格落实国家生态保护法律法规，将绿色经济发展指标纳入各县（区）、部门综合绩效考核并逐步提高权重，在全国率先制定《区域绿色经济指标体系》及《绿色经济遂宁典章》《国民幸福指数评价体系》《绿色消费发展指标体系》，推行产业、企业、项目准入“负面清单”管理模式。完成新一轮城市总规修编工作，划定城市发展的蓝线、绿线、黄线、紫线，实现城乡规划管控全覆盖。遂宁的绿色发展实践证明，要善于运用法治思维和法治方式谋划绿色发展，不断完善决策机制、政绩考核、责任追究等制度，发挥好“指挥棒”的作用，才能加快实现绿色发展新突破。

内江市 2018 年绿色发展报告

内江市委、市政府聚焦水资源短缺、处污能力不足、环境承载能力逼近红线、生态问题日益突出等问题，大胆探索生态环境保护新路子，奋力推进内江沱江流域综合治理和绿色生态系统建设与保护“世代工程”，市委七届二次全会审议通过了《中共内江市委关于内江沱江流域综合治理和绿色生态系统建设与保护若干重大问题的决定》，全面打响了内江沱江流域综合治理攻坚战。

2018 年，全市以组织机构为保障，以规划编制为统领，以项目建设为抓手，以机制创新为突破，把沱江流域综合治理和绿色生态系统建设与保护“世代工程”的责任扛在肩上、抓在手上、落实到行动上，取得了一定成效。沱江干流脚仙村（老母滩）断面由 2016 年Ⅳ类水质改善为 2018 年的Ⅲ类水质；球溪河口断面由 2016 年劣Ⅴ类水质改善为 2018 年的Ⅳ类水质（扣除上游影响为Ⅲ类水质）；威远河廖家堰断面由 2016 年劣Ⅴ类水质改善为 2018 年的Ⅳ类水质。全市县级及以上城市现用集中式饮用水水源地水质达标率保持 100%，水环境质量创近年最好水平。

一、工作措施及成效

（一）健全工作机构，组织领导坚强有力

一是建立领导小组。成立了全市沱江流域综合治理和绿色生态系统建设与保护工作推进领导小组，实行市委书记、市长“双组长”制，牵头推进各项工作，定期召开领导小组会议，听取工作汇报，协调解决推进中存在的问题。二是组建推进机构。建立了沱江流域综合治理工作推进办公室，与市项目综合推进中心实行“两块牌子、一套人马”，从各县（市、区）、市级部门、金融机构和市属国有企业抽调 30 名业务骨干，推进各项工作。三是健全治理体系。充分发挥市沱江综合治理办公室牵头抓总作用，建立健全沱江综合治理办公室总牵头、河（库）长制为重要手段、各部门协同推进工作机制，全面建立起市、县、乡、村四级河（库）长管理体系，做到工作方案到位、河（库）长体系和责任落实到位、相关制度和政策措施到位、监督检查和考核到位等“四个到位”，河库名录、年度“四张清单”和“一河一库一策”管理保护方案的编制全部完成。将全市 165 条河流、364 座水库纳入河（库）长制管理，分级设立河（库）长 3 663 名。

（二）完善顶层设计，治理体系更加完善

一是编制流域规划。按照产、城、人、水融合发展理念，在深入分析全市水环境与经济社会发展协调性问题的基础上，相关部门编制并印发《内江市沱江流域综合治理和绿色生态系统建设与保护规划（2017—2020年）》，作为流域治理的行动指南。相关部门完成《沱江（内江段）"一河一策"管理保护方案》《水污染治理分年度达标方案》《内江市城市黑臭水体综合实施方案》《沱江流域（内江段）河道整治项目实施方案》等编制，城市绿地系统、山体保护等配套专项规划也已完成修编。目前，相关部门正在编制《内江沱江流域生态文化与发展空间规划》，做好流域岸线保护修复和生态文化带点、线、面发展的文章。

二是编制项目规划。相关部门以流域治理可持续发展为目标，编制印发《内江市沱江流域综合治理和绿色生态系统建设与保护重大项目规划（2017—2020年）》，筛选储备重大项目441个，计划总投资1 449.16亿元。其中，2018—2020年将重点实施的水资源综合利用、水污染防治、水生态修复三类项目共计46个，计划总投资168.88亿元。这些项目的滚动实施，为流域生态环境改善和绿色发展提供了有力支撑。

三是编制负面清单。为切实强化流域空间管控，相关部门完成了全省首个以流域为单元的负面清单——《内江市沱江流域市场准入负面清单》，对流域内公园（风景区）、文物保护区、城市集中式饮用水水源保护区等9大类区域进行分类管控，率先对沱江干流及主要支流沿线产业布局、建筑物标高、容积率等提出了明确具体的标准和要求，如严禁在干流及主要支流岸线1千米范围内新建布局重化工企业、园区，城市河流岸线200米内严禁无序商业开发等要求得到推广和遵循。

（三）淘汰落后产能，促进产业结构调整

相关部门印发《内江市2018年度推动落后产能退出工作方案》，再次进行摸底调查，对不符合要求的企业依法依规进行关闭淘汰。相关部门对环保不达标的威远县庆卫水泥有限公司JT窑熟料生产线进行了全面拆除，并经过省上验收。同时，相关部门印发了《内江市淘汰燃煤小锅炉工作方案（2018—2020年）》，2018年，全面完成县级城市建成区10蒸吨及以下燃煤锅炉淘汰任务，共计15台。加快推进全市页岩气勘探开发，推进天然气储气设施和管网建设，中石化威荣页岩气公司在威远注册，加快推进成立中石化威远销售公司。页岩气勘探开发项目完钻平台24个、完钻井121口，实现产气9.56亿立方米，完成投资44.56亿元。

（四）积极引导支持，推进园区循环改造

内江市组织全市符合条件的园区进行园区循环化改造工作，内江经济技术开发区、四川资中经济开发区园区循环化改造进入评审阶段。2018年6月5日，"四川省内江市西南再生资源产业园区循环经济综合标准化试点"项目被国家标准委员会确定为全国7个成功通过考核评估的试点项目之一。市委马波书记特别批示：

"工作抓得很扎实，成为 2018 年度全国创建成功的 7 个试点单位之一，成果来之不易，值得充分肯定和表扬。要按照再生资源循环经济综合标准化试点建设的要求，有力推动这项具有战略意义的工作，不断完善循环经济标准体系，同时加大宣传力度，更好促进循环经济发展，让生态优先、绿色发展的理念进一步落地落实。"

（五）争取上级支持，"世代工程"获得关注

一是成功获批国家试点。积极争取国家在流域治理方面的资金和政策。2018 年 10 月，内江市成功申报全国首批 20 个、全省唯一的城市黑臭水体治理示范城市，推动内江市在流域治理方面探索形成可推广、可复制的可持续发展新模式。二是积极争取项目资金。精准对接国家政策指向、资金投向，依托国家试点工作，2018 年，已争取中央预算内资金 1.36 亿元。27 个项目被成功纳入中央水污染防治项目储备库，可申请中央专项资金 14.55 亿元。三是治理经验得到推广。2018 年 9 月，省委、省政府沱江流域水环境治理现场工作会在内江召开，内江就 PPP 方式推进水环境治理经验在大会做交流发言。

（六）加快项目建设，治污能力显著提升

一是创新项目推进机制。认真落实"项目年"部署，创新"项目生成、评审提升、综合推进"三大机制，建立"责任单位负总责+牵头领导督导落实+发展改革部门统筹协调+要素保障部门全力配合"推进机制，对重点项目实行"挂图作战"，发现问题及时"罚点球+亮黄牌"，建立 20%推进较快和滞缓项目目标考核奖惩制度，创新实现项目在线监管功能，项目推进扎实有力。

二是创新融资模式。为彻底扭转城镇污水、垃圾处理落后的局面，破解资金瓶颈和后期营运管理难题，按照"统一规划、全域治理、统筹兼顾、打捆实施"的原则，包装生成内江市沱江流域水环境综合治理和内江市城乡生活垃圾处理 2 个 PPP 项目包，共计项目 47 个、总投资 86.89 亿元，实现市、县（市、区）、乡（镇）所有项目彻底打包，有效破解城镇污水、垃圾处理设施建设资金瓶颈。水环境综合治理项目合同成功签订，首批项目已于 2018 年 11 月进场施工。城乡生活垃圾处理 PPP 项目包已完成招标评审和采购结果谈判。

三是有效提升治污能力。自 2017 年 9 月以来，已完成椑木镇、白马镇、史家镇等 10 个乡镇污水处理厂（设施）建设，新增污水处理能力 3.75 万吨/日；已开工建设内江市第二污水处理厂、威远县第二污水处理厂，田家镇、银山镇等 9 个乡镇污水处理厂（设施），预计新增污水处理能力 8.48 万吨/日；已启动 3 个县城和市本级处理厂提标升级改造前期工作，将于 2019 年年底全面完工投运。探索在小流域的排污口建设投资少、占地小、工期短的一体化污水处理设备，形成一体式应急治理模式，有效解决生化处理工艺处理污水建设周期长的"断档"难题。目前，全市新建一体化污水应急处理设施，日处理生活污水量 1.2 万吨。

（七）坚持综合施策，治理成效逐步显现

一是落实最严格水资源管理。突出抓好用水总量控制、用水效率控制、水功能区限制纳污“三项制度”的建立和落实，扎实推进节水型社会建设。严格取水许可审批制度，发放取水许可证193件。加强江、河、湖、库水量调度管理，向家坝灌区一期工程即将开工，持续推进东兴区联合水库、隆昌市长桥水库和资中县两河口水库等骨干水利建设，着力增强域内水资源保障能力。

二是强化水生态修复，完成花萼湿地等城市生态湿地，完成小青龙河、塔山公园等城市复合绿道建设，构建山城相融、山水相依、多元共生的绿色城市生态格局。开展黑臭水体治理，根据11条黑臭水体污染源、污染程度，通过截污纳管、污染源治理、底泥清淤等不同手段，积极打造连接城乡的郊野公园，有效改善城乡滨水生态环境。全力推进水系绿化建设，完成沱江流域绿化面积4.9万亩，沱江干流绿化面积1.2万亩。大力推进水土流失综合治理，建设高标准农田20万亩。

三是强化水污染治理。加强“三线一单”管控，以环保准入政策倒逼产业转型升级。实施清洁生产达标行动，对蓝洋玻璃、煤焦化集团等企业开展清洁生产审核工作。严格排污许可证核发、监管，督促企业“持证排污”“依证排污”，基本完成对钢铁及压延加工行业的发证，清理入河排污口415个。开展“散乱污”企业排查，已清理143家。组建河道保洁专业队伍，全面开展清河、护岸、净水、保水“四项行动”和清河、清渠、清沟、清路、清院“五清”专项行动。2018年1~10月，全市共清理河道7 626千米，清理各类渠道5 864千米。建立基本情况和问题台账，全市划定畜禽养殖禁养区1 287平方千米，完成禁养区90家规模化养殖场的关闭和搬迁工作，畜禽粪便资源化利用率达77%。

四是坚决整改涉水突出问题。落实饮用水水源地整改工作，实行“挂图作战”“挂牌销号”，12个饮用水水源地环境问题已完成整改12个。累计投入肥水网箱养鱼整治资金3 473万元，全市364座水库已全面取缔肥水网箱养鱼。开展小水电排查整顿，56座水电站“一站一策”方案全部编制完成。

（八）创新体制机制，治理能力不断提升

一是创新法治保障手段。2018年3月，相关部门颁布实施内江市首部实体性地方性法规《内江市甜城湖保护条例》，挂牌成立甜城湖执法大队，严惩破坏生态环境行为。相关部门出台《开展法治保障服务沱江流域综合治理和绿色生态系统建设与保护工作实施方案》，设立环境资源审判庭，流域治理工作制度化、法治化水平不断提高。二是建立联防联控机制。相关部门坚持上下游共同治理，与成都、资阳等市签订沱江流域联动治理合作框架协议，与眉山、资阳签订球溪河河长制工作合作备忘录，共建沱江生态屏障。三是创新基层治理机制。相关部门将开展流域治理和“践行十爱·德耀甜城”主题活动相结合，利用群众自治组织、志愿服务组织，及时纠正流域治理中出现的苗头性违法行为和不文明现象。四是积极引导公众参与。相关部门创新设立河道警长、企业河长、市场市长 46 名，将临河企业、学校等纳入河（库）长责任体系，建立考核奖励机制，增强企业和公民社会责任感和环保意识。开通“12369”环境举报电话，网络、环境违法行为举报专用邮箱，信件、来访等环境违法行为举报途径。五是营造浓厚氛围。2017 年以来，相关部门组织市级媒体推出“沱江流域综合治理和绿色生态系统建设与保护”专栏，公布整改进展情况 41 次，开展“一图一故事”专项宣传 10 期，公开整改典型案例 24 起，设置环保宣传标语标牌 2 万余处，大力倡导绿色生产方式和生活方式。

二、存在的问题

（一）资源环境承载力不足

沱江流域生态环境压力持续加大，生态流量匮乏，多年平均径流量仅为 519 立方米/秒，是省内各主要江河中流量最小的河流，存在先天不足、人均占有资源少问题。流域内水利工程设施多，生态流量匮乏，人均水资源量仅 351 立方米，仅为全省多年人均值的 12.03%、全国多年人均值的 15.95%，位居全省市（州）的第 20 位，是全国 108 个最严重缺水城市之一。

（二）治污设施建设滞后

内江作为老工业城市，产业结构不优，环保工作历史欠账较多。受地方财力制约，内江市沱江流域沿岸乡镇污水处理厂尚未全部建成，已建成的污水处理站绝大多数为厌氧+人工湿地处理工艺，亟须改造升级。

（三）联防联治机制不健全

内江市地处沱江流域中下游，受上游城市水污染影响较为严重，同时，沱江实施流域综合治理还存在“一盘棋”规划布局不够，污染治理上下游、左右岸缺乏统一协调性等问题。

（四）结构与布局性污染突出

沱江流域经济发展给自然生态建设带来的压力依然很重。2017 年内江市三次产业结构比例为 16∶61.6∶22.4，第二产业占比高出全省平均水平 10.7%，煤炭占一次能源消费的比重高达 91.16%。“十三五”期间内江市地区生产总值年均增长需达 7.5%，能源资源消耗需求大，污染物短期内仍将处于高位排放态势，总量减排任务繁重。到 2020 年，全市城镇化率要达到 53%，生态环境保护压力进一步加大。

三、下一步工作的打算

内江市将继续坚持以习近平新时代中国特色社会主义思想为统揽，认真贯彻落实习近平总书记来川视察重要讲话精神、在深入推动长江经济带发展座谈会上的重要讲话精神，坚定落实省委十一届三次、四次全会的决策部署，抓好抓实内江沱江流域综合治理和绿色生态系统建设与保护“世代工程”，涵养山清水秀良好自然生态。

（一）进一步加快项目建设

内江市将以流域治理重点项目为抓手，大幅提升流域污水、垃圾处理水平。加快推进符合《岷江、沱江流域水污染物排放标准》要求的现有污水处理厂提标改造工作。加快推进流域治理重点项目建设，进一步完善综合协调、考核问责机制，持续推进沱江流域水环境综合治理、城乡垃圾处理设施建设2个PPP项目。加快推进内江市第二污水处理厂、威远县第二污水处理厂、资中县经开区污水处理厂、隆昌市经开区园区污水处理厂、资中县球溪镇场镇生活污水处理工程建设。通过补齐基础设施短板，持续改善重点流域水环境质量。

（二）进一步加强水污染治理

内江市将按照“清单制+责任制”要求，落实水污染防治行动年度计划、沱江流域（内江段）水环境综合治理试点实施方案，持续推进沱江干流、球溪河、威远河等水体达标方案，切实改善水质。加快重点工业园区污水处理厂建设进度，加强重点污染企业污水处理设施提标升级改造，规范企业排污口设置、在线监测与台账记录。继续推进畜禽养殖专项整治，加快资中县畜禽粪污资源化利用整县推进项目建设。全面完成城市建成区11条黑臭水体整治。扎实推进“一增一减一治”“五清”行动，持续提升农村人居环境。

（三）进一步加强水生态修复

内江市将编制实施沱江流域文化生态点、线、面发展与保护空间布局规划，加快建设沱江流域（内江段）文化生态走廊，建设沱江生态经济带。大力实施大规模绿化内江计划，强化湿地保护和水土流失综合治理，全面保护水生生物栖息地和物种，推进山、水、林、田、湖、草系统治理。

（四）进一步加强水资源管理

内江市将严格执行《中华人民共和国水污染防治法》《内江市甜城湖保护条例》等法律法规，坚决打击非法采砂、破坏岸线、污染水源等违法行为。实施最严格的水资源管理制度，狠抓“三条红线”管理，建立健全以水资源消耗总量和强度双控指标为核心的考核体系，严格水资源总量、强度指标管理，强化用水总量控制，全面开展重要水功能区监测。

（五）进一步强化突出问题整改

内江市将聚焦环保督察反馈问题，统筹推进各类专项督察和强化督查反馈问题整改。实行“清单制+责任制”管理，“挂图作战”，按照“整改一项、核查一项、公示一项、销号一项、备案一项”的原则，强力推进，确保按时、保质完成整改任务。

乐山市 2018 年绿色发展报告

2018 年，乐山市坚持以习近平新时代中国特色社会主义思想为指导，深入学习贯彻习近平总书记对四川工作系列重要指示精神，认真落实党中央、国务院和省委、省政府关于生态文明建设和绿色发展的各项决策部署，坚持生态优先、绿色发展，不断推动发展方式由简单粗放向绿色低碳转变，实现高质量发展。

一、主要工作情况

（一）调整优化产业结构

乐山市认真落实新发展理念和高质量发展要求，推动产业结构调整，力促产业提质增效，坚持做优现代农业、做强现代工业、做大现代服务业，全市三次产业结构由 2017 年 10.5∶45.9∶43.6 调整为 2018 年 10.3∶44.7∶45。一是加快传统产业转型升级。围绕全市“产业发展年”主题，相关部门组织实施促进绿色发展、低碳发展、循环发展的产业政策，加快产业转型升级和绿色化改造，积极发展战略性新兴产业，着力构建“4+2”现代产业体系。二是优化产业布局。相关部门扎实推进“一总部三基地”建设，强化要素配置和基础设施配套，不断提升承载能力，推动全市工业“一总部三基地”集中集约集群发展，启动化工企业搬迁入园工作，全市工业集中度提高到 76%。三是淘汰落后产能。相关部门制定了《乐山市 2018 年度推动落后产能退出工作方案》，明确了淘汰落后产能工作方向、目标和时间节点、政策措施，2018 年按计划进度淘汰落后产能企业 14 户，退出落后产能陶瓷 600 万平方米、砖瓦 2.24 亿匹，目标完成率 100%。四是严把项目准入关。相关部门贯彻落实《四川省固定资产投资项目节能审查实施办法》《四川省技术改造项目节能审查办法》，建立节能中介服务机构备选库，制定《乐山市发展和改革委员会节能中介服务机构工作任务委托试行管理办法》，充分发挥节能中介服务机构储备库的作用，扎实推进固定资产投资项目节能审查工作，严把产业政策，严控资源消耗上线，限制“两高”项目的备案审批，坚决遏制高耗能高污染行业增长。

（二）推动资源综合循环利用

一是构建循环型产业体系。相关部门以资源综合利用、副产品循环利用和能源有效利用为重点，推动能源资源在生产环节之间、企业之间、产业之间循环利用，努力实现废料变原料、原材料变新材料的跃升，取得经济生态的叠加效应。五通桥区推动盐磷化工、硅材料、稀土材料等产业耦合共生、互动发展，将各类副产品物尽其用，成为国家可持续发展实验区、全省循环经济示范区。二是大力发展资源节约型农业。相关部门加大畜禽养殖业废弃物综合利用力度，形成农、林、牧、渔多业共生的循环型农业生产方式，全面提升农业废弃物资源化利用水平。开展秸秆综合利用试点示范，犍为县被确定为全省第二批 9 个秸秆全域综合利用试点示范县之一。三是积极探索生活垃圾资源化。相关部门制定了《乐山市生活垃圾分类制度实施方案》，遵循减量化、资源化、无害化原则，深入实施生活垃圾分类，加快推进生活垃圾环保发电、乐山市餐厨垃圾资源化利用和无害化处理等重点项目建设。四是开展园区循环化改造。相关部门积极推进园区循环化改造行动计划，组织乐山高新区、夹江经开区等园区实施《四川省推进园区循环化改造三年行动计划（2018—2020 年）》。

（三）扎实推进污染防治攻坚战

一是组织实施燃煤锅炉专项整治。开展燃煤小锅炉治理，在全省率先实现小型烟煤锅炉“清零”。对照《四川省 2018 年燃煤锅炉淘汰计划汇总表》，建立淘汰燃煤锅炉台账，列入淘汰计划的燃煤锅炉已全部淘汰，推进煤改气、煤改电，落实高污染燃料禁燃区要求，完成淘汰改造 10 蒸吨/小时及以下燃煤锅炉，推进 10 蒸吨/小时及以上燃煤锅炉实施煤改电、煤改气、超低排放改造等。二是推进“散乱污”专项整治。保持清理整治的高压态势，对全市清理排查出的 3 472 户“散乱污”企业进行分类整治，切实解决“散乱污”企业数量多、能耗高、污染大、生产粗放等突出问题。截至 2018 年年底，全市“散乱污”企业关停取缔类完成 1 732 户，整改提升类完成 1 571 户，完成率 95. 13%。三是抓好环保督察“回头看”工作。认真对照中央第五生态环境保护督察组督察发现问题和反馈意见，坚持问题导向，动真碰硬，标本兼治，积极配合中央生态环保督察“回头看”，中央环保督察交办案件整改完成率达 90. 6%，省环保督察反馈问题整改完成率 96. 8%。“环保曝光台”做法获生态环境部肯定并向全国推广。四是打好“四大战役”。围绕大气、水、土壤、固体废物等环境突出问题，制定专项工作方案，提前完成省下达的全年空气质量优良天数目标任务；河（湖）长制有效落实，国家及省监测断面水质全部达到考核要求，县级饮用水水源地环境问题基本解决，农村面源污染防治初见成效。“绿秀嘉州”成效明显，打造国（省）级森林康养（示范）基地 19 个，全市森林覆盖率达 57. 7%，全国水生态文明城市建设试点通过验收。

二、存在的问题

（一）单位产值能耗仍高于全省平均水平

资源型高耗能行业比重较大，单位产值能耗和规模以上工业增加值能耗偏高。

（二）农业面源污染治理任务重

以茫溪河为代表的小流域污染严重，流域治理和农村面源综合治理涉及面广、治理难度大。

（三）城乡污水垃圾处理设施仍较薄弱

处理设施不完善、收集管网不足、提标升级任务重。乡镇污水处理设施建设缺口大、规模小、运行成本高。

三、下一步工作的重点

（一）完善绿色发展考核评价体系

乐山市将全面深入学习贯彻党的十九大精神，以习近平新时代中国特色社会主义思想为指导，落实绿色发展的新理念，完善乐山市绿色发展指标体系和生态文明建设考核目标体系。

（二）强化节能减排目标管理

乐山市将把节能减排降碳工作纳入经济社会发展综合评价和年度考核体系，进一步落实能源消费总量和强度“双控”方案以及控制温室气体排放方案，定期开展节能减排降碳政策措施落实情况监督检查，持续深入推进以政府为主导、企业为主体、全社会共同参与的工作局面，确保圆满完成节能减排降碳目标任务。

（三）加快产业调整步伐

乐山市将以新发展理念为引领，坚持“旅游兴市、产业强市”发展主线，积极培育新动能，推动“新树结新果”，加快旧动能转换，推动“老树发新芽”。构建集中布局、集聚发展、集成创新的新型工业格局，推动企业循环式生产、产业循环式组合、园区循环式改造，加快构建企业、产业、园区“三大循环系统”，努力实现更有质量、更高效益、更可持续的发展。

（四）严控新增高能耗项目

乐山市将积极落实新上固定资产投资项目节能审查制度，严把产业政策，提高行业准入门槛，严格执行固定资产投资项目准入负面清单，严控建设（新、改、扩）单位能耗超过2020年目标限值的项目，坚决遏制高耗能高污染行业（企业、产品）增长，切实降低单位产品能耗。

（五）主动降低现有能源消耗

乐山市将坚持走新型工业化道路，加快转型升级和提质增效，重点培育战略性新兴产业。坚决淘汰落后产能，鼓励企业实施节能技术升级改造。实施“气化全市、电能替代、清洁替代”工程，建设电能替代实验示范区。积极推进重点用能单位“百千万行动”，提高能源利用效率，控制能源消费总量。

（六）支持重大项目建设

乐山市将积极推进“一总部三基地”建设和产业布局，统筹全市能源消费总量，实施“有保有压”措施，“保”工业基地重大项目、优势产业、重点企业，“压”高能耗、高排放、低附加值的行业产品，为绿色发展腾出空间，重点打造“中国绿色硅谷”“植物保护产业集群”“新型化学园区”等特色产业园区。

（七）推进碳排放权、用能权有偿使用

乐山市将认真对照国家和省关于碳市场、碳交易的文件要求，全面开展企业碳排放报告、核查及排放监测计划制订工作，积极参与碳市场建设，稳步推进碳排放权有偿使用，做好碳交易有关工作，落实《四川省用能权有偿使用和交易管理暂行办法》，推动用能权有偿使用和交易试点工作。

南充市 2018 年绿色发展报告

2018 年，南充市紧紧围绕“155”发展战略，积极推进生态文明建设，践行绿色发展理念，为“加快建设成渝第二城，争创全省经济副中心”提供了有力保障和重要支撑。

一、2018 年绿色发展主要情况

（一）工业和信息化领域绿色发展情况

南充市全力推进工业节能减排。2018 年全市工业行业单位工业增加值能耗下降 7.52%，超额完成目标任务。完成淘汰落后生产线或企业 127 户，含年初上报的淘汰计划 101 户企业，超额完成淘汰 26 户。完成淘汰 127 户企业中有 114 户为砖瓦企业，占比 89.8%。截至 2018 年年底，全市梳理排查“散乱污”企业 6 115 家，全面完成整改并恢复生产 3 362 户企业，关停 764 户，完成搬迁 84 户，整治整改 1 905 户。全力推进化工企业搬迁和园区污水处理厂建设，宏泰生化、飞龙化工与高坪区政府签订了关闭补偿协议，已完成设备拆除工作。南部川龙化工已完成关闭工作方案编制，计划 2019 年 10 月实现关停，2020 年底完成拆除工作。顺城盐化预计于 2019 年 6 月 30 日前完成关停搬迁。目前，西充、仪陇工业集中区自建公共污水处理厂，阆中、蓬安工业集中区与市政共建污水处理设施，顺庆、高坪、营山工业集中区污水处理厂正在加快建设。

南充市全力推进污染防治，制定了《2018 年工业行业大气污染防治重点工作实施方案》，对化工、涂装、印刷包装、纺织印染、木制家具、制鞋、加油站领域企业等 VOCs 排放情况进行摸排，全面完成中盐银港、吉利汽车、兆庆机械 3 户重点企业的挥发性有机物排放摸排。

南充市全力推进新能源汽车推广使用。目前，2017 年推广的 50 台“南充造”新能源客车在公交线路平稳运行；2018 年再次新采购的 87 台 10.5 米纯电动公交车已交付使用，2019—2021 年计划再推广 313 台。2018 年新建成充电设施 50 余处。

（二）农业农村领域绿色发展情况

1. 探索完善农业绿色发展体制机制

南充市全面完成土地确权颁证。坚持农村“七权”同确，2016 年年底，全市农村土地承包经营权确权登记工作全面完成，共完成400个乡（镇）5 225个村44 489个组1 551 532户农户的确权登记，涉及地块1 570万块，实测承包耕地面积735万亩，比二轮承包面积增加217万亩，增长41.89%，比国土二调面积减少64.6万亩，减少8.79%；建成农村产权交易平台4个、土地流转中心260个，有序流转土地193万亩。2018年，全市各县（市、区）全面开展纠错工作，处理土地纠纷2 391件，9县（市、区）确权登记工作全面通过验收，成果评估达到优秀。

南充市有序推进农村能源碳交易。落实碳交易机构，全市农村能源碳交易工作由成都五海公司统一组织申报和市场交易。相关部门着手制定《南充市农村能源碳交易项目开发管理实施办法》，狠抓碳交易前期工作。

南充市积极试点财政投入转化为农民收益改革，探索设立农业发展管理公司，优化财政资金股权量化收益分配，率先将西充万亩香桃基地财政奖补资金2 000万元，按农发公司20%、村社集体20%、龙头企业20%、农民40%的比例量化持股。2015年，农民获得股权收益240万元。

南充市探索资产联营实现增收机制，建成各类农民产业园区1 800余个，吸引68万农户投身现代农业发展，园区农民可实现户均年收入4万~6万元。

2. 创新农业绿色发展产业经营模式

南充市建成金凤山、中法农业科技园、八尔滩等农旅结合示范点208个，百科有机园、大唐开心农场等现代农业主题观光园3个，成功举办桃花节、橙花节、郁金香旅游节、草莓采摘节，年均接待游客2 000万人（次），实现旅游综合收入超150亿元。

3. 大力开展农业环境保护

南充市积极开展畜禽粪污资源化利用行动。目前全市已建立大中型沼气工程250处、户用沼气池51.9万口、集中供气沼气工程125处，建设有机肥厂21处，年处理畜禽粪便能力达32 670吨。

南充市积极开展化肥和农药零增长行动。全市减少化肥用量0.2万吨（折纯）；建立绿色防控与专业化统防统治融合试点面积3万亩；在高坪区、营山县、蓬安县、仪陇县4个县（区）开展水稻重大病虫害全程绿色防控与穗期病虫害专业化统防统治融合服务，建设水稻病虫害全程绿色防控示范区4万亩。建立IPM绿色防控示范区18个近80.3万亩，带动绿色防控面积440.64万亩，减少农药用量230吨，实现了化肥和农药零增长。

南充市积极开展秸秆处理行动。一是推进秸秆综合利用。相关部门印发了《南充市2018年农作物秸秆综合利用实施方案》和《秸秆综合技术指南》技术手册及宣传画册。全年秸秆利用总量310.2万吨，其中肥料利用166.69万吨、饲料利用76.55万吨、基料利用15.4万吨、能源化利用42.52万吨、原料化利用9.04

万吨，全市秸秆综合利用率达到了 85.6%，比 2017 年上升了 2.6%。二是加强秸秆禁烧督查。相关部门印发了《南充市 2018 年农作物秸秆禁烧工作方案》《关于进一步做好秸秆禁烧工作的紧急通知》，并在 4~6 月小春和 8~11 月大春收获季节采取“晚上查禁烧、白天查黑斑”的方式，进行了秸秆禁烧专项督查，保证了全市未出现一例因秸秆焚烧而影响空气质量的事件。

南充市积极开展农膜回收行动。以“减量化、资源化、无害化”为目标，相关部门印发了《南充市 2018 年农膜科学使用及回收利用行动方案》，成功引进农膜回收企业 4 个，建立完善农膜回收网点 1 841 个，并在全市建立起了 15 个农膜回收示范站点，示范农膜科学回收及利用，回收旧膜重复利用近 3 000 吨，重复利用率达到 33%；再生利用近 1 000 吨，再生利用率达到 11%；垃圾处理约 5 000 吨，农膜总回收利用率达到 78%。

南充市积极开展水生态建设行动。推进建立国家级水产种质资源保护区 5 处、省级水产种质资源保护区 1 处，全面取缔了网箱养鱼。全市共关停规模化养殖场 201 家、畜禽养殖场（户）992 家，治理畜禽养殖场（户）746 家，畜禽规模养殖场粪污处理设施设备配套率达 91.5%，畜禽粪污综合利用率 72.3%；取缔网箱 4 532 口；关停环保不达标的问题屠宰场 267 家，新建、技改升级和环保整治通过审核屠宰场 102 家，全市正在运行生产的 110 家屠宰场均实现污水达标排放。

4. 全面充实绿色农业发展内涵

南充市大力创建高标准农田绿色示范区。全市建成高标准农田 36.74 万亩（绿色示范区 5.6 万亩），完成田型调整 18.61 万亩，修筑地埂 1 649.04 千米；修建排灌渠 516.76 千米，新修（维修）山坪塘 399 口、蓄水池 584 口、提灌站 9 座以及其他水源工程 79 处；修建机耕道 341.9 千米、田间生产道路 393.3 千米。通过增施配方肥、有机肥以及绿肥种植，实现地力培肥 23.3 万亩。

南充市大力发展有机农业。全年有 97 个产品、164.2 万亩基地通过无公害农产品产地认证，265 个产品、35.3 万亩基地通过有机认证（含转换），西充县成为“全国有机产品认证示范县”“国家农产品质量安全示范县”。

南充市大力发展循环农业。全市新建中央预算内大型沼气工程 4 处，集中供气工程 15 处，供气 1 206 户，打造 9 个以沼气为纽带的“果（菜）、沼、畜”种养循环农业示范基地。2018 年全市建成 4 个“百千米现代循环农业示范带”共 40 万亩标准化、规模化、集约化特色产业基地。

（三）水务领域绿色发展情况

1. 狠抓河（湖）长制工作推进

全市共设立市级河（湖）长 29 名，县级河（湖）长 172 名，乡级河（湖）长 667 名，村级河（湖）长 4 003 名，所有河流均实现河（湖）长全覆盖、工作全覆盖、责任全覆盖。设立河道警长 389 名、民间河（湖）长 290 名、记者河

（湖）长 11 名，形成治水管水护水合力。实施 103 处城镇污水处理厂和 228.4 千米污水管网建设。全市累计关停规模化畜禽养殖场 992 家，取缔网箱养鱼 4 746 口，打捞水葫芦 80.2 平方千米、清理河道垃圾 12 000 余吨。27 条市级主要河流的 60 个考核断面水质达标率为 79.7%，出口断面达标率为 92.6%，较 2017 年同期分别提升 14.9%和 16.6%。

2. 狠抓涉水环保事项整改

（1）污水处理能力建设工作。全城建成乡（镇）污水处理厂（站）203 座，在建乡（镇）污水处理厂（站）106 座，主城区 5 处总处理规模 14.75 万吨/天的生活污水应急预处理设施已建成投运。南门坝污水提升泵站已建成投运；市荆溪污水处理厂、嘉东污水处理厂工程量均已完成 85%。

（2）入河排污口整改提升工作。相关部门先后 10 次组织 9 县（市、区），按照自下而上的方式，动用 11 200 余人（次），对全市 411 个乡镇（街道办事处）、5 751 个行政村（社区）入河排污口设置情况开展拉网式调查复核。全市共核查确认入河（湖）排污口共计 443 个，其中规模以上 125 个，规模以下 318 个，新增 125 个。完成整改提升 212 个，整治污染源 20 处，补办设置同意手续 86 个，开展规范化建设、监督性监测 187 个，保护区内入河排污口已全部整改完成。

（3）城市黑臭水体整治工作。市辖三区共有荆溪河、凤垭河、圣子河 3 条黑臭水体。荆溪河（潆溪河）周边关停养殖场 6 家，修建了规模 0.75 万吨/天的污水处理厂及配套管网，荆溪河水质明显改善，已达Ⅲ类水质。凤垭河沿线工业园区修建了规模 1.5 万吨/天的工业污水处理厂及配套管网，正在试运行；对凤垭河周边生活污水进行了截留，杜绝了污水直排；整治任务已完成 85%。圣子河经过关闭养殖场、清理垃圾等前期治理，水质已明显改善，达到准Ⅳ类水质。

（4）饮用水源地保护工作。目前全市县城及以上集中式饮用水水源地环境问题共 45 个，其中生态环境部督办问题 24 个、省环保厅督办问题 21 个，已全部完成整治。现正推动四水厂、五水厂水源地达标建设。

3. 狠抓涉水事务管理

（1）严格水资源管理。全市共清理上报 405 户，其中农业 109 户、水力发电 55 户、公共供水 213 户、工业或其他 28 户，同时，逐步将水资源档案全部移交税务机关。

（2）严格水行政执法。全市共办理水事案件 50 起，结案 48 起，收缴罚款 65.56 万元；深入开展涉水行业扫黑除恶专项行动，共摸排涉水线索 55 件，建立了工作台账，进行全程跟踪，实现“闭环”管理。

（四）交通运输行业绿色发展情况

1. 强力做好公路路域污染防治

2018 年全市共出动扫地车、洒水车、装载机等养护设备 2 000 余台次，养护职工 80 000 余人次，对公路路域环境进行整治，确保了普通国（省）干线公路畅、洁、美；推进绿色发展，建设美丽南充，全市国（省）道路新植绿化 42.4 千米，补植绿化 188.3 千米。清理公路桥梁红线内河道的垃圾、废弃物及污染物 5 000 余立方米，深入河中清理枯死树竹 800 余棵，利用机械清理淤泥和沉积物 3 000 余立方米，清淤疏浚河道 30 余千米。

2. 强力做好汽修环境污染防治

2018 年以来，道路运输行业始终保持环境污染防治工作的高压态势，全市 1 872 家机动车维修企业（其中一类 64 家，二类 192 家，三类维修业和摩托车维修业户 1 612 户），共 1 718 家维修企业全部完善了工商营业执照和经营许可手续。全市汽车维修企业共转废机油 801.06 吨，固废 225.26 吨。

3. 强力做好汽修 VOC 污染防治

针对机动车维修 VOC 治理工作，相关部门制定了《南充市汽车维修企业挥发性有机物治理实施方案》，对全市的喷烤漆房进行了排查，共排查出全市汽车维修喷烤漆房 290 个，制定喷烤漆房改造升级计划 114 个，已升级改造 14 个。确定了油性漆改水性漆试点工作，计划油性漆改水性漆 74 个。

4. 强力做好新能源车辆推广使用

一是大力提倡清洁能源、新能源汽车在运输市场的使用。2018 年更新车辆中，清洁能源 325 辆，新能源 130 辆。其中城市、城镇公交新能源车 124 辆，占公交车更新比重为 76%。截至 2018 年年底，全行业共有新能源营运车辆 3 490 辆，其中油气双燃料车 3 028 辆（CNG 燃料）、LNG 燃料车 13 辆、纯电动车 89 辆，插电式混动 118 辆。二是加快营运老旧车的淘汰更新力度，全年共淘汰更新营运车辆 5 426 辆，城镇公交车 162 辆，出租汽车 285 辆，普通货物运输车 4 656 辆（其中挂车 900 辆），危险货物运输车 114 辆（其中挂车 30 辆），客车 209 辆。

5. 强力做好船舶环境污染防治

全市现有 15 艘餐饮娱乐船舶，其生活污水、固体垃圾全部上岸处理，无直排、倾倒嘉陵江现象。2018 年，相关部门已经编制完成了《南充市船舶及其有关作业活动水域环境应急能力建设规划》和《南充市港口船舶污染物接收转运及其设施能力现状评估与建设方案》。全市共搬迁饮用水源保护区内码头 2 处，船舶 60 余艘；共拆解老旧船舶和三无船舶 125 艘，推广便携式厕所 227 个，在各个码头、船舶设置垃圾桶 2 513 个、油污桶 2 044 个，配置垃圾告示牌 1 692 个，封闭船上厕所 993 个。

（五）全市服务业领域绿色发展情况

2018 年，全市服务业增加值突破 800 亿元，达到 800.11 亿元，同比增长 10.5%，总量列全省第 4 位，增速跃居全省第 1 位，增速比全市产值和第二产业增加值分别高 2%、1.3%，比全国、全省平均水平分别高 1.9%、1.1%。服务业占地方产值的比重为39.9%，较上年提升0.8%，对全市经济增长的贡献率达42.6%，拉动地方产值增速3.83%，同比提升0.13%。

二、存在的问题

（一）传统产业比重较高，优化升级还不到位

从全市产业经济结构看，作为中西部欠发达地区、革命老区，历史上以农业为主，工业基础薄弱，经济发展中的结构性矛盾比较突出，全市以石油、天然气消费为主的能源结构、重化工占有相当比重，在短时间内难以改变，农业增加值比重明显偏高，二、三产业发展水平相对较低。产业结构调整明显滞后于经济发展，传统工业转型升级步伐不快，石油化工、纺织、机械汽配等传统产业仍占主体地位；现代服务业对经济发展的支撑能力偏弱。环保产业及新兴产业所占比例不大。

（二）绿色城市建设的体制机制尚待理顺

目前南充市建设绿色城市的体制机制障碍仍然比较严重。长期以来的“唯GDP论”，忽视资源环境成本，盲目拼资源、拼环境追求高增长。社会公众参与生态文明建设的机制尚未建立，公众参与程度不高，参与的领域窄，对政府环境决策的制约作用未能有效发挥。另外，在生态文明建设的法制保障、经费投入机制、环境影响监督和考核等方面都有待加强。

（三）环境基础设施建设还很薄弱，污染防治任务艰巨

南充市属经济欠发达地区，长期以来，由于环境保护欠账较多，环境基础设施建设基础薄弱，生态建设资金缺口问题逐步凸显。近年来，市委、市政府投入大量的财力、物力，加强了环境基础设施建设。但由于南充市地广面大，城镇人口急剧增长，污水处理厂、管网建设、垃圾收集转运设施建设等基础设施建设与当前社会经济发展的速度仍有一定差距。加之，宏观经济形势依然严峻，各级财政特别是县级财政压力日益增加，环境基础设施建设投入和后期管理、运行的保障能力相对不足，污水管网配套不到位。

三、下一步工作的打算

（一）大力提升环境保护意识，形成绿色发展与经济发展良性互动共识

深入开展“两个创建”。深入开展“环境友好型学校”和“环境教育实践基地”创建，推进环境教育实践基地向学校、家庭、社会全面开放。大力开展环境保护宣传，传递绿色发展保护工作正能量，利用“6·5”环境日、节能宣传周、低碳日、“12·4”宪法日等重大法定节日宣传活动，推进法律“七进”，大力开展环保普法，推进政府法治建设工作。

（二）不断完善政策配套，构建生态环保与经济高质量发展良性共融的长效机制

生态环保与高质量发展是相互融合、密不可分的。生态环保需要从更广的视角、更全面的领域、更关键的环节入手，形成一整套治理制度和治理能力，完善政策配套，将生态建设、生态保护与高质量发展深入融合，与高质量发展互相呼应、相互促进，形成良性循环。

（三）加大环境污染治理力度，夯实经济高质量发展的绿色发展基础

持续推进环保督察问题整改。持续打好打赢蓝天保卫战，持续打好打赢碧水保卫战，全面落实河（湖）长制，确保全市水环境质量持续改善。持续打好打赢净土保卫战，推进土壤环境信息化基础数据库建设，建立数据共享机制。加快环保基础设施建设，加快污水处理厂的建设运行，加快污水干管建设，加快推动污水、垃圾治理“三年推进方案”落地落实。

宜宾市2018年绿色发展报告

2018年，宜宾市全面贯彻党中央、国务院关于绿色发展的新理念新战略新部署，认真落实四川省委、省政府加快推进绿色发展的重大决定，切实推进全市的绿色发展。

一、工作举措和主要成效

（一）突出生态环保，加强规划引领

为深入推进宜宾市绿色发展，根据市委、市政府工作安排，市发展改革委牵头编制并印发了《绿色宜宾发展规划》和《美丽宜宾发展规划》，印发实施了《宜宾市环保产业发展规划》《宜宾市生态工业园区建设规划》《宜宾市推进园区循环化改造三年行动计划（2018—2020年）》《宜宾市“十三五”节约能源规划》《宜宾市“十三五”循环经济发展规划》。

（二）狠抓结构调整，转变发展方式

一是印发《宜宾市能源结构调整实施方案（2018—2020年）》，严格控制煤炭消费增量，坚决压减落后产能煤炭消费量，稳妥有序推进煤炭消费替代工作，着力推动煤炭清洁高效利用。二是推进企业创新能力体系建设，大力培育高技术产业和战略性新兴产业。7户国家企业技术中心全部通过国家发展改革委等部委的考核评价。三是发展壮大新能源产业。宜宾凯翼汽车有限公司乘用车生产建设项目加快建设，2018年12月份实现首台车下线；宜宾靖峰汽车年产4 000辆专用汽车和挂车项目获省发展改革委核准。宜宾市新能源汽车产业集群列入全省第一批八大示范产业集群。四是加快培育经济发展新动能，形成新一代信息技术、数字经济、智能制造等储备项目49个，总投资134.5亿元。

（三）狠抓节能降碳，努力实现“双控”

宜宾市严格按照国家发展改革委新颁布的《固定资产投资项目节能审查办法》（2016年44号令）和四川省发展改革委《四川省固定资产投资项目节能审查实施办法》（川发改环资〔2017〕170号）的要求，开展固定资产投资项目节能评估与审查工作。2018年，已转报省发展改革委审查项目4个，批复2个。严格执行建设项目水类总量指标1∶1替代、气类总量指标1∶2替代，严控全市主要污染物排放总量；推进碳排放权交易市场建设工作，持续抓好碳市场能力建设，积

极推动碳排放权交易市场建设。省节能减排办下达宜宾市 2018 年单位产值能耗降低率为 3%。据省统计局核定，2018 年宜宾市单位产值综合能耗比上年同期下降 3.1%，圆满完成省政府下达的年度节能目标。

（四）紧盯重点难点，推进污染防治

着力打好大气、水、土壤污染防治“三大战役”。狠抓大气、水、土壤、机动车污染防治，固体废物管理，有序推进饮用水水源地保护工作，积极开展重污染天气应对工作，大力推进总量减排，污染防治工作取得突出成效。2018 年，中心城区细颗粒物（PM2.5）为 51.9 微克/立方米，比 2017 年 56.3 微克/立方米下降 7.8%，即下降了 4.4 微克/立方米。2018 年优良天数 260 天，优良天数率为 72%（扣除沙尘天气 2 天），比 2017 年同期优良天数优良率增加 0.5%。

（五）着力生态创建，推动低碳产业体系建设

宜宾市生态县（区）创建率位列全省第一，生态县（区）创建率 100%，省级生态县区成功创建率 50%，省级生态县区技术核查通过率 90%。成功创建生态乡镇 83 个（国家级 10 个、省级 73 个），创建生态小区 131 个，生态村 1 750 个。2018 年全市森林面积达 936.4 万亩、森林蓄积达 2 226.9 万立方米，森林覆盖率达 47.04%，建设全市义务植树基地 1 个，有效推动低碳产业体系建设。

（六）抓好资源保护，推进绿色循环发展

一是为了保护长江上游珍稀特有鱼类自然保护区，减少砂石流失带来的危害，宜宾市人民政府印发了《关于宜宾市境内长江河道全面禁止采砂的通告》，从 2015 年 7 月 1 日到 2019 年 7 月 1 日，宜宾市境内中心城区合江门至江安县怡乐镇麻衣村王爷庙，长江河道全长 91 千米实施全面禁止采砂活动。二是成功申报四川宜宾资源循环利用基地为国家级资源循环利用基地。三是转发《四川省支持推进秸秆综合利用政策措施》，组织开展宜宾市第二批秸秆全域综合利用试点工作，南溪区成功申报全省第二批秸秆全域综合利用试点地区。

（七）落实节能经济政策，积极推进合同能源管理

一是实行高耗能行业差别电价和超能耗限额企业惩罚性电价，调整中心城区污水处理收费标准。二是落实节能减排税收优惠政策，2018 年对符合条件的节能项目减免所得税 5 523.39 万元，抵免所得税 218.15 万元，促进了节能产业快速发展。三是积极支持重点用能单位采用合同能源管理方式实施节能改造，有计划地开展能源审计和“节能诊断”，着力打造“一站式”合同能源管理综合服务平台。

（八）加强信息公开，强化考核评价

相关部门印发《关于“十二五”能源消费总量和强度完成情况的公告》，完善能源消费总量和强度信息发布机制。相关部门出台《宜宾市“十三五”控制温室气体排放工作方案》《宜宾市 2018 年节能减排降碳工作安排》《宜宾市节能减排综合工作方案（2017—2020 年）》《宜宾市县（区）人民政府能源消耗总量和强

度“双控”考核体系实施方案（2017—2020年）》，分解全市节能减排目标任务，明确节能减排工作具体要求，建立健全能源消费强度和消费总量“双控”机制。相关部门出台《宜宾市生态文明建设目标评价考核办法》，明确考核方式和内容，增强生态文明建设指标约束，规范目标评价考核工作，强化评价考核结果运用。坚持实行党政“一把手”、市级部门和部分重点企业环境保护目标考核，推动各级领导重视环境保护工作、履行环保责任。市政府每年与各县（区）政府、部分重点企业签订年度环境保护工作目标责任书，对目标任务的完成情况实施严格的考核，并由市委办、市政府办发布考评结果通报。

（九）设立专项资金，增加财政支持

宜宾市自2004年开始建立了市级自然生态环境保护专项资金，充分发挥专项资金的导向、引导作用，并带动和拉动配套资金投入，环境效益、社会效益明显。2018年，宜宾市财政安排低碳节能相关工作经费110万元（较2017年增长8%），主要用于支持节能重点工程、能力建设和宣传，促进节能技术改造，企业节能减排，使用清洁能源，奖励补助工业节能优秀企业和先进企业，加大节能技术研发力度等。

（十）加强节能宣传，营造良好氛围

宜宾市以“节能降耗 保卫蓝天”“提升气候变化意识 强化低碳行动力度”全国节能宣传周和全国低碳日为契机，组织开展形式多样的集中宣传活动；依托“6·5”环境日、世界地球日、节能宣传周等纪念活动，加强生态环境保护宣传，使绿色发展理念深入人心。

二、存在的主要问题

（1）能力建设需要进一步加强。随着经济的发展、社会的进步，资源节约和环境保护、节能减排、应对气候变化、生态文明建设、碳排放权交易、节能监察等绿色发展的任务越来越重，压力越来越大。工作人员对业务不熟悉和专业知识领域欠缺，制约了工作的开展进度和效果。

（2）能源消费总量、强度考核和碳排放考核由于统计数据收集和计算较为滞后，按期完成对区（县）考核较为困难。

三、下一步工作的打算

（一）进一步加快产业结构调整

一是制定相关鼓励政策，增加第三产业比重。二是继续深入推进淘汰落后产能工作。以国家产业政策为指导，重点抓好高耗能行业落后产能的淘汰。三是加快培育和发展低能耗、高附加值的战略性新兴产业，充分利用国家和省的政策支持，进一步提高战略性新兴产业占全市工业比重。

（二）加强节能降碳执法能力建设

宜宾市严格按照国家发展改革委《固定资产投资项目节能审查办法》（2016年44号令）、四川省发展改革委《四川省固定资产投资项目节能审查实施办法》（川发改环资〔2017〕170号）的要求，成立专业节能监察机构，配备相关专业技术人员，加强固定资产投资项目事中事后监管，开展节能监察。

（三）抓节能降碳，提高发展质量和效益

宜宾市“十三五”能耗强度目标完成进度良好，但能耗总量控制目标完成难度很大。一是按照《宜宾市2018年节能减排降碳工作安排》，稳步推进节能降耗工作，确保圆满完成省上下达的各项目标任务。二是加强节能减排及应对气候变化工作的形势分析预测，做好节能减排及应对气候变化预警调控，严格控制能源消费总量、单位产值能耗、单位产值二氧化碳排放量。

（四）抓资源节约循环利用，提高资源高值化利用水平

一是推进资源循环利用。按照《宜宾市推进园区循环化改造三年行动计划（2018—2020年）》，实施园区循环化改造，加快存量园区循环化改造升级。二是抓好试点示范。重点推进宜宾市资源循环利用基地建设，打造集聚效应明显、配套体系完善的资源循环利用产业示范基地。

（五）抓生态环境保护，不断改善生态环境质量

持续加强环境污染治理，配合打好环境污染治理“三大战役”。按照省上要求，积极配合中国节能环保集团发挥长江污染治理主体平台作用，根据环保各领域的薄弱环节和主要环境问题，认真谋划一批生态环境治理项目，为建设长江上游绿色生态示范市做出积极贡献。

广安市 2018 年绿色发展报告

一、工作成效

2018 年，广安市委、市政府坚持以生态文明建设和环境保护战略为统揽，深入贯彻落实党中央、国务院和省委、省政府系列决策部署，牢固树立绿色发展理念，率先开展“环保建设年”和“洁净水”行动，做出了《关于推进绿色发展建设美丽广安的决定》，采取“重拳出击、铁腕治污”手段，扎实推进大气污染和水污染治理，全市环境质量得到了持续改善。

（一）优化调整产业结构，严把项目审批入口关

广安市严格执行国家发展改革委发布的《产业结构调整指导目录》、四川省人民政府发布的《四川省政府核准的投资项目目录》及其行业准入政策，严格控制高耗能、高污染行业新增产能，把好新上项目的审批关。通过引进龙头、延链补链来扩大总量，通过科技研发、自主创新来提升质量，通过培育产业生态、提升服务水平来优化环境，推动全市经济质量变革、效率变革、动力变革。充分发挥“十三五”专项规划的引领作用，依托国家循环经济示范城市创建平台，积极推进园区循环化改造，大力培育节能环保产业，加速低碳项目建设，发展绿色、低碳、循环型经济。2018 年，全市实现地区生产总值 1 250. 2 亿元，其中第三产业增加值完成 501. 5 亿元，增长 9. 8%，占全市地区生产总值的 40. 1%。装备制造、电子信息、能源化工 3 个支柱产业和生物医药、食品饮料、先进材料、轻工服装 4 个优势产业实现产值 1 541. 5 亿元，占规模以上工业总产值的 95%，同比增长 11. 8%。

（二）科学规划、合理控制能源总量消费，加大清洁能源推广使用力度

广安市指导督促各区、市、县政府开展重点用能企业节能行动，建立重点用能企业能耗统计制度，督促企业完善节能管理机构、落实节能管理岗位、建立节能管理制度、实施节能考核奖惩，指导重点用能企业编制节能规划、开展能源审计，重点用能企业节能主体作用不断强化，节能工作不断深入。2018 年完成节约能源消费 7. 6 万吨标准煤。合理控制能源消费总量，严格按照《广安市控制能源消费总量工作方案》，细化具体能源消耗指标，分解工作任务，明确工作措施，强力抓好落实，确保了全面完成能源消费总量控制目标。加快清理整顿小煤矿，推进煤矿企业兼并重组，积极争取专项资金促进煤矿升级改造，合理化开采。加大

能源结构优化调整，大力控制煤炭使用，全市城区及近郊乡镇居民生活用气普及率达 85%以上。各工业园区天然气利用率也大幅提高。2018 年全市落后产能退出完成 30 户，其中关闭取缔砖瓦企业 10 户、煤矿 3 户、塑料加工企业 3 户、机械加工铸造企业 2 户、其他加工企业 4 户，淘汰落后设备及落后生产线 8 户。清理燃煤小锅炉 60 台，完成淘汰 50 台，市级建成区全面完成 10 蒸吨以下燃煤锅炉淘汰工作。全市 292 户“散乱污”企业已完成整治 216 户，完成率 74%，已通过验收 182 户，工业绿色高质量发展水平进一步提升。

（三）加快推进嘉陵江流域国家生态文明先行示范区建设工作

广安市编制实施《嘉陵江流域国家生态文明先行示范区推进方案（2018—2020 年）》，并作为市委五届六次全会“1+2”文件，完成营造林 27.4 万亩，修复生态 6.5 万亩，森林覆盖率 38.35%，空气质量优良率达 84.1%。全面落实河（湖）长制，推行“用双脚丈量河流”行动，排查治理污染源 2 777 个，实施“洁净水”项目 194 个。推进县域污水“零直排”，新投运污水处理厂（站）10 座，国控、省控考核断面水质全部达标。制定土壤污染治理与修复规划，排查整治危废、固废企业 201 户，土壤环境趋于稳定。

（四）加强政策引导，积极向上争取专项资金和政策，为企业绿色、低碳、循环发展提供保障

2018 年，广安市财政用于节能减排资金 98 389.9 万元，同比增加 68.08%，其中，污染防治 59 156 万元、自然生态保护 32 431 万元、天然林保护 2 139 万元、退耕还林 558 万元、污染减排 4 105.9 万元。落实直购电、富余电消纳试点，临时电价补贴，非居民用天然气、直供气等优惠政策，降低企业用能成本近 6 亿元，依法减免企业各类税费 14.28 亿元。全市上下主动作为，积极包装申报了水、气、土壤污染防治系列项目，其中御临河水污染防治项目总投资 15.58 亿元，申请中央专项资金 4.67 亿元；申报嘉陵江流域（武胜段）良好水体保护项目计划总投资 2.28 亿元，申请专项资金补助 1.59 亿元；新民河流域环境污染综合治理项目计划总投资 8 836.95 万元，申请中央专项资金 3 446.41 万元；华蓥市非煤矿山生态修复项目计划总投资 1 500 万元，申请中央专项资金 1 000 万元。目前已争取到位环保专项资金 7 800 万元，即将到位专项资金 2 700 万元。

（五）污染防治“三大战役”扎实有效

广安市持续推进大气污染防治，全面落实《四川省蓝天保卫行动方案（2017—2020 年）》和《广安市大气环境质量限期达标规划》，扎实开展“减排、抑尘、压煤、治车、控秸”五大工程，推动空气环境质量持续改善。一是加快推进火电、水泥、化工等重点行业除尘、脱硫升级改造，完成广安发电公司 61 号、62 号燃煤发电机组超低排放改造，春瑞医药化工等企业挥发性有机物治理，累计淘汰燃煤锅炉 51 台、150.82 蒸吨。二是扎实开展施工工地、道路运输、物料堆

场、矿石开采等扬尘污染治理，督促落实“六必须、六不准”和“六个百分之百”措施，累计开展检查610余家次，责令停工整改30余家，行政处罚80余家，处罚金额360余万元。三是强化秸秆垃圾焚烧、餐饮油烟、腌腊制品熏制管控，完成700余家餐饮场所油烟整治，关闭“散乱污”企业106家、整治81家、搬迁入园4家。四是相关部门联合开展柴油车尾气排放监督检查，责令85辆柴油货车限期整改，淘汰老旧船舶132艘。加快油气回收治理，完成139座加油站、2座储油库油气回收改造。五是强化重污染天气应急响应，修订完善重污染天气应急预案减排措施清单，启动2次重污染应急响应，首次对广安城区和各区、市、县城区实行禁燃禁放禁售烟花爆竹规定，并取得明显效果，有效降低了污染的影响。

广安市坚决打好碧水保卫战，全面落实“河（湖）长制”，推行“用双脚丈量每一条河”，全面摸清污染源，精准施策，全面改善城乡水环境质量。一是强力推进河（湖）长制工作，配合市河（湖）长办、市水务局将全市所有溪河、水库、塘堰全部纳入河长制工作范围，探索建立“1+1+4+N”河湖管护模式，全面加强和规范河（湖）长制运行。2018年以来市级河（湖）长巡河32次、县级河（湖）长巡河1 366次、乡级河（湖）长巡河23 680次，发现并整改问题9 016处。二是强力推进重点流域水环境整治，重新调整划定畜禽养殖禁养区448个、1 593平方千米，全面清理入河排污口158个，整改规范8个，立案查处4件。三是强力推进城乡污水处理，认真组织实施《广安市城镇污水处理设施建设三年推进方案》，加快城乡污水处理厂站建设。四是扎实开展饮用水水源地专项整治行动，督促各区（市、县）、园区共投入资金2.7亿元，拆除饮用水水源地一级保护区内民房186户，新建取水口2个、供水输水主管网4.67千米、饮用水源保护区污水收集管网31.2千米，生态环境部督查交办16个问题和自查上报的8个问题全部按时整改到位。五是配合市人大完成了《广安市城乡污水处理管理条例》调研、起草、修改工作，建立了广安市集中式饮用水水质检测信息共享及发布机制，出台《广安市重点流域生态补偿管理办法》，市财政统筹3 500万元，从2018年5月起对西溪河、驴溪河、长滩寺河市级河（湖）长流域断面，实行按月定期监测、考核，分月计算补偿，年底一次性结算补偿机制，初步构建起水环境治理长效机制。全市国控、省控流域考核断面持续稳定达标，其中嘉陵江出川断面稳定保持地表水二类水质，渠江和大洪河、御临河出川断面保持地表水三类水质，全市城市饮用水源地水质达标率100%，全市水环境质量总体得到明显改善。

广安市强化土壤环境质量与修复，印发《广安市土壤污染治理与修复规划（2017—2020年）》和《〈土壤污染防治行动计划广安市工作方案〉2018年度实施计划》，明确土壤污染防治目标任务和各项重点工作。一是强化土壤污染管控和修复，与各区（市、县）、园区签订土壤污染防治目标责任书，明确24家土壤污染重点监管单位名单，完成100块重点行业企业用地基础信息采集、525个农用地土壤污染状况详查采样和 1 个重点工业园区土壤污染状况评估。二是严格危险废物监管，集中开展工业企业固废危废管理专项培训，扎实开展汽修行业、通信行业危险废物专项检查。强化对重金属污染的尾矿库、历史遗留尾矿库、封场后的非正规垃圾填埋场等土壤污染隐患排查，有序推进长江经济带固体废物大排查，共排查危险废物产生企业 132 家、一般工业固体废物产生企业 69 家。三是协调省级相关部门完成广安市医疗废物集中处置项目整体竣工验收，全市建设医疗废弃物处置机构 2 个，垃圾焚烧发电厂和垃圾卫生填埋场各 1 个。四是深入实施华蓥山“三年会战·漫山红遍”行动计划，大规模开展绿化广安行动，推进矿山环境、石漠化、水土流失等生态修复治理，华蓥山区山、水、林、田、湖、草生态治理与修复项目累计完成投资 56 亿元。按照中央、省生态红线划定相关要求，调整划定全市生态保护红线面积 177.94 平方千米。

（六）强化节能减排降碳宣传，营造绿色、低碳循环发展氛围

广安市以“节能宣传周”等活动为契机，开展了主题为“节能降耗 保卫蓝天”的节能宣传周及主题为“提升气候变化意识，强化低碳行动力度”的低碳日活动，采取张贴标语、发放宣传资料、定点咨询、电视播放等方式，全方位、多形式开展节能宣传，增强了全民节能意识，在全市范围内营造了浓厚的节能氛围。活动期间共发放各类宣传资料 5 万余份，悬挂标语 40 余幅。

二、存在的问题

虽然广安市绿色、低碳循环发展工作取得了一定成效，但还存在一些问题和困难，一是产业结构上，煤炭、水泥等资源型工业仍然占主导地位，能源消耗总量仍然较高。二是资金支出上，“企业主体、政府引导、社会参与”的多元投入机制尚未完全形成，加上地方财力不足，致使资金投入受限。三是绿色环保项目上，项目少而小，缺乏带动效应。

三、下一步工作的打算

（一）严控新上高耗能高污染项目

进一步强化核准备案、节能评估审查等，严格贷款审批，从源头上把好节能关。

（二）加快淘汰落后产能

继续淘汰煤炭、电力、化工、冶金、建材、轻工等行业的落后生产能力，确保完成省政府下达的淘汰落后产能目标任务。

（三）坚决打赢绿色环保“三大攻坚战”

一是坚决打赢大气污染防治攻坚战。围绕全市城市环境空气质量持续改善，持续加强工业企业大气污染治理，重点加强火电、水泥、化工等重点涉气行业开展专项治理，严格施工扬尘特别是建筑施工及其土石方开挖、渣土运输等过程管

控，严格落实“六必须、六不准”“六个百分之百”扬尘控制措施；加强城市精细化管理，加强城市街道冲洗保洁，降低城市道路扬尘污染；加强秸秆垃圾焚烧和烟花爆竹管控，规范腌腊制品熏制行为；加强机动车和非道路移动机械污染治理，开展重型柴油车排气污染专项整治；加强餐饮油烟、露天烧烤、加油加气站、干洗站、家具涂装、汽修喷涂等管理，减少挥发性有机物污染；修订完善重污染天气应急预案，及时落实应急响应措施，努力降低重污染天气影响。

二是坚决打好水污染防治攻坚战。围绕全市水环境质量持续改善，切实加强嘉陵江、渠江两江流域良好水环境资源保护，统筹推进长滩寺河、小西河、石坝河等重污染小流域综合整治，确保国控、省控考核断面持续稳定达标，市属重点流域驴溪河、西溪河力争稳定达到三类水质，长滩寺河力争消除劣五类水体，农村小流域水质普遍得到改善。认真贯彻落实《广安市集中式饮用水安全管理条例》，加强集中式饮用水源保护，全面完成县级城市集中式饮用水源保护区环境问题整改。出台《广安市重点流域生态补偿管理办法》，对西溪河、驴溪河、长滩寺河 3 条市级河（湖）长流域实行补偿机制。贯彻落实《广安市城镇污水处理设施建设三年推进方案》，加快在建城乡污水处理厂站建设，完善污水管网配套建设，启动城乡老旧污水处理厂站提标升级改造，全部在建污水处理厂建成投运，县级以上城市和乡镇生活污水收集处理率分别达到 90%和 60%以上，2019 年年底前全部达到一级 A 标；完善乡镇污水处理厂专业化和规范化营运管理机制，开展城镇污水处理厂站排放达标专项行动；加快工业园区在建污水处理厂建设，强化工业园区污水集中处理设施运行监管，确保全面稳定运行、达标排放。

三是坚决打好土壤污染防治攻坚战。围绕全市土壤环境质量保持稳定，建立全市污染地块名录及其开发利用负面清单，统筹协调开展全市农用地土壤污染状况详查，有序推进土壤采样、协同监测及数据分析工作。严守生态保护红线，强化生态红线管控。加强核安全与辐射环境管理，确保核辐射安全。按照“遏制增量、减少存量”总体要求，加强农村面源污染管控，推进畜禽养殖废弃物资源化和生活垃圾、医疗废弃物、工业危废无害化处理，加快推进市垃圾焚烧发电项目二期、生活污水污泥处置中心和市固废危废处置中心、邻水县垃圾焚烧处理项目建设，努力降低环境影响。

（四）逗硬督查考核

严格按照环境保护“党政同责、一岗双责 ”要求，分解落实目标任务，进一步压紧压实各地各部门生态环保责任，加强考核督查，继续强化生态环保绿色发展工作绩效考核和责任追究，对完成节能目标有困难的地方和企业，及时启动预警调控方案，督促各地各部门切实把生态环保职责抓在手上、扛在肩上、落实到行动中。

达州市 2018 年绿色发展报告

2018 年，达州市坚持深入贯彻落实省委、省政府加快推进生态文明建设和绿色发展的决策部署，坚持以规划为引领、以问题为导向、以重大工程和项目为抓手，加快转变经济发展方式，提高发展质量和效益，增强可持续发展后劲，为构建嘉陵江上游生态屏障，建设美丽四川做出积极贡献。

一、工作开展情况

（一）加强生态文明建设制度设计

达州市大力推进生态文明建设，先后出台《达州市加快推进生态文明建设实施方案》《达州市生态文明建设目标评价考核办法》《达州市生态文明体制改革方案》《中共达州市委关于推进绿色发展 建设美丽达州的实施意见》《达州市政府办关于进一步健全生态保护补偿机制的实施意见》《达州市节能减排综合工作方案》《达州市温室气体排放目标责任考核办法》《达州市能源消耗总量和强度“双控”考核体系实施方案》《达州市绿色发展指标体系》《达州市生态文明建设考核目标体系》等系列文件，夯实生态文明建设“四梁八柱”。

（二）深入落实主体功能区战略

达州市全面贯彻落实国家和省主体功能区规划，认真执行《四川省县域经济发展考核评价办法》，对重点生态功能区不考核“地区生产总值及增速、规模以上工业增加值增速和固定资产投资及增速”。相关部门指导编制完成的《万源市国家主体功能区建设试点示范实施方案》已取得国家发展改革委批复、《万源市产业准入负面清单》由省发展改革委印发实施。相关部门引导各地突出发展重点，守好青山绿水，推进协调发展，取得较好成效。2018 年，全市新（改）建公园绿地约 200 公顷、封山育林 9 万亩，完成天保公益林建设任务 2.7 万亩、新一轮退耕还林落地 3.6 万亩、义务植树 1 200 万株。完成渠江退化防护林生态治理恢复 0.4 万亩，完成造林补贴任务 2 万亩。积极开展森林小镇、绿化模范单位等创建活动，命名市级绿化模范村 8 个。全市新增森林面积 3 850 公顷，森林覆盖率达到 42.95%。

（三）突出规划引领作用

一是将生态文明建设和环境保护纳入五年规划纲要。达州市“十三五”规划纲要将生态文明建设和环境保护纳入专门篇章进行阐述，是着力构建资源节约、环境友好型社会，提高生态文明水平的行动纲领。二是科学编制专项规划及实施意见。达州市印发了“十三五”能源发展规划、重点项目规划、公共服务均等化规划，统筹协调相关部门制定了环境保护规划、生态建设和防灾减灾规划、工业和信息化发展规划、水利发展规划、旅游发展规划等并组织实施，为推进绿色发展提供强力支撑。

（四）推动产业转型发展

一是加快推进产业结构调整。坚持“一引两创”（招商引资、技术创新、制度创新）转型路径，实施“设备换芯”“生产换线”“机器换人”改造，突出抓好100个技改项目、20个重点转型升级项目，通过技术改造、兼并重组、转型升级等方式，加快煤、电、冶、化、建等传统产业转型升级。制发了达州市推动六大产业发展实施方案，大力培育新材料、智能装备制造、电子信息、生物医药等新兴产业。二是推进能源结构调整。全面落实国家能源发展战略，坚持绿色低碳发展方向，推动能源结构调整优化，积极开展能源消费总量控制和煤炭消费总量控制，推进煤炭减量生产，实施“气化全市、电能替代、清洁替代”工程。加大能源生产结构调整力度。加快可再生能源开发，提高非化石能源和清洁能源消费比重，在全省率先实现了清洁能源为主的能源消费结构。达州市是川气东送的起点，已累计向上海、江苏等省（市）外送天然气506亿立方米，替代减少东部地区化石能源消耗折合5 000余万吨标准煤，为国家能源结构调整发挥了重要作用。三是严把产业项目准入关。严格贯彻落实国家《产业结构调整指导目录》《外商投资产业指导目录》和《西部地区鼓励类产业目录》《中西部地区外商投资优势产业目录》《四川省政府核准的投资项目目录》，坚决禁止以任何名义、任何方式备案钢铁、电解铝、水泥、平板玻璃等产能严重过剩行业的新增产能项目，原则上禁止审批新建煤矿项目，不再核准新建传统燃油汽车生产企业，全面停止5万千瓦以下小水电核准，压减火电和煤炭在能源消费中的占比。严格执行《企业投资项目核准和备案管理条例》（国务院令第673号）和《四川省政府核准的投资项目目录》，严格按照规定权限、程序和环评等要件进行立项。依法开展固定资产投资项目节能评估和审查，严把项目准入关，从源头控制高耗能项目，2013年以来共开展节能评估和审查近1 800项次。

（五）全力打好环境攻坚战

达州市坚持以污染防治“八大战役”为统揽，三次产业首次实现了“231”向“321”的重大转变。一是蓝天保卫战。立足中心城区划分“五个控制区”，统筹实施“减排、压煤、抑尘、治车、控秸和VOC治理”六大措施；成功承办2018年四川省环境突发事件应急演练，填补了全省高含硫气体天然气开发、硫化氢气体泄漏环境应急处置演练的历史空白。二是碧水保卫战。“一河一策”深度落实河

（湖）长制，突出铜钵河等中小流域综合整治，5 个国控断面水质自动监测站已建成投用，22 个市控监测站正加快建设。三是黑臭水体治理攻坚战。市政府印发《主城区黑臭水体整治目标任务》，凤凰山人工湖、景观通道至湿地公园、七里沟等 3 个黑臭水体已基本消除。四是饮用水水源地保护攻坚战。开展县城集中式饮用水源地保护区“划、立、治”工作和不达标乡镇集中式饮用水源地整治，完成县级以上集中式饮用水源地 38 个环境问题整治，集中式饮用水水源地保护工作经验做法被生态环境部全国推广。五是农业农村污染治理攻坚战。加快实施农村人居环境整治三年行动方案，清理非正规生活垃圾堆放点 233 个，持续推进“户分类、村收集、乡（镇）运输、县处理”农村生活垃圾收运处置体系建设。六是“散乱污”企业整治攻坚战。分类制定企业整治方案和引导政策，453 家“散乱污”企业已整治 448 家，其余正核查验收。七是环保基础设施建设攻坚战。大力实施城镇污水和城乡垃圾处理设施建设“三年攻坚”方案，建成 51 座乡镇污水处理设施，共覆盖 55 个乡镇，在建 53 座乡镇污水处理设施能够覆盖 59 个乡镇，开展前期工作 110 个乡镇。八是渠江流域保护修复攻坚战。扎实做好渠江沿江生态廊道保护修复，开展执法检查 82 次，出动人员 237 人/次，现场制止违法行为 4 起。重点加强了渠江流域上游宣汉县、万源市、自然保护区、饮水水源地和市、县城区河段作为重点监控河段，实现了全面禁采河砂。

（六）深入推进节能减排降碳

达州市先后出台《达州市加快推进生态文明建设实施方案》《达州市节能减排综合工作方案（2017—2020 年）》《达州市能源消耗总量和强度“双控”考核体系实施方案（2017—2020 年）》《关于印发〈达州市绿色发展评价指标体系〉和〈达州市生态文明建设考核目标体系〉的通知》，将各地单位产值综合能耗下降目标完成情况作为市政府考核各地政府绩效及其主要负责同志履职情况的重要内容，实行问责制和“一票否决”制。推动工业、建筑、交通运输、公共机构等重点领域节能，组织全市 22 个重点用能单位参加重点用能单位“百千万行动”。实施锅炉窑炉改造、电机系统节能、余热余压利用等节能改造工程，推进煤电节能减排升级与改造行动计划，实施节能产品惠民工程，累计推广高效节能灯 154 万只，年节约用电 8 000 万度。“十三五”期间，省上下达达州市单位产值能耗降低目标为 17%，截至 2018 年年底，累计下降超过 16%，“十三五”节能目标完成进度超过 90%。

（七）储备争取环境基础设施项目

达州市择优遴选、统筹谋划，共储备全市重大生态环保项目 115 个，总投资 465 亿元。大力推进环境基础设施建设，重点推进目前尚无污水集中处理设施的重点镇生活污水处理设施项目，积极推进城市老旧污水处理设施提标升级改造。通过积极争取，达州市全域被纳入《国家“十三五”重点流域水环境综合治理建设规划》范围，110个水环境综合治理项目成功进入规划盘子。2013年以来，全市累计争取城镇污水垃圾项目中央预算内资金及专项建设基金7.3亿元。积极申报园区循环化改造，2014年，达州经开区成功创建国家循环化改造示范试点园区，争取循环化改造专项资金1.303亿元。达州市固体废物综合处置中心项目、渠县（大竹）、宣汉（开江）生活垃圾焚烧发电项目正加快建设；达州市城市第二污水处理厂二期工程正积极开展前期工作。

（八）深化资源环境价格改革

一是建立完善阶梯水价制度，按照国家规定的时间节点，于2016年1月1日建立了达州城区阶梯水价制度。二是落实促进环保价格制度，严格执行《关于进一步疏导环保电价矛盾的通知》《关于印发四川省统调燃煤机组环保电价及环保设施运行监管实施细则》《关于电解铝企业用电实行阶梯电价政策的通知》《关于水泥企业用电实行阶梯电价政策有关问题的通知》等文件，引导燃煤发电企业建设和运行环保设施，减少二氧化硫、氮氧化物等排放。三是实行污水、垃圾处理收费等价格制度，认真贯彻国家、省《关于制定和调整污水处理费收费标准等有关问题的通知》部署，结合达州实际及时调整了城区污水处理费标准。

二、存在的问题和困难

总体上看，达州市绿色发展水平仍总体滞后于经济发展，现有制度、政策尚不完全适应绿色发展理念的新要求，全社会绿色发展意识也亟须加强。随着工业化、城镇化进程的加快，能源和资源的需求将继续呈刚性增长态势，主要污染物排放结构性特征明显，生态建设和环境保护压力凸显。

（一）生态文明建设社会合力集聚不够

生态文明建设和绿色发展涉及多方面、多层次，需要各方力量和各方资源共同参与。目前，参与建设的力量比较分散，建设主体的积极性、主动性不够强，生态文明建设的整合资源力度、协同创新力度、集聚力量力度还不大，市场配置资源在生态文明建设中还不能有效发挥决定性作用，第三方力量难以深度参与生态修复、环境保护和绿色产业发展等领域，部门协调、区域协调等效率不高。

（二）生态文明建设投入力度还相当不足

达州市属财政困难市，有限的资金要确保完成既定经济社会发展目标已是捉襟见肘，增加资金用于支持生态文明建设更感到力不从心。推进生态文明建设还更多地依靠各部门原有的资金渠道，统筹难度较大，没有形成资金合力，资金利用效率偏低。同时，由于生态文明建设领域项目投入资金需求量大、回报周期长、投资回报率低，社会资本进入该领域的积极性低，现有的财税政策还没有起到对生态文明建设进行有效调节和引导的作用。

（三）节能环保产业总体发展水平亟待提高

虽然"十二五"以来达州市节能环保产业发展取得了积极进展和明显成效，但与其他市州相比还有较大差距，不能完全适应生态文明建设的发展要求和建设资源节约型、环境友好型社会的需要。主要体现在：产业竞争力不强，企业规模较小，在全国有影响力的节能环保企业偏少；产业集聚度不高，产业集中度偏低，产业集群发展不够，配套和系统集成能力不强；技术创新能力仍然较弱，产品竞争力不强，产、学、研、用结合不够紧密，原发自主的技术创新能力仍然薄弱，企业的技术研发投入普遍不足，多数企业尚未具备独立的技术及产品开发能力，部分优势企业也有产业层次不高、价值链高端空间开发不足的问题；节能环保新技术、新工艺示范推广资金不足，科技成果转化率不高、转化速度偏慢；激励约束机制不够健全，相关政策的促进效果有待提升，金融扶持力度有待加强，节能环保产业市场监管体系尚不健全。

三、下一步工作的打算

（一）落实绿色金融政策

引导金融机构认真贯彻落实党中央、国务院和省委、省政府关于加强绿色经济建设的有关要求，严格执行绿色信贷政策和监管规定，认真梳理达州市地方经济建设项目，筛选符合条件的绿色项目，积极跟进，主动参与，力争实现绿色贷款规模的重大突破。

（二）创新金融产品和服务

督促金融机构创新绿色金融信贷产品及服务，因地制宜打造具有地方特色的融资产品，并做好宣传与推广。主动将绿色信贷服务宗旨运用到金融产品研发设计中，积极探索绿色信贷担保方式创新，特别是应收账款、知识产权质押、股权质押等担保方式，使得绿色信贷产品的担保方式更加多样化，提升绿色信贷产品服务质量。

（三）打好环境保护"三大战役"

大气污染防治方面，以钢铁、水泥、化工行业为重点，推动企业加快脱硫、脱硝、除尘工艺升级改造，力争污染物超低排放；推进工业园区集中供热，逐步淘汰分散燃煤锅炉；开展挥发性有机物治理培训，大力推广无毒无害原料及工艺。水污染防治方面，加快工业园区污水处理厂建设，确保已建成园区污水处理厂稳定运行，污染物达标排放；严把项目准入关，严禁新建小型造纸、印染、电镀、农药等项目；开展冶金、建材、造纸行业节水专项行动，推动企业实施节水改造，提高节水效率。土壤污染防治方面，清理排查工业固体废物，重点推动磷石膏、粉煤灰、冶炼废渣资源综合利用。

（四）加快转型升级

启动达州市第二工业园区建设，推动钢铁、建材、化工等传统行业实施技术改造、技术创新，提升清洁生产水平。大力开展招商引资，积极引进和培育“六大产业集群”，不断优化产业结构，加快构建现代产业体系，从根源上解决工业污染较重的问题。

（五）推进节能降碳

突出抓好工业、建筑、交通、商贸等重点领域节能降碳工作，尤其是对重点工业企业实行分级管理和分类指导。深入开展全面节能行动，落实好国家、省重点用能单位“百千万行动”方案，强化重点用能单位目标责任。同时，积极开展企业清洁生产审核，抓好绿色学校、绿色交通、低碳社区争创工作，全面推进节能降碳。

巴中市 2018 年绿色发展报告

2018 年，巴中市在省委、省政府的坚强领导下，深入学习贯彻党中央、国务院和省委、省政府推进生态文明建设的重大决策部署，坚持绿色发展、低碳发展、循环发展理念，打造碧水蓝天、绿色出行的美丽巴中，努力建设川陕革命老区振兴发展示范区。

一、工作推进情况

按照市委生态优先、绿色崛起要求，围绕生态资源禀赋，以供给侧结构性改革为主线，以绿色产业发展为载体，坚持不懈地推动巴中绿色发展，努力践行“绿水青山就是金山银山”理念。

（一）深化绿色发展认识

习近平总书记习指出，“绿水青山就是金山银山”“保护生态环境就是保护生产力、改善生态环境就是发展生产力”。巴中绿色资源丰富，要深化绿色发展认识，坚持走生态优先、绿色发展之路，因地制宜发展生态产业、特色产业。构建科技含量高、资源消耗低、环境污染少的产业结构和生产方式，倡导勤俭节约、绿色低碳、文明健康的生活方式和消费模式，建立健全生态文明制度体系，努力建设美丽巴中。

（二）优化绿色发展空间布局

巴中市进一步强化规划的龙头、基础作用，注重发挥规划的引领作用和导向作用，体现高起点、大手笔、全覆盖，增强战略性、全局性和指导性，“一张蓝图绘到底，一届接着一届干”。要将“绿色”理念贯穿于规划全过程，围绕建设“川陕革命老区振兴发展示范区”战略定位，推进城乡总体规划、控制性详细规划与道路、绿地、广场、水系、排水防涝等相关专项规划“多规衔接”，科学布局城市内和城市周边绿地系统，积极推动城市湿地公园、山体公园和绿廊绿道建设，保护好城市生态水系，让城市生活更加贴近生态自然；更加注重区域生产力布局“一盘棋”，优化县区、园区和重点区域产业布局，错位发展、优势互补，实现经济效益、社会效益、生态效益的有机统一、同步提升；完善美丽新村建设、特色产业发展各项专项规划，确保总体规划与专项规划相互衔接、深度融合。强化规划的严肃性，确保规划执行到位。

巴中市坚持生态优先绿色发展路径，加快推进生态产业合理布局，构建绿色发展空间体系。全面落实主体功能区战略，推进空间开发多规合一，建立国土空间管制制度，明确各区功能特点与重点任务，分区制定产业发展和环境管理政策。严守资源环境生态红线，严控资源消耗上限、环境质量底线，实行能源消耗总量和强度双控制，规范生产、生活、生态空间开发行为。

（三）突破发展文旅康养产业

有关部门充分利用巴中市生态、红色和历史文化等资源优势，依托“国家全域旅游示范区”创建，按照“大景区、大市场、大旅游”的旅游业发展思路，把巴中全境作为旅游景区，打造知名的生态休闲旅游和森林康养目的地，促进旅游资源大市向旅游经济强市转变。从单一的旅游发展向开放的“旅游+产业”融合发展方式转变，加强旅游与文化、农业、康养等相关产业融合，相互渗透，培育旅游新业态、新产品。到2020年，旅游人数突破5 200万人次，旅游总收入达到485亿元。建成5个国家、省级森林康养基地，10个市级森林康养基地，100个县（区）级森林康养精品点（村），建立森林康养标准化体系，基本建成全省有重要市场影响力的森林康养产业基地。

（四）加快发展新型工业

有关部门深入实施工业强市战略，充分挖掘巴中生态优势，坚持绿色低碳发展方式，大力推进具有巴中特色的新型工业化，构建以石墨和四大成长型产业为支柱的绿色工业体系，建设国家清洁能源基地、西部重要的石墨产业基地。推行“源头减量、过程控制、纵向延伸、横向耦合、末端再生”的绿色生产方式，建设绿色工厂，发展绿色园区，打造绿色供应链，努力实现生产低碳化、循环化和集约化。坚持围绕绿色抓工业，围绕市场抓工业，鼓励、支持巴中本地企业带头消费巴中产品，充分利用区域协同发展扩大巴中产品消费市场，不断扩大巴中工业产品的市场份额。积极推动园区抓工业，促进区域资源整合、优化工业空间布局、提升产业集聚发展。预计到2020年，石墨产业产值达到100亿元，建成坪河、尖山两大石墨原料生产基地，高碳石墨年采选能力达到30万吨；全市工业园区面积达到30平方千米，建成500亿（产值）园区1个、100亿（产值）园区2个、50亿（产值）园区2个。

（五）持续发展特色优势农业

有关部门发挥巴中“生态、绿色、富硒”的优势，按照“环境友好、绿色生态、特色精品、粮经复合、种养循环、休闲养生”的特色定位，突出茶、药、菌、菜（果）、粮五大优势产业和生态养殖产业，加快推进区域化布局、规模化种植、标准化生产、商品化处理、品牌化经营、产业化运作，发展多种形式适度规模经营，推动复合发展、种养循环，着力构建绿色农业经营体系、生产体系和产业体系，将巴中建成山区现代农业示范市、川陕渝绿色食品生产供应基地。预计到

2020 年，农业总产值 230 亿元。实现全市粮食总产量 170 万吨、油料总产量 15 万吨，特色经济作物总产量 220 万吨，肉、蛋总产量 69 万吨，水产品总产量 10 万吨。

（六）大力发展循环经济产业

有关部门大力发展节能环保产业，加强资源综合利用水平，依托巴中市固废循环经济产业园建设，加快培育一批循环经济示范企业，形成循环经济产业链，促使资源开发由粗放低效型向节约高效型转变。推进全市园区循环化改造，推进重大节能环保、秸秆综合利用工作、低碳技术应用示范和大规模技术改造，实施工业节能节水、强制性清洁生产审核、循环利用、煤炭消费减量替代等重点节能减排工程。预计到 2020 年，全市秸秆综合利用率达到 87%。

（七）切实加强节能目标责任管理

为强化各县（区）和市级相关部门节能目标责任，市委、市政府将节能降耗相关目标任务纳入国民经济和社会发展年度计划，并印发了《巴中市节能减排综合工作方案（2018—2020 年）》《巴中市 2018 年节能降耗工作安排》等相关工作规划，合理确定 2018 年节能目标任务，并把各项目标任务分解落实到各县区和市级相关部门，同时纳入经济社会发展综合评价及年度综合考核体系，强化县区和市级部门抓节能降耗工作的自觉性、主动性，形成全市上下齐抓共管、协调联动的工作格局。2018 年 10 月，市发展改革委在网上公开发布各县区 2017 年度节能目标责任评价考核结果。另外根据《巴中市生态文明建设目标评价考核实施办法》规定，首次发布了《2016 年巴中市生态文明建设年度评价结果公报》，进一步强化节能减排各项指标约束。

（八）严格执行项目节能审查制度

有关部门坚持把节能审查作为政府性投资项目立项的强制性前置审核条件，对未进行或未能通过节能审查的项目坚决不予审核。建立了行政服务中心接件、主办科室负责、分管领导审签的完整程序，有效地规范了项目节能评估审查程序。2018 年，全市发展改革系统共开展固定资产投资项目节能审查 10 件，所有申报项目做到了规定期限内完成，既从源头上杜绝了能源浪费，又为项目实施提供了高效服务。此外还建立并完善了项目节能审查情况统计报送制度和能耗形势分析制度，按季度统计全市节能审查项目实施情况，及时全面掌握能源消费动态和二氧化碳排放情况，保证从源头上管控好能源消费的无序扩大。

（九）狠抓重点领域节能执行力度

在工业领域，有关部门全面开展落后产能、燃煤小锅炉、“散乱污”工业企业产业政策符合性检查，开展专项整治，共拆除了平板玻璃、造纸、砖瓦等行业 53 家企业落后生产设备，淘汰了 8 台燃煤小锅炉，集中治理 80 家“散乱污”工业企业。在建筑领域，2018 年全市共完成绿色建筑设计审查备案 56 个，建筑面积合计

188 万平方米，并积极推进既有建筑抗震加固和围护结构综合节能改造，改造既有建筑 3 万平方米以上。在公共机构领域，完成 5 家省级节约型示范单位创建并被授牌和命名，3 家国家节约型示范单位通过了国家验收。积极抓好全市公共机构节水型单位建设工作，市民政局等 38 家单位符合公共机构节水型单位建设标准，通过公共机构节水型单位验收，被授予公共机构节水型单位称号。在交通领域，2018 年，巴中市继续深入实施公交优先战略，城市公交出行分担率从 2017 年的 25.13%大幅提升至 28%以上，大力推进电动汽车充电基础设施建设，全市共建成投运 35 个充电站（桩），完成了电动基础设施实施方案和建设营运管理办法等编制工作。在城管执法领域，有关部门出台了《巴中市中心城区餐厨剩余物分类减量无害化处置方案》，督促中心城区所有餐饮服务单位安装油、水、渣自动分离设备，对餐厨剩余物实行分类减量无害化处理和资源化利用。在商贸和民用领域，有关部门持续推动零售节能行动，抵制白色污染和过度包装，倡导节约意识和绿色消费，引导顾客科学消费，培育节能消费理念。在农业领域，全市 2018 年新建规模化大型沼气工程 4 处，新建省级新村集中供气 15 处，给农户供气 1 390 户。主要农作物绿色防控面积 152.27 万亩，专业化统防统治面积 303.23 万亩次，化学农药使用量比 2017 年减少 157.3 吨，减少 10%。南江县、通江县成为省级畜禽粪污资源化利用项目试点县，争取到位专项资金累计约 3 000 万元。在林业领域，2018 年营造林 55 万亩，森林覆盖率、活立木蓄积和森林面积大幅增加，森林覆盖率达到 62.1%，活立木蓄积达到 6 316 万立方米，森林面积达到 1 146 万亩，森林碳汇能力不断增强。

（十）抓好资金争取和项目推动

巴中市在做好源头管控减法的同时，也努力在扩大节能降耗投入上做好加法。首先是积极对接争取各类资金，着力解决项目资金难题，2018 年共争取各类环保资助项目资金约 1 700 万元，用以支持乡镇污水处理厂等项目建设；争取到位省级淘汰落后产能专项资金 171 万元，用以支持南江县陈记饲料有限公司等落后产能退出。其次是加大节能降耗重点项目的推进力度，积极推进巴中经济开发区园区循环化改造，切实做好电能替代工作，主要抓好“三区”（主城区、恩阳区、经开区）工业领域的燃煤锅炉电能替代改造和验收，共改造完成 14 台 22.5 蒸吨，完成替代电量 1 300 万千瓦时。

二、存在的困难和问题

（一）绿色产业规模偏小

目前巴中的绿色产业规模小，缺乏大项目、好项目、高端项目支撑，产业融合度不高，有生态资源无生态产业，没能发挥巴中生态资源应有的比较优势，更没能形成竞争优势。

（二）资源环境约束加剧

巴中生态环境基础扎实，生态环境质量总体良好，客观上为推进绿色生态发展奠定了扎实基础，但环保基础设施建设历史欠账较多，随着巴中产业发展的不断壮大，资源节约和环境保护的压力也随之增加。

（三）节能降耗任务艰巨

巴中经济规模小，能耗总量基数偏低，高能耗工业企业能耗占比较大。随着巴中海螺水泥等高能耗项目投产，年能耗总量可能有较大增长，在工业经济快速发展和经济总量持续增长的前提下，节能降耗工作任务艰巨。

三、下一步工作的打算

（一）建立综合决策机制

将绿色资源产业化发展纳入经济和社会发展中长期规划，贯穿于经济社会发展全过程。在城市规划、资源开发、结构调整、土地利用等重大决策过程中积极推行规划环评和战略环评，充分考虑生态环境的承载能力，充分评估可能产生的环境影响，避免出现破坏生态环境的决策失误。完善环境信息发布和重大项目公示、听证制度，保障公众的知情权、参与权、表达权和监督权。

（二）探索建立生态补偿机制

探索建立完善生态补偿标准体系，坚持“谁破坏谁修复，谁受益谁补偿”原则，积极完善环境资源有偿使用制度。按照“污染者付费，受益者补偿”原则，努力争取国家、省对重点生态功能区的生态补偿，加大对生态补偿的投入。同时健全环境治理市场体系，探索建立用能权、碳排放权、排污权、水权等交易制度，探索建立绿色金融体系。

（三）建立生态环境执法监督机制

着眼环境治理持续稳定改善，坚持依法行政，推动环境监管常态化长效化。按照生态环境的统一性、整体性要求，构建职能统一的跨区域、流域的生态环境监管体制，形成环境保护部门统一监管，相关部门各负其责的环境执法机制。全面建立完善四级网格化环境监管体系，坚持常态化投诉举报机制，加强人大法律监督、政协民主监督，充分发挥新闻舆论和社会公众的监督作用。

（四）建立容错纠错机制

注重建立健全激励和容错纠错机制，旗帜鲜明地为敢于担当的干部担当，为敢于负责的干部负责。着重从有禁与无禁、为公与为私、有意与无意、集体决策与独断专行等方面进行研判，做到弄清情况、精准把握、认真酌定、厘清责任。在遵规守纪前提下实行容错纠错，准确界定容错界限，划出容错边界底线，坚决防止保护变庇护、宽容变纵容。

雅安市2018年绿色发展报告

雅安市认真贯彻落实党中央、国务院和省委、省政府关于生态文明建设的决策部署，牢固树立“绿水青山就是金山银山”的理念，坚持生态优先、绿色发展，有力地推动了经济发展与生态保护良性互动。

一、绿色发展有关情况

（一）不断完善发展思路

2014年，雅安被纳入国家生态文明先行示范区第一批名单。2015年，市委三届九次全会和全市灾后重建攻坚暨扶贫开发攻坚工作会议提出要实施生态富民提升行动。2016年，市委三届十次全会做出建设“美丽雅安、生态强市”的战略定位。2018年，市委四届三次全会审议通过了《中共雅安市委关于全面深入贯彻落实党的十九大精神 推进绿色发展振兴 加快建设美丽雅安生态强市的决定》，坚持走“绿而美、绿变金”的发展振兴之路，提出“1485”总体发展思路；市委四届四次全会审议通过了《关于深入贯彻省委十一届三次全会精神 加快建设绿色发展示范市的决定》，明确了“五个走在全省前列”（绿美生态建设、绿色产业发展、绿美城乡建设、绿色生活方式推广、绿色发展制度创新）的主要目标，提出大力实施区域协同发展、绿美生态提升、绿色产业振兴、美丽乡村建设、开放创新驱动、发展成果惠民“六大工程”。

（二）优化绿色发展空间

雅安市坚持把绿色发展理念贯穿于经济社会发展全过程、全方面，不断优化空间规划体系、空间开发格局、产业发展布局，加快形成特色鲜明、布局合理的绿色生态发展大格局。以绿色发展为基本取向，深入实施主体功能区战略，建设生态安全体系。加快芦天宝飞地产业园区建设和发展，积极探索生态功能区推进新型工业化的特色道路。突出错位发展、特色发展、协同发展，进一步明确县（区）发展定位和产业方向，加快培育工业强县、农业强县、旅游强县和生态强县。

（三）调整能源消费结构

雅安市水能资源富集，水力资源蕴藏量约1 601万千瓦，可开发1 322千瓦，约占全国水电可开发量的1/40，占四川省水电可开发量的1/10，目前已开发约

1 200 万千瓦。2014 年，汉源县与四川铁能电力开发有限公司签订了新能源项目合作开发战略协议，同时成立了四川汉源铁能新能源开发有限公司。该公司先期在汉源县实施了清溪风电场项目，该项目装机规模 4.75 万千瓦，为雅安市第一个新能源项目，该项目一期工程于 2015 年 4 月 6 日开工建设，2017 年建成投入运行。2018 年雅安市被成功纳入全省大数据产业集聚区、水电消纳产业示范区。

（四）构建绿色产业体系

雅安市加快构建“5+1”绿色产业体系，汽车及机械装备制造、先进材料、清洁能源、农产品加工业产值分别增长 9.9%、17.7%、3.9%和 20.1%，现代服务业增加值增长 8.8%。三次产业结构调整为 13.3∶46.9∶39.8。大力实施“千亿产业”行动，发展绿色载能、旅游康养、汽车（新能源）及零部件、茶、林竹、中医药及大健康、石材循环经济、现代物流八个重点特色产业，着力培育壮大汽车及机械装备制造、新材料、清洁能源、农产品加工、现代服务业五大产业集群；大力发展雅茶、雅竹、雅果、雅药、雅鱼“五雅”特色优势产业，巩固提升三条百千米百万亩乡村振兴产业带，新增特色产业基地 4.2 万亩；建成全国绿色食品原料标准化基地 6 个，已认证绿色食品 158 个、有机食品 90 个；“蒙顶山茶”作为全国十大区域公用品牌的价值持续提升，“汉源花椒”成功申报中国驰名商标。

（五）大力厚植生态本底

雅安市持续开展绿美雅安“七大行动”，实施城市森林绿化彩化、道路水系生态廊道添花增彩和国土绿化及成果保护工程，2016 年以来累计完成水系、道路绿化美化 1 035.3 千米，建设滨水绿廊 39 千米。持续实施天然林保护、退耕还林、野生动植物保护等重点生态工程，2016 年以来有效管护森林面积 1 277 万亩，巩固退耕还林成果 90 余万亩。全市共有国（省）级森林公园 5 个、林业自然保护区 6 个，森林覆盖率达到 64.77%，稳居全省首位。积极配合国家和省稳步推进大熊猫国家公园体制试点工作，按照上级安排部署，有序推进大熊猫国家公园体制试点，修复大熊猫栖息地 21.6 万亩。成立雅安市环境保护委员会，全面落实“河（湖）长制”。国控、省控出境断面水质达标率 100%。贯彻落实主体功能区制度，编制实施宝兴、天全、石棉县国家重点生态功能区产业准入负面清单。探索建立体现生态文明要求的领导干部考核体系，实施领导干部自然资源资产离任（任中）审计制度。

（六）文化旅游融合发展

中国藏茶城加快建设，喇叭河、安顺场等景区完成改造提升，蒙顶山景区实现资产重组，王岗坪、龙苍沟等生态旅游度假区加快建设；夹金山干部学院助推全市红色旅游；成功举办首届熊猫灯会，开展雅安旅游香港专项推介，启动“坐动车游雅安”主题活动，承办第二届四川旅游新媒体营销大会，牵头发起成立中国·大熊猫文化联盟；新增国家 4A 级景区 2 个，雅安获批全国森林旅游示范市。

（七）全面加强节能减排

2015 年以来，全市单位地区生产总值能耗累计下降 15. 63%，完成“十三五”目标任务的 91. 21%。2018 年，全市能源消费总量 447. 29 万吨标准煤，较“十二五”末增加 29. 81 万吨标准煤，达到“十三五”能耗增量控制目标时间进度要求。顺利通过省政府组织的 2017 年节能降碳目标责任评价考核，全市能源消费总量和强度“双控”、控制温室气体排放工作获得省节能减排办通报表扬。主要污染物排放得到有效控制。积极推动资源节约利用，实施节能重点工程，大力促进建筑、交通、工业等领域低碳发展，积极推进雅安市汉碑路低碳社区试点建设。推进园区循环化改造，制定出台《雅安市园区循环化改造三年推进计划（2018—2020 年）》，成功申报四川雅安经济开发区为“四川省循环化改造示范试点园区”。

（八）生态文明先行先试

2014 年，雅安市成功申报首批国家生态文明先行示范区，省发展改革委等六部门批复了《雅安市国家生态文明先行示范区建设实施方案》，建设期为 2014 年至 2017 年。根据方案要求，以建设国家生态文明先行示范区为载体，结合芦山地震灾后恢复重建，围绕“美丽雅安、生态强市”的总体目标，把生态文明建设放在突出位置，融入“4 · 20”芦山地震灾后恢复重建及经济社会发展全过程，深入实施先行示范区建设“1258”总体思路。截至 2018 年年底，方案提出的八大建设任务及 181 个重点项目基本完成。天全、宝兴、石棉三县被纳入国家重点生态功能区，产业准入负面清单均已发布实施；《雅安市青衣江流域水环境保护条例》预计于 2019 年 1 月开始实施；印发实施《雅安市生态文明建设目标评价考核办法》，发布《2016 年雅安市生态文明建设年度评价结果公报》，综合评估各县（区）绿色发展情况。

二、存在的困难和问题

一是生态环境约束趋紧。雅安 54. 4%的面积被纳入国家主体功能区，40. 8%的面积被纳入大熊猫国家公园，一批规划项目停建缓建；用地指标收紧，自然资源利用管控更严，主题公园建设和淘汰落后产能政策约束，全市经济转型发展压力很大，必须寻找新的空间。

二是绿色载能产业亟待提档升级。全市绿色载能企业以传统高载能企业为主，虽然用电量达到一定规模，但缺乏主导产业和龙头企业，整体技术装备较为落后，产品核心竞争力不强，产业规模效应尚未形成。绿色载能产业多数为来料加工，产业链下游的高新技术企业较少，目前全市绿色载能高新技术企业仅 19 家，仅占全市规模以上工业企业户数的 6%。

三是环保督察反馈小水电问题整改任务艰巨。雅安市涉及自然保护区的小水电数量多，总装机规模较大，项目建设时间跨度大，债权债务问题复杂。由于国家、省级层面相关补偿机制还未健全，地方财政难以独立承担小水电依法依规拆除的后续补偿资金，影响后续的职工安置、资产处置、经济补偿等工作。

四是环保基础设施建设滞后。环保基础设施建设历史欠账多，工业固废堆场及垃圾处理设施建设滞后，部分乡（镇）垃圾集中收集处理率低，大部分县（区）、乡（镇）污水处理厂工艺老旧，未达到新排放标准的要求，中心城区部分管网未完全实现雨污分流，垃圾污水治理任务繁重。

三、下一步工作的打算

（一）实施区域协同发展工程，建设环成都经济圈重要支点城市

一是形成“融入成都、协同周边”发展新态势。加快推进成雅基础设施一体化、产业一体化、城镇一体化、市场一体化等进程，主动承担成都非国家中心城市和非省会城市功能，融入“主干”成都一体发展。二是构建“一核两翼”市域发展新格局。“一核”打造市域经济核心增长极，推动东部片区雨城区、名山区、经开区领先发展，大力发展高端制造业、数字经济、现代服务业等主导产业，加快建成东进融入成都的先行区。南翼打造市域经济副中心，推动南部片区荥经县、汉源县、石棉县加快发展，积极发展绿色载能、旅游康养、绿色生态食品加工等产业，加快推动碲铋、玄武岩等资源创新开发利用，建设南向开放的首位区。北翼打造生态功能区转型发展示范区，推动西北片区天全县、芦山县、宝兴县转型发展，重点发展生态旅游、中药材、特色林竹加工、生态有机农牧业及食品深加工等生态友好型特色产业，着力打造服务成都、辐射康藏的生态文化旅游融合发展试验区。加强县域经济发展，培育一批工业强县、农业强县、旅游强县和生态强县，到 2022 年，全市地区生产总值百亿元以上县（区）达到 6 个。三是建设川西区域性中心城市。推进中心城区东拓扩容，形成以青衣江、名山河为轴线的城市发展带，加快雨城区、名山区、经开区同城化发展，建成中心城区面积达到 50 平方千米以上、常住人口达到 50 万人以上的“双五十”宜居宜业宜游山水园林城市。加大市政公用设施和公共服务设施建设力度，打造一批经济强镇、商贸重镇、旅游名镇、康养小镇、特色古镇，到 2022 年，新增“百镇建设行动”试点镇 7 个，创建国家级特色镇 2 个、省级特色镇 3 个。

（二）实施绿美生态提升工程，建设秀雅滋润的“天府之肺”

一是持续厚植生态本底。推进全域增绿，全方位开展绿美雅安“七大行动”。统筹山、水、林、田、湖、草系统治理。推进大熊猫国家公园体制试点。二是打好污染防治攻坚战。落实好河（湖）长制，打好污染防治攻坚战“八大战役”。补齐环保基础设施短板，加快污水、垃圾等处理设施建设。三是推动生活方式绿色化。开展绿色企业、绿色商场、绿色家庭、绿色学校、绿色社区等创建活动。加强对绿色产品的市场准入和质量监督管理，积极引导消费者购买节能环保低碳

产品。提高公众绿色出行率，加快构建绿色交通体系、绿道慢行系统。支持绿色生态小区建设，打造低能耗、微排放、高舒适度的绿色建筑。

（三）实施绿色产业振兴工程，建设生态经济强市

大力发展汽车及机械装备制造、先进材料、清洁能源、农产品加工、现代服务业等支柱产业，积极培育大数据产业，加快形成以五大千亿产业、大数据产业为主体的“5+1”绿色产业体系。到2022年形成现代服务业1个800亿（产值）产业集群，汽车（新能源汽车）、先进材料、清洁能源3个500亿（产值）产业集群，农产品加工、大数据2个200亿（产值）产业集群。建设川西大数据中心，打造川西地区大数据基础服务基地、互联网数据中心和算力供应中心“一基地、两中心”。建设中国国际特色旅游目的地，突出大熊猫、茶马古道两大世界级旅游文化品牌，培育碧峰峡、蒙顶山、喇叭河等核心景区，建设大熊猫文化国际旅游目的地和世界茶马古道文化体验中心。建设川西物流中心，形成覆盖川西北、攀西、滇藏地区腹地的物流网络体系，建成成都南向物流桥头堡、进藏物资集散地、川滇藏战略物流中心。

（四）实施美丽乡村建设工程，建设乡村振兴示范市

一是发展现代农业，推动产业振兴。深化农业供给侧结构性改革，优化雅茶、雅竹、雅果、雅药、雅鱼“五雅”产业布局及品种结构，深化“基地+龙头企业+专业合作组织+农户”产业发展模式，培育壮大特色支柱产业，建设全省优质农产品供给区。到2022年，建成绿色（有机）食品原料基地130万亩，认证绿色农产品达160件以上，“五雅”产业综合产值达550亿元以上。二是深化环境综合整治，推动生态振兴。统筹推进新村建设和农村人居环境、生态环境整治，打造干净整洁、美丽宜居的农村生活环境。到2022年，力争95%以上的行政村生活垃圾实现分类处理，85%以上的行政村生活污水得到有效处理。三是倡导乡风文明，推动文化振兴。推进“文明村镇”“文明家庭”“雅安好人”等评选活动，到2022年全市县（区）级以上文明村镇（社区）覆盖面达到60%以上。四是强化智力支撑，推动人才振兴。建立县域专业人才统筹使用制度，积极挖掘培养“土专家”“田秀才”，扶持培养一批农业职业经理人、经纪人、乡村工匠、文化能人、非遗传承人等。五是创新基层治理，推动组织振兴。加强农村基层党建，健全党组织领导下的自治、法治、德治相结合的“一核三治一监督”乡村治理体系。深化“领头雁”队伍建设，培育一批能带富、善治理的农村基层组织带头人。加强新村聚居点管理，实施好《雅安市新村聚居点管理条例》。

（五）实施开放创新驱动工程，建设创新型活力城市

一是积极参与南向开放战略。大力推进与粤港澳大湾区、环北部湾经济圈等地区经贸合作，积极参与四川经云南至南亚东南亚的国际陆路大通道建设，以南方丝绸之路、茶马古道为纽带融入“一带一路”建设，推动成为四川与南亚东南

亚经济文化交流大通道。积极推动与泸州、宜宾、攀枝花等南向开放通道节点城市合作，形成南向开放大格局。二是建设川西综合交通枢纽。主动对接融入国家铁路网、国家高速公路网、长江“黄金水道”，到 2022 年年底，构建以 4 条铁路、8 条高速公路、14 条国（省）干线为骨干的川西综合交通枢纽。三是打造高效便捷营商环境。深化“放管服”改革，推进“最多跑一次”改革。以降本减负为重点，着力优化企业发展环境，切实推进降低企业税费负担、融资成本、制度性交易成本、用电用水用能成本和物流成本。四是深化重点领域和关键环节改革。全面推行市场准入负面清单制度，落实重点生态功能区产业准入负面清单。制定深化电力体制改革实施方案，落实直购电、富余电量、留存电量市场化交易等政策。深化国资国企、土地要素市场化、财税体制、金融等改革。六是强化创新驱动发展。建设军民融合产业基地。主动参与攀西战略资源创新开发试验区建设，推动四川省碲铋产业研究院创建国家级研究院。健全产业创业人才激励政策，吸引更多高层次人才来雅落户。加快绿色制度创新，探索构建绿色发展评价体系和绿色 GDP 目标考核体系。

眉山市2018年绿色发展报告

一、扎实做好2018年绿色发展工作

（一）深入推进生态文明建设

历年来，眉山市高度重视生态文明建设工作，市委、市政府在2017年出台《眉山市生态文明体制改革实施方案》《关于加快推进生态文明建设的实施意见》《眉山市生态文明建设目标评价考核办法》《眉山市节能减排综合方案2017—2020》等一系列指导性文件基础上，2018年又进一步强化了生态文明建设工作，制定出台《眉山市绿色发展指标体系》《眉山市生态文明建设考核目标体系》，并将生态文明建设绿色发展工作纳入市目标绩效考核。同时，成功创建省级森林城市，洪雅县成功创建国家生态文明建设示范县。

（二）严格执行目标责任制度

眉山市于2007年成立了市长任组长的市节能减排工作领导小组，负责及时协调解决重大节能环保问题。2018年以来，眉山市发展和改革委员会以节能减排办公室名义共制发文件10余件，切实强化部门协调作用。2018年初，市上将节能减排降碳相关指标纳入目标责任评价考核体系，并分解下达到各区（县）政府。同时，严格执行目标考核制度，对全市六区（县）2017年度节能目标完成情况进行考核。2018年4月，圆满完成省上对全市2017年度能源消耗总量和强度“双控”工作考核，并于6月代表省上通过了国家考核验收工作。

（三）着力优化产业能源结构

2018年以来，眉山市严把项目准入关，从源头上遏制高耗能、高污染项目过快增长。严格按照国家和省上最新公布的产业发展指导目录，开展固定资产投资项目立项审批工作。严格执行节能评估和审查制度，按照《四川省固定资产投资项目节能审查实施办法》（川发改环资〔2017〕170号）的规定，对市本级立项的14个项目进行了节能评估和审查，进一步提升了新建项目的能效水平。完成《眉山市金象化工园区转型升级研究》编制，抓紧制定《眉山市金象化工产业园区转型升级五年行动方案》。完成电动汽车充电设施规划编制，进一步优化能源结构。同时，切实加强了环资项目综合验收工作。

（四）切实加强污染治理工作

2018年，眉山市切实推进环保督察问题整改，对中央环保督察反馈的39个问

题实行台账式、清单式管理；圆满完成国家、省环保督察“回头看”整改任务，71 件信访案件全部办结。有关部门印发《眉山市打赢蓝天保卫战行动方案（2018—2020 年）》和《眉山市环境空气质量限期达标规划》；开展散乱污企业专项整治和工业挥发性有机物专项整治；加强机动车污染防治；全面抓好秸秆禁烧。8 家企业 118 蒸吨燃煤锅炉完成电能替代，争取的电能替代项目居全省第一。以毛河为试点，开展小流域生态修复工程，同时针对醴泉河、思蒙河、锦江、球溪河、越溪河、金牛河等水污染问题严重的河流，通过开展控源截污、内源治理的方式，减少污染源以改善水质。开展土壤环境质量详查和重点行业企业用地基础信息调查与信息入库工作；对各类工业固体废物的堆存场开展全面整治；严格落实危险废物管理制度。

（五）严格落实主体功能规定

2018 年以来，眉山市严格落实国家、省主体功能区规划要求，注重生态文明与经济建设协调发展，进一步加强对资源能源消耗管控力度。按照省上规划对各区（县）主体功能定位，实行区域差异化管理，在目标绩效考核中，对洪雅县取消了地区生产总值、规模以上工业增加值、固定资产投资、地方公共预算收入等考核指标。同时，积极开展“三线一单”划定工作，明确将全市禁止开发区范围全部纳入生态保护红线。切实加强禁止开发区保护力度，全面关闭和整改瓦屋山省级自然保护区和周公河珍稀鱼类保护区 46 座小水电站。

（六）严格执行节能价格政策

眉山市严格执行国家和省上差别电价政策，2013 年以来，全市没有企业进入差别电价用户目录。严格执行国家和省上火电上网脱硫脱硝电价政策，2013 年以来无火力发电上网。2007 年 7 月起，眉山主城区在全省率先推行了居民用水阶梯价格制度，2010 年进行了完善，彭山区从 2011 年 9 月起实行阶梯水价政策。在崇礼、富牛、象耳、牧马、武阳、锦江、观音、凤鸣等建制镇实行了阶梯水价制度。完善了污水处理收费政策，处理企业盈亏基本平衡。启动了污水处理费标准调整工作。

（七）切实加强绿色发展宣传

2018 年 6 月，按照省节能减排办《关于开展 2018 年节能宣传周和低碳日活动的通知》（川节能减排办〔2018〕5 号）精神，眉山市相关部门紧紧围绕“节能降耗 保卫蓝天”和“提升气候变化意识，强化低碳行动力度”这两个活动宣传主题，对全市 2018 年节能宣传周和低碳日活动进行了安排部署，并组织开展了一系列形式多样、内容丰富的节能宣传活动，营造了良好的节能氛围，取得了较好的效果。

二、下一步工作的打算

（一）推进重点领域绿色发展

重点抓好冶金、化工、建材等重点耗能行业和企业的节能减排工作。以造纸、水泥、印染为重点，综合采取经济、法律、行政手段，倒逼企业开展深度治理，实现转型升级。加大醴泉河、毛河、思蒙河和球溪河等重点小流域综合整治工作。同时，抓紧落实机动车减排措施，制定黄标车限行、禁行措施，禁止高污染、高排放的车辆注册和转入。

（二）实施绿色低碳重点项目

大力实施节能技术改造、循环经济和合同能源管理等重点节能减排工程。加快推进城镇污水处理厂及配套管网的建设。加强规模化养殖场和养殖小区的治理力度，重点推进干清粪、生产有机肥等污染治理措施，配套建设固体废物和废水贮存处理设施，实施废弃物资源化利用。

（三）抓好绿色低碳产业发展

充分发挥节能环保产业在稳增长、促改革方面的积极作用，研究加快发展节能环保产业的政策措施。围绕市场应用广、节能减排潜力大、需求带动效应明显的重点领域，加快相关技术装备的研发、推广和产业化，加快实施节能环保重点工程，加大节能环保产品推广力度，提高节能环保产业的竞争力。

（四）严格绿色发展督查考核

严格按照国家和省上要求，一如既往地将总量减排纳入对区（县）政府和市级相关部门考核的重要内容，进一步加大减排约束力度和考核力度。加强对企业节能减排目标任务落实情况的督查考核力度，定期督查通报。加大节能减排项目验收和执法监察力度，促进节能减排工作顺利推进。

（五）强化绿色低碳能力建设

进一步增加资金和人力投入，强化环境、节能监察（测）服务机构等能力建设。全面提高能源计量、节能标准标识、统计和节能监测、监察等能力水平。

（六）加强绿色发展宣传推广

深入开展节能减排全民行动，抓好家庭社区、青少年专项行动的开展，大力提倡绿色生活和绿色消费理念，反对食品浪费。在全社会倡导崇尚文明节约生活新风尚。同时，组织新闻媒体深入持久地开展宣传，及时报道相关内容，形成良好的宣传氛围。

资阳市 2018 年绿色发展报告

2018 年，资阳市以习近平生态文明思想为指导，深入贯彻省委十一届三次全会和市委四届六次、七次全会精神，牢固树立绿色发展理念，围绕建设“成渝门户枢纽临空新兴城市”战略部署，始终把绿色发展要求贯彻到全市经济社会发展工作中，扎实推进规划引领、产业调整升级、能源结构优化、发展循环经济、能源资源节约和综合利用等重点工作，较好地完成了各项目标任务，全市经济社会稳步发展。

一、所做的工作及取得的主要成绩

（一）坚持规划引领，合理确定发展布局

一是坚持规划引领和政策导向。坚决贯彻党中央、国务院和省委、省政府的决策部署，统筹推进“四个全面”战略布局，切实贯彻创新、协调、绿色、开放、共享的发展理念，将推进绿色发展工作纳入国民经济和社会发展规划，确保生态环境质量持续改善。二是落实主体功能区规划。在推进经济社会发展中，坚决贯彻落实国家、省主体功能区规划，合理确定发展布局，因地制宜地发展资源环境可承载的现代种植业、畜牧业，加强生态修复和环境保护。坚持科学规划、合理布局、集群发展的原则，在确保基本农田保护面积的前提下，推动产城一体、产城互动，深入推进产业集中集聚集约集群发展。三是合理确定发展布局。工业推动“一核一极三区”发展布局。一核：资阳经济开发区（资阳高新区），以造车、节能、高端装备、电子信息、生物医药、食品等产业为重点，打造韩国优势产业全球布局重要节点、国家机车和汽车制造及出口基地、全产业链口腔装备材料产业基地及高端医疗器械装备生产基地、西部新一代信息技术产业基地，创建国家级高新技术产业园区。一极：成都天府国际机场临空经济区资阳片区，依托临空经济区，重点发展临空制造、保税服务、现代物流、商务会展、信息服务、旅游度假等产业，规划建设临空制造产业区、临空综合服务业集聚区及高端示范农业发展区等功能区域。建立专业化分工协作的外贸综合服务平台，建设内陆地区“大通关”示范区，打造一流开放口岸。三区：①雁江工业集中发展区，重点发展食品医药、机械电子、汽车及零部件、建工建材等产业。②安岳工业集中发展区，重点发展柠檬精深加工、天然气、轻纺、机械制造、医药、建材等产业。③乐至

工业集中发展区，重点发展纺织、食品、机电、汽车及零部件等产业。服务业推动“一核两区四基地”发展布局，构建以中心城区为核心，安岳、乐至为重点，西部航空物流基地、西部电子商务基地、成渝休闲旅游度假基地、成渝生态康养基地为支撑的发展布局。农业推动“六带七区八基地”发展布局。六带包括毗河绿色生态农业产业带、遂资眉优质粮油蔬菜产业带、资潼高科技设施农业产业带、国道319百千米柠檬产业带、国道321优质果蔬产业带、蚕桑综合利用产业带。七区包括安岳国家级现代农业示范核心区、雁江区花溪河生态休闲农业示范区、雁江蔬菜标准化示范区、安岳休闲观光农业发展示范区、乐至现代林业康养示范区、乐至生态观光农业示范区、乐至现代畜牧科技示范园。八基地包括粮油生产基地、柠檬产业基地、蔬菜产业基地、优质生猪基地、优质黑山羊及奶牛肉牛基地、蜜柑生产基地、特色经济林木基地、现代渔业生产基地。

（二）全力以赴稳定增长，经济发展总体稳中向好

资阳市始终把稳增长摆在突出位置，贯彻落实国家和省稳增长系列政策措施，在全省率先出台高质量发展实施意见，制定实施2018年全市争取国家和省政策项目资金平台责任分工方案，继续落实“项目投资攻坚年”、工业振兴等稳增长政策措施。2018年全市地区生产总值1 066亿元，增长7.8%；规模工业增加值增长10.5%；全社会固定资产投资增长10%；地方一般公共预算收入同口径增长8%；社会消费品零售总额增长11%；城镇和农村居民人均可支配收入分别增长8%、9%以上；城镇新增就业人数2万人；城镇化率提高1.2%；居民消费价格指数控制在103%以内；万元产值综合能耗下降4.78%。三次产业结构调整为15.8∶47.4∶36.8，第三产业占比同比提高1.8%；地方一般公共预算收入中税收占比达55.8%，较上年提高0.4%；规模工业利润总额33.2亿元，增长15.6%。

（三）加快推进产业转型，经济质量和效益不断提升

一是工业经济提速增效。轨道交通、商用车、医药等产业快速增长。战略性新兴产业占比达18%，先进制造业占比达38%。临江寺豆瓣企业与成都新华能、熊猫机器与河北宏泰合作成功，四海集团破产重整有序推进。高新区被确定为“四川省特色产业基地（口腔）”，中国牙谷入驻爱齐等口腔企业50户，安岳、乐至经济开发区加快创建省级开发区，资阳市创新创业园建设有序推进，中韩创新创业园资阳基地加快建设。二是服务业提质发展。加快构建服务业“1+7”产业发展体系。电商物流走在全省前列，雁江、乐至完成国（省）电子商务示范县建设，全市销售额超千万电商企业9户，资阳公铁物流港加快建设。乡村旅游、生态旅游加快发展，水龙灵、宝森农林成功创建省级森林康养基地，全年实现旅游收入185亿元。三是农村经济稳定发展。出台乡村振兴“1+3+1”实施意见和工作方案，农村产业提质、美丽乡村建设、乡村治理提升“三大行动”全面展开。大春粮食作物播种面积440.5万亩，全年粮食总产量168万吨。非洲猪瘟防控有

力，安岳县 60 万头生猪产业一体化建设项目顺利推进。改造、新增柑橘（柠檬）10.8 万亩。加快推动 25 个现代农业园区建设，乐至川中丘陵区林业科技园区正式获批国家林业科技示范园区，申报安岳柠檬园等省级示范农业主题 8 个。“资味”农产品营销推广成效显著，获得 2018 年四川省农产品优秀区域公用品牌。

（四）加快基础设施建设，城乡环境面貌明显改善

一是中心城市提质升级。城市总体规划修编完成并获省政府批复，着手编制通信基础设施、海绵城市等专项规划。中心城区改造完善提升项目持续推进，凤岭公园开园迎宾，娇子大道等 10 条道路改造基本完成，111 条背街小巷整治完成。娇子大道西延线、临空经济区骨干道路等项目加快建设，打造车城大道等 30 条市容市貌示范街，城市品质形象持续提升。二是城镇体系加快完善。安岳县城南水环境生态公园、乐至县娑婆山公园等项目加快建设，乐至县城获得“全国文明城市”提名。全市新增“百镇建设行动”省级示范镇 11 个，安岳县周礼镇、乐至县劳动镇入选全省第二批特色小镇。建成幸福美丽新村 210 个，创建省级“四好村”90 个、市级“四好村”200 个。三是城乡设施加快完善。成资渝高速公路全线动工，成资大道开工建设，成自宜、成南达万高铁等项目前期工作加快推进，新改扩建普通公路 432 千米。毗河供水一期工程、关刀桥水库、望水河泄水工程等骨干水利工程加快建设，“张老引水”工程有序推进，毗河供水二期前期工作全面开展。川渝第三通道 500 千伏线路工程等 9 个电力设施项目竣工投用，建成 4G 通信基站 806 个，新勘探天然气井 12 口，行政村光纤通达率 100%。

（五）深入推进改革开放，发展动力活力持续增强

一是重点改革有序推进。扎实推进 222 项改革事项和 22 项改革试点。深化“放管服”改革，“两集中、两到位”工作有序开展，全面推行“最多跑一次”“审批不见面”，项目审批提速 55%，清理取消办事证明事项 207 项。市属投融资平台公司加快实体化转型，资阳市发展基金等投资基金取得突破。稳步推进农村集体产权制度改革，土地承包经营权确权颁证到户率 90%，流转面积 93 万亩。市区公交体制改革全面完成。事业单位公车制度改革、城市管理体制改革、社会信用体系建设稳步推进。二是创新驱动步伐加快。新能源机车创新研制等 9 个创新项目竣工投用，共享铸造 3D 打印亮相中央电视台“大国重器”栏目。高新区与四川大学共建口腔疾病研究重点实验室资阳转化中心，中车资阳机车与西南交大联合研制资阳造“熊猫”空铁挂线运行，国家技术转移西南中心分中心即将落户资阳。新发展国家高新技术企业 5 户、科技型创新企业 14 户，完成创新投入 4.2 亿元。三是成资同城化实现良好开局。落实省委“一干多支”决策部署，谋划“12458”发展路径，有力推动成资同城化率先突破。签署成德眉资同城化合作协议、成都平原经济区铁路公交化营运合作协议等近 100 项合作协议和实施方案，其中“成都企业资阳行”活动签订 28 项合作协议，在开展活动的市州中签订协议

最多。共同编制《成资同城化发展五年行动计划》，确定8个方面34条重点任务，明确48个重大合作项目、44项合作事项时间表、路线图和任务书。三大标志性工程取得突破进展，成资两地往返高铁增加6趟，天府通·成资通卡发售使用，异地就医购药联网结算定点医药机构点位不断扩展。四是对外开放成效明显。渝资合作加快推进，与重庆市渝北区、大足区签订合作协议。与俄罗斯、意大利等开展交流合作，省食药监管局驻资阳办事处和行政服务站挂牌运行。积极参加第十七届西博会、中国（四川）国际循环经济博览会等重大活动，举办重大专题投资促进活动17场，签约引进鸿星尔克等企业合作项目51个，到位国内省外资金320亿元。

（六）大力发展农业农村工作，低碳农业成效明显

资阳市加快高标准农田建设，实现耕地综合生产能力、农田灌排能力、农机作业能力"三力"提升，促进耕地合理流转，实现规模经营。全市实际完成高标准农田21.67万亩，占任务的100.%；建成高标准农田绿色示范区3.34万亩，占计划任务面积的101.5%；完成投资30 720.95万元。印发实施《2018年资阳市化肥零增长实施意见》，全面推进测土配方施肥技术，推广面积达696.5万亩次，测土配方施肥技术覆盖率达到91.67%，培育科学施肥社会化服务组织96个；全年推广缓释肥料、水溶肥料、生物肥料0.42万吨，面积4.1万亩，推广配方肥1.936万吨（折纯），面积364万亩次，建立化肥减量增效示范片16个，面积5.8万亩，建成了雁江优百万、乐至圣美园、安岳普州奶牛等种养循环园区30个，启动乐至县国家畜牧业绿色发展示范县创建，畜禽粪污综合利用率达到83%以上，秸秆综合利用率89%。安岳县继续实施有机肥替代化肥试点项目，争取资金500万元，全面实现化肥零增长工作。

（七）实施大规模绿化全市行动，生态系统碳汇进一步增加

2018年以来，全市上下深入贯彻落实市委、市政府决策部署，着力增加生态系统碳汇水平，依托造林补贴、森林抚育、退耕还林等重点绿化工程，实施人工造林8.79万亩，抚育3.68万亩，人工更新3.26万亩，完成年度营造林15.73万亩，占营造林年度任务的143%。新增森林面积8.7万亩，达到348.7万亩；新增森林蓄积20.82万立方米，达到911万立方米，森林覆盖率提高到40.5%，较2017年提高0.7%，森林面积和森林蓄积持续"双增长"。"十三五"以来，资阳市在全省率先启动实施大规模绿化全市行动，推进城市、集体、农村"三位一体"全域绿化，实施林网、水网、路网"三网同建"，抓好生态林、产业林、景观林"三林共造"，实施生态屏障新造林2万亩，加宽增密渝蓉高速等骨干通道546千米，开展沱江等沿江沿河生态廊道绿化186千米，完成八角庙水库等库区周边绿化1.4万亩，建成绿化示范乡镇51个，绿化美化示范村庄371个，省级森林小镇2个。累计完成新造林19.39万亩，实施森林抚育13.18万亩，低产低效林改造

11.66 万亩，不断推动全市实现应绿尽绿。

（八）保护环境力度加大，生态文明建设步伐加快

一是创新机制办法，压紧压实环保责任。创新环保责任体系，打通环保监管“最后一千米”，配套完善行政约谈、一票否决等制度办法，开展集中宣传月活动，狠抓业务培训，促进全民环保意识不断提升。在全省率先制定《市级党政领导干部环境保护职责》《乡镇（街道）、村（社区）及干部生态环境保护职责清单》《乡镇（街道）、村（社区）生态环境保护工作目标考核管理办法（试行）》，建立健全市、县、乡、村四级生态环境保护责任体系，创新做法获《人民日报》等 6 家国家和省媒体宣传报道。二是环保督察整改有力。认真开展环保督察问题全覆盖“回头看”，主动认领 5 大类 34 项整改任务，细化整改措施 142 条。中央环保督察及“回头看”交办信访件全部按时办结。三是生态环境不断改善。深入实施扬尘治理“五大战役”、大气环境“四大专项整治”，环境空气质量得到有效改善，大气污染防治工作全面完成省下达目标任务，环境空气质量综合指数位居全国 169 个重点监控城市前列。河（湖）长制全面落实，水环境质量持续向好，老鹰水库、沱江干流水质全面达标。四是环保基础设施建设加快推进。2018 年有序推进市生活垃圾环保发电项目、城镇污水处理设施项目、污泥和餐厨垃圾无害化处置等项目前期工作，预计 2019 年 6 月开工建设；资阳市第一生活污水处理厂、安岳和乐至污水处理厂提标改造等项目顺利开工建设，完善城区第二污水处理厂配套管网，全市污水收集处理能力进一步提升。

（九）鼓励、支持发展绿色金融

一是制定《资阳市绿色金融发展实施意见》，将绿色信贷、绿色保险等创新金融产品纳入对金融机构的年度目标考核与先进集体评选，激励金融机构的工作积极性，引导金融资源支持绿色金融发展。二是推行绿色发展基金、绿色债券。2018 年设立生态环境产业发展基金，总规模计划 40 亿元，首期计划到位 20 亿元，主要用于全市城镇污水处理、城镇雨污分流管网、城镇生活垃圾无害化处理和综合治理利用、环境综合治理、湖河整治、土地污染治理等公共环境项目。资阳市水务投资有限责任公司非公开发行 22 亿元绿色企业债券。三是推动绿色金融产品创新、绿色企业上市。按照“环保达标、产品畅销”的绿色金融原则，用好用足再贷款、再贴现等货币政策工具，建立绿色信贷政策导向效果评估制度，引导金融机构创新金融产品、改善绿色信贷管理等措施，重点支持绿色产业发展。筛选出 44 户种子企业进入首批规模以上企业改制名单，全力推进新三板、四板以及公司债发行、项目直投等多层次资本市场建设，进一步扩充企业上市挂牌后备资源库，其中四川宝森农林科技有限公司、安岳县宏发再生物资有限公司、四川省鑫隆纤维制品有限公司、四川美丽乐新能源有限公司等绿色企业均进入上市挂牌后备资源库。

二、存在的问题

一是生态环保基础设施建设相对滞后。城市生活污水垃圾和工业“三废”处理等环保基础设施已不能满足需要，特别是乡镇污水处理设施和垃圾收动设施还不完善，按规划基本需要在“十三五”期间完成；部分污水处理项目建设推进缓慢。二是经济结构还未达到最优化。全市2018年三次产业结构调整为15.8∶47.4∶36.8，第三产业占比同比提高1.8%，但与国家和四川省其他地区相比，差之甚远；虽然全市积极推进高新技术产业园区建设，但工业中传统企业比重较大，高新技术产业发展相对还较缓慢；节能环保产业及现代物流、电子商务、健康养老等现代服务业发展滞后；现代农业发展不足，生产方式仍较粗放。

三、下一步工作的打算及措施

做好宣传引导，加强节能环保低碳宣传，引导全民形成节能意识、合理消费与低碳环保的社会风尚，推动形成绿色化的生产生活方式。盯紧目标任务，加大年度目标任务跟踪问效力度；落实问题整改，做好中央、省环境保护督察资阳市督察意见反馈问题整改工作；狠抓生态文明建设，继续贯彻实施省、市加快推进生态文明建设实施方案及推进绿色发展战略；大力推进环保基础设施建设，加快推进城市生活污水垃圾处理设施升级改造和建设，加快推进乡镇污水处理设施和垃圾收运设施规划、建设，鼓励社会资本采取PPP等模式参与环保基础设施建设；打好大气、水、土壤污染防治“三大战役”。

阿坝藏族羌族自治州 2018 年绿色发展报告

一、生态保护成效显著

（一）生态环境保护扎实推进

阿坝藏族羌族自治州（简称阿坝州）坚守生态保护红线，划定生态保护红线近 4 万平方千米，河（湖）长制体系全面建立，“一河一策”方案落地见效，出台《岷江—大渡河上游地区重大生态修复工程总体规划》《阿坝州蓝天保卫战 2018 年作战计划》《阿坝州环境空气质量持续改善规划（2018—2020 年）》等政策文件，生态保护机制持续完善。建成全国首个“人与生物圈计划”自然教育基地。全州主要河流出境断面水质均达到国家Ⅱ类标准以上，空气质量优良天数率达 98%，空气质量排名全省第一。

（二）生态修复治理深入实施

阿坝州大力实施大规模绿化美化全州行动，大熊猫国家公园范围划定、功能分区、资源调查基本完成，岷江、大渡河上游地区重大生态修复工程有序推进。有效管护天然林 5 580 万亩，完成 8 万亩封山育林建设任务，巩固退耕还林成果 74.9 万亩，完成新一轮退耕还林栽植 1.8 万亩、土地沙化治理 23.7 万亩、国家重点生态功能区转移植被恢复面积 0.8 万亩，森林面积和森林蓄积分别增加 18.9 万亩和 363.4 万立方米，森林覆盖率达 25.6%。争取天保二期工程、退牧还草工程、若尔盖国际重要湿地保护与恢复工程资金 1.1 亿元。到位草原生态补奖政策中央资金 2.4 亿元，实施禁牧补助 2 000 万亩，草畜平衡奖励 3 765 万亩，草原综合植被覆盖度达到 85%以上。

（三）污染防治和节能减排成效显著

阿坝州加大国控、省控企业和重点污染源减排项目的环境监管力度，确保 9 家国控、16 家省控企业稳定达标排放。清理卫生死角垃圾 405.9 吨，疏浚河道 100.5 千米，完成新建公厕 74 座，改建公厕 124 座。扎实开展“清废行动 2018”，共清理一般工业固废、生活建筑垃圾、水泥原料等 5.2 万吨，立案查处 9 件。

（四）环保督察整改有力

阿坝州扎实推进环保督查整改，进一步分解整改任务，建立整改台账，列出问题清单，制定整改路线图、时间表，中央环保督察交办信访案件完成整改

40件，完成率88.9%；省环保督察反馈问题完成整改182个，完成率92.9%；自然保护区问题完成整改234个，完成率91.8%。

二、绿色发展基础不断夯实

（一）绿色交通体系加快构建

阿坝州深入实施“交通大会战”，成西铁路、久马高速、都江堰至四姑娘山轨道交通扶贫项目等重大项目前期工作加快推进，成兰铁路（阿坝段）、汶马高速、九绵高速、G213线映秀至汶川段公路、G544线川主寺至九寨沟段等续建、在建项目加速建设，累计完成交通类投资132亿元。全州公路通车总里程达1.3万余千米，高速公路里程达51.4千米。

（二）绿色城镇建设持续提升

阿坝州持续实施“城市基础设施建设年”行动，完成城镇市镇基础设施项目投资6.9亿元。城镇危旧房棚户区改造开工2 039套，农村土坯房完成改造477户，启动实施污水垃圾处理设施项目12个，乡村居民聚居点生活污水处理项目开工162个。制定《阿坝州传统村落保护与发展实施意见》，完成4个“四川最美古村落”申报工作。成功申报黑水县色尔古镇、壤塘县中壤塘镇等6个镇为“百镇建设行动”扩量增面试点镇。

（三）水利工程加快推进

阿坝州加快水利工程建设，黑水西尔芦色水利工程、茂县凤南土水利工程主体完工，全年完成各类水利项目建设投资7.2亿元。大力实施高效节水、维修养护等农田灌溉项目，发展高效节水灌面1.6万亩。有序推进流域综合治理，综合治理水土流失面积86.3平方千米。

（四）信息化水平不断提升

阿坝州加快信息基础设施建设，扎实推进智慧城市、电信普遍服务试点等重点项目建设，新建4G基站811个，新建光缆1 704皮长千米，新增宽带用户4万户。深入实施“村村通光纤”工程建设，全部完成208个脱贫村通宽带建设、73个行政村通信普遍服务建设、40个民生工程的通宽带建设工作，全州1 354个行政村通宽带率达100%。

三、绿色发展动能加快培育

（一）全域旅游加速发展

阿坝州以“旅游整合营销、旅游精准扶贫、旅游重点项目推进、旅游区域合作、旅游安全”为重点，加快建设国家全域旅游示范区。九寨鲁能中查、松潘七藏沟、古尔沟温泉度假小镇等旅游重点项目扎实推进，成功创建2个4A级景区、2个3A级景区，在全国率先实现了A级景区各县（市）全覆盖。全州景区营运大数据、电子商务及网络营销平台正加快建设，11 个景区实现售票全网预约，旅游服务配套智能化水平显著提升。全年接待海内外游客 2 360 万人次，下降 18. 8%；实现旅游收入 165 亿元，下降 29. 7%，超额完成预期目标。

（二）农牧业实现稳产增效

阿坝州大力发展农牧业，农业生产形势保持稳定，粮食总产量 16. 7 万吨，增长 3 325 吨，肉、奶产量分别增长 4. 2%和 2%。加快转变畜牧业生产经营方式，达到国家备案的标准化规模养殖场 125 家，各类牲畜出栏 147. 6 万头，增长 7. 3%。大力发展特色高效经果林，推广种植地道中药材 4. 8 万亩，累计推广种植规模达 15. 3 万亩。做响做实“净土阿坝”品牌，命名 80 个品牌产品、20 个生产基地。

（三）清洁能源有序开发

阿坝州加快清洁能源基地建设，双江口等在建电站、马尔康 500 千伏等输变电工程有序推进，巴拉水电站获得省发展改革委核准，小金杨家湾、马尔康龙头滩等电站竣工投产，水电总装机 576 万千瓦。年内红原若先、黑水扎窝、小金大坝口和金川撒瓦脚等光伏扶贫电站将新增装机 12 万千瓦，全州光伏装机 32 万千瓦，群众用能条件明显改善。电网建设与改造步伐加速，骨干电网、农网建设完成投资 10. 5 亿元左右。

（四）民族文化产业加快发展

阿坝州大力发展民族文化产业，羌绣、藏族编织挑花刺绣两个项目入选首批国家传统工艺振兴目录，评选设立壤巴拉塘文化和九寨沟白马文化两个州级生态保护试验区，省内少数民族地区首个非物质文化遗产保护传承普及教育“小课堂”示范基地在茂县设立，成功举办第七届马尔康嘉绒锅庄文化旅游节、第三届红原雅克音乐季等文化活动。非遗项目、藏羌文化艺术精品赴俄罗斯圣彼得堡、马来西亚槟城州开展对外交流，首部嘉绒藏语电影《阿拉姜色》走上银幕，首部羌族红色题材电影《红色土司》杀青，民族文化蓬勃发展。

（五）加快工业提档升级

阿坝州大力推动工业转型升级，年内为 42 个技术改造项目通过四川省投资项目在线审批监管平台办理了备案，其中传统产业项目 17 个（含食品饮料、水泥、电石、中医药、有色等行业）。目前若尔盖阿西茸矿泉饮品有限责任公司 1 万吨矿泉水改建、金川县金雪梨加工厂迁扩建技术改造、红原牦牛乳业精细加工污水处理及冻库改建等项目正有序推进。不断推进重点项目。阿坝州广兴锂业有限责任公司 5 800 吨碳酸锂生产线技改项目完成。宇妥藏药高原大健康保健品 GMP 生产线技改项目进行顺利。阿坝州高远锂电材料有限公司电池级氢氧化锂连续式旋流冷冻分离技术与设备研发及应用项目投入应用，四川浩普瑞新能源材料股份有限公司被确认为省企业技术中心。

（六）商贸流通稳中向好

阿坝州加快发展商贸流通业，特色农产品“六进”活动广泛开展，创建省级电子商务、商贸流通脱贫奔康示范县8个，实现国家电子商务进农村综合示范县（市）全覆盖。“43211”诚信计量标准化建设进展顺利，实现“放心舒心消费城市”参创主体“一店一码”。消费市场更加规范，物价水平总体平稳。

（七）飞地经济培育壮大

阿坝州大力发展飞地园区，四川阿坝工业园区、成阿工业园区和德阿生态经济产业园区被成功纳入《国家开发区目录2018年版》，德阿生态经济产业园区申报省级开发区进入公示阶段。遂宁阿坝锂电产业合作项目、绵阳阿坝飞地工业园区筹建工作有序开展，“九寨沟—嘉善”“九寨沟—平湖”等省外合作园区建设有序推进。

四、绿色发展助推民生改善

（一）绿色发展促进脱贫攻坚战

阿坝州电力和光伏扶贫等项目加快推进，累计完成投资9.9亿元。建成集中式光伏扶贫电站装机7万千瓦，受益扶贫对象1 454人。加强生态扶贫，培育造林绿化合作社340个，2.4万贫困群众通过生态公益岗位就业，持续增收。29 745名贫困家庭劳动者实现就业创业，增收渠道拓宽，城乡居民人均可支配收入增速高于同期经济增长水平。

（二）社会保障扩面提质

阿坝州开发公益性岗位6 944个，城镇新增就业8 695人。建成创业园区4个，入驻创业实体65个。举办农民工返乡下乡创业大赛，蝉联省青年创新创业大赛冠军。农村劳动力转移输出规模不断扩大，农民工工资得到有效保障。

（三）健康阿坝建设提速

阿坝州公立医院综合改革全面推开，薪酬制度改革试点进展顺利。马尔康城市医疗集团、汶川县域医共体建设稳步推进，县级综合医院全部达到“二甲”标准。马尔康精神卫生中心建成投用，传染病、地方病、慢性病防控成效明显。民族医药服务能力稳步提升，在全省民族地区率先实现省级卫生县城全覆盖。

（四）城乡居民收入增加

阿坝州积极探索生态保护和脱贫攻坚相结合的稳定脱贫、全面小康长效机制，强化资源、资金统筹整合力度和要素保障，夯实深度贫困地区可持续发展的生态基础。坚持政策匹配、生态管护目标和群众主体责任相统一原则，分类施策，科学配置生态公益性岗位，实现贫困群众就地就近就业、持续稳定增收，城乡居民收入分别增长8%、9.7%，实现年收入32 686元和12 893元，群众收入水平走在全国30个民族自治州前列。

五、存在的困难

（1）生态修护保护资金不足。修复生态环境，守护青山绿水，地灾治理、矿山地质环境恢复治理以及土地整治、鼠虫害监测预警及防治等都需要建设资金，尤其是地质环境修复等生态项目投入大，社会参与的积极性普遍不高，而财政难以满足日益增长的生态保护与投入的需要。

（2）绿色发展空间制约明显。阿坝州地处山区，承载着生态屏障和水源地保护的重大责任，建设用地受生态红线要素制约，导致项目选址范围狭窄、建设用地指标少、申报周期长、审批困难以及土地不足。

（3）专业技术人员严重不足。由于生态治理、环境修复等工作专业性较强，技术人员缺乏，存在管理力量不足，难以实现集约化、精细化管理等问题。

（4）人工造林、退耕还林、森林抚育、封山育林等国家补助标准偏低，与阿坝州实际建设成本存在一定差距。

（5）国家对国有林区的基础设施建设（如旧房改造、林区道路、护林防火、森林病虫害防治等）投入较少，国有林区基础设施建设相对滞后，影响林区经济发展。

六、下一步工作的打算

（1）结合“一带一路”建设、长江经济带、新一轮西部大开发、乡村振兴战略、脱贫攻坚、东西部扶贫协作、加大基础设施等领域补短板力度等国家重大战略和政策，为阿坝州绿色发展注入强劲动力。

（2）深入实施“一干多支”发展战略，强力推动川西北阿坝生态示范区建设，进一步建立健全工作机制，细化实化工作举措，出台配套政策措施，整体提升全州绿色发展综合能力。

（3）大力推动“四向拓展、全域开放”，深化与绍兴、台州、温州等东西部扶贫协作和对口支援市的产业合作，加强与成德绵遂、甘南州等周边地区合作，推动基础设施互联互通、全域旅游大发展，培育绿色发展新引擎。

（4）高质量推进灾后恢复重建，G544 线川主寺至九寨沟、漳扎镇国际生态魅力旅游小镇等一大批重大基础设施和重大产业项目加快推进，为阿坝州绿色发展提供强大驱动力。

（5）加大基础设施补短板力度，加速推进成兰铁路、九绵高速、汶马高速、巴拉电站、马尔康 500 千伏输变电工程等重大项目，为全州绿色发展奠定坚实基础。

甘孜藏族自治州 2018 年绿色发展报告

甘孜藏族自治州（简称甘孜州）是重要的生态功能区，也是国家重要生态屏障，被誉为“中华水塔”，在长江流域乃至全国生态格局中都占有重要的地位。省委提出了“一干多支、五区协同”区域发展新格局，将甘孜州定位为川西北生态示范区后，全州上下全面贯彻落实习近平总书记“共抓大保护、不搞大开发”，像珍惜生命一样珍惜生态环境，为子孙后代守护好蓝天净土，坚决筑牢长江上游生态屏障的要求，全面推进绿色发展，将绿色发展贯穿于全州经济社会发展全领域，2018 年全州绿色发展工作取得新成绩。

一、统筹谋划绿色发展新格局

（一）全面落实区域发展新格局

甘孜州围绕贯彻落实“两区一州”发展定位，全面落实“紧紧围绕同步全面建成小康社会这一目标，突出围绕脱贫奔康和长治久安两个关键，统筹抓好发展、民生、稳定三件大事，补齐基础设施滞后、民生水平不高、法治基础薄弱、人才队伍不足四大短板，夯实长治久安物质、民心、思想、法治、组织五大基础，精心组织实施扶贫攻坚、依法治州、产业富民、交通先行、城乡提升、生态文明建设六大战略”的州委总体工作格局，积极融入“一干多支、五区协同”区域发展新格局，加快建设美丽生态和谐小康甘孜，对未来甘孜州发展的目标任务、发展原则、发展路径、主要工作、对策措施等方面提出了准则和要求。

（二）强化规划引领的作用

甘孜州在组织重大规划编制和实施过程中，坚决落实生态优先、绿色发展的要求，在规划目标上强化刚性约束，在规划布局上突出功能定位，在规划内容上体现绿色导向，在规划项目上形成有力支撑，务实有序推进生态建设和环境保护，先后编制印发了生态文明建设、节能减排、乡村振兴、节能减排等领域的发展规划及东、南、北 3 个区域规划，全面勾画了全州“十三五”生态文明建设、生态环境保护、环境污染治理、绿色产业发展、基础设施建设、区域协调发展的发展蓝图。

（三）加强重大课题研究

甘孜州有关部门全面深入学习领会中央十八届五中全会、中央第六次西藏工作座谈会和省委藏区工作座谈会精神，围绕与全国全省同步实现全面建成小康的目标，认真研判新常态经济发展形势，认真研究分析，提出保持经济稳增长的政策参考依据。围绕甘孜州经济社会发展的热点难点，开展了“对民族地区适应经济新常态的探索”“对经济新常态下加快甘孜州产业转型升级的思考”“甘孜州生态经济发展政策措施研究”等课题调研，积极发挥参谋助手作用。

二、强力培育绿色产业

（一）加强全域旅游培育

甘孜州有关部门以全域旅游示范区建设为立足点，以 4 条景观大道、6 条精品旅游线路打造为抓手，实施“基础设施建设年、服务质量提升年、旅游营销宣传年”，全力打造世界旅游目的地和国家全域旅游示范区，建成国家 4A 级景区 2 个、3A 级景区 11 个，A 级景区总量达 26 个；建设旅游综合服务体 83 个，建成旅游厕所 127 座、新改建公厕 252 座，开放“共享厕所”283 座，4A 级以上景区从业人员全面实现佩证上岗，稻城亚丁成为全国旅游景区“厕所革命”培训基地，海螺沟景区成为最受游客欢迎的优秀旅游目的地之一；隆重举办山地旅游节系列活动，积极参加国际旅交会、东盟旅博会等推介活动，斩获全国自驾游极致线路资源管理金奖、国民休闲旅游胜地、探索发现之旅目的地等一大批“国字号”奖项；全年接待游客 2 230 万人次，首次跨越“两千万”台阶，综合收入 222.5 亿元，首次突破“两百亿”大关，各地游客浪潮式涌入，全域旅游井喷式发展，甘孜州已经成为全国旅游热度最高、游客评价最好的全域旅游目的地之一。

（二）加强生态能源产业培育

甘孜州有关部门加快两河口、苏洼龙等“两江一河”干流水电开发，以风电基地和光伏扶贫为重点推进新能源发展，强力打造国家清洁能源基地，建设全国光伏“领跑者”计划示范区，积极发展大数据中心、新材料制造等绿色高载能产业，全力打造水电消纳产业示范区；加快水电送出通道建设，省网统调电站装机全省第一，统调上网电量 330 亿千瓦时，首次突破“三百亿”大关；累计参股水电装机 180 万千瓦，取得股权 103.4 万千瓦，增长 2.67 倍。

（三）加强生态农牧产业培育

甘孜州高原现代特色产业成片成带成规模发展，全力建设脱贫奔康百千米绿色生态农林产业带，建成 2 个百万亩特色农林产业基地；粮食安全和“菜篮子”工程州长负责制全面落实，粮食总产量达 26.24 万吨、蔬菜 47.07 万吨，建成全国最大羊肚菌集中连片生产基地；启动建设省级现代农业融合园区 11 个，新发展涉农企业 75 家，创建省级龙头企业 4 家；全省首个松茸及其制品地方标准获批实施，全国首个高原食品研究院落户甘孜州，累计登记认证“三品一标”农产品 186 个，17 个县（市）通过无公害农产品产地整体认定，农产品加工业实现产值

3.85亿元，增长10%，“圣洁甘孜”成为全省十佳农产品区域公用品牌；全面布局文化节庆产业，打造民俗文化节庆产品16个，开发文化创意产品58项，完成《圣洁甘孜·亚丁情》打造提升，建设州级文化产业园区4个，德格麦宿非物质文化产业园跻身全省藏羌彝文化产业走廊园区；建成中藏药材规模化种植基地7.34万亩，康定鸳鸯坝、乡城青德等一批中藏医药园区开工建设；规划建设新都桥综合物流园区，全州整体纳入国家电子商务进农村示范创建范围，累计建成乡村电商物流服务站（点）658个，电商从业人员达8 000余人，农村电商“全域统筹·整体推进”发展模式在全国民族地区推广。

（四）推进了乡村振兴示范区建设

甘孜州围绕“成都后花园，康养加休闲”主题定位，推进大渡河流域乡村振兴示范区建设，紧扣“产业兴旺、生态宜居、乡风文明、治理有效、生活富裕”要求，强力推进规划提升、品牌创建、生态建设、乡村美化、文化传承、依法治理、民生改善、人才振兴，打造更多可观、可品、可游、可住的多元化旅游主题产品和特色产业品牌，打造高质量、高标准示范，引领全州乡村振兴。

三、生态建设取得新成效

（一）强力推进生态屏障功能区建设

甘孜州坚持“绿水青山就是金山银山”的理念，像珍惜生命一样珍惜生态环境，围绕建设长江上游水质涵养区、生态屏障区、主体功能区、生态文明先行示范区的目标任务，继续全面推进“绿化全川—甘孜行动”和“山植树、路种花、河变湖（湿地）”工程。深入推进退耕还林、退牧还草、生态红线、水土流失治理、地质灾害防治、水利基础设施、鼠虫害综合防控、垃圾污水治理、湿地公园等建设工程。加大天然林保护、湿地保护、自然保护区等重点生态保护工作。积极申报创建国际重要湿地，加快建设雪山公园、森林公园、湿地公园，着力构建“山水林田湖草”生命共同体，以更大的力度、更实的措施推动生态经济健康发展。

（二）强力推进生态环境保护和建设

甘孜州强力实施生态文明建设战略，启动创建国家生态文明建设示范区，全面落实森林资源管控“四个最严”制度和16条措施，积极构建“山顶戴帽子、山腰挣票子、山下饱肚子”立体生态格局，完成“山植树”4.64万亩、“路种花”449.2千米、“河变湖（湿地）”0.45万亩，成片成带打造“桃花山谷”“杏花村”1.1万亩。划定生态保护红线6.97万平方千米，居全省第一。实施沙化、退化草地、水土流失和川西北生态脆弱区综合治理212.52万亩，石渠长沙贡玛获批国际重要湿地，自然保护区数量和面积全省第一。建成省级森林自然教育基地4处、森林康养基地4处，建设新型建材替代传统木材建房3 746户，林地保有量

9 836. 28 万亩、森林蓄积 4. 83 亿立方米，森林覆盖率 34. 68%。建设草地围栏 113 万亩，实施草畜平衡 7 963 万亩、草原禁牧 4 500 万亩，草地综合覆盖率 80%。清理违法违规用地 3 721 宗，耕地实际保有量 132. 84 万亩、基本农田保护面积 98. 84 万亩。组建“7+11”森林草原灭火应急大队，森林草原防火灭火“八条经验”在全国推广，森林火灾发生起数降至 20 年来最低，创造了重点林区森林防火灭火奇迹。强力打好污染防治攻坚战“八大战役”，全面推进河（湖）长制，大气、水、土壤质量整体优良。中央环保督察“回头看”交办信访件办结 100%，省环保督察反馈问题整改完成 98. 8%，排名全省第二。

（三）强力推进生态示范区创建

甘孜州立足国家重要生态功能区和川西北生态旅游示范区定位，牢固树立“绿水青山就是金山银山”理念，正确处理经济发展与环境保护的关系，全面实施生态文明建设战略，充分发挥区位优势、生态环境优势，以实现绿色发展、循环发展、低碳发展为目标，以加强生态空间、生态经济、生态制度、生态文化、生态生活建设为抓手，以构建政府、企业和社会多元主体参与的生态环境治理格局为路径，以健全高效、民主、完善的生态制度体系为保障，积极探索具有甘孜特色的生态文明发展模式，筑牢长江上游生态屏障，全力维护国家生态安全。

（四）强力推进资源管理工作

甘孜州成立了州资源管理领导小组办公室，对全州旅游、能源、矿产、森林等重点资源开展了全面清理。全州涉及自然保护区，需清退的 2. 5 万千瓦以下水电站 21 座（前期类），需拆除的 1 座、需整改的 4 座；需清退、整改的矿产资源 603 宗。截至 2018 年年底，需清退的 2. 5 万千瓦以下水电站有 21 座已全部停止开发，正在拆除 1 座、完成整改 4 座；探矿权完成整改 152 宗，完成清退 91 宗；采矿权完成整改 35 宗，完成清退 6 宗。

四、节能减排取得新进展

（一）统筹全州节能降碳工作

甘孜州注重发挥目标考核“指挥棒”作用，强化节能减排指标约束，倒逼各县（市）、各部门加快树立绿色发展理念，落实生态文明建设主体责任；研究制定《甘孜州节能减排综合工作方案》《甘孜州控制温室气体排放工作方案》，全面落实了能耗总量和强度“双控”目标任务；制定落实节能减排工作目标考核问责办法，推动实施能耗总量和强度“双控”制度，按年度下达县（市）目标，组织开展节能降碳目标完成情况和政策措施落实情况评价考核；加强了工业、交通、公共机构等重点领域的节能，与全省同步推进了用能权工作。2018 年，全州能耗总量控制在 141. 20 万吨标准煤以内，单位产值能耗下降 3. 69%，累计下降 8. 024%，完成进度目标 103%，超额完成“十三五”能耗降低目标任务。

（二）碳汇资源储备不断加强

甘孜州立足功能区定位，积极推进了森林、草地、水电 CDM、生态农业的碳汇资源储备。初步测算，全州仅森林蓄积量从 3.41 亿立方米增加到 4.82 亿立方米，吸收 CO_2 从 6.24 亿吨增长到 8.82 亿吨，释放 O_2 从 5.52 亿吨增加到 7.8 亿吨，均突破了历史的最高点。

五、不断完善制度体系

甘孜州牢固树立“绿水青山就是金山银山”的发展理念，紧紧围绕生态示范州创建和生态文明先行示范区建设，提高政治站位，从制度上保障部署落实，全面推进绿色发展。

（一）制定出台《甘孜藏族自治州生态环境保护条例》

为保护和改善生态环境，合理开发利用自然资源，构建长江上游重要生态安全屏障，促进生态与经济社会协调发展，甘孜州制定出台了《甘孜藏族自治州生态环境保护条例》，对在州境内从事与生态环境有关的资源开发、生产生活、工程建设、教育科研等活动以及实施生态环境保护、治理和监管等行为进行了规范。

（二）制定和实施“一办法两体系”

甘孜州按照国家和省对绿色发展和生态文明建设考核工作的要求，制定和实施《甘孜州生态文明建设目标评价考核办法》《甘孜州绿色发展指标体系》《甘孜州生态文明建设考核目标体系》，并启动了对各县（市）的考核，做到绿色发展和生态文明建设工作“总体有规划、年度有计划、落实有考评”。

对照国家和省绿色发展和生态文明建设要求，甘孜州目前开展的工作还存在一定的差距。按照中央和省委关于生态文明建设和生态经济发展的决策部署，甘孜州将继续妥善处理好发展与保护、开发与利用之间的矛盾，牢固树立“绿水青山就是金山银山”的绿色发展理念，全面贯彻落实习近平总书记“共抓大保护、不搞大开发”指示，像珍惜生命一样珍惜生态环境，为子孙后代守护好蓝天净土，坚决筑牢长江上游生态屏障。

凉山彝族自治州 2018 年绿色发展报告

凉山彝族自治州（简称凉山州）是长江上游重要的水源涵养地，地域广阔，资源富集，是全省三大林区、三大牧区之一。2018 年，全州上下在国家、省和州委州政府的坚强领导下，坚持“绿水青山就是金山银山”理念，坚持党的十九大关于生态文明理念的决策部署，贯彻习近平总书记视察凉山重要指示精神，生态环境质量总体大幅度改善，绿色发展迈出坚实步伐。

一、工作开展情况及成效

（一）行加法，夯实生态屏障基础

一是重点生态工程建设。①天保工程：继续深入推进天然林资源保护工程建设，全面禁止天然林商业性采伐，实现天然林管护全面覆盖。对全州 3 385 万亩国有林、1 309 万亩集体所有国家级生态公益林和 70 万亩集体所有省级生态公益林实行常年有效管护。②退耕还林：2018 年新增实施新一轮退耕还林 16. 47 万亩，兑现上一轮退耕还林补助 11 446. 44 万元，惠及农户 10. 98 万户，兑现新一轮退耕还林补助资金 14 500 万元；全年实际新增森林面积 42. 79 万亩（任务 38. 76 万亩），新增森林蓄积 355. 16 万立方米（任务 239. 41 万立方米），林地保有量 6 008. 3 万亩（任务 5 992. 4 万亩），新增森林覆盖率 0. 47%。

二是全面实施大规模绿化凉山行动。相关部门出台《关于推进绿色发展建设美丽凉山的决定》，分别编制并实施了《凉山州“十三五”林业发展规划》《大规模绿化凉山行动方案》《安宁河谷流域绿色生态屏障建设规划》《东西河飞播林区植被恢复实施方案》等多个加快林业改革发展的方案和规划。通过实施人工营造林、退耕还林、森林抚育、低产林改造、生态脆弱区生态治理等重点生态工程，大力开展“大规模绿化凉山”行动，多种途径补充林地和增加森林资源，为保护长江“母亲河”、维护国家生态安全做出了积极的贡献。

三是生态保护补偿机制建设。根据省政府办公厅《关于健全生态保护补偿的实施意见》精神，相关部门编制印发了《凉山州关于健全生态保护补偿的实施意见》《凉山州生态保护补偿工作联席会议制度》，以森林生态保护补偿、草原生态保护补偿、湿地生态保护补偿、自然保护区生态保护补偿、荒漠生态保护补偿、流域内生态保护补偿、耕地生态保护补偿六个方面为重点任务，实现到 2020 年重点生态领域和重点生态区域生态保护补偿基本覆盖，符合凉山州州情的生态保护补偿制度体系基本建立，对生态文明建设的促进作用更加明显。

四是自然保护区建设。凉山州成功创建雷波马湖国家湿地公园（试点）、昭觉县大凉山谷克德省级湿地公园，完成了麻咪泽省级自然保护区晋升为国家级自然保护区的申报工作。全州自然保护区 12 个（1 个国家级、7 个省级、4 个州级），面积 500.6 万亩。完成第二次全国重点保护野生植物资源及黑熊分布调查，做好野生动植物保护调查工作。广泛开展野生动植物保护宣传，开展大型野生动植物保护及爱鸟周大型宣传活动。健全完善自然保护区建管长效机制，规范加强自然保护区建设和管理，在自然保护区设置独立的保护管理机构，配备专职人员、落实专项经费，切实加强自然保护区保护管理工作。

五是水生态文明建设。凉山州全面贯彻落实最严格水资源管理制度，调整各县（市）“三条红线”控制指标，实行最严格水资源管理制度的考核工作。河（湖）长制全面推行落实，全州河湖名录体系基本完成，全州 1 300 余条河流全部建立《凉山州河湖名录库》，四级河（湖）长体系基本建立，设立州、县（市）、乡（镇）、村四级河（段）长 4 995 名，所有的河湖都有了自己的河（湖）长。

（二）施减法，护好绿水青山大凉山

一是抓好大气污染防治。凉山州制定出台《凉山州大气污染防治实施细则》和年度实施计划，切实加强工业企业废气污染治理、城市大气污染防治、油气回收治理、机动车污染防治和“黄标车”淘汰工作。完成凉山州 152 家挥发性有机物（VOCs）全口径调查，建立重点排放源清单。对全州 106 家砖瓦行业企业开展摸底调查，推进实施砖瓦行业企业环境污染综合治理。重点加强餐饮油烟治理，对凉山州 10 家大型餐饮企业实施油烟治理。继续推进城市燃煤小锅炉淘汰和 20 蒸吨燃煤锅炉脱硫建设，大力推广秸秆综合利用。实施城市机动车管控，加快淘汰污染严重的老旧车辆。

二是深入推进水污染治理。凉山州加大入河排污口监督管理检查力度，开展水行政执法巡查和专项检查工作，加强入河排污口的监督管理。加强水环境治理，开展河塘渠清淤疏浚，修建丰富、多变的河底线和河坡线，保持河道水体的自然曲线，推广使用生态护砌材料修建河堤，在水岸进行植物护坡，逐步恢复和改善河流内部生态系统的结构和功能，切实保护水域面积、湿地面积，增加水生植被面积，提高水体自净能力。保障饮水安全，开展饮用水水源地达标评价，推进备用水源建设。强化城镇生活污染治理，启动甘洛县城市污水处理厂、冕宁县稀土产业园区（核心区）污水处理厂等一批“三大战役”水污染防治项目建设，大力开展城市水体整治，全面打响西昌市东河、西河、海河水环境整治工程，启动月亮湖湿地恢复工程项目，恢复湖滨缓冲带面积。推进农业农村污染防治，加强规模化养殖场（小区）污染治理，强化城镇集中式和农村集中式饮用水水源地保护工作，集中式饮用水水源地保护工作成效明显。

三是大力推进重金属土壤污染综合防治。开展全州土壤环境重点监管企业名单核实工作，全州共确定 51 个省控、78 个省控以下土壤污染重点监控企业。开展土壤污染重点行业企业空间位置遥感核实工作，全州共核实 808 家企业的地理位置、生产现状等基本信息。开展农用地土壤污染状况详查点位核实工作，确定农用地详查点位 3 970 个。会东县农田土壤污染治理与修复项目修复农田面积约为 8 448 亩。

四是环保问题整改全面落实。截至 2018 年 12 月 31 日，省环境保护督察发现合计 603 个各类环境问题，已完成整改 575 个，整改完成率 95. 36%；中央环保督察反馈问题凉山州涉及 27 项整改任务、106 条整改措施，截至 2018 年年底，已完成 15 项整改任务、77 条整改措施，其余措施全部达到序时进度。

（三）多举措，引领产业绿色发展

面对结构性矛盾突出、新增动能缺乏和企业自身环保、安全等问题，全州上下牢固树立新发展理念，着力推进供给侧结构性改革，认真贯彻落实稳增长等一系列政策措施，加快推进工业转型升级和绿色发展。

一是狠抓供给侧结构性改革。凉山州贯彻落实省长江经济带发展实施规划、《安宁河谷地区跨越式发展规划（2010—2020 年）》《金沙江下游沿江经济带发展规划》，坚持“不搞大开发、共抓大保护”，突出创新驱动和全方位对外开放，重点发展装备制造、生物医药、食品加工、旅游康养、商贸物流等绿色低碳新兴产业，推动流域协同治理，加快建设安宁河流域生态经济走廊。生态化发展金沙江、雅砻江沿江经济，规划实施一批沿江重大生态修复项目，优化沿江城镇和产业布局，重点推进水能、风能、太阳能、生物质能开发，积极发展清洁载能、文化旅游等产业，加大脱贫开发力度，构建以重点生态功能区为主体、禁止开发区域为支撑的河谷生态屏障，加快建设金沙江、雅砻江流域清洁能源走廊。围绕清洁能源、战略资源、装备制造、特色农产品精深加工等产业，聚力经济绿色转型，实施创新驱动发展战略，加快矿业绿色转变，加强装备制造高端突破，加大先进材料、新能源产业成长支撑，构建以绿色制造业为支撑的现代工业体系。

二是建立绿色发展考核评价体系。凉山州认真贯彻落实党中央、国务院和省委、省政府关于加快推进生态文明建设和绿色发展的决策部署，出台了《凉山州生态文明建设目标评价考核办法》，制定了《凉山州生态文明建设考核目标体系》和《凉山州绿色发展指标体系》，建立起凉山州绿色发展考核评价体系，要求各县（市）年度评价按照绿色发展指标体系实施，生成各县（市）绿色发展指数。

三是积极探索开展碳排放交易工作。凉山州以企业为主体，以市场为向导，强化政府监管和服务，充分发挥市场对资源配置的决定性作用，加强与电力体制改革、能耗控制、大气污染防治等政策的协调，探索开展碳排放交易工作。确定全州 14 家重点排放企业，组织开展碳排放监测、报告与核查工作，组织攀钢集团西昌钢钒有限公司开展温室气体排放信息披露工作，积极推进碳排放交易工作。

二、存在的问题

一是生态环保建设项目前期工作不充分。各县市在项目规划时基本都纳入了大量的县城、乡镇、景区生态环保类建设项目，但前期工作成熟、具备申报条件的生态环境保护建设项目较少。

二是基础性工作有待提升。由于凉山州产业发展起步晚，产业层次低，产业发展方式粗放，特别是工业化尚处于初期阶段，政府引导、企业主体和全社会共同参与的生态环保整体联动、多元投入以及财政税收激励约束等机制尚不完善，先进技术设备推广应用差距较大，生态建设能力仍需加强，全民绿色发展意识仍需进一步强化。

三是发展需求与资源环境约束矛盾突出。当前和今后一段时期，冶金、有色冶炼、建材等资源型高载能产业仍是工业的重要支柱，加之成昆复线全面建设和凉山脱贫攻坚的推动，对水泥和钢材需求加大，规模以上工业消耗增速仍会继续攀升，对全州生态发展的持续推进造成了较大压力。

三、下一步工作的重点

（一）着力推动产业绿色发展

凉山州将把党的十九大和习近平总书记提出的“良好生态环境是最公平的公共产品，是最普惠的民生福祉”“环境就是民生，青山就是美丽，蓝天也是幸福”等重要论述作为环保工作的根本遵循和方向指引，真正把生态发展转化为各级各部门的执政观、政绩观和实践观，坚定不移地实施“生态立州”战略，促进产业结构转型升级，优化产业布局，加强节能减排工作，强化源头控制，认真执行全州产业结构调整，实施更严格的生态环境保护管理要求。同时，不断争取中央预算内节能环保项目资金，拓宽生态环保建设渠道。

（二）着力发展循环经济

凉山州将发挥攀西试验区先行先试“排头兵”作用，着力打造“4+1”产业（清洁能源、战略资源、装备制造、药品食品、信息化），加大循环经济政策支持力度，探索建立企业、园区、行业和区域循环经济链条，推动能源资源高效、清洁、循环、梯级利用和工业“三废”无害化、资源化再生利用。

（三）着力推动责任落实

凉山州将严格落实环境保护“党政同责”“一岗双责”，坚持“管发展必须管环保、管生产必须管环保、管行业必须管环保”的工作原则，不断健全生态环保考核评价体系，加大考核权重，强化指标约束，实行“一票否决”，着力解决

“重发展、轻环保”和“不作为、慢作为、乱作为”等问题，对履职不力、监管不严、失职渎职的有关人员，依法依纪追究其监管责任，真正把环保责任清晰明了地落实下去，把环保压力及时有效地传导到位，形成一级抓一级、一级带一级、层层抓落实的良好局面，按时限按要求完成年初既定的各项环保目标任务。

（四）着力推进环保督察问题整改

凉山州将继续贯彻落实省委关于做好中央环保督察后续工作进一步加强生态环境保护总体安排，按照凉山州的整改方案及任务清单，强化通报调度、挂图作战、挂牌督办、正面宣传、公开曝光、行政约谈、移送追责、区域限批等工作措施，推动中央环保督察反馈问题整改到位。根据工作进度，适时组织召开全州环境问题整改工作推进会。组织开展“回头看”，对重点地区、重点流域、重点行业、重点问题进行机动式、点穴式督察，确保整改实效。用好督察成果，逐步建立完善州级环保督察长效常态机制。

（五）着力打好“水、气、土”污染防治三大战役

凉山州将认真抓好主要污染物总量减排工作，积极推动大气、水减排重点项目落实。强力推进工业大气污染治理和城市大气污染防治，持续改善全州空气环境质量。全面实施水污染防治行动，加快推进县级集中式饮用水源地规范化建设，深入推进水污染综合治理和河（湖）长制工作，确保全州水环境质量持续改善。有序推进土壤环境监测预警、土壤污染分类管控、土壤污染治理和修复三大工程，启动土壤污染状况详查工作，加大重金属污染综合治理力度。

（六）着力推进环境监管能力提升

凉山州将继续开展“利剑斩污行动”，深入推进“两法衔接”，形成环境执法合力，对各类环境违法行为“零容忍”。加大安宁河谷重点区域大气污染防治督查力度，组织开展金沙江、邛海、泸沽湖等重点流域专项执法行动，推动区域、流域环境质量持续改善。完善环境质量监测网络和重点污染源自动监控体系建设，建立环境监测、评估、预警体系。实施网格化环境监管，实行环境风险全过程管控，提升环境突发事件应急处置能力，杜绝环境污染事件发生。

（七）着力推动生态文明体制改革

凉山州将修订《凉山州环境保护工作职责分工方案》和生态环境保护责任清单，进一步明确各级党委、政府、职能部门的环境保护职责；贯彻执行《深化环境监测改革提高环境监测数据质量的意见》四川实施方案，构建凉山州生态环境监测网格责任体系；按照《四川省生态环境损害赔偿制度改革实施方案》和《凉山州健全生态补偿的实施意见》，逐步建立和完善生态环境损害的修复和赔偿制度；健全环境治理和生态环境保护市场化体系，建立完善环境损害鉴定评估机制，形成环境损害鉴定评估规范化体系；按照中央、省统一安排部署，持续推进绿色发展。

法律规章

四川省《中华人民共和国节约能源法》实施办法

2000年11月30日四川省第九届人民代表大会常务委员会第二十次会议通过

2014年5月29日四川省第十二届人民代表大会常务委员会第九次会议修订

根据2018年9月30日四川省第十三届人民代表大会常务委员会第六次会议《关于修改〈四川省《中华人民共和国节约能源法》实施办法〉的决定》修正。

第一条　根据《中华人民共和国节约能源法》和有关法律、行政法规，结合四川省实际，制定本实施办法。

第二条　在四川省行政区域内从事能源开发、利用、监督管理以及有关节约能源（以下简称节能）活动，适用本实施办法。

第三条　县级以上地方人民政府应当将节能工作纳入国民经济和社会发展规划、年度计划，组织编制和实施节能中长期专项规划、年度节能计划，建立节能工作协调机制，研究解决节能工作中的重大问题，全面部署、统筹推动节能工作。

县级以上地方人民政府每年向上一级人民政府和本级人民代表大会或者其常务委员会报告节能工作情况。

第四条　县级以上地方人民政府应当根据本地区年度节能计划，向本级人民政府有关行政管理部门和下一级人民政府下达节能目标。

本级人民政府有关行政管理部门和下一级人民政府应当根据县级以上地方人民政府下达的节能目标，以及各自的节能规划或者节能中长期专项规划，制订年度节能计划，确定节能措施，并报下达节能目标的人民政府备案。

第五条　县级以上地方人民政府应当将节能目标的完成情况和节能措施的落实情况作为对下一级人民政府和本级有关行政管理部门及其负责人考核评价的内容，纳入政府绩效考核管理。对下一级人民政府的考核结果应当向社会公告。

第六条　县级以上地方人民政府发展改革部门主管本行政区域内的节能监督管理工作，负责节能综合协调、组织拟定节能规划和政策措施、实施节能监察和考核工作。

县级以上地方人民政府经济和信息化、住房城乡建设、交通运输、农业、商务等有关部门以及管理机关事务工作的机构按照各自职责，分别负责相关领域的节能监督管理工作，并接受同级人民政府节能主管部门的指导。

县级以上地方人民政府科技、教育、财政、统计、质监、工商、税务等部门应当按照各自职责做好相关节能监督管理工作。

第七条　县级以上地方人民政府应当建立健全节能监察体系，加强节能监察机构和执法队伍建设，提高执法能力。

第八条　县级以上地方人民政府鼓励和支持节能咨询、设计、评估、检测、审计、认证等节能服务机构的发展，完善节能服务体系。

第九条　县级以上地方人民政府应当加强节能宣传和教育，普及节能知识，增强全民节能意识，营造良好节能氛围。

县级以上地方人民政府教育主管部门应当督促学校将节能知识纳入教学计划，开展节能教育实践活动。

新闻媒体应当宣传节能法律、法规、规章、政策和节能知识，发挥舆论引导和监督作用。

第十条　省人民政府质量技术监督部门可以组织有关部门制定严于强制性国家标准、行业标准的地方节能标准。

县级以上地方人民政府质量技术监督部门应当加强对节能产品认证、能源效率标识的监督管理。

县级以上地方人民政府质量技术监督部门和工商行政管理部门应当加强对节能产品质量的监督管理，依法查处不符合质量标准节能产品的生产和销售活动。

第十一条　县级以上地方人民政府统计部门应当会同同级有关部门，建立健全能源统计体系，完善能源统计指标，改进和规范能源统计方法，开展能源统计监测，加强能源统计数据审核，确保能源统计数据的真实、完整，并定期向社会公布能源消费和节能情况等信息。

第十二条　按国家规定实行固定资产投资项目节能评估和审查制度。具体实施办法由省级节能审查机关会同省级有关部门制定。

按规定需进行节能审查的固定资产投资项目，建设单位应当编制固定资产投资项目节能报告，并报请节能审查机关审查。

第十三条　固定资产投资项目节能审查机关应当对项目节能报告进行审查并出具审查意见。

第十四条　对能源消费增量超过所在地能源消费控制目标、节能考核结果未完成和未按期完成淘汰落后产能目标的地区，限制新上高耗能项目。

第十五条　未按照规定进行节能审查及节能审查未通过的固定资产投资项目，

以及不符合强制性节能标准的项目，建设单位不得开工建设；已经建成的，不得投入生产、使用。政府投资项目不符合强制性节能标准的，依法负责项目审批的机关不得批准建设。固定资产投资项目投入生产、使用前，应当对其节能审查意见落实情况进行验收，未经节能验收或者验收不合格的，不得投入生产、使用。

第十六条　能源生产经营单位不得向本单位职工无偿或者低于政府定价、市场价格提供能源，不得向本单位职工按照能源消费量给予补贴。

任何单位不得对能源消费实行包费制。

第十七条　县级以上地方人民政府经济和信息化主管部门组织实施工业节能技术政策，推进有利于节能的结构调整，指导用能单位对耗能高的用能产品、设备和生产工艺实施技术改造，推广应用工业节能新工艺、新技术、新设备和新产品，淘汰落后产能。

第十八条　规划建设各类工业园区、经济开发区、高新技术开发区应当按照能源高效循环利用的生产模式，组织编制和实施用能规划和节能方案。

工业园区、经济开发区、高新技术开发区等产业园区应当开展节能改造，发展集中供能和能源梯级利用。

第十九条　县级以上地方人民政府住房城乡建设主管部门应当加强建筑工程执行建筑节能标准的监督管理工作。

建筑工程设计、建设、施工、监理和质量监督管理的单位应当严格执行建筑节能标准。

第二十条　县级以上地方人民政府住房城乡建设主管部门对既有建筑的建设年代、围护结构形式、用能系统、能源消耗指标、寿命周期等情况进行调查统计和分析，组织编制既有建筑节能改造计划，明确节能改造的目标、范围和要求，报本级人民政府批准后实施。

鼓励和扶持在新建建筑和既有建筑的节能改造中，采用太阳能、地热能、风能等可再生能源利用系统，并与建筑主体工程同步设计、同步施工、同步验收。

第二十一条　县级以上地方人民政府有关部门应当加强公用设施、公共场所和大型建筑物照明设施的节能管理。

城市道路、广场、公园、公共绿地等公用设施、公共场所的照明应当按照节能要求，安装节能控制装置，推广应用节电新技术、节能新产品和新能源。大型建筑物装饰性景观、户外商业广告照明应当严格控制能耗，合理控制照明时间，禁止使用高耗能照明设备。

第二十二条　县级以上地方人民政府交通运输主管部门应当完善交通运输能耗统计监测制度，推进能耗数据库平台建设；鼓励推广使用节能环保型交通运输工具，引导交通运输企业加快淘汰高能耗、高污染的交通运输工具，提高运输组织程度和集约化水平；推广甩挂运输、城市集中配送、大企业集中运输等运输方式，提高运载能力和能源利用效率。

第二十三条　县级以上地方人民政府应当加强农业和农村节能工作，增加对农业和农村节能技术、节能产品推广应用的资金投入。

县级以上地方人民政府农业主管部门应当推广使用农村沼气、省柴节煤炉灶、太阳灶、太阳能热水器、高效节能农业机械等农村节能技术和产品。

第二十四条　县级以上地方人民政府管理机关事务工作的机构应当加强本级公共机构能源消耗定额管理，组织实施能源消费统计、能源审计和节能目标考核，开展既有办公建筑节能改造等工作。

第二十五条　公共机构应当制定年度节能目标和实施方案，建立节能管理制度和用能系统操作规程，加强空调、电梯、车辆等设施设备和照明的用能管理，按照国家相关标准对用能系统进行监测、维护、诊断和改造，降低能源消耗，减少、制止能源浪费，有效、合理地利用能源，并向本级人民政府管理机关事务工作的机构报送上年度能源消费状况报告。

公共机构应当优先采购列入节能产品、设备政府采购清单中的产品、设备。禁止采购国家明令淘汰的用能产品、设备。

第二十六条　用能单位应当采取下列措施，控制新增能耗，降低能源消耗，有效、合理地利用能源，防止能源浪费：

（一）制订并实施节能计划和节能技术措施；

（二）建立节能目标责任制和节能奖惩制度；

（三）加强能源消耗定额管理，实行能源成本控制管理；

（四）建立健全能源计量、检测管理制度；

（五）建立月度能源消费统计台账和能效水平对标、能源利用情况分析制度；

（六）定期开展节能教育和岗位节能培训。

第二十七条　县级以上地方人民政府节能主管部门应当会同同级有关部门加强对重点用能单位节能的监督管理。

符合下列条件之一的用能单位为本省重点用能单位：

（一）年综合能源消费总量五千吨标准煤以上的用能单位；

（二）拥有六百辆以上车辆的客运、货运企业，年货物吞吐量五万载重吨以上船舶的水运企业和年货物吞吐量一千万吨以上的内河港口企业；

（三）营业面积八万平方米以上的宾馆饭店、五万平方米以上的商贸企业、在校生人数一万人以上的学校。

（四）国务院有关部门和省人民政府规定的其他重点用能单位。

重点用能单位名单，由省人民政府节能主管部门定期向社会公布。

第二十八条　县级以上地方人民政府节能主管部门会同同级有关部门负责向重点用能单位下达节能目标，对节能目标完成情况进行考核评价，并将考核评价结果向社会公布。

第二十九条　重点用能单位应当定期向所在地县级人民政府节能主管部门和有关部门报送上年度的能源利用状况报告。能源利用状况包括能源消费情况、能源利用效率、节能目标完成情况和节能效益分析、节能措施等内容。重点用能单位未完成上年度节能目标的，应当说明原因。

县级以上地方人民政府节能主管部门应当会同同级有关部门对重点用能单位报送的能源利用状况报告进行审查，对节能管理制度不健全、节能措施不落实、能源利用效率低的重点用能单位开展现场调查，组织实施用能设备能源效率检测，责令实施能源审计，并提出书面整改要求，限期整改。

第三十条　重点用能单位应当设立专职能源管理岗位，在具有节能专业知识、实际经验以及中级以上技术职称的人员中聘任能源管理负责人，并报所在地县级人民政府节能主管部门和有关部门备案。

第三十一条　发挥市场调节机制作用，建立节能交易平台，鼓励重点用能单位开展节能量交易。

第三十二条　用能单位采用合同能源管理方式，委托节能服务机构进行节能诊断、设计、融资、改造和运行管理的，节能服务机构按照合同约定与用能单位分享节能效益。

采用合同能源管理方式实施的节能改造项目，按照国家和省有关规定享受税收优惠和资金支持。

第三十三条　县级以上地方人民政府应当将节能技术研究开发与成果转化作为政府科技投入的重点领域，支持科研单位、企业、个人开展节能技术应用研究和重点行业共性、关键节能技术研究开发，支持开发和利用生物质能、太阳能、风能、地热能、水能等新能源和可再生能源。

第三十四条　省人民政府节能主管部门应当会同有关部门制定公布节能技术、节能产品的推广目录，建立统一的节能公共服务平台，发布节能新产品、新技术信息，促进节能信息资源共享，为社会提供节能指导和服务。

县级以上地方人民政府有关部门根据各自职责负责推广、使用列入推广目录的节能技术、节能产品。

第三十五条　省人民政府依法设立节能专项资金。市（州）、县（市、区）人民政府根据实际情况，安排节能专项资金。

节能专项资金主要用于支持节能技术研究开发、节能技术和产品的示范与推广、重点节能工程的实施、合同能源管理项目、节能宣传培训、节能服务等。对在节能管理、节能科学技术研究和推广应用中有显著成绩以及检举严重浪费能源行为的单位和个人，按照有关规定给予表彰和奖励。

节能专项资金的具体管理办法由省人民政府另行制定。

第三十六条　县级以上地方人民政府应当推进能源价格改革，实行有利于节能的能源价格政策。

对钢铁、有色金属、建材、化工和其他主要耗能行业的企业，按照淘汰、限制和鼓励分类实施差别电价政策。

第三十七条　鼓励金融机构优先为符合条件的节能技术研发、节能产品生产以及节能技术改造等项目提供信贷支持。

鼓励金融机构创新信贷产品，拓宽担保范围，提高服务效率，为节能服务机构提供项目融资等金融服务。

鼓励和引导社会资金投资节能领域，促进节能技术改造和节能产业发展。

第三十八条　生产、使用列入国家和省推广目录的节能产品、节能技术，以及进口节能科技开发用品、购置节能专用设备的，按照国家和省有关规定享受税收优惠扶持政策。

对单位和个人从事节能技术转让、节能技术开发业务和相关的技术咨询、技术服务取得的收入，按照国家有关规定享受税收优惠政策。

第三十九条　县级以上地方人民政府节能主管部门负责本行政区域内的节能监督检查工作，有关部门在各自职责范围内负责节能监督检查工作。

开展节能监督检查活动，不得干扰用能单位的合法生产经营活动、不得向用能单位收取费用或者牟取其他非法利益。

用能单位应当配合节能监督检查活动，如实提供相关资料和数据，不得阻碍或者拒绝接受节能监督检查。

第四十条　对违反本实施办法规定的行为，《中华人民共和国节约能源法》以及有关法律、行政法规已有规定的，从其规定。

第四十一条　固定资产投资项目建设单位违反本实施办法，未按照规定进行节能审查、节能审查未通过、未经节能验收、节能验收不合格或者不符合强制性节能标准的固定资产投资项目，由项目节能审查机关责令停止建设或者停止生产、使用，限期改造；不能改造或者逾期不改造的生产性项目，由节能审查机关报请本级人民政府按照国务院规定的权限责令关闭；并依法追究有关责任人的责任。

负责审批政府投资项目的机关违反本办法规定，对不符合强制性节能标准的项目予以批准建设的，对直接负责的主管人员和其他直接责任人员依法给予处分。

第四十二条　国家工作人员在节能监督管理工作中滥用职权、玩忽职守、徇私舞弊，构成犯罪的，依法追究刑事责任；尚不构成犯罪的，依法给予处分。

第四十三条　本实施办法自 2014 年 8 月 1 日起施行。

四川省《中华人民共和国大气污染防治法》实施办法

（2002年7月20日四川省第九届人民代表大会常务委员会第三十次会议通过，2018年12月7日四川省第十三届人民代表大会常务委员会第八次会议修订）

第一章 总 则

第一条 为持续有效保护和改善环境，防治大气污染，保障公众健康，推进生态文明建设，促进经济社会发展与环境保护相协调，根据《中华人民共和国环境保护法》《中华人民共和国大气污染防治法》等法律、法规，结合四川省实际，制定本实施办法。

第二条 本实施办法适用于四川省行政区域内大气污染防治及其监督管理活动。

第三条 地方各级人民政府对本行政区域内的大气环境质量负责。

县级以上地方人民政府应当将大气污染防治工作纳入国民经济和社会发展规划，加大对大气污染防治的财政投入，建立健全政府主导、部门监管、企业尽责、公众参与、社会监督的大气污染共同防治机制。

乡（镇）人民政府、街道办事处应当在县级人民政府相关行政主管部门的指导下做好本辖区的大气环境保护工作，加强大气环境隐患排查，发现存在大气污染问题的，应当及时向负有大气污染防治监督管理职责的有关部门报告。

第四条 县级以上地方人民政府生态环境主管部门对大气污染防治实施统一监督管理，其他有关部门按照法律、法规规定和县级以上地方人民政府确定的职责，对本行政区域内大气污染防治实施监督管理。

第五条 县级以上地方人民政府生态环境主管部门和其他负有大气环境保护监督管理职责的部门可以聘任社会监督员，协助开展大气污染防治监督管理工作。

第六条 县级以上地方人民政府应当鼓励和支持大气环境保护科学技术、大气污染成因和防治对策等研究，推广先进适用的大气污染防治技术和装备，促进科技成果转化，开展相关科学技术交流与合作。

第七条 地方各级人民政府应当加强大气环境保护宣传和普及工作，推动大气环境保护法制宣传，营造大气环境保护的良好氛围，提高公众的大气环境保护意识和素质。

行业协会应当开展大气污染防治法律、法规和相关知识的宣传，督促企业采取有效措施防止和减少大气污染。

公民应当增强大气环境保护意识，采取低碳节约、文明健康等绿色生活方式，自觉履行大气环境保护义务。

第八条　企业事业单位和其他生产经营者应当履行大气污染防治义务，采取有效措施防止、减少大气污染，对造成的损害依法承担责任。

第二章　监督管理

第九条　省人民政府根据大气环境质量状况和经济、技术条件，可以制定严于国家标准的大气环境质量标准和大气污染物排放标准，并可以扩大大气污染物特别排放限值的实施范围。

第十条　企业事业单位和其他生产经营者应当执行国家和省规定的大气污染物排放标准。

地方各级人民政府对执行严于国家和省规定的大气污染物排放标准，主动开展技术改造、设备更新、能源替代的企业事业单位和其他生产经营者应当给予鼓励和支持。

鼓励和支持社会资本参与大气污染防治，引导金融机构增加对大气污染防治项目的信贷支持。

第十一条　实行重点大气污染物排放总量控制制度，逐步削减重点大气污染物排放总量。

省人民政府将国务院下达的重点大气污染物排放总量控制目标分解到市（州）人民政府；市（州）人民政府将本行政区域重点大气污染物排放总量控制指标分解到县（市、区）人民政府；县（市、区）人民政府将本行政区域重点大气污染物排放总量控制指标分解到排污单位。

除国家确定的重点大气污染物外，省人民政府根据需要可以确定本省实施总量控制的其他重点大气污染物。

第十二条　新建、改建、扩建排放重点大气污染物的建设项目，建设单位应当在报批环境影响评价文件前取得重点大气污染物排放总量指标，并在环境影响评价文件中说明指标来源。

生态环境主管部门按照减量替代、总量减少的原则核定重点大气污染物排放总量指标。

第十三条　实行大气污染物排污许可管理制度。

实行排污许可管理的企业事业单位和其他生产经营者，应当按照国家规定取得排污许可证，禁止无排污许可证或者违反排污许可证的规定排放大气污染物。

第十四条 企业事业单位和其他生产经营者建设对大气环境有影响的项目，应当依法进行环境影响评价、公开环境影响评价文件；向大气排放污染物的，应当配套建设大气污染防治设施并正常使用，确保大气污染物达标排放，遵守重点大气污染物排放总量控制要求。

第十五条 向大气排放污染物的企业事业单位和其他生产经营者，应当按照国家和省有关规定设置大气污染物排放口。

禁止通过偷排、漏排或者篡改、伪造监测数据、以逃避现场检查为目的的临时停产、非紧急情况下开启应急排放通道、擅自拆除或者不正常运行大气污染防治设施等逃避监管的方式排放大气污染物。

因发生或者可能发生安全生产事故等紧急情况，应当按照应急预案通过应急排放通道排放大气污染物，立即采取必要措施减轻或者消除危害，并同时向生态环境主管部门报告。

第十六条 排放工业废气或者有毒有害大气污染物的企业事业单位和其他生产经营者，应当按照国家有关规定和监测规范设置监测点位和采样监测平台，进行自行监测或者委托具有相应资质的单位进行监测。原始监测记录保存期限不得少于三年。

县级以上地方人民政府生态环境主管部门应当依法采取动态抽查等形式对前款规定情形进行监督管理，及时向社会公布。

第十七条 省、市（州）人民政府生态环境主管部门应当按照国务院生态环境主管部门的规定确定大气污染物重点排污单位名录，并向社会公布。

重点排污单位应当按照相关技术规范安装大气污染物排放自动监测设备，与县级以上地方人民政府生态环境主管部门的监控系统联网，保证监测设备正常运行并依法公开排放信息，对监测数据的真实性和准确性负责。

第十八条 重点排污单位应当接受社会监督，依法公开以下环境信息：

（一）排放信息，主要大气污染物及特征污染物的名称、排放方式、排放口数量和分布情况、排放浓度和总量、超标排放情况，以及执行的大气污染物排放标准、核定的排放总量；

（二）大气污染防治设施的建设和运行情况；

（三）建设项目环境影响评价及其他环境保护行政许可情况；

（四）突发大气环境事件应急预案；

（五）法律、法规规定的其他应当公开的信息。

第十九条 县级以上地方人民政府生态环境主管部门负责组织建设与管理本行政区域大气环境质量和大气污染源监测网，设置大气环境质量监测站（点），加强监测能力建设，开展大气环境质量和大气污染源监测，并统一发布本行政区域大气环境质量状况信息。

第二十条　生态环境主管部门及其环境执法机构和其他负有大气环境保护监督管理职责的部门，有权通过现场检查监测、自动监测、遥感监测、远红外摄像等方式，对排放大气污染物的企业事业单位和其他生产经营者进行监督检查。

被检查者应当如实反映情况，提供必要资料，不得拒绝、阻挠和拖延。实施监督检查的部门、机构及其工作人员应当为被检查者保守商业秘密。

第二十一条　企业事业单位和其他生产经营者，有下列行为之一，造成或者可能造成严重污染的，或者有关证据可能灭失或者被隐匿的，县级以上地方人民政府生态环境主管部门和其他负有大气环境保护监督管理职责的部门可以依法对有关设施、设备、物品进行查封、扣押：

（一）在高污染燃料禁燃区燃用高污染燃料的；

（二）违反规定排放含重金属、持久性有机污染物等有毒有害大气污染物的；

（三）未按照规定执行重污染天气应急减排措施的；

（四）其他违反法律、法规规定排放大气污染物的行为。

第二十二条　县级以上地方人民政府生态环境主管部门和其他负有大气环境保护监督管理职责的部门，应当依法公开以下环境信息：

（一）大气环境质量状况；

（二）重点排污单位大气污染物监测及不定期抽查、检查、明察暗访等情况；

（三）大气环境质量标准、大气污染物排放标准；

（四）大气环境违法者名单及大气环境违法典型案例；

（五）突发大气污染环境事件及应对情况；

（六）大气环境行政许可、行政处罚、行政强制等情况；

（七）举报电话、网址、电子邮箱等途径，受理范围以及处理结果；

（八）重污染天气预警、应对措施；

（九）大气环境质量目标责任和考核评价情况；

（十）法律、法规规定的其他应当公开的信息。

第二十三条　县级以上地方人民政府生态环境主管部门和其他有关部门应当加强大气污染防治信息化建设，逐步完善环境监测、污染源监控、监督管理信息系统，实现大气污染防治监督管理的信息共享。

第二十四条　县级以上地方人民政府应当组织有关部门研究分析本行政区域大气污染来源及其变化趋势，编制并动态更新大气污染物排放源清单。

第二十五条　对污染大气环境的行为，任何单位和个人有权向县级以上地方人民政府生态环境主管部门或者其他负有大气环境保护监督管理职责的部门举报、投诉。

县级以上地方人民政府生态环境主管部门和其他负有大气环境保护监督管理

职责的部门，应当公布举报、投诉方式。举报、投诉的违法行为属于本部门职责范围的，应当及时核实、处理；不属于本部门职责范围的，应当及时移交有权处理的部门，并告知实名举报、投诉人。

县级以上地方人民政府可以公布统一的举报、投诉方式。接到举报的部门应当为举报人保密，举报内容经查证属实的，对举报人给予奖励。

第二十六条　实行大气环境质量目标责任制和考核评价制度。

省人民政府制定大气污染防治考核办法，对市（州）人民政府及省有关部门大气环境质量改善目标和大气污染防治重点任务等完成情况实施考核。考核结果应当向社会公开。建立环境空气质量激励约束考核机制，设立省级环境空气质量激励资金，对完成环境空气质量考核任务的市（州）予以资金激励；对未完成考核任务的市（州）予以扣罚。

市（州）人民政府可以制定考核实施细则。

第二十七条　未达到国家大气环境质量标准城市的人民政府应当制定大气环境质量限期达标规划，采取措施，按照国家和省规定的期限达到大气环境质量标准。

已达到国家大气环境质量标准城市的人民政府应当制定大气环境质量持续改善规划。

县级以上地方人民政府每年在向本级人民代表大会或者其常务委员会报告环境状况和环境保护目标完成情况时，应当报告大气环境质量限期达标或者持续保护和改善情况，并向社会公开。

第二十八条　有下列情形之一的，省生态环境主管部门应当会同有关部门约谈市（州）人民政府或者县（市、区）人民政府主要负责人，约谈情况应当向社会公开：

（一）大气环境质量明显恶化的；

（二）未完成大气环境质量改善目标的；

（三）超过重点大气污染物排放总量控制指标的；

（四）未完成大气污染防治重点任务的；

（五）省人民政府规定的其他情形。有前款第二项、第三项情形的，生态环境主管部门应当暂停审批该区域内新增重点大气污染物排放总量的建设项目的环境影响评价文件；工业园区、企业有前款第三项情形的，生态环境主管部门应当暂停审批该园区或者该企业新增重点大气污染物排放总量的建设项目的环境影响评价文件。

第三章　重点区域和城市污染防治

第二十九条　省人民政府根据国家有关规定，与周边相邻省、自治区、直辖市人民政府建立大气污染联合防治机制，开展大气污染联合防治。

第三十条　省人民政府根据主体功能区划、区域大气环境质量状况和大气污染传输扩散规律，参照国家大气污染防治重点区域有关规定，划定本省大气污染防治重点区域，并根据实际情况予以调整。

重点区域实行区域统筹、综合规划和联合防治制度。

市（州）人民政府可以在本辖区其他非重点区域执行重点区域大气污染防治措施。

第三十一条　省人民政府应当组织生态环境及有关部门、重点区域内有关市（州）人民政府，建立大气环境资源承载能力监测预警机制，根据重点区域内经济社会发展和大气环境承载力，制定重点区域的大气污染联合防治规划，明确控制目标，优化区域经济布局，统筹交通管理，发展清洁能源，提出重点防治任务和综合措施。

第三十二条　在本省重点区域内可以实行下列大气污染防治措施：

（一）实施大气污染物特别排放限值或者更严格的大气污染物排放标准；

（二）对资源环境承载能力超载地区实行更严格的区域限批；

（三）禁止新增化工园区；

（四）禁止新增钢铁、焦化、电解铝、铸造、水泥和平板玻璃等产能；

（五）禁止新建、扩建高污染燃料燃用设施设备；

（六）法律、法规规定的其他大气污染防治措施。

第三十三条　省人民政府根据国家和省有关规定，建立重点区域的大气污染联合防治协调机制：

（一）建立沟通协调机制，对在省、市（州）边界建设可能对相邻省、自治区、直辖市、市（州）大气环境产生重大影响的开发利用项目，及时通报有关信息，实施环评会商；

（二）建立大气环境质量信息共享机制，实现气象、大气污染源、大气环境质量监测、机动车排气污染检测、企业环境征信等信息的区域共享；

（三）建立区域重污染天气应急联动机制，及时通报预警和应急响应的有关信息，商请相关省、自治区、直辖市、市（州）采取相关应对措施；

（四）建立大气环境联合执法、交叉执法机制，协商解决跨区域大气环境污染。

第三十四条　城市人民政府应当大力发展城市公共交通，优化道路设置，保障交通畅通，并根据城市发展和大气污染防治需要，合理控制燃油机动车保有量。

城市人民政府应当加快新能源和清洁能源汽车基础设施建设，鼓励和支持公共交通、出租车、环卫、邮政、快递等行业用车和公务用车率先使用新能源和清洁能源汽车。

第三十五条　城市人民政府可以根据大气环境质量状况划定并公布禁止使用高排放非道路移动机械的区域。生态环境主管部门可以采用电子标签、电子围栏、排气监控等技术手段对禁止区域进行实时监控。

第三十六条　城市建成区内的大气污染严重企业，应当有计划地逐步搬迁、改造、转型退出或者依法关闭。

第四章　重点领域污染防治

第三十七条　地方各级人民政府应当根据区域环境资源状况，优化能源结构，推广水电、天然气、页岩气、太阳能、风能等清洁能源开发和利用。

第三十八条　电力调度应当优先安排水电等清洁能源发电上网，逐渐减少煤炭等化石燃料使用量。

第三十九条　城市人民政府应当划定并公布高污染燃料禁燃区，并根据大气质量改善要求，逐步扩大禁燃区范围。高污染燃料目录按照国家规定执行。

在禁燃区内，禁止销售、燃用高污染燃料；禁止新建、扩建燃用高污染燃料的设施，现有燃用高污染燃料的设施应当在规定期限内改用天然气、页岩气、液化石油气、电或者其他清洁能源。

第四十条　县级以上地方人民政府应当组织有关部门制定本行政区域内的锅炉整治计划，限期淘汰不符合国家和省有关规定的燃煤锅炉。

第四十一条　县级以上地方人民政府应当加大砖瓦、化工、垃圾焚烧等行业大气污染整治力度。

燃煤发电、钢铁、水泥、平板玻璃等重点行业应当按照国家和省的规定完成超低排放改造。

燃煤发电电力调度应当优先安排超低排放燃煤机组发电上网。

第四十二条　县级以上地方人民政府经济综合主管部门应当会同有关部门，组织企业事业单位和其他生产经营者执行国家综合性产业政策目录，淘汰落后产能。

企业事业单位和其他生产经营者应当在规定期限内停止生产、进口、销售或者使用列入前款规定目录中的设备和产品。工艺的采用者应当在规定期限内停止采用列入前款规定目录中的工艺。被淘汰的设备和产品，不得转让给他人使用。

禁止新建、扩建、改建列入淘汰类名录的高污染工业项目。

第四十三条　生产、进口、销售、使用含有挥发性有机物的原材料和产品的，其挥发性有机物含量应当符合规定的限值标准。

政府采购应当按照国家规定优先采购低挥发性有机物含量的产品。

医院、学校和幼儿园、养老院、交通运输场站等场所内禁止使用高挥发性有机物含量的产品。

医院、学校和幼儿园、养老院、交通运输场站等场所和设施的业主单位或者经营单位应当在新建、改建、扩建、装修等工程竣工后，进行空气质量监测，并在显著位置公布监测结果。县级以上地方人民政府生态环境主管部门应当加强动态抽检。

第四十四条　石化、有机化工、电子、装备制造、工业涂装、包装印刷、家具制造等产生含有挥发性有机物废气的企业，应当使用低挥发性有机物含量的原辅材料，并建立台账，记录生产原辅料的使用量、废弃量、去向以及挥发性有机物含量。台账保存期限不得少于三年。

第四十五条　城市人民政府在制定城市总体规划时，应当综合考虑大气环境承载能力、资源环境条件、城市人口规模、大气通道、建筑物高度密度、公交分担率、绿地率等因素，科学规划城市空间和产业布局，构建城市通风廊道，形成有利于大气污染物消散的城市空间格局。

第四十六条　机动车船、非道路移动机械应当达标排放，不得排放黑烟或者其他明显可视污染物。

禁止生产、进口或者销售大气污染物排放超过标准的机动车船、非道路移动机械。

第四十七条　机动车和非道路移动机械生产、进口企业，应当按照国家规定向社会公开其生产、进口机动车和非道路移动机械的环保信息，并对信息公开的真实性、准确性、及时性、完整性负责。

机动车生产、进口企业在产品出厂或者货物入境前，应当以随车清单的方式公开主要环保信息。非道路移动机械生产、进口企业在产品出厂或者货物入境前，应当在机身明显位置粘贴环保信息标签，公开主要环保信息。

省人民政府生态环境主管部门可以通过现场检查、抽样检查等方式，加强对新生产机动车和非道路移动机械环保信息公开工作的监督管理。

第四十八条　县级以上地方人民政府生态环境主管部门可以在机动车集中停放地、维修地等场所对在用机动车的大气污染物排放状况进行监督抽测，交通运输等部门予以配合。

在不影响正常通行的情况下，县级以上地方人民政府生态环境主管部门可以通过遥感监测、便携式检测设备等技术手段对在道路上行驶的机动车的大气污染物排放状况进行监督抽测，公安机关交通管理部门予以配合。

第四十九条　机动车排放检验机构应当按照国家和省规定的排放检验方法、技术规范进行检验，并与生态环境主管部门联网，实现检验数据实时共享。机动车排放检验机构及其负责人对检验数据的真实性和准确性负责。

生态环境主管部门和机动车排放检验检测认证部门应当定期组织对机动车排放检验机构开展监督性检查和动态抽检。

第五十条　机动车维修单位应当按照大气污染防治的要求和国家有关技术规范开展机动车维修和保养，使其达到规定的排放标准。

交通运输主管部门制定实施机动车检测与维护制度，确保在用车达到规定的能耗和排放标准，会同生态环境主管部门建立信息共享机制，依法加强监督管理。

第五十一条　县级以上地方人民政府交通运输、自然资源、住房和城乡建设、农业农村、林业和草原、水利等主管部门和非道路移动机械使用单位应当建立在用非道路移动机械管理台账，包括种类、数量、排放、使用场所等信息。

县级以上地方人民政府生态环境主管部门应当会同相关部门对非道路移动机械的大气污染物排放状况进行监督检查，排放不合格的，不得使用。

第五十二条　达到国家强制报废标准的机动车，应当按照国家有关规定进行登记、拆解、销毁等处理。对达到国家强制报废标准逾期不办理注销登记的机动车，公安机关交通管理部门应当及时公告机动车登记证书、号牌、行驶证作废。

鼓励和支持高排放机动车船、非道路移动机械提前报废。

县级以上地方人民政府可以采取经济补偿等措施淘汰高排放机动车、非道路移动机械。

第五十三条　新建机场、码头应当规划、建设岸基供电设施；已经建成的机场、码头应当逐步实施岸基供电设施改造。民用航空器、机动船舶靠港后应当优先使用岸电，减少大气污染排放。

船舶检验机构对船舶发动机及有关设备进行排放检验。经检验符合国家排放标准的，船舶方可营运。

第五十四条　建设单位应当将施工扬尘污染防治费用列入工程造价，在施工承包合同中明确施工单位控制扬尘污染的责任。

工程监理单位应当将扬尘污染防治纳入工程监理细则，对发现的扬尘污染行为，应当要求施工单位立即改正；对不立即整改的，及时报告有关主管部门。

第五十五条　施工工地应当遵守下列规定：

（一）在施工现场出入口公示施工负责人、扬尘污染控制措施、主管部门以及举报电话等信息，接受社会监督；

（二）施工工地设置围墙或者硬质密闭围挡，并对围挡进行维护；

（三）对施工现场进出口通道、场内道路，以及材料存放区、加工区等场所地坪硬化，对其他场地进行覆盖或者临时绿化，对土方集中堆放并按照规范覆盖或者固化；

（四）施工现场出入口应当设置车辆冲洗设施，施工及运输车辆经除泥、冲洗后方能驶出工地，不得带泥上路；

（五）露天堆放的河沙、石粉、水泥、灰浆等易产生扬尘的物料以及不能及时清运的建筑垃圾，应当设置不低于堆放高度的密闭围栏，并对堆放物品予以覆盖；

（六）土方施工、主体施工、装饰装修、总坪施工及爆破、拆除、切割作业时，应当使用洒水或者喷淋等降尘措施；

（七）城市建成区施工工地应当安装在线监测和视频监控设备，并与当地有关主管部门联网。

县级以上地方人民政府相关部门按照职责要求对建设工程施工扬尘污染实施监督管理，将扬尘污染防治情况纳入建筑施工各方责任主体信用信息，并纳入资质等级、项目招投标管理。

第五十六条　地方各级人民政府应当加强公路养护和货运源头管理，依法实施规范化装卸、标准化运输，降低大气扬尘污染。

城市人民政府应当加强道路、广场、停车场和其他公共场所的清扫保洁管理，推行清洁动力机械化清扫等低尘作业方式，防治扬尘污染。

第五十七条　矿山开采企业应当防治扬尘污染；存放尾矿、废石、废渣、泥土等，应当采取设置围挡、防尘布（网）等防尘措施；矿山开采后应当及时回填、绿化，修复生态。

第五十八条　石材加工企业应当采用湿法加工工艺，无法使用湿法工艺的应当安装收尘装置，防治粉尘污染。

在城市建成区内从事石材销售、加工企业和其他生产经营者，不得进行石材露天切割、打磨等作业。

第五十九条　机动车维修、五金加工、广告制作、服装干洗等经营活动，应当按照国家有关标准或者要求设置异味和废气处理装置等污染防治设施并保持正常使用，防止影响周边环境，不得在露天进行喷涂作业。

第六十条　省、市（州）人民政府发展改革部门应当会同同级农业农村、财政主管部门制定秸秆综合利用中长期发展规划，组织建立秸秆收集、贮存、运输和综合利用服务体系，统筹安排产业发展、项目建设和财政补贴。

地方各级人民政府有关部门应当落实国家关于促进农作物秸秆综合利用产业发展的税收、投资、用地、用电、信贷等扶持政策。

第六十一条　市（州）人民政府应当划定禁烧区。

禁止在禁烧区及人口集中地区、机场周围、交通干线、高压电线路等区域露天焚烧秸秆、落叶、杂草等产生烟尘污染的物质。

第六十二条　任何单位和个人不得在城市建成区、人口集中地区和其他依法需要特殊保护的区域焚烧沥青、油毡、橡胶、塑料、皮革、垃圾以及其他产生有毒有害烟尘和恶臭气体的物质。

第六十三条　排放油烟的餐饮服务业经营者应当安装油烟净化设施并保持正常使用，或者采取其他油烟净化措施，确保达标排放。

禁止通过下水管道、私挖地沟等方式排放油烟。

禁止在居民住宅楼、未配套设立专用烟道的商住综合楼以及商住综合楼内与居住层相邻的商业楼层内新建、改建、扩建产生油烟、异味、废气的餐饮服务项目。

第六十四条 县（市、区）人民政府根据实际情况划定露天烧烤禁止区，任何单位和个人不得在禁止的时段和区域内露天烧烤食品或者为露天烧烤食品提供场地。

禁止在人口集中地区露天熏制腊肉、香肠等腌腊制品。

第六十五条 市（州）、县（市、区）人民政府可以根据气象条件和大气环境质量状况，划定烟花爆竹禁燃禁放区。任何单位和个人不得在当地人民政府禁止的时段和区域内燃放烟花爆竹。

地方各级人民政府应当鼓励、引导公民以文明低碳方式举办祭祀等活动，减少燃放烟花爆竹和祭祀烧纸等产生的污染。

第六十六条 畜禽养殖企业（户）应当及时对污水、畜禽粪便和尸体等进行收集、贮存、清运和无害化处理，防止排放恶臭气体。

第六十七条 县级以上地方人民政府应当按照水污染防治法律、法规的要求加强黑臭水体整治，防止排放恶臭气体。

第五章 重污染天气应对

第六十八条 省、市（州）生态环境主管部门应当会同同级气象主管机构等有关部门建立重污染天气监测预警、会商和信息通报等机制，完善重污染天气监测预警体系。

第六十九条 县级以上地方人民政府应当将重污染天气应对纳入突发事件应急管理体系，制定重污染天气应急预案，报上一级生态环境主管部门备案，向社会公布，并根据实际需要和情势变化适时修订。

重点排污单位应当根据所在地重污染天气应急预案，编制本单位重污染天气应急响应操作方案。

第七十条 省人民政府和市（州）人民政府负责重污染天气预警的发布、调整和解除，其他任何单位和个人不得擅自向社会发布。

预警信息发布后，县级以上地方人民政府及其有关部门应当通过电视、广播、网络、短信等途径告知公众采取健康防护措施，指导公众出行和调整其他相关社会活动。

第七十一条 县级以上地方人民政府应当根据重污染天气的预警等级，及时启动应急预案，按照预警级别可以采取下列应急措施：

（一）责令有关企业停产或者限产；

（二）限制部分机动车行驶；

（三）禁止燃放烟花爆竹；

（四）停止工地土石方作业和建筑物拆除施工；

（五）停止露天烧烤；

（六）停止幼儿园和学校组织的户外活动或者教学活动，停止养老院、福利院组织的户外活动；

（七）停止组织露天体育比赛活动及其他露天举办的群体性活动；

（八）组织开展人工影响天气作业等应急措施；

（九）增加城市道路机械化清扫和冲洗频次；

（十）国家和省规定的其他应急措施。企业事业单位和其他生产经营者、公民应当配合政府及其有关部门采取的重污染天气应急响应措施。

第七十二条　省人民政府应当组织盆地及周边市（州）人民政府建立大气污染治理人工干预联动机制，科学利用有利的气象条件，对四川盆地及周边地区开展常态化飞机增雨消霾作业，减少盆地空气滞留区大气污染物的累积。

重点区域内的城市人民政府应当制定更严格的预警预报要求和应急措施；对不利气象条件和环境质量急剧恶化，可能发生长时间或者高浓度的重污染天气的，应当提前预警并进入应急状态。

第七十三条　可能发生重污染天气的地方人民政府应当组织制定相关行业企业错峰生产实施计划，明确实施错峰生产的行业及企业名单等内容。

有关部门应当督促相关企业落实错峰生产计划，企业应当按照计划对生产经营活动进行调整，减少或者暂停排放大气污染物的生产、作业。

第六章　法律责任

第七十四条　违反本实施办法规定的行为，法律、法规已有法律责任规定的，从其规定。

第七十五条　违反本实施办法第十五条第三款规定，未采取必要措施减轻或者消除危害，或者未按照规定如实报告的，由县级以上地方人民政府生态环境主管部门责令改正，处一万元以上五万元以下的罚款。

第七十六条　违反本实施办法第十六条第一款规定，未按照规定设置监测点位或者采样监测平台的，由县级以上地方人民政府生态环境主管部门责令限期改正；逾期不改正的，处二万元以上二十万元以下的罚款。

第七十七条　违反本实施办法第三十五条规定，在禁止使用高排放非道路移动机械的区域使用高排放非道路移动机械的，由城市人民政府生态环境等主管部门对其使用单位或者个人处每台次五千元的罚款。

第七十八条　违反本实施办法第四十六条第一款规定，机动车驾驶人驾驶排放检验不合格或者排放黑烟或者其他明显可视污染物的机动车上道路行驶的，由公安机关交通管理部门依法予以处罚；使用排放不合格或者排放黑烟或者其他明显可视污染物的非道路移动机械的单位或者个人，由县级以上地方人民政府生态环境主管部门责令改正，并处五千元的罚款。

第七十九条　违反本实施办法第五十四条第二款规定，建设项目监理单位未将扬尘污染防治纳入工程监理细则；对发现的扬尘污染行为，未及时要求施工单位改正，并报告有关主管部门的，由住房和城乡建设、交通运输、水利等扬尘监督管理部门按照职责分工，责令限期改正；情节严重的，可以处一万元以上五万元以下的罚款。

第八十条　违反本实施办法第五十五条第一款第二项、第三项、第四项、第五项、第六项、第七项规定的，由县级以上地方人民政府住房和城乡建设等主管部门责令改正，处二万元以上十万元以下的罚款；拒不改正的，责令停工整治。

第八十一条　违反本实施办法第五十八条第二款规定的，由县级以上地方人民政府确定的监督管理部门责令限期改正；逾期不改正的，对单位处一万元以上三万元以下的罚款，对个人处五千元以上一万元以下的罚款。

第八十二条　违反本实施办法第六十一条第二款规定的，由县级以上地方人民政府确定的监督管理部门责令改正，并可以处五百元以上二千元以下的罚款。

第八十三条　违反本实施办法第六十二条规定的，由县级以上地方人民政府确定的监督管理部门责令改正，对单位处二万元以上十万元以下的罚款，对个人处五百元以上二千元以下的罚款。

第八十四条　违反本实施办法第六十三条第一款、第二款规定的，由县级以上地方人民政府确定的监督管理部门责令改正，处五千元以上五万元以下的罚款；拒不改正的，责令停业整治。

违反本实施办法第六十三条第三款规定的，由县级以上地方人民政府住房和城乡建设部门责令改正；拒不改正的，予以关闭，并处一万元以上十万元以下的罚款。

第八十五条　违反本实施办法第七十一条规定，拒不执行停止工地土石方作业或者建筑物拆除施工等重污染天气应急措施的，由县级以上地方人民政府确定的监督管理部门处一万元以上十万元以下的罚款。

第八十六条　地方各级人民政府、县级以上地方人民政府生态环境主管部门和其他负有大气环境保护监督管理职责的部门有下列行为之一的，对直接负责的主管人员和其他直接责任人员依法给予处理：

（一）不符合行政许可条件准予行政许可的；

（二）对大气环境违法行为进行包庇的；

（三）依法应当做出责令停业、关闭的决定而未做出的；

（四）发现或者接到举报未及时查处大气污染违法行为的；

（五）违法查封、扣押企业事业单位和其他生产经营者的设施、设备、物品的；

（六）篡改、伪造监测数据或者指使篡改、伪造监测数据的；

（七）应当依法公开大气环境信息而未公开的或者公布虚假大气环境信息的；

（八）经约谈后整改不力的；

（九）法律、法规规定的其他违法行为。

第七章　附　则

第八十七条　本实施办法中下列用语的含义：

（一）重点大气污染物，是指国家和省人民政府根据改善大气环境质量的需要，作为约束性指标纳入国民经济和社会发展规划，确定实施排放总量控制和削减的大气污染物，如二氧化硫、氮氧化物等。

（二）高污染燃料，是指《高污染燃料目录》规定的根据产品品质、燃用方式、环境影响等因素确定的需要强化管理的燃料。

（三）有毒有害大气污染物，是指列入国家有毒有害大气污染物名录的对人体健康和生态环境产生危害和影响的大气污染物。

（四）非道路移动机械，是指用于非道路上的，自驱动或者具有双重功能，或者不能自驱动，但被设计成能够从一个地方移动或者被移动到另一个地方的机械，包括工业钻探设备、工程机械、农业机械、林业机械、渔业机械、材料装卸机械、叉车、雪犁装备、机场地勤设备、空气压缩机、发电机组、水泵等。

（五）重污染天气，是指由于工业废气、机动车尾气、扬尘、大面积秸秆焚烧等污染物排放而发生在较大区域的累积性大气污染，环境空气质量指数达到重污染天气应急预案规定标准程度的气象天气。

（六）挥发性有机物，是指特定条件下具有挥发性的有机化合物的统称。主要包括非甲烷总烃（烷烃、烯烃、炔烃、芳香烃等）、含氧有机化合物（醛、酮、醇、醚等）、卤代烃、含氮化合物、含硫化合物等。

第八十八条　本实施办法自 2019 年 1 月 1 日起施行。

政策文件

四川省委、省政府政策文件

中共四川省委关于全面推动高质量发展的决定（节录）

（2018年6月30日中国共产党四川省第十一届委员会第三次全体会议通过）

22. 解决生态环境突出问题。

出台全面加强生态环境保护坚决打好污染防治攻坚战的实施意见。建立并严守长江经济带战略环评生态保护红线、环境质量底线、资源利用上线和环境准入负面清单。严禁在长江干流及主要支流岸线1千米范围内新建布局重化工园区，严控新建石油化工、煤化工、涉磷、造纸、印染、制革等项目。清理整顿长江入河排污口，查处长江沿岸非法码头、非法采砂。实施长江沿线水源地环境问题整改。

加强沱江、岷江、嘉陵江等重点流域综合治理，实施“一河一策”，强化上下游协同共治，开展清河、护岸、净水、保水行动。全面落实河（湖）长制。深化沱江流域水环境综合治理与可持续发展国家级试点，实施生态补水“增容量”，加强流域环保基础设施建设、水环境保护和水污染治理，开展磷化工企业清洁化改造。探索共建沱江流域生态经济带，推进航道升级改造，支持发展绿色产业。开展地级及以上城市建成区黑臭水体专项治理。加快城乡污水垃圾处理设施建设。

实施成都平原、川南、川东北城市群大气污染综合整治，持续实施减排、抑尘、压煤、治车、控秸“五大工程”，强化区域联防联控应对重污染天气。建立农用地土壤环境质量类别清单、建设用地土壤污染修复目录和开发利用负面清单。实施重点区域土壤整治工程和城市污染场地治理工程。加强固体废物污染风险防控。

实施重点生态功能区产业准入负面清单制度。建立污染防治攻坚重点县清单，实行省直部门、国有企业、科研院所与重点县“一对一”结对攻坚。强化环保督察发现问题整改。健全企业环境信用评价体系。强化各级生态环境资源检察力量。推进环境公益诉讼。

实施川西北防沙治沙、川南石漠化治理、退耕还林还草、森林质量精准提升等生态工程。开展长江廊道造林行动。建设森林湿地草原生态屏障重点县。逐步提高天然林管护补助标准。实施川西北民生项目木材替代行动。加强地质灾害综合防治体系建设。

23. 推进生产生活方式绿色化。

建设国家清洁能源示范省，全面推行清洁能源替代。对符合条件的电能替代项目，通过价格政策、奖励、补贴等方式给予支持。科学有序开发金沙江、雅砻江、大渡河等水电资源。以民族地区风电基地和光伏扶贫为重点推进新能源发展。建设全国页岩气生产基地。加快水电外送第四通道建设。发展分布式能源，布局建设电动汽车充换电设施，建设储气调峰设施和储能及智能微电网。推广公共机构新能源汽车配备使用。

推进资源全面节约和循环利用。出台用能权交易管理暂行办法，加快建设西部环境资源交易中心。推进产业园区和各类污染物排放企业实施环境污染第三方治理。加快化工、轻工等涉水类园区循环化改造。建设一批资源循环利用基地，推进固体废弃物和垃圾分类利用、集中处置。支持研制乡村垃圾、污水处理小型实用设备。

推进城市建设提品质、补短板，科学规划城市群，开展公园城市建设试点，建设海绵城市，推广绿色建筑、装配式建筑和新材料环保建材，推动建筑业转型升级。落实国家节水行动，统筹研究解决大城市水资源利用和水安全保障问题。

中共四川省委关于深入学习贯彻习近平总书记对四川工作系列重要指示精神的决定（节录）

（2018年6月30日中国共产党四川省第十一届委员会第三次全体会议通过）

九、学习贯彻习近平总书记关于“一定要把生态文明建设这篇大文章写好”“让四川天更蓝、地更绿、水更清”等重要指示，深刻把握新时代治蜀兴川的生态重任，持续用力推进美丽四川建设

习近平总书记深刻指出，四川自古就是山清水秀的好地方，生态环境地位独特，生态环境保护任务艰巨，一定要把生态文明建设这篇大文章写好；要求把建设长江上游生态屏障、维护国家生态安全放在生态文明建设的首要位置，扎实推进节能减排、资源节约和综合利用、污染防治、国土绿化、生态建设，让四川天更蓝、地更绿、水更清。这些重要论述，体现了坚持人与自然和谐共生的基本方略，赋予了四川维护国家生态安全的重大使命。必须认真践行绿水青山就是金山银山的理念，坚持共抓大保护、不搞大开发，坚定走生态优先、绿色发展之路，充分绽放四川独特的自然生态之美、多彩人文之韵，谱写美丽中国的四川篇章。

坚决打好污染防治攻坚战。持续深入推进大气、水、土壤污染防治和长江经济带生态保护修复，全面落实河（湖）长制，坚决打好蓝天保卫战、碧水保卫战、黑臭水体治理、长江保护修复、饮用水水源地问题整治、环保基础设施建设、农业农村污染治理、“散乱污”企业整治“八大战役”。扎实抓好中央和省环境保护督察反馈问题整改。全面完成生态环境保护机构改革和环保垂直管理制度改革，加快构建生态文明制度体系，建立生态补偿机制，有效防范生态环境风险，切实提高环境治理水平。

切实筑牢长江上游生态屏障。坚持节约优先、保护优先、自然恢复为主，加大生态系统保护修复力度，维护“四区八带多点”生态安全格局。全方位开展大规模绿化全川行动，完善天然林保护制度，提高生态产品供给能力。推进脆弱地区生态治理，强化湿地保护和恢复，推进石漠化、水土流失综合治理，统筹山水林田湖草系统治理。加强自然保护区和生物多样性保护，推进大熊猫国家公园体制试点。

大力发展绿色低碳循环经济。实施绿色低碳发展行动，大力发展壮大节能环保、清洁能源、清洁生产产业，深入实施清洁能源替代工程，因地制宜发展大数据等绿色高载能产业。实施资源节约综合利用行动，建设一批高环保标准、高技术水准的资源循环利用基地。实施生态文化旅游融合发展行动，建成万亿级旅游产业集群。实施绿色发展试验区和生态经济示范区创建行动，探索绿色发展制度创新，大力发展生态经济产业。实施推进生活方式转变综合行动，积极开展节约型机关及公共机构示范单位创建活动，在全社会营造崇尚勤俭、节约资源的良好风尚。

中共四川省委 四川省人民政府
关于全面加强生态环境保护
坚决打好污染防治攻坚战的实施意见

川府发〔2018〕31号

四川是长江上游重要生态屏障和水源涵养地，肩负维护国家生态安全的重大使命。为全面贯彻习近平新时代中国特色社会主义思想和党的十九大精神，深入学习贯彻习近平生态文明思想和习近平总书记对四川工作系列重要指示精神，加快建设美丽四川，按照《中共中央 国务院关于全面加强生态环境保护 坚决打好污染防治攻坚战的意见》精神和省委十一届三次全会部署，现结合四川省实际提出如下实施意见：

一、深刻认识全省生态环境保护面临的形势

党的十八大以来，以习近平同志为核心的党中央把生态文明建设作为统筹推进“五位一体”总体布局、协调推进“四个全面”战略布局的重要内容，谋划开展了一系列根本性、长远性、开创性工作，推动生态文明建设和生态环境保护从实践到认识发生了历史性、转折性、全局性变化。省委、省政府认真贯彻落实中央关于生态文明建设的系列决策部署，始终把生态文明建设和生态环境保护工作摆在事关全局的重要位置来抓，坚定走生态优先、绿色发展之路，推动生态文明体系初步形成，绿色发展方式持续转变，环境污染防治初见成效，生态系统保护明显加强，生态环境质量持续改善，美丽四川建设扎实推进。

同时，四川省生态文明建设和生态环境保护面临不少困难和挑战。少数干部绿色发展理念树得不牢，生态环境保护责任落实不到位；产业结构偏重、产业布局不够合理，污染物排放处于高位；区域性流域性污染较重，季节性区域大气污染问题较为突出，流域水环境污染形势严峻；治理能力保障支撑不强，环保基础设施建设滞后，城乡生活垃圾处置能力不足，环境监管的科技化信息化水平不高。这些问题，成为重要的民生之患、民心之痛，成为经济社会可持续发展的瓶颈制约，成为决胜全面建成小康社会的明显短板。

进入新时代，解决人民日益增长的美好生活需要和不平衡不充分的发展之间

的矛盾，对生态环境保护提出了许多新要求。全省上下必须全面加强生态环境保护，加大力度、加快治理、加紧攻坚，坚决打好标志性污染防治重大战役，加快推进美丽四川建设，筑牢长江上游生态屏障，为人民群众创造良好生产生活环境。

二、深入学习贯彻习近平生态文明思想

生态文明建设是关系中华民族永续发展的根本大计。党的十八大以来，习近平总书记传承中华民族优秀传统文化、顺应时代潮流和人民意愿，站在坚持和发展中国特色社会主义、实现中华民族伟大复兴中国梦的战略高度，提出了坚持生态兴则文明兴、坚持人与自然和谐共生、坚持绿水青山就是金山银山、坚持良好生态环境是最普惠的民生福祉、坚持山水林田湖草是生命共同体、坚持用最严格制度最严密法治保护生态环境、坚持建设美丽中国全民行动、坚持共谋全球生态文明建设等系列重要论述，深刻回答了为什么建设生态文明、建设什么样的生态文明、怎样建设生态文明等重大理论和实践问题，系统形成了习近平生态文明思想，有力指导生态文明建设和生态环境保护取得历史性成就、发生历史性变革，为推进美丽中国建设、实现人与自然和谐共生的现代化提供了方向指引和根本遵循。

各地、各部门要提高政治站位，牢固树立“四个意识”，坚决做到“两个维护”，把学习贯彻习近平生态文明思想作为重要政治任务抓紧抓实，全面系统学习领会习近平生态文明思想的丰富内涵、精神实质，切实把思想和行动统一到中央决策部署上来。要把贯彻落实习近平生态文明思想与贯彻落实习近平总书记对四川工作系列重要指示精神紧密结合起来，树立正确的政绩观，坚定不移走生态优先、绿色发展之路，全面加强生态环境保护，坚决打好污染防治攻坚战，让人民群众有更多获得感幸福感安全感。

三、全面加强党对生态环境保护的领导

（一）落实党政主体责任

各级党委、政府要加强对生态文明建设和环境保护工作的领导，落实领导干部生态文明建设责任制，严格落实党政同责、一岗双责。各级党委、政府对本行政区域的生态环境保护工作及生态环境质量负总责，主要负责人是本行政区域生态环境保护第一责任人，至少每季度研究一次生态环境保护工作。

省、市、县三级要制定生态环境保护责任清单，把任务分解落实到有关部门。各有关部门要履行好生态环境保护职责，制定生态环境保护年度工作计划和措施。各市（州）、省直有关部门每年将落实情况向省委、省政府报告。建立污染防治攻坚重点县清单，实行省直部门、国有大型企业、科研院所与重点县“一对一”结对攻坚。

健全生态环境保护督察常态长效机制。加强力量配备，继续夯实网格化监管基础，推动生态环境保护督察向纵深发展。完善交办、巡查、约谈、督察机制，开展重点区域、重点领域、重点行业专项督察。定期开展省级生态环境保护督察和督察“回头看”，推动落实生态环境保护责任。

（二）强化考核问责

建立以改善生态环境质量为核心、以约束性生态环境保护指标为导向的目标责任制和考核评价体系，对接落实中央出台的污染防治攻坚战成效考核办法，研究制定四川省《实施细则》，对生态环境保护依法行政情况、年度工作目标任务完成情况、生态环境质量状况、资金投入使用情况、公众满意程度等相关方面开展考核，考核结果作为各级领导班子和领导干部综合考核评价、奖惩任免的重要依据。开展领导干部自然资源资产离任审计。建立生态环境质量奖励激励制度，对生态环境质量明显改善的地区予以项目支持。

严格责任追究。对市（州）党委、政府及负有生态环境保护责任的省直有关部门贯彻落实省委、省政府决策部署不坚决不彻底、生态文明建设和生态环境保护责任制执行不到位、污染防治攻坚任务完成严重滞后、区域生态环境问题突出的，约谈主要负责人，同时责成其向省委、省政府作出深刻检查。对年度目标考核任务未完成、考核不合格的市（州）、县（市、区），党政主要负责人和相关领导班子成员不得评优评先。对在生态环境方面造成严重破坏负有责任的干部，不得提拔使用或转任重要职务。对不顾生态环境盲目决策、违法违规审批开发利用规划和建设项目的，对造成生态环境质量恶化、生态严重破坏的，对生态环境事件多发高发、应对不力、群众反映强烈的，对生态环境保护责任没有落实、推诿扯皮、没有完成工作任务的，依纪依法严格问责、终身追责。

四、打好污染防治攻坚战的总体目标

到 2020 年，生态环境质量总体改善，主要污染物排放总量大幅减少，环境风险得到有效管控，生态环境治理能力显著提升，生态环境保护水平同全面建成小康社会目标相适应。到 2035 年，生态环境质量实现根本好转，建成全国生态环境示范区，美丽四川建设目标基本实现。到本世纪中叶，生态文明全面提升，实现态环境领域治理体系和治理能力现代化。

大气环境质量明显提升。到 2020 年，全省未达标地级及以上城市细颗粒物（PM2.5）年均浓度比 2015 年下降 18%以上，地级及以上城市环境空气质量优良天数比例达到 83.5%，地级及以上城市大气环境达标比例力争超过 50%；二氧化硫、氮氧化物排放总量均比 2015 年减少 16%。到 2035 年，全省大气环境质量根本好转。

水环境质量全面改善。到 2020 年，全省 87 个国考监测断面水质优良比例总体高于 81.6%，地级及以上城市集中式饮用水水源水质优良比例达到 97.6%，县级城市集中式饮用水水源水质优良比例高于 90%，地级及以上城市建成区黑臭水体基本消除；化学需氧量、氨氮排放量分别比 2015 年减少 12.8%、13.9%。到 2035 年，全省水环境质量根本好转，水生态系统趋于健康。

土壤环境质量趋稳向好。到 2020 年，全省大宗固体废物和危险废物得到有效处置，受污染耕地安全利用率达到 94%，污染地块安全利用率达到 90%以上。到 2035 年，土壤环境质量持续向好，农用地和建设用地土壤环境安全可控。

五、推动形成绿色发展方式和生活方式

（一）促进经济绿色低碳循环发展

优化空间布局。加快确定生态保护红线、环境质量底线、资源利用上线、生态环境准入清单“三线一单”，在地方立法、政策制定、规划编制、执法监管中不得变通突破、降低标准，不符合不衔接不适应的于 2020 年年底前完成调整。严格环境准入，根据《四川省主体功能区规划》，立足各类主体功能区定位，制定差别化环境准入政策。对重点区域、重点流域、重点行业和产业布局开展规划环评，调整优化不符合生态环境功能定位的产业布局、规模和结构。严格控制重点流域、重点区域环境风险项目。对国家级新区、工业园区、高新区等进行集中整治，限期进行达标改造。加快城市建成区、重点流域的重污染企业和危险化学品企业搬迁改造，2018 年年底前，相关城市政府就此制定专项计划并向社会公开。

调整产业结构。促进传统产业优化升级，在能源、冶金、建材、有色、化工、电镀、造纸、印染、农副产品加工等行业，全面推进清洁生产改造或清洁化改造，构建绿色产业链体系。构建市场导向的绿色技术创新体系，强化产品全生命周期绿色管理。培育壮大节能环保产业、清洁生产产业、清洁能源产业，发展高效农业、先进制造业、现代服务业，大力发展电子信息、装备制造、食品饮料、先进材料、能源化工、数字经济等产业，着力提高节能、环保、资源循环利用等绿色产业技术装备水平，培育发展一批骨干企业。

淘汰落后产能。按照国家淘汰落后产能工作部署，制定全省淘汰落后产能工作方案，进一步强化产业、环保、能耗、安全、质量等标准约束，提高污染排放标准，加大钢铁等重点行业落后产能淘汰力度，依法依规推动落后产能退出。继续化解过剩产能，严禁钢铁、水泥、电解铝、平板玻璃等行业新增产能，对确有必要新建的必须实施等量或减量置换，防范过剩和落后产能跨地区转移。“十三五”期间燃煤发电机组、粗钢、水泥、平板玻璃、煤炭等行业完成国家确定的去产能目标任务。

（二）推进资源全面节约和循环利用

加强资源能源节约。强化能源和水资源消耗、建设用地等总量和强度双控行

动，实行最严格的耕地保护、节约用地和水资源管理制度。完善水价形成机制，推进节水型社会和节水型城市建设。健全节能、节水、节地、节材、节矿标准体系，大幅降低重点行业和企业能耗、物耗，推行生产者责任延伸制度，实现生产系统和生活系统循环链接。大力发展节能和环保服务业，推行合同能源管理、合同节水管理，积极探索区域环境托管等新模式。

推进资源循环利用。开展园区循环化改造试点示范。推动建设一批资源循环利用基地，推进废金属、餐厨废弃物、废塑料、城市污泥等废弃物分类利用和集中处置。到2020年，75%以上的国家级园区和50%以上的省级园区实施循环化改造，资源循环利用基地服务区域的废弃物资源化利用率提高30%以上。

推进清洁能源替代。深入实施“气化全川、电能替代、清洁替代”工程，加快建设国家清洁能源示范省和“西电东送”基地。鼓励研究推广清洁煤技术，实施成都平原、川南、川东北区域煤炭减量替代，严格控制新建、扩建重大耗煤项目。科学有序开发金沙江、雅砻江、大渡河等水电资源。以民族地区风电基地和光伏扶贫为重点推进新能源发展。建设全国页岩气生产基地。到2020年，全面淘汰县级及以上城市建成区10蒸吨/小时及以下燃煤锅炉，非化石能源消费比重达到37.81%，天然气消费比重达到16.19%，煤炭消费比重控制在23.91%以内。积极应对气候变化，确保完成2020年控制温室气体排放行动目标。

（三）推动生活方式绿色化转变

积极倡导绿色生活。将培育绿色生活方式纳入党政领导干部培训内容，按照国家有关规定，积极开展生态文明示范区、环境保护模范城市、美丽乡村和文明单位（社区）创建，鼓励开展创建绿色家庭、绿色学校、绿色社区、绿色商场、绿色餐馆等行动。提倡绿色居住，节约用水用电，合理控制夏季空调和冬季取暖室内温度。

大力推行绿色消费。倡导简约适度、绿色低碳的消费方式，反对奢侈浪费和不合理消费。打造健康支持性环境，推行绿色消费，落实快递业、共享经济等新业态环保行为规范，推广环境标志产品、有机产品等绿色产品。

鼓励支持绿色出行。实施公交优先战略，推进地级及以上城市“公交都市”建设，大幅提高公共交通出行分担比例，建立公众出行信息服务平台。大力发展轨道交通，推动城市群城际铁路公交化改造运行。到2020年，市区人口300万以上城市公共交通出行占机动化出行比例达到60%。推广使用新能源汽车。鼓励自行车、步行等绿色出行，加快步行和自行车交通系统建设。

六、坚决打好污染防治攻坚“八大战役”

（一）打赢蓝天保卫战

以空气质量明显改善为刚性要求，制定打赢蓝天保卫战三年作战计划，划定全省大气污染防治重点区域，强化结构调整、工程治理、联防联控和重污染天气应对，增强人民群众的蓝天幸福感。

加强工业污染治理。加快火电、钢铁、有色、化工、建材等重点行业污染治理，成都平原地区全面执行大气污染物特别排放限值。强化工业企业无组织排放管理，加强挥发性有机物综合整治，到 2020 年挥发性有机物排放总量比 2015 年下降 5%以上。开展大气氨排放控制试点，到 2020 年具备改造条件的燃煤电厂全部完成超低排放改造。推动钢铁等行业超低排放改造。

加强城市精细化管理。强化施工扬尘监管，建立管理清单，全面落实建筑工地扬尘防控措施。严格渣土运输规范化管理，提高城区道路机械化清扫率。加强对脏车在城市道路上的行驶管理。鼓励采用绿色建材，大力发展装配式、被动式建筑，提高新建绿色建筑比例。推进城镇留白增绿，提高城市绿化率。2020 年年底前，地级及以上城市建成区道路机械化清扫率达到 70%以上，县城达到 60%以上，县级及以上城市建成区绿地率达到 35%，成都市建成区绿色建筑达到 80%以上。

加强移动源污染治理。强化柴油货车超标排放专项治理，严格新车生产销售和注册登记环节的环保达标监管，严控高排放车辆跨区域转移。在各级政府机关及公共机构推广和应用新能源汽车。开展机动车排放检验机构专项检查。开展非道路移动机械污染防控，划定低排放控制区。加快油品升级，按期供应国六标准汽柴油，加大车用燃油、非道路移动机械用燃油、车用尿素水溶液质量监管，严厉打击生产、销售和使用非标车（船）用燃料行为，彻底清除黑加油站点，鼓励节油减排技术市场化推广。内河和江海直达船舶必须使用硫含量不大于 10 毫克/千克的柴油。加快机场、港口岸电设施建设，到 2020 年，长江干线水上服务区和待闸锚地基本具备船舶岸电供应能力。

加强重污染天气应对。完善重污染天气应急体系，提高空气质量预报预警能力，加强重污染天气联合会商预报，严格实施区域联防联控联治，统一预警分级标准、信息发布、应急响应。科学确定重污染天气期间管控措施，全面实施污染源清单制管理，每年更新污染源清单，落实“一厂一策”。实施建材等重点行业错峰生产，减缓重污染天气影响。到 2020 年，地级及以上城市重污染天数比 2015 年减少 25%。

（二）打赢碧水保卫战

深入实施水污染防治行动计划，全面落实河（湖）长制，积极探索流域智慧管理体制机制，坚持污染减排和生态扩容并重，突出抓好严重污染水体治理、良好水体保护，编制实施十大重点流域污染防治规划。以沱江、岷江、涪江、渠江流域为重点治理区域，以嘉陵江、大渡河、青衣江、安宁河、雅砻江、金沙江—长江干流为重点保护区域，强力削减总磷、氨氮、化学需氧量等主要污染物排放总量，全面改善水生态环境质量。到 2020 年，十大河流一级支流全面消除劣Ⅴ类水质。

大力开展严重污染水体治理。有关市（州）、县（市、区）政府制定实施不达标水体限期达标规划，对沱江流域石亭江、鸭子河、青白江、毗河、九曲河、阳化河、绛溪河、球溪河、釜溪河、濑溪河 10 条支流，岷江流域府河、新津南河、江安河、毛河、醴泉河、思濛河、越溪河、金牛河、茫溪河 9 条支流，涪江流域琼江、郪江、凯江 3 条支流，渠江流域州河等严重污染水体实行重点整治，全面推动生活污染、工业污染、农村面源污染、河道内源污染综合治理，开展水生态系统整治，确保考核断面限期达标。

大力开展优良水体保护。加强金沙江、雅砻江、泸沽湖、紫坪铺水库、白龙湖等水质优良河湖保护，严格控制河流湖库周边开发建设活动，集中解决部分区域污染问题，持续提升河流湖库自然生态环境。加强紫坪铺水库风险防范，确保下游地区用水安全。建立健全赤水河、嘉陵江、泸沽湖等省际联防联控机制，严防跨省流域污染。

（三）打好长江保护修复攻坚战

全省范围内涉及长江流域的一切经济活动都要以不破坏生态环境为前提。实施生态修复、资源保护、污染治理协同推进，强化山水林田湖草统筹治理。通过 3 年攻坚，基本解决长江干流及主要支流的突出生态环境问题，有效遏制全省长江流域自然保护地的生态破坏问题。

加强生态环境风险防控。从生态系统整体性和长江流域系统性出发，开展长江流域生态环境大普查，评价长江流域资源环境承载能力，调查评估长江流域生态隐患和环境风险，划定高风险区域，从严实施生态环境风险防控措施。严禁在长江干流及主要支流岸线 1 千米范围内新建布局重化工园区，严控中上游沿岸地区新建石油化工、煤化工、涉磷、造纸、印染、制革等项目。

加强水生态保护修复。加强沿河环湖生态保护，修复湿地等水生态系统，因地制宜建设人工湿地水质净化工程。清理整顿长江经济带无序开发的小水电，加强小水电日常监督监测。2020 年年底前，拆除一批无环评手续、生态环境破坏严重、位于自然保护区、阻隔河流生态系统的小水电并同步实施生态修复。“十三五”期间，原则上不再审批建设 5 万千瓦以下的小水电。实施长江流域上游水库群联合调度，保障干流、主要支流和湖泊基本生态用水。全面整治长江岸线，构筑岸线绿带。

加强沿江突出问题整治。开展长江沿岸化工园区、企业污染排查与整治，依法查处长江干流和重要支流岸线延伸陆域 1 千米范围内存在违法违规行为的化工企业，整改后仍不能达到要求的依法关闭，鼓励企业搬入合规园区。加强危化品生产运输贮存全过程智能管控。根据流域水环境承载力设置排污口，坚决取缔各类非法排污口，到 2020 年完成所有入河排污口规范化建设。实施入河污染源排放、排污口排放和水体水质联动管理。开展打击沿江固体废物非法转移和倾倒专项行动，加强尾矿、磷石膏渣等大宗固体废物综合整治和利用。清理整顿非法采砂、非法码头，全面清除不合规码头。强化船舶和港口污染防治，现有船舶到2020 年全部完成达标改造，港口、船舶修造厂环卫设施、污水处理设施纳入城市设施建设规划。

（四）打好城市黑臭水体治理攻坚战

强力推进地级及以上城市建成区黑臭水体治理，完成国家挂牌督办的 100 个城市黑臭水体整治项目，有序开展县城和重点城镇黑臭水体治理。切实提高污水处理能力，全面加强城市污水管网建设，着力解决市政排水管网不配套、部分老城区仍采用合流制排水系统等历史欠账问题，尽快实现污水管网全覆盖、全收集、全处理，杜绝污水直排下河。完善污水处理收费政策，各地要按规定将污水处理收费标准尽快调整到位，原则上应补偿到污水处理和污泥处置设施正常运营并合理盈利。加强城市初期雨水收集处理设施建设，有效减少城市面源污染。深入推进垃圾处理处置，加强城市河道底泥污染治理，有效减少垃圾及内源污染。积极开展河道生态修复，恢复河流水生态，提升河流自净能力。通过 3 年综合整治，地级及以上城市建成区黑臭水体消除比例达 95%，流经城镇河流水质明显改善。

（五）打好饮用水水源地问题整治攻坚战

巩固地级及以上城市饮用水水源地整治成果，严防问题反弹。大力推进县级饮用水水源地环境问题整治，建立“党政督导、市级指挥、县级实施”三级联动组织体系，整治一批不合格水源地，建设保护一批优质水源地，撤销一批劣质水源保护区，确保 2018 年年底前完成。进一步强化乡镇集中式饮用水水源保护区划定、规范化建设和问题整治，加强饮用水水源保护区内居民生活污水、垃圾处理处置。到 2020 年，地级及以上城市饮用水水源地水质达到或优于Ⅲ类水质比例达到 97.6%；县级城市集中式饮用水水源地水质达到或优于Ⅲ类水质比例高于 90%；乡镇集中式饮用水水源保护区规范化建设完成率达到 80%。加强水源地风险防控，加快推进单一水源供水的地级及以上城市备用水源或应急水源建设，提升监测监控和应急处置能力。强化饮用水水质监管，加强部门联动，实施水源水、出厂水、管网水、末梢水全过程管理。定期监（检）测、评估集中式饮用水水源、供水单位供水和用户水龙头水质状况，县级及以上城市至少每季度向社会公开一次。

（六）打好环保基础设施建设攻坚

战加强环保基础设施建设。实施城镇污水处理提质增效三年行动，强力推进城镇污水和城乡垃圾处理设施建设三年推进方案。重点加快沱江、岷江等重点流域和乡镇以上城镇污水和城乡垃圾处理设施建设，加快实施污水处理设施建设提标改造、管网配套、污泥处置、再生水利用，因地制宜推进生活垃圾无害化处理设施建设和改（扩）建。统筹推进产业园区（集聚区）工业废水处理设施建设，严格执行排水许可制度。到 2019 年，全省城市、县城、建制镇生活污水处理率分别达到95%、85%、50%；生活垃圾无害化处理率成都城市建成区达到100%、其他设市城市达到95%。到2020年，省级及以上工业集聚区（园区）实现污水全收集全处理，城乡生活垃圾基本实现安全有效处置。

加强环保基础设施运营和监管。完善治污设施收费政策和征管办法，合理提高征收标准。强化城镇生活污水、垃圾处理设施监管能力建设，加快形成覆盖全省的生活污水处理设施省、市、县三级监管网络体系，提升在线监管、预警与应急能力，到2019年，全省运营中的生活污水、垃圾处理设施实现在线监管全覆盖。

（七）打好农业农村污染治理攻坚战

加快农村人居环境整治。以建设美丽宜居村庄为导向，以农村垃圾、污水治理、村容村貌提升为主攻方向，强力推进农村生活污水治理五年实施方案和农村人居环境整治三年行动方案，实现全省行政村环境整治全覆盖。合理选择集中式或分散式污水处理方式，持续推进“户分类、村收集、镇运输、县处理”的垃圾收运处置体系建设，扎实推进农村“厕所革命”。到2020年，农村人居环境明显改善，村庄环境基本干净整洁有序，城市近郊区等有基础、有条件的地方人居环境质量全面提升，管护长效机制初步建立；建成幸福美丽新村3.5万个，50%左右的行政村农村生活污水得到有效处理，生活污水乱排乱放得到管控，90%以上的行政村生活垃圾得到治理，卫生厕所普及率达到85%左右。

推动转变农业发展方式。加强畜禽养殖污染治理，严格畜禽规模养殖环境监管，全面依法取缔未按规定建设和超标排放的畜禽养殖场。推进农业生产清洁化和产业模式生态化，发展适应性畜牧业，推广绿色高产高效种植技术，坚持种植和养殖相结合，就地就近消纳利用畜禽养殖废弃物。开展秸秆全域综合利用和整县推进畜禽粪污资源化利用试点示范。加强水产养殖污染治理，推进水产健康养殖，开展重点江河湖库破坏生态环境的养殖方式综合整治。实施化肥、农药负增长行动，减少化肥农药使用量，严格控制高毒高风险农药使用，推进有机肥替代化肥、病虫害绿色防控替代化学防治和废弃农膜回收，完善包装废弃物等回收处理制度。到2020年，全省主要农作物化肥、农药使用量实现零增长，秸秆综合利用率达到90%以上，废旧农膜回收利用率达到80%以上，规模养殖场粪污处理设施配套率达到95%以上，畜禽粪污综合利用率达到75%以上。

（八）打好“散乱污”企业整治攻坚战

全面整治“散乱污”企业及集群，按照“先停后治”原则，采取关停取缔一批、整合搬迁一批、整改提升一批等措施，实施分类整治。加快建立长效机制，强化“散乱污”企业动态“清零”，基本消除“散乱污”企业污染问题。2018年年底前，成都平原地区基本完成“散乱污”企业整治。2020年，全省基本完成“散乱污”企业整治。

关停取缔一批。对不能按照整合搬迁、整改提升措施整治和逾期未完成达标改造的“散乱污”企业，坚决执行切断工业用水、切断工业用电“两断”措施，妥善处理好遗留问题后，达到清除原料、清除产品、清除生产设备“三清”要求，依法予以关闭。

整合搬迁一批。综合分析评价工业园区外不符合相关规划的“散乱污”企业，对可以通过整合搬迁实现合法生产的，按照产业发展规模化、现代化的原则，搬迁至工业园区并实施升级改造。

整改提升一批。对环境污染小、具备整改条件、能完善相关手续，且通过环保、安全、工艺装备升级等整改可以达到相关标准实现合法生产的企业，实施清洁生产技术改造，全面提升污染治理水平。企业要制定整改计划和方案，明确整改完成时限，实施限期治理。

七、扎实推进土壤环境治理

（一）强化土壤污染管控和修复

加强耕地土壤环境分类管理。实施耕地土壤环境治理保护重大工程，开展重点地区涉重金属行业排查和整治。严格管控重度污染耕地，严禁在重度污染耕地种植食用农产品。2018 年年底前，完成农用地土壤污染状况详查。2020 年年底前，编制完成耕地土壤环境质量分类清单。建立建设用地土壤污染修复目录和开发利用负面清单，开展重点区域、重点行业土壤污染风险隐患排查，强化风险管控和治理修复，推进德阳市旌阳区、崇州市、泸州市龙马潭区等城市污染场地治理与修复试点示范；推进西昌市、石棉县等 22 个重金属污染重点防控区整治，对矿产资源集中开发区实施特别排放限值；推进德阳市、泸州市、凉山州 3 个省级土壤环境风险管控试点示范区和崇州市、绵阳市安州区、犍为县等 8 个省级土壤污染综合防治先行示范区建设。建立污染地块联动监管机制，将建设用地土壤环境管理要求纳入用地规划和供地管理，严格控制用地准入，强化暂不开发污染地块的风险管控。2020 年年底前，完成重点行业企业用地土壤污染状况调查。严格土壤污染重点行业企业搬迁改造过程中拆除活动的环境监管。

（二）加快推进垃圾分类处理

加强垃圾分类处置设施建设，大力发展垃圾焚烧发电，提高垃圾资源化利用率。到 2020 年，全面建成垃圾处理系统，实现所有城市和县城生活垃圾处理能力全覆盖，大中型城市实现密闭化收运；完成非正规化垃圾堆存点整治。推进农村垃圾就地分类、资源化利用和处理，建立农村有机废弃物收集、转化、利用网络体系。

（三）强化固体废物污染防治

推进危险废物集中处置设施建设，开展重点行业危险废物产生、贮存、利用、处置情况调查。完善危险废物经营许可、转移等管理制度，加强固体废物信息化监管体系能力建设，实施全过程监管。严厉打击涉危险废物环境违法行为，深入推进长江经济带固体废物大排查、清废行动。以德阳市、攀枝花市、凉山州等为重点，开展大宗固体废物调查整治，加大磷石膏综合整治，控制增量、减少存量。评估有毒有害化学品在生态环境中的风险状况，严格限制高风险化学品生产、使用、进出口，并逐步淘汰、替代。到2020年，全省危险废物集中处置能力新增40万吨/年以上，危险废物产处矛盾根本好转，固体废物环境风险隐患基本消除。全面禁止洋垃圾入境，到2020年年底，实现固体废物零进口。

八、加快生态保护与修复

（一）严守生态保护红线

全面划定生态保护红线，面积占全省幅员面积的30.45%，到2020年，全面完成生态保护红线勘界定标和落图落地，形成生态保护红线全省“一张图”，实现一条红线管控重要生态空间。制定实施生态保护红线管理办法、保护修复方案，开展生态保护红线监测预警与评估考核，严格生态保护红线管控。

（二）开展大规模绿化全川活动

实施川西北防沙治沙、川南石漠化治理、退耕还林还草、森林质量精准提升等生态工程。开展重点工程造林、长江廊道造林、森林质量精准提升行动，建设森林湿地草原生态屏障重点县。完善天然林保护制度，逐步提高天然林管护补助标准。实施川西北民生项目木材替代行动。到2020年，全省森林覆盖率达到40%，国土绿化覆盖率达到70%，草原综合植被盖度达到85%，新增水土流失治理面积1.41万平方千米。

（三）加强自然保护地建设和管理

推进大熊猫国家公园体制试点，建立健全国家公园政策制度体系。编制全省自然保护区总体规划，调整和优化一批自然保护区，启动国家级自然保护区收归省管改革试点，进一步完善自然保护区管理体制机制，配强管理人员。到2020年，完成全省自然保护区范围界限核准和勘界立标。实施湿地保护与恢复工程，重点保护和建设若尔盖、长沙贡玛、泸沽湖湿地及西昌邛海、泸州长江湿地公园等一批示范基地，开展退耕还湿、退牧还湿、退养还滩和人工湿地建设，完善湿地自然保护区17个，新建和完善湿地公园60个，湿地保护修复2 621万亩，营建河流渠系绿色生态廊道2万千米。推进自然保护区“天空地一体化”监控平台。2018年年底前，县级及以上政府全面排查违法违规挤占生态空间、破坏自然遗迹等行为，制定治理和修复计划并向社会公开。开展自然保护区联合执法检查和“绿盾行动”，推动自然保护区生态环境问题限期整改到位。落实《四川省生物多样性保护战略与行动计划》，编制实施横断山南段、大巴山等5个生物多样性优先区规划，建设珍稀濒危物种生态保护小区。切实保护水生野生动植物，加快推进长江流域重点水域禁捕，改善和修复水生生物生境，强化重要珍稀濒危物种的就地、迁地保护和人工繁育基地建设。

（四）加强环境风险防控体系建设

加强环境风险评估与源头防控，建立健全环境风险防控责任制和企业环境风险防控体系。完成第二次全国污染源普查，对环境风险企业和污染物排放实施清单管理，划定高风险区域。严密防控垃圾焚烧等重点领域生态环境风险。开展资源环境承载力监测预警，对接近或超过生态环境承载能力的地区实施预警提醒和差异化限制。加强环境应急能力建设，健全省、市、县三级环境应急管理体系，建立跨部门、跨区域环境应急协调联动机制，建立统一的环境应急预案电子备案系统，加强省、市级环境应急物资储备库建设，企业环境应急装备和储备物资应纳入储备体系。加强核与辐射安全监管，完善核安全工作协调机制，确保城市放射源与放射性废物安全收贮率达 100%，提升突发核与辐射事故应急处置能力。加强地质灾害次生突发环境事件风险防范能力建设。

九、健全生态环境治理体系

（一）健全生态环境监管体系

加强监管力量建设。加快完成生态环境保护机构改革，整合分散的生态环境保护职责，统筹城乡生态环境保护工作，强化生态保护修复和污染防治统一监管。按照机构规范化、装备现代化、队伍专业化、管理制度化要求，整合组建生态环境保护综合执法队伍，列入政府执法部门序列，统一实行生态环境保护执法。完成生态环境机构监测监察执法垂直管理制度改革，推进执法规范化建设，统一着装、统一标识、统一证件、统一保障执法用车和装备。健全区域流域生态环境管理体制，积极探索按流域设置环境监管和行政执法机构、跨地区环保机构，加快推行沱江流域等跨区域环境污染联防联控。积极探索依托公安机关组建生态环境保护警察队伍。完善农村环境治理体制，落实乡镇（街道）生态环境保护职责，到 2020 年，乡镇（街道）和工业园区（开发区、高新区）全部明确与生态环境保护任务相适应的监管机构及专（兼）职人员。

严格生态环境质量管理。生态环境质量达标地区要保持环境指标稳定并持续改善；生态环境质量不达标地区的市、县级政府，于 2018 年年底前制定实施限期达标规划，向上级政府备案并向社会公开。开展生态文明示范创建、绿水青山就是金山银山实践创新基地建设活动。加快推行排污许可制度，对固定污染源实施全过程管理和多污染物协同控制，按行业、地区、时限核发排污许可证，全面落实企业治污责任，强化发证后监管和处罚。到 2020 年，将排污许可证制度建成固定源环境管理核心制度，实现“一证式”管理。建立跨部门联合奖惩机制。健全严惩重罚制度。

（二）健全生态环境保护经济政策体系

完善多元化投入机制。建立常态化、稳定的财政资金投入机制，健全环境保护税征收使用机制，加大财政投入力度，资金投入向污染防治攻坚战倾斜，确保财政资金投入与财力状况、经济发展实际相适应，资金投入同污染防治攻坚任务相匹配。加大农村生态环境保护投入力度。探索组建省生态环境保护投资集团，设立省生态环境保护投资基金。推进社会化生态环境治理和保护，采取直接投资、投资补助、运营补贴等方式，规范支持政府和社会资本合作项目；对政府实施的环境绩效合同服务项目，公共财政支付水平同治理绩效挂钩。鼓励通过政府购买服务方式实施生态环境治理和保护。建立和完善自然保护区管理政府投入体系，保证自然保护区保护管理设施建设、日常监管等经费。健全环境保护基础设施运营投入机制。完善助力绿色产业发展的价格、财税、投资等政策，研究出台“散乱污”企业综合治理激励政策。

加强绿色金融体系建设。大力发展绿色信贷、绿色债券等金融产品。按规定在环境高风险领域建立环境污染强制责任保险制度，完善资源环境价格机制，开展碳排放权、用能权、排污权等生态环境权益的市场化、资本化试点，健全环境资源权益交易制度，出台用能权交易管理暂行办法，加快建设西部环境资源交易中心。

完善生态环境保护补偿机制。建立范围更广、制度更健全的流域生态环境保护补偿制度，合理确定补偿标准，逐步提高补偿水平。探索开展生态环境保护综合补偿试点示范，研究制定综合性生态环境保护补偿办法。推进横向生态环境保护补偿，开展项目合作、园区共建、飞地经济等跨区域生态环境保护补偿合作。完善赤水河流域跨省生态环境保护补偿机制，深化沱江等流域生态环境保护补偿。

（三）健全生态环境保护法治体系

完善地方性法规和政府规章。加快建立绿色生产消费的法规制度和政策导向，制定出台四川省沱江流域水环境保护条例，修改《四川省〈中华人民共和国大气污染防治法〉实施办法》《四川省自然保护区管理条例》等地方性法规。鼓励支持有地方性法规制定权的市（州）加强生态环境保护立法。

加强“两法衔接”。健全生态环境保护行政执法与刑事司法衔接机制，完善执法部门与司法机关信息共享、案情通报、案件移送制度，健全生态环境保护领域民事、行政公益诉讼制度，引导社会组织开展生态环境保护公益诉讼。

严格监管执法。落实“双随机、一公开”，强化按日计罚、查封扣押、限产停产、司法移送等手段，推进联合执法、区域执法、交叉执法，严惩监测数据造假、超排漏排偷排等环境违法行为，构成犯罪的，依法追究刑事责任。

（四）健全生态环境保护能力保障体系

构建生态环境监测网络体系。建立独立权威高效的生态环境监测体系，统筹建设全省天地一体化的生态环境监测网络，健全生态环境质量预警评估体系。加强生态环境信息化建设，搭建大数据中心，完善监测数据集成共享机制，统一信息发布。到 2020 年，实现盆地区域空气污染物传输通道全覆盖，重点流域、重点断面自动预警全覆盖，基本建成环境要素统筹、标准规范统一、责任边界清晰、天地一体、各方协同、信息共享的生态环境监测网络。

加强生态环境保护治理科技支撑。实施环境治理与生态保护重大科技专项，开展大气、水、土壤等重点领域科技攻关和技术示范。充分运用高校、科研院所、环保企业的科研技术力量，强化产学研协同创新，建设生态环保省级高端智库，加强环境保护重点实验室、工程技术中心和科学观测研究站等创新平台建设。加快制订地方环境标准，开展环境技术规范和政策、资源环境承载力核算及监测预警技术研究，推进环境健康调查监测评估技术体系建设，编制省污染防治适用技术目录，积极开展环保科技项目示范。编制生态环境保护规划，开展全省生态环境状况评估，建立生态环境保护综合监控平台。

打造生态环境保护铁军。加强生态环境保护机构队伍能力建设和生态环境部门领导班子建设，确保与生态环境保护任务相协调。落实全面从严治党要求，建立全省生态环境监督管理人才、专业技术领军人才和青年拔尖人才选拔培养机制，有计划地培养一批高层次领军专业人才，强化后备干部人才战略储备，建设规范化、标准化、专业化的生态环境保护人才队伍，打造一支政治强、本领高、作风硬、敢担当，特别能吃苦、特别能战斗、特别能奉献的生态环境保护铁军。

（五）健全生态环境保护社会行动体系

强化生态环境保护宣传引导。培育普及生态文化，把生态环境保护纳入国民教育体系和党政领导干部培训体系，实现中小学、高校、职业学校生态文明教育全覆盖。公共机构尤其是党政机关带头使用节能环保产品，推行绿色办公，创建节约型机关。开展重大环境决策风险评估，建立政府、企业环境社会风险预防和化解机制，推进邻避问题防范化解。完善环境信息公开制度，加强重特大突发环境事件信息公开，对涉及群众切身利益的重大项目及时主动公开。健全生态环境新闻发布机制，曝光突出环境问题，报道整改进展情况。

强化排污者主体责任。健全环境保护信用评价制度，将企业环境信用信息纳入全国信用信息共享平台。完善信息强制性披露制度，依法公开排污信息。推进生态环境损害赔偿制度改革，落实企业污染治理赔偿责任。全面排查工业污染源，实施工业污染源全面达标排放计划。2018 年年底前，重点排污单位全部安装自动在线监控设备并同生态环境主管部门联网，依法公开排污信息。到 2020 年，实现长江经济带省域范围内的入河排污口监测全覆盖，并将监测数据纳入长江经济带综合信息平台。

拓宽公众参与渠道。推进生态环境教育设施和场所建设，加大公众开放力度，2020 年年底前，地级及以上城市符合条件的环境保护基础设施向社会开放。完善公众监督、举报反馈机制，建立生态环境保护有奖投诉举报制度。培育、发展环保社会组织和志愿者队伍。按照国家有关规定，对保护生态环境中作出突出贡献的单位和个人予以表彰。

四川省人民政府关于进一步加强规划环境影响评价的意见（节录）

川府发〔2018〕21号

二、主要任务

（三）细化分类管理

市（州）人民政府及其有关部门，对其组织编制的土地利用有关规划以及区域、流域的建设、开发利用规划（以下简称综合性规划），应当在规划编制过程中组织进行环境影响评价，编写该规划有关环境影响的篇章或者说明。

市（州）人民政府及其有关部门，对其组织编制的工业、农业、畜牧业、林业、能源、水利、交通、城市建设、旅游、自然资源开发的有关专项规划（以下简称专项规划），应当在该专项规划草案上报审批前，组织进行环境影响评价，并向审批该专项规划的机关提出环境影响报告书。专项规划中的指导性规划，应编写该规划有关环境影响的篇章或者说明。

（四）规范审查程序

应编制环境影响篇章或说明的综合性规划和专项规划中的指导性规划，规划编制机关应当将环境影响篇章或者说明作为规划草案的组成部分一并报送规划审批机关。未编写有关环境影响的篇章或者说明的规划草案，审批机关不予审批。

应当编制环境影响报告书的专项规划，规划编制机关在报批规划草案时，应当将环境影响报告书一并附送审批机关审查；未附送环境影响报告书的，审批机关不予审批。环境影响报告书应由相应环境保护行政主管部门会同行业主管部门组织审查。专项规划的编制机关应当根据环境影响报告书结论和审查意见对规划草案进行修改完善，并对环境影响报告书结论和审查意见的采纳情况做出说明；不采纳的，应当说明理由。规划审批机关在审批专项规划草案时，应当将环境影响报告书结论以及审查意见作为决策的重要依据。

（五）完善分级审查

除国务院生态环境行政主管部门组织审查的相关规划环境评价文件外，按照“同级审查”及规划实施可能造成的环境影响程度划定分级审查原则，省政府环境保护行政主管部门组织审查环境影响评价文件的规划如下：由省政府及省直相关部门审批的、应编制环境影响报告书的专项规划；省级开发区开发建设规划；市（州）人民政府及其有关部门组织编制的涉及世界自然遗产地、省级及以上自然保护区和风景名胜区的旅游区开发建设规划；产业定位涉及石化、化工、化学合成类制药、印染、酿造、制浆、冶炼、典型涉重产业（专业电镀、铅蓄电池制造、再生铅等）、含前工序的集成电路、放射性同位素生产（核技术利用）等的产业园区开发建设规划；水电开发规划。

除国务院生态环境行政主管部门和省政府环境保护行政主管部门审查的规划外，其余规划的环境影响评价文件由市（州）环境保护行政主管部门审查，省政府环境保护行政主管部门加强指导。

（六）优化产业发展

加快划定并严守“三线一单”，充分发挥“三线一单”的宏观指导作用，加快调整不符合生态环境功能定位的产业布局、规模和结构。开展重大经济政策和产业布局，以及重点区域、重点流域、重点行业规划环境影响评价，优化国土空间开发布局，调查区域流域产业布局。对环境影响重大的产业编制相应的产业专项规划，同步开展环境影响评价，减少资源消耗、污染排放和生态破坏，严格环境准入，实现绿色发展。加快推动全省生活垃圾焚烧发电、电子信息、竹浆造纸、锂电新能源等行业规划编制，同步开展环境影响评价。

（七）提高审查质效

规划环境影响评价应将空间管制、总量管控和环境准入作为评价成果的重要内容。加强空间管制，在明确并保护生态空间的前提下，提出优化生产空间和生活空间的意见和要求，推进构建有利于环境保护的国土空间开发格局。加强总量管控，以推进环境质量改善为目标，明确区域（流域）及重点行业污染物排放总量上限，作为调控区域内产业规模和开发强度的依据。加强环境准入，在符合空间管制和总量管控要求的基础上，提出区域（流域）产业发展的环境准入条件，推动产业转型升级和绿色发展。

提高规划环境影响评价审查效率，各级环境保护行政主管部门要加快对各类规划环境影响评价和跟踪环境影响评价的审查进程，公开审查进展，及时书面通知报送单位。规划环境影响评价实施 5 年以上的产业园区应主动开展跟踪环境影响评价工作，各级环境保护行政主管部门要及时通知督促各类产业园区按期开展规划跟踪环境影响评价，园区定位、范围、布局、结构、规模等发生重大调整或者修订的各类产业园区应及时重新开展规划环境影响评价工作。

（八）强化质量监督

各级环境保护行政主管部门要加强对规划环境影响评价编制机构的监督管理，对质量低劣、弄虚作假的要严肃处理，并向社会公开。被国务院生态环境行政主管部门和省政府环境保护行政主管部门通报批评的规划环境影响评价编制单位，两年内不得承担工业各行业、水利水电、化工园区和城市建设规划的环境影响评价工作。

三、保障措施

（九）加强部门协同。各级发展改革、经济和信息化、国土资源、住房城乡建设、交通运输、水利、农业、林业部门以及产业园区管委会等要加强规划环境影响评价部门协同，在规划编制过程中按照职能职责依法开展规划环境影响评价工作，并根据规划环境影响评价结论和审查意见对规划草案进行修改完善。

（十）完善会商机制。凡涉及跨区域环境影响的产业园区规划、水电开发规划、航运规划、生活垃圾焚烧发电规划等，应在规划环境影响评价编制阶段由规划编制机关组织相关地方政府和部门进行会商。规划编制机关可采取书面征求意见、召开座谈会、启动区域和流域污染防治协作机制等形式组织开展会商。会商意见达成一致后，送相应审查权限的环境保护行政主管部门纳入审查管理。环境保护行政主管部门在召集规划环境影响报告书审查时，应邀请参与会商的单位代表参与审查。

（十一）严格联动管理。未按要求开展环境影响评价或跟踪环境影响评价的规划所含项目，各级环境保护行政主管部门不得受理新建、扩建项目的环境影响评价文件。对不符合规划环境影响评价结论或审查意见的建设项目，各级环境保护行政主管部门不予受理、审批其项目环境影响评价文件。规划所含建设项目，其环境影响评价文件可按照规划环境影响评价中相关意见进行简化，结合实际情况可适当简化区域环境现状评价、与有关规划的环境协调性分析、区域污染源调查等内容。

（十二）强化执行监督。对在项目环境影响评价审查中，发现未按规划环境影响报告书和审查意见完成相应工作任务、不能为项目环境影响评价提供指导和约束的，或是发现相关规划在实施过程中产生重大不良影响的，或是规划环境影响评价结论与审查意见未得到有效落实的，有关单位和各级环境保护部门不得以规划已开展环境影响评价为理由，随意简化规划所包含项目环境影响评价的工作内容，甚至降低评价类别；环境保护行政主管部门可以暂缓或不予受理项目环境影响评价文件，并向有关规划审批机关提出相关改进措施或建议。

（十三）严肃考核问责。省政府环境保护行政主管部门应适时组织开展规划环境影响评价结论及审查意见落实情况监督检查，将市（州）、县（市、区）人民政府及其有关部门规划环境影响评价工作开展情况纳入环境保护督察和环境保护党政同责工作目标绩效管理。

本意见自发布之日起实施，《四川省人民政府关于大力推进战略环境影响评价的意见》（川府发〔2007〕16号）同时废止。

四川省人民政府

2018年7月4日

四川省人民政府关于印发四川省生态保护红线方案的通知

川府发〔2018〕24号

各市（州）、县（市、区）人民政府，省政府各部门、各直属机构：

现将《四川省生态保护红线方案》印发给你们，请认真贯彻执行。《四川省人民政府关于印发四川省生态保护红线实施意见的通知》（川府发〔2016〕45号）同时废止。

四川省人民政府

2018年7月20日

四川省生态保护红线方案（节录）

三、生态保护红线划定结果

按照《环境保护部办公厅国家发展改革委办公厅关于印发〈生态保护红线划定指南〉的通知》（环办生态〔2017〕48号，以下简称《划定指南》）要求，结合四川实际，按照定量与定性相结合原则，通过科学评估，识别生态保护的重点类型和重要区域，合理划定生态保护红线。

（一）总体划定情况

四川省生态功能重要性和生态环境敏感性科学评估结果表明，全省水源涵养极重要区、水土保持极重要区、生物多样性维护极重要区面积分别为10.56万平方千米、6.77万平方千米、10.83万平方千米，水土流失极敏感区、土地沙化极敏感区、石漠化极敏感区面积分别为5.28万平方千米、2.31万平方千米、0.74万平方千米。叠加后（去除重叠部分）总面积为16.23万平方千米，占全省面积的33.38%。

在科学评估基础上，对各类保护地进行叠加校验、边界处理、规划衔接、跨区域协调、上下对接等，去除城市建设用地、耕地（含永久基本农田）、商品林（含苗圃）、交通用地、工矿用地以及能源、公共服务设施等项目建设用地，完成四川省生态保护红线划定。

四川省生态保护红线总面积 14.80 万平方千米，占全省面积的 30.45%，涵盖了水源涵养、生物多样性维护、水土保持功能极重要区，水土流失、土地沙化、石漠化极敏感区，自然保护区、森林公园的生态保育区和核心景观区，风景名胜区的一级保护区（核心景区）、地质公园的地质遗迹保护区、世界自然遗产地的核心区、湿地公园的湿地保育区和恢复重建区、饮用水水源保护区的一级保护区、水产种质资源保护区的核心区等法定保护区域，以及极小种群物种分布栖息地、国家一级公益林、重要湿地、雪山冰川、高原冻土、重要水生生境、特大和大型地质灾害隐患点等各类保护地。

四川省生态保护红线主要分布于川西高山高原、川西南山地和盆周山地，分布格局为“四轴九核”。“四轴”指大巴山、金沙江下游干热河谷、川东南山地以及盆中丘陵区，呈带状分布；“九核”指若尔盖湿地（黄河源）、雅砻江源、大渡河源以及大雪山、沙鲁里山、岷山、邛崃山、凉山—相岭、锦屏山，以水系、山系为骨架集中成片分布。

（二）生态保护红线类型分布

1. 雅砻江源水源涵养生态保护红线

地理分布：该区位于四川省西北部边缘，其中石渠县北部黄河流域区属于三江源水源涵养与生物多样性保护重要区，其余区域属于川西北水源涵养与生物多样性保护重要区。行政区涉及甘孜州甘孜县、德格县、石渠县、色达县，总面积 2.23 万平方千米，占生态保护红线总面积的 15.06%，占全省面积的 4.58%。

生态功能：区内除石渠县北部、色达县东部分属黄河流域和大渡河流域外，该区大部分属于雅砻江流域，是雅砻江的主要发源地和重要水源补给区，具有极重要的水源涵养功能。区域生态系统类型有高原湖泊、高寒湿地、高原及高山灌丛草甸等，代表性物种有白唇鹿、藏野驴、雪豹、野牦牛、黑颈鹤等。

重要保护地：本区域分布有 1 个国家级自然保护区、2 个省级自然保护区、8 个省级湿地公园的部分或全部区域。

保护重点：保护高原原生灌丛、草甸、湿地等自然生态系统，特别是保护高寒湿地生态系统和河流水生生态系统，维护水源涵养功能，加强草地沙化和鼠虫害防治，控制草场载畜量。

2. 大渡河源水源涵养生态保护红线

地理分布：该区位于四川省西北部，属于川西北水源涵养与生物多样性保护重要区，行政区涉及马尔康市、金川县、壤塘县、阿坝县、红原县、道孚县，总面积 1.27 万平方千米，占生态保护红线总面积的 8.60%，占全省面积的 2.62%。

生态功能：区内主要河流有脚木足河、梭磨河、绰斯甲河、大金川等，是大渡河发源地的重要组成部分，具有极重要的水源涵养功能。区域生态系统类型有森林、高山草甸、高原湖泊、沼泽湿地等，植被以高山草甸、亚高山草甸、高山灌丛及亚高山针叶林等为主，代表性物种有云杉、冷杉岷江柏、红豆杉、白唇鹿、黑颈鹤、猕猴等。

重要保护地：本区域分布有 1 个国家级自然保护区、1 个省级自然保护区、2 个省级湿地公园、2 处饮用水水源保护区的部分或全部区域。

保护重点：保护森林、高山草甸以及湿地、河流生态系统和川陕哲罗鲑等珍稀特有鱼类重要栖息地，维护水源涵养功能；加强大渡河峡谷地区地质灾害防治和水土流失治理；加强区域北部草地沙化和草原鼠虫害防治。

3. 若尔盖湿地水源涵养—生物多样性维护生态保护红线

地理分布：该区位于四川省北部，属于川西北水源涵养与生物多样性保护重要区，行政区涉及阿坝县、若尔盖县、红原县，总面积 0. 83 万平方千米，占生态保护红线总面积的 5. 62%，占全省面积的 1. 71%。

生态功能：区内河流主要有黄河上游一级支流黑河、白河和贾曲，是黄河上游重要水源补给区，具有极重要的水源涵养功能。区域生态系统类型主要为高原湖泊、沼泽湿地和草甸生态系统，植被以沼泽植被以及高寒草甸、草甸植被和灌丛植被为主，代表性物种有紫果云杉、大熊猫、四川梅花鹿、黑颈鹤、白唇鹿等。

重要保护地：本区域分布有 1 个国家级自然保护区、1 个省级自然保护区、1 个国家湿地公园、1 个国家级水产种质资源保护区的部分或全部区域。

保护重点：保护天然草地和沼泽湿地，维护水源涵养和生物多样性保护功能；加强草地沙化和鼠虫害防治，控制草场载畜量；严禁沼泽湿地疏干改造，严禁侵占湿地开发草场。

4. 沙鲁里山生物多样性维护生态保护红线。

地理分布：该区位于四川省西部边缘，属于川西北水源涵养与生物多样性保护重要区，行政区涉及新龙县、白玉县、理塘县、巴塘县、乡城县、稻城县、得荣县，总面积 3. 00 万平方千米，占生态保护红线总面积的 20. 27%，占全省面积的 6. 17%。

生态功能：区内河流属金沙江水系，植被以高山高原草甸、高山灌丛及亚高山针叶林为主，代表性物种有白唇鹿、矮岩羊、金雕、雪豹、黑熊、藏马鸡等，生物多样性保护极为重要。

重要保护地：本区域分布有 3 个国家级自然保护区、4 个省级自然保护区、2 个省级风景名胜区、2 个省级湿地公园、2 个省级地质公园的部分或全部区域。

保护重点：保护森林、高寒湿地生态系统和野生动植物及其生境，保护冰川，维护生物多样性功能；加强草地植被保护，防止草场退化、沙化。

5. 大雪山生物多样性维护—水土保持生态保护红线

地理分布：该区位于四川省西部，属于川西北水源涵养与生物多样性保护重要区，行政区涉及康定市、泸定县、丹巴县、雅江县、道孚县、炉霍县，总面积1.47万平方千米，占生态保护红线总面积的9.90%，占全省面积的3.02%。

生态功能：区内河流分属大渡河、雅砻江水系，植被类型以亚高山针叶林为主，生态系统涉及森林、高寒湿地、草甸等，代表性物种有冷杉、云杉、四川雉鹑、绿尾虹雉、大紫胸鹦鹉、黑颈鹤、白唇鹿、雪豹、玉带海雕、金丝猴、牛羚等，是生物多样性保护的重要区域。该区沿大渡河、雅砻江流域分布干旱河谷和高山峡谷区，泥石流滑坡强烈发育，呈现土壤侵蚀敏感性高的特点，也是土壤保持的重要区域。

重要保护地：本区域分布有2个国家级自然保护区、7个省级自然保护区、1个国家级风景名胜区、1个国家地质公园、1个省级湿地公园、1处世界自然遗产地、1处饮用水水源保护区的部分或全部区域。

保护重点：加强森林植被及森林生态系统保护，保护湿地和珍稀野生动植物及其生境，维护生态功能；加强干旱河谷和高山峡谷区地质灾害综合整治，防治水土流失。

6. 岷山生物多样性维护—水源涵养生态保护红线

地理分布：该区位于四川盆地西北部边缘，是川西高原向四川盆地过渡地带，属于岷山—邛崃山—凉山生物多样性保护与水源涵养重要区，行政区涉及都江堰市、彭州市、什邡市、绵竹市、绵阳市安州区、北川羌族自治县、平武县、江油市、青川县、剑阁县、汶川县、理县、茂县、松潘县、九寨沟县、黑水县、若尔盖县，总面积2.23万平方千米，占生态保护红线总面积的15.03%，占全省面积的4.58%。

生态功能：该区河流分属嘉陵江、涪江、岷江水系，是白龙江、岷江和涪江等多条河流的重要水源涵养地。区内植被以常绿阔叶林、常绿与落叶阔叶混交林和亚高山常绿针叶林为主，代表性物种有珙桐、红豆杉、岷江柏、大熊猫、川金丝猴、扭角羚、林麝、马麝、梅花鹿等，是我国乃至世界生物多样性保护重要区域，具有极其重要的生物多样性保护功能。

重要保护地：本区域是大熊猫栖息地核心分布区。区域内分布有10个国家级自然保护区、17个省级自然保护区、5个国家级风景名胜区、12个省级风景名胜区、7个国家地质公园、2个省级地质公园、3处世界自然遗产地、1处饮用水水源保护区的部分或全部区域。

保护重点：保护自然生态系统和大熊猫、川金丝猴等重要物种及其栖息地，维护生物多样性保护和水源涵养功能；加强自然保护区规范化建设和管理；加强地震灾区受损生态系统的恢复和修复；加强地质灾害防治和水土流失治理。

7. 邛崃山生物多样性维护生态保护红线

地理分布：该区位于四川盆地西部，是“华西雨屏”的中心地带，属于岷山—邛崃山—凉山生物多样性保护与水源涵养重要区，行政区涉及大邑县、邛崃市、崇州市、天全县、芦山县、宝兴县、小金县，总面积 0.63 万平方千米，占生态保护红线总面积的 4.26%，占全省面积的 1.30%。

生态功能：区内河流主要为青衣江水系，森林植被以常绿阔叶林、常绿与落叶阔叶混交林和亚高山常绿针叶林为主，区内原始森林以及野生珍稀动植物资源十分丰富，是大熊猫、川金丝猴、扭角羚等珍稀野生动物的栖息地，是我国生物多样性保护的热点地区和重要区域之一，生物多样性保护功能极其重要。

重要保护地：本区域是大熊猫栖息地核心分布区。区域内分布有 2 个国家级自然保护区、4 个省级自然保护区、3 个国家级风景名胜区、3 个省级风景名胜区、1 个省级湿地公园、1 个国家地质公园、1 个省级地质公园、1 处世界自然遗产地的部分或全部区域。

保护重点：保护自然生态系统和大熊猫等重要物种及其栖息地，加强低效林改造和迹地修复，加强生态廊道建设，维护生物多样性保护功能；加强自然保护区和物种保护区建设；加强地质灾害防治和水土流失治理。

8. 凉山—相岭生物多样性维护—水土保持生态保护红线

地理分布：该区位于四川省南部，属于岷山—邛崃山—凉山生物多样性保护与水源涵养重要区，行政区涉及米易县、乐山市沙湾区、乐山市金口河区、沐川县、峨边彝族自治县、马边彝族自治县、峨眉山市、洪雅县、宜宾县、屏山县、荥经县、汉源县、石棉县、西昌市、德昌县、普格县、昭觉县、喜德县、冕宁县、越西县、甘洛县、美姑县，总面积 1.10 万平方千米，占生态保护红线总面积的 7.40%，占全省面积的 2.25%。

生态功能：区内河流分属大渡河、金沙江水系，森林类型以常绿阔叶林、常绿与落叶阔叶混交林和亚高山针叶林为主，代表性物种有红豆杉、连香树、大熊猫、四川山鹧鸪、扭角羚、白腹锦鸡、白鹇、红腹角雉等，生物多样性保护极其重要。该区地貌以中高山峡谷为主，山高坡陡，泥石流滑坡强烈发育，土壤侵蚀敏感性程度高，是土壤保持重要区域。

重要保护地：本区域是大熊猫栖息地核心分布区。区域内分布有 6 个国家级自然保护区、9 个省级自然保护区、2 个国家级风景名胜区、5 个省级风景名胜区、1 个国家地质公园、3 个省级地质公园、2 个国家湿地公园、1 个省级湿地公园、1 处世界文化与自然遗产地、2 处饮用水水源保护区的部分或全部区域。

保护重点：保护自然生态系统和大熊猫等野生动物及其生境，防治紫茎泽兰等外来有害生物入侵，维护生物多样性保护功能；加强自然保护区建设与管护，加强生态廊道建设；治理水土流失，防治地质灾害。

9. 锦屏山水源涵养—水土保持生态保护红线

地理分布：该区位于四川省西南部边缘，属于岷山—邛崃山—凉山生物多样性保护与水源涵养重要区，行政区涉及木里藏族自治县、盐源县、冕宁县、九龙县，总面积1.09万平方千米，占生态保护红线总面积的7.34%，占全省面积的2.24%。

生态功能：区内自然生态系统以森林生态系统为主，其次为草地生态系统，河流有雅砻江及其重要支流九龙河、盐源河等，是雅砻江水系重要的水源涵养区和金沙江重要水源补给区，水源涵养功能极为重要。该区土壤侵蚀敏感性较高，特别是北部的九龙及木里部分区域，土壤侵蚀极敏感，是四川省土壤保持重要区域。

重要保护地：本区域分布有1个国家级自然保护区、2个省级自然保护区、1个国家级风景名胜区、1个省级风景名胜区、1个省级水产种质资源保护区的部分或全部区域。

保护重点：保护森林及草原植被，维护森林等自然生态系统的水源涵养；加强高山峡谷区地质灾害防治和水土流失治理；加强雅砻江及其支流水生生态系统保护。

10. 金沙江下游干热河谷水土流失敏感生态保护红线

地理分布：该区位于川西南山地南部，属于川滇干热河谷土壤保持重要区，行政区涉及攀枝花市东区、攀枝花市西区、攀枝花市仁和区、盐边县、会理县、会东县、宁南县、布拖县、金阳县、雷波县，总面积0.40万平方千米，占生态保护红线总面积的2.73%，占全省面积的0.83%。

生态功能：区内地貌以中山峡谷为主，受山地地形和干热气候影响，区域生态脆弱，水土流失敏感性高，是四川省乃至全国水土保持极重要区域。植被类型以亚热带松栎混交林和暖温带阔叶栎林为主，代表性物种有攀枝花苏铁、大熊猫、四川山鹧鸪、黑颈鹤、林麝等。

重要保护地：本区域分布有1个国家级自然保护区、3个省级自然保护区、1个省级风景名胜区、1个省级湿地公园、1个省级地质公园、5处饮用水水源保护区的部分或全部区域。

保护重点：保护现有植被；加强退化生态区的自然恢复和生态修复；加强干热河谷区地质灾害防治和水土流失治理；加强金沙江及其支流水生生态系统保护。

11. 大巴山生物多样性维护—水源涵养生态保护红线

地理分布：该区位于四川盆地北部边缘，属于秦岭—大巴山生物多样性保护与水源涵养重要区，行政区涉及广元市利州区、广元市朝天区、旺苍县、宣汉县、万源市、通江县、南江县，总面积0.36万平方千米，占生态保护红线总面积的2.46%，占全省面积的0.75%。

生态功能：区内森林资源丰富，森林植被空间垂直地带性分布特征明显，生态系统类型有常绿阔叶林、针—阔混交林和亚高山常绿针叶林，代表性物种有巴山水青冈、红豆杉、大鲵、猕猴、林麝等国家重点保护珍稀动植物，是我国乃至东南亚地区暖温带与北亚热带地区生物多样性最丰富的地区之一。该区还是嘉陵江、渠江和汉江流域的上游源区，是四川盆地水资源的重要补给区，水源涵养功能十分重要。

重要保护地：本区域分布有 3 个国家级自然保护区、8 个省级自然保护区、4 个国家级风景名胜区、3 个省级风景名胜区、2 个国家地质公园、1 个省级地质公园、3 个国家级水产种质资源保护区、3 处饮用水水源保护区的部分或全部区域。

保护重点：保护森林生态系统、野生动植物及其栖息地，维护生物多样性保护和水源涵养功能；加强已有自然保护区管理和能力建设；加强退化生态系统恢复、地质灾害防治和水土流失治理。

12. 川东南石漠化敏感生态保护红线

地理分布：该区位于四川盆地东南部，包括与重庆交界的平行岭谷地区和与云南、贵州交界的四川盆地中部低山丘陵的过渡地带，水热条件良好，生物资源较丰富，其赤水河流域属于大娄山区水源涵养与生物多样性保护重要区。行政区涉及合江县、叙永县、古蔺县、广安市前锋区、邻水县、华蓥市、大竹县，总面积 0.11 万平方千米，占生态保护红线总面积的 0.77%，占全省面积的 0.24%。

生态功能：该区岩溶地貌发育，局部石漠化严重。区内植被以常绿阔叶林为主，生物多样性较丰富，有桫椤、川南金花茶等珍稀植物，达氏鲟、胭脂鱼等国家重点保护鱼类以及豹、林麝等国家重点保护野生动物。

重要保护地：本区域分布有 3 个国家级自然保护区、1 个省级自然保护区、2 个国家级风景名胜区、7 个省级风景名胜区、1 个世界地质公园、1 个国家地质公园、6 个省级湿地公园、1 个国家级水产种质资源保护区、3 处饮用水水源保护区的部分或全部区域。

保护重点：以保护亚热带原始常绿阔叶林生态系统和竹类生态系统为重点，加强森林植被、珍稀野生动植物及其栖息地保护；保护赤水河水生态系统，维护长江上游鱼类种群多样性；加强自然保护区管理；防止喀斯特地貌区石漠化。

13. 盆中城市饮用水源—水土保持生态保护红线

地理分布：该区位于四川省东部成都平原及盆地丘陵区，行政区涉及成都市、自贡市、德阳市、绵阳市、广元市、遂宁市、内江市、乐山市、南充市、眉山市、广安市、达州市、巴中市、资阳市，总面积 0.08 万平方千米，占生态保护红线总面积的 0.54%，占全省面积的 0.17%。

生态功能：四川盆地区是成渝经济区的重要组成部分，是成渝城市群核心区域，人口密集，经济发展，城镇化率大于 50%，该区主体功能区定位为重点开发区域和农产品主产区，其主导功能为人居保障和农林产品提供，该区的生态保护红线主要以保障城市饮水安全的饮用水水源保护区为主，还有零散分布于四川盆地及成都平原区自然保护区、风景名胜区、湿地公园、地质公园等各类生态保护重要区域，它们在维护区域水土保持功能方面发挥着重要作用。

重要保护地：本区域分布有32处饮用水水源保护区、6个省级自然保护区、3个国家级风景名胜区、10个省级风景名胜区、1个世界地质公园、5个国家地质公园、1个省级地质公园、2个国家湿地公园、4个省级湿地公园、14个国家级水产种质资源保护区、1个省级水产种质资源保护区、1处世界文化与自然遗产地的部分或全部区域。

保护重点：严格按照现有相关法律法规对禁止开发区域的管理要求，对生态保护红线实施严格保护，严格控制人为因素对区内自然生态的干扰。

（三）重点区域划定情况

1. 若尔盖草原湿地生态功能区

该区为国家层面的重点生态功能区，属于川西北水源涵养与生物多样性保护重要区，行政区涉及阿坝县、若尔盖县、红原县。该区生态保护红线总面积1.39万平方千米，占该区面积的48.44%，占全省生态保护红线总面积的9.40%。生态保护红线类型以水源涵养为主，分属于若尔盖湿地水源涵养—生物多样性维护生态保护红线和大渡河源水源涵养生态保护红线。

2. 川滇森林及生物多样性生态功能区

该区为国家层面的重点生态功能区，分属于川西北水源涵养与生物多样性保护重要区、三江源水源涵养与生物多样性保护重要区和岷山—邛崃山—凉山生物多样性保护与水源涵养重要区。该区生态保护红线总面积10.96万平方千米，占该区面积的45.65%，占全省生态保护红线总面积的74.04%。生态保护红线类型以水源涵养和生物多样性维护为主，具体包括雅砻江源水源涵养生态保护红线的甘孜县、德格县、石渠县和色达县；大渡河源水源涵养生态保护红线的马尔康市、金川县和壤塘县；沙鲁里山生物多样性维护生态保护红线的新龙县、白玉县、理塘县、巴塘县、乡城县、稻城县和得荣县；大雪山生物多样性维护—水土保持生态保护红线的康定市、泸定县、丹巴县、雅江县、道孚县和炉霍县；岷山生物多样性维护—水源涵养生态保护红线的北川羌族自治县、平武县、汶川县、理县、茂县、松潘县、九寨沟县和黑水县；邛崃山生物多样性维护生态保护红线的天全县、宝兴县和小金县；锦屏山水源涵养—水土保持生态保护红线的九龙县、木里藏族自治县和盐源县。

3. 秦巴生物多样性生态功能区

该区为国家层面的重点生态功能区，属于秦岭—大巴山生物多样性保护与水源涵养重要区。该区生态保护红线总面积0.48万平方千米，占该区面积的26.96%，占全省生态保护红线总面积的3.24%。生态保护红线类型以生物多样性维护为主，具体包括大巴山生物多样性维护—水源涵养生态保护红线的旺苍县、万源市、通江县和南江县；岷山生物多样性维护—水源涵养生态保护红线的青川县。

4. 大小凉山水土保持及生物多样性生态功能区

该区为省级层面的重点生态功能区，属于岷山—邛崃山—凉山生物多样性保护与水源涵养重要区。该区生态保护红线总面积 0.95 万平方千米，占该区面积的 29.80%，占全省生态保护红线总面积的 6.40%。生态保护红线类型为生物多样性维护和水土流失敏感，具体包括凉山—相岭生物多样性维护—水土保持生态保护红线的沐川县、峨边彝族自治县、马边彝族自治县、石棉县、普格县、昭觉县、喜德县、越西县、甘洛县和美姑县；金沙江下游干热河谷水土流失敏感生态保护红线的宁南县、布拖县、金阳县和雷波县。

四川省生态保护红线市县级行政区汇总表和四川省生态保护红线登记表由环境保护厅另行发布。

四、效益分析

（一）优化生态安全格局，系统保护山、水、林、田、湖、草。

（二）保护自然生态系统，提升生态屏障功能。

（三）保护生物生境，维护生物多样性。

（四）促进经济社会可持续发展。

四川省人民政府
关于深化四川电力体制改革的实施意见

川府发〔2018〕26号

各市（州）、县（市、区）人民政府，省政府各部门、各直属机构，有关单位：

四川是国家重要优质清洁能源基地和“西电东送”基地。近年来，省委、省政府加快推进电力体制改革，出台系列改革措施，有效减少企业和社会电费成本，有力助推了供给侧结构性改革。同时，四川省也面临水电价格优势发挥不充分、市场化竞争机制有待健全、产业扶持重点不够突出、电网建设成本高、水电电源远离负荷中心以及可调节能力差、丰水期弃水等问题，资源优势尚未充分转化为发展优势。为进一步深化四川电力体制改革，降低实体经济成本，促进产业发展，现提出以下意见：

一、总体要求

以习近平新时代中国特色社会主义思想为指导，深入贯彻党的十九大精神，认真落实中央深化供给侧结构性改革部署和省委十一届三次全会关于深化电力体制改革部署，坚持市场化改革方向和“管住中间、放开两头”改革思路，坚持符合国家产业、生态环保和节能减排等政策，总结完善行之有效的改革措施，进一步加大改革力度，着力扩大和创新电力市场化交易，着力提高电价支持政策精准性，着力拓展水电消纳途径，着力促进国家电网与地方电网融合协调发展，努力实现水电更加充分消纳、重点产业（行业）和重点区域用电成本较大幅度下降目标，促进相关产业持续发展，推动资源优势更好地转化为经济优势，为经济高质量发展提供有力支撑。

二、重点任务

（一）扩大和创新电力市场化交易

进一步放开发用电计划，扩大电力市场化交易规模。完善市场化交易规则，减少行政干预，在交易对象、交易品种、交易价格、交易方式等方面尊重市场选择。推进各类市场主体公平参与市场交易。

1. 扩大参与电力市场用户范围。所有核定输配电价的用电类别均可全电量参与电力市场交易。各类园区内的企业可由售电公司捆绑代理参与电力市场交易，省属电网等地方电网可作为一个整体参与电力市场交易。

2. 完善丰水期富余电量政策。大工业用户丰水期用电量超过基数的增量部分为富余电量，科学合理确定富余电量基数。富余电量交易价格可实行最低保护价和最高限价，输配电价为每千瓦时 0.105 元，实现较大幅度降低大工业增量用电电价。探索扩大富余电量政策适用范围。

3. 推进风电和光伏发电上网电价市场化。四川电网除分散式风电、分布式光伏和光伏扶贫项目以外的风电、光伏发电，丰水期上网电量参与电力市场，参照丰水期外送电平均价格进行结算，产生的价差空间用于实施丰水期居民电能替代政策。

4. 平衡国调省调等机组关系。推进国调机组留川电量参与省内市场化交易，或比照省调机组利用小时数和价格水平年度清算。探索电力价格和发电计划增减挂钩机制。

5. 增设丰水期低谷时段弃水电量交易新品种。鼓励用户特殊时段多用弃水电量。弃水电量到户电价由弃水电量交易价加输配电价构成。弃水电量交易竞价区间不做限制，执行单一制输配电价每千瓦时 0.105 元。其中大工业用户使用的弃水电量不计入富余电量。

（二）实施分类支持性电价政策

综合运用市场、计划、价格等手段，用好计划电量调节、直接交易电量、富余电量、留存电量等各项支持政策，多措并举、重点突破，将电价扶持导向与产业区域布局、产业培育方向结合起来，根据现实基础和产业对电价承受能力进行“分类施策”和“精准降价”。

6. 突出对重点产业和绿色高载能产业电价支持力度。对电解铝、多晶硅保持现有输配电价水平，到户电价分别实现每千瓦时 0.30 元左右、0.40 元左右水平；对大数据、新型电池、电解氢等绿色高载能产业，执行单一制输配电价每千瓦时 0.105 元，到户电价分别实现每千瓦时 0.35 元、0.35 元、0.30 元左右水平。

7. 减轻一般工商业用户电费负担。按照国家统一安排，通过清理转供电加价、临时性降低输配电价、降低政府性基金、增值税税率调整等措施，全面落实降低一般工商业电价政策；积极创造条件推进一般工商业与大工业用电同价，同价后符合条件（变压器容量 315 千伏安及以上）的商业用户可选择执行两部制电价。

8. 用好甘孜、阿坝、凉山和雅安留存电量。合理制定甘孜、阿坝、凉山、雅安年度留存电量实施方案，支持甘眉、成阿、成甘、德阿等飞地园区使用留存电量。实行留存电量计划年中评估调整机制。

（三）加大电能替代力度

鼓励企业实施电能替代，鼓励居民用户多用电，提高终端能源消费的电能消费、清洁能源消费比重。

9. 实施电能替代电价支持政策。对新建电锅炉、电窑炉，改造燃煤（油、柴、气）锅炉、窑炉的电能替代项目，执行单一制输配电价每千瓦时 0.105 元；市场化交易完成前，电费实行预结制，到户电价每千瓦时按 0.38 元预结。高炉渣提钛行业自 2018 年 1 月 1 日起享受电能替代相关政策，执行单一制输配电价每千瓦时 0.105 元。

10. 实行丰水期居民生活电能替代电价。丰水期对国网四川电网、省属电网同价区域内“一户一表”居民用户实行电能替代电价，维持现行阶梯电价制度，继续对月用电量在 181 千瓦时至 280 千瓦时部分的电价下移每千瓦时 0.15 元，月用电量高于 280 千瓦时部分的电价下移每千瓦时 0.20 元。所需电价空间通过市场化方式筹集，不足部分由降低丰水期水电非市场化电量上网电价弥补。

（四）推进水电消纳产业示范区试点

落实国家促进西南地区水电消纳政策措施，积极稳妥探索推进“专线供电”“直供电”试点，周密制定试点方案，在弃水严重的电源点就近开展水电消纳产业示范区建设试点。

11. 开展水电消纳产业示范区试点。在甘孜、攀枝花、雅安、乐山等地，探索以“专线供电”方式较大幅度降低上网侧电价和输配环节电价，实现示范区内整体电价水平明显下降，促进绿色高载能、特色产业发展。

12. 开展园区和电源合作试点。攀枝花与水电企业开展合作，将金沙水电站、银江水电站等作为攀枝花钒钛高新技术产业园区自备电源，实现产业园区整体电价水平明显下降。

13. 抓好增量配电业务试点。合理核定增量配电业务配电价格，推进洪雅增量配电业务等国家已明确的试点项目建设。

（五）促进国家电网与地方电网融合协调发展

在充分发挥国网四川电网主力军作用同时，推进国网四川电网与省属电网包容合作、错位发展。支持省属电网因地制宜在达州、宜宾等地现有供区，有效利用其电价形成机制灵活优势，按照“网源协调、降本减费、发展产业”思路，深化改革，降低电价，促进区域电力消纳，助推区域产业发展。

14. 推进省属电网输配电价改革和同价工作。按照“两同价”目标推进省属电网输配电价改革，实现省属电网与国网四川电网输配电价同价、目录销售电价同价。规范趸售电价管理，合理核定趸售电价水平。综合施策进一步降低省属电网新增工业电价，并逐步降低存量工业电量价格。

15. 增强网际间合作。按照市场化原则，允许电源自主选择并网电网。国网四川电网公平无歧视向地方电网开放。允许省属电网等地方电网因地制宜与周边省份电网开展网际间合作。

16. 鼓励国网四川电网参与地方电网混合所有制改革。支持省属电网有序、可持续发展，鼓励国网四川电网以入股、注资等方式参与地方电网建设，促进国网地网融合发展，提高效率，降低电价。

三、保障措施

（一）加强组织领导

各部门要充分认识深化电力体制改革的重要性和紧迫性，增强大局意识，破除部门利益，以“啃硬骨头”“钉钉子”精神，成熟一项实施一项，驰而不息、善作善成。省深化电力体制改革工作联席会议牵头抓总，联席会议办公室综合协调，相关工作牵头单位承担主体责任。

（二）细化实施方案

各项重点任务牵头单位要抓紧制定具有可操作性的实施方案，明确时间表和路线图，细化分工、责任到人、扎实推进。各相关单位要加强沟通、多方联动，形成合力、共同推进，确保各项改革任务顺利推进落实。

（三）加强督促检查

省深化电力体制改革工作联席会议要定期听取各牵头单位改革进展情况汇报，及时研究解决改革中的重大问题。联席会议办公室要统筹考虑各项改革的配套衔接，加强督促检查和综合协调，定期通报进展和落实情况。实行容错免责，鼓励各地各部门探索电力体制机制创新。

（四）加快电网建设

加快推动水电外送通道建设，实现水电“网对网”方式外送。优化省内电网结构，巩固和完善骨干网架，消除省内“卡脖子”现象，确保电力安全可靠输送；加快城乡电网建设改造，优先保障居民生活用电。各地各部门要创造有利条件，为电网项目加快建设做好规划、选址、用地、环评等工作。

附件：重点任务责任分工（略）

四川省人民政府

2018年8月6日

中共四川省委办公厅 四川省人民政府办公厅关于印发《四川省农村人居环境整治三年行动实施方案》的通知

川委办〔2018〕26号

各市(州)党委和人民政府,省直各部门:

经省委、省政府领导同意,现将《四川省农村人居环境整 治三年行动实施方案》印发给你们,请结合实际认真贯彻落实。

中共四川省委办公厅
四川省人民政府办公厅
2018年8月8日

四川省农村人居环境整治三年行动实施方案

为贯彻落实中央办公厅、国务院办公厅印发的《农村人居环境整治三年行动方案》(中办发〔2018〕5号)精神,加快推进农村人居环境整治,进一步提升农村人居环境水 平,现结合我省实际制定如下实施方案。

一、总体要求

(一)指导思想。坚持以习近平新时代中国特色社会主义思想为指导,全面贯彻党的十九大精神,深入学习贯彻习近平总书记对四川工作系列重要指示精神,认真落实省委十一届三次全会部署,大力实施乡村振兴战略,以建设美丽宜居村庄为导向,以农村垃圾、污水治理和村容村貌提升为主攻方向,坚持因地制宜、分类指导,突出重点、有序推进,注重保护、留住乡愁,村民主体、激发动力,建管并重、长效运行,推进“美丽四川·宜居乡村”农村人居环境整治,加快补齐农村人居环境突出短板，为实现乡村振兴目标、奋力推动治蜀兴川再上新台阶打下坚实基础。

（二）目标任务。到 2020 年，“美丽四川 · 宜居乡村”农村人居环境整治、打造幸福美丽新村升级版取得显著成效，村庄环境基本干净整洁有序，村民环境与健康意识普遍增强。力争实现 90%以上的行政村生活垃圾得到治理，卫生厕所普及率达到 85%左右，50%左右的行政村农村生活污水得到有效处理，村内道路通行条件明显改善，村容村貌显著提升，管护长效机制初步建立。

成都平原、城市近郊等有基础、有条件的地区，以及重点生态功能区和重要景区周边的农村地区，基本实现农村生活垃圾收运处置体系和户用卫生厕所改造全覆盖，厕所粪污基本得到处理或资源化利用，农村生活污水治理率明显高于全省平均水平，村容村貌显著提升，管护长效机制有效运行，率先建成一批美丽宜居示范村庄。

山区、丘陵等有较好基础、基本具备条件的地区，实现 90%左右的行政村生活垃圾得到治理，卫生厕所普及率达到 85%左右，50%左右的行政村农村生活污水得到有效处理，村容村貌明显改观，农村人居环境质量较大提升。

高原藏区、大小凉山彝区及地处偏远、经济欠发达等地区，在优先保障农民基本生活条件基础上，达到人居环境干净整洁的基本要求，生活垃圾得到有效治理，具备污水处理能力的行政村数量显著增加。

二、重点工作

（一）坚持科学规划引领

审视已有县域新村建设总体规划，不断优化县域乡村布局。编制市、县农村人居环境整治规划，细化农村人居环境整治重点任务、具体目标、建设项目、设施布局和建设时序，明确责任分工、资金筹措、考核验收等内容。（牵头单位：住房城乡建设厅，责任单位：省委农工委、省发展改革 委、国土资源厅、环境保护厅、水利厅、农业厅）

（二）推进农村生活垃圾治理

巩固生活垃圾收集处理成果。落实《四川省城乡垃圾处理设施建设三年推进方案》，推行农村生活垃圾集中收集处理，确保 90%以上行政村生活垃圾得到有效处理。广泛推广“户分类、村收集、镇运输、县处理”的收运处置模式，加快推进农村生活垃圾收转运设施建设，增加收集点和收运 车辆，推动乡镇垃圾中转站提标升级，确保收储运系统运行正常。（牵头单位：住房城乡建设厅，责任单位：省委农工委、省发展改革委、环境保护厅）

推进生活垃圾就地分类和资源化利用。鼓励有条件的地方积极推进农村可再生资源回收，开展农村生活垃圾就地分类和资源化利用试点，探索农村生活垃圾

循环利用和源头减量措施。（牵头单位：住房城乡建设厅，责任单位：省发展 改革委、环境保护厅）

有效控制农业面源污染。严格控制农业用水总量，减少化肥和农药使用量，基本实现农作物秸秆、畜禽粪便、农田残膜资源化利用，实现“一控两减三基本”目标。到2020年，全省秸秆综合利用率达到90%以上，建成15至20个秸秆全域综合利用试点示范县。实现农膜使用和农田残膜回收利用“减量化、资源化、无害化”，力争全省废旧农膜回收利用率达到80%。主要产粮大县、果菜茶主产区的农药包装废弃物回收处置率达到70%以上。（牵头单位：农业厅，责任单位：省发展改革委）

开展农村存量生活垃圾治理。重点整治垃圾山、垃圾围村、垃圾围坝，大力推进非正规垃圾堆放点整治工作，建立工作台账，逐步销号。优先治理农村饮用水水源地、重点流域等区域存量生活垃圾，积极清理农村积存的生活垃圾、建筑垃圾和白色污染，防止城市垃圾等各类废弃物下乡。（牵头单位：住房城乡建设厅，责任单位：省发展改革委、国土 资源厅、环境保护厅、水利厅、农业厅）

（三）加快推进农村生活污水治理

开展农村水环境治理。将农村水环境治理纳入河长制、湖长制管理，采取综合措施恢复农村水生态。加快实施幸福美丽新村水库和塘堰“清水工程”、水土保持工程、水利风景区建设。加强生态河塘、生态渠道、生态河道治理，以房前屋后、河塘沟渠为重点，实施清淤疏浚，逐步消除农村黑臭水体。围绕“水安全有保障、水资源有保证、水生态有保护、水文化有底蕴、水景观有特色”建设目标，力争创建“水美新村”80个以上。（牵头单位：水利厅，责任单位：环境保护厅、住房城乡建设厅、农业厅）

分类推进农村生活污水治理。落实《四川省农村生活污水治理五年实施方案》，优先在居民人口聚居度高、环境质量要求高的区域实施污水治理，优先安排在有15户或50人 以上的农村居民聚居点建设污水处理设施，实现50%左右的行政村农村生活污水得到有效处理。综合考虑经济发展水平、人口聚居程度等因素，因地制宜制定农村生活污水排放标准，分类选择污水处理方式与工艺，积极推广低成本、低能耗、易维护、高效率的污水处理技术，结合农村环境综合整治项目，推动城镇污水管网向周边村庄延伸覆盖，加强生活污水源头减量和尾水回收利用。（牵头单位：住房城乡建设厅，责任单位：省发展改革委、环境保护厅、水利厅、农业厅）

实施农村生活污水治理“千村示范工程”。按照突出重点、分步推进原则，优先在重点区域、重点流域选择一批村庄（聚居点），开展农村生活污水治理示范行动，积极探索适宜农村地区的污水治理方式，大力推广成功治理经验，放大示范效应。（牵头单位：住房城乡建设厅，责任单位：省 发展改革委、国土资源厅、

环境保护厅、水利厅、农业厅）

（四）持续实施农村卫生厕所改造和粪污治理

统筹农村公共厕所建设。落实《四川省“厕所革命”实施方案（2017—2020年）》，结合幸福美丽新村和扶贫新村建设，完成 3696 座乡村公共厕所新建和改建任务，研发推广使用装配式环保农村公共厕所，推动新村聚居点公共厕所配套建设，重点加强“1+6”村级服务中心、学校等公共场 所公共厕所配套建设。（牵头单位：住房城乡建设厅，责任单位：省委农工委、省卫生计生委、省旅游发展委）

推进农村户用卫生厕所改造。合理选择改厕模式，按照群众接受、经济适用、维护方便、不污染公共水体的要求，加快推进农村户用卫生厕所建设和改造，普及不同水平的卫生厕所，基本实现农村户用卫生厕所普及率达到 85%左右。结合藏区新居、彝家新寨、易地扶贫搬迁、地灾避险搬迁等项目，全面推进农村户用卫生厕所配套。推动农村户用卫生厕所改造与生活污水治理工作有效衔接。（牵头单位：农业厅，责任单位：省委农工委、国土资源厅、住房城乡建设厅、省卫生计生委、省扶贫移民局）

加快乡村旅游厕所配套。完成 1226 座乡村旅游厕所新 建和改建任务。注重乡村旅游厕所与自然环境相协调，推进 A 级旅游景区、旅游度假区、生态旅游示范区、风景名胜区、水利风景区、乡村旅游点、森林公园、湿地公园、地质公园内村庄的厕所配套建设。（牵头单位：省旅游发展委，责任单位：国土资源厅、住房城乡建设厅、水利厅、农业厅、林业厅）

加强厕所粪污治理。鼓励各地结合实际，建立厕所粪污贮存、收集、运输、处理体系，将厕所粪污无害化处理并资源化利用，推行粪肥还田。（牵头单位：农业厅、住房城乡建设厅，责任单位：环境保护厅、省卫生计生委）

加快推进畜禽养殖废弃物资源化利用。科学规划畜牧业和种植业发展布局，大力发展种养循环农业。以沼气和生物天然气为主要处理方向，以农用有机肥和农村能源为主要利用方向，深入推进畜禽养殖废弃物资源化利用。全省创建 10 个国家畜牧业绿色发展示范县，每年选择 10 个县（市、区）开展省级畜禽粪污资源化利用重点县项目整县推进试点。到 2020 年，全省畜禽粪污综合利用率达到 75%以上，规模养殖场粪污处理设施装备配套率达到 95%以上，畜禽粪污基本实现资源化利用。（牵头单位：农业厅，责任单位：环境保护厅）

（五）推进旧村改造与村容村貌提升

推进农村道路建设。加快推进通村公路建设，确保 100%的行政村通硬化路。全面推进“四好农村路”建设，促进农村公路建设、管理、养护、运输协调发展。加强村内通组、入户道路建设，完善村庄内部道路交通系统，改善村庄交通条件，实现村村均硬化、户组有改善，基本解决村内道路泥泞、村民出行不便等问题。

合理确定建设标准，因地制宜选择路面材料，积极推广各类适宜农村的生态透水型路 面设计，鼓励传统村落村内道路采用石板、青砖等传统路面形式。（牵头单位：交通运输厅，责任单位：住房城乡建设厅）

实施旧村改造。坚持把旧村风貌改造与环境整治相结合，统筹推进农村美化、绿化、硬化、亮化、净化。整治公共空间和庭院环境，逐步消除私搭乱建、乱堆乱放现象，提升乡村环境管理水平。鼓励利用乡村闲置空间新建健身设施和活动广场，塑造宜人的乡村街巷空间和邻里交往空间。大力实施“农村土坯房改造行动”，持续开展农村危房改造工作。完善乡村公共空间和道路照明设施，推广使用节能灯具和新能源照明。（牵头单位：住房城乡建设厅，责任单位：省委农工委、环境保护厅、文化厅）

大力改善农村生态环境。统筹乡村山水林田湖草系统治理，修复乡村生态环境和田园景观格局。推行“小规模、组团式、微田园、生态化”规划建设模式。结合绿色村庄建设，积极开展植树造林、湿地恢复等工作，搞好村口、路侧和滨水地带绿化，充分利用房前屋后、河塘沟渠、道路两侧闲置土地见缝插绿。注重乡村绿化与庭院经济、经济林果相结合，鼓励采用乡土树种，凸显地域乡土特色。推广使用电力、天然气、沼气、太阳能等清洁能源，优化农村能源结构。（牵头单位：林业厅，责任单位：省委农工委、省发展 改革委、环境保护厅、住房城乡建设厅、水利厅、农业厅、省旅游发展委）

保护利用乡村历史文化建筑与环境。加强古村落、古民居、古树名木保护利用，加大历史文化名镇名村、传统村落民居和乡村历史文化建筑保护力度，传承乡村建筑历史文化，培育创建100个左右“四川最美古村落”。大力提升农村建筑风貌和田园环境品质，不断挖掘乡村建筑特色，加大风貌管控力度，提高乡村建筑设计水平，突出乡土特色和地域民族特点。（牵头单位：住房城乡建设厅，责任单位：文化厅、省旅游发展委）

开展城乡环境卫生整洁行动。广泛开展卫生村镇创建和卫生庭院、文明卫生户评选等工作，省级卫生乡镇、卫生村覆盖率提高到35%、30%。健全卫生管理长效机制，有效破解农村卫生管理难题。（责任单位：省卫生计生委）

（六）完善建设和管护机制

建立适宜农村的运行管护机制。鼓励各地结合实际，逐步建立“有制度、有标准、有队伍、有经费、有督查”长效管护机制，支持有条件的地方推行城乡垃圾污水处理统一规划、统一建设、统一运行、统一管理，建立行政村常态化保洁制度。开展建筑工匠等农村专业技术人员培训，把村民培养成为村内公益性基础设施运行维护的重要力量。简化农村人居环境整治建设项目审批程序，支持村级组织和农村“工匠”带头人等按有关规定承接村内环境整治、农房建设、村内道路、植树造林等小型涉农工程项目建设与管护。（牵头 单位：住房城乡建设厅，

责任单位：省发展改革委、财政厅、环境保护厅、交通运输厅、林业厅）

完善财政补贴和农户付费合理分担机制。鼓励有条件的地方综合考虑地方财力、农民意愿等因素，完善财政补贴和农户付费合理分担机制，探索建立垃圾污水处理农户付费制度，合理确定缴费标准。（牵头单位：财政厅，责任单位：省发展改革委、住房城乡建设厅）

提高村民文明健康意识。普及卫生健康教育，鼓励群众改变不良生活习惯，讲卫生、树新风、除陋习，摒弃乱扔、乱吐、乱贴等不文明行为。（牵头单位：省卫生计生委，责 任单位：环境保护厅、住房城乡建设厅、文化厅）

三、政策支持

（一）加大政府投入。制定农村人居环境整治专项资金方案和整合办法，合理保障农村人居环境基础设施建设和运行资金。建立市县为主、省级适当补助的政府投入体系，统筹整合城乡污水垃圾处理设施建设、农村危房改造、幸福美丽新村建设、水污染防治、农村节能减排等相关资金支持农村人居环境整治，重点保障垃圾污水治理、厕所改造、村容村貌整治等项目建设和运行。城乡建设用地增减挂钩所获土地增值收益，按相关规定用于支持农业农村发展和改善农民生活条件。村庄整治增加耕地获得的占补平衡指标收益，通过支出预算统筹安排支持当地农村人居环境整治. 创新政府支持方式，采取以奖代补、先建后补、以工代赈、村民自建等方式，充分发挥政府投资撬动作用，提高资金使用效率。（牵头单位：财政厅，责任单位：省发展改革委、国土资源 厅、环境保护厅、水利厅）

（二）加大金融支持力度。争取国家开发银行、中国农业发展银行等金融机构运用抵押补充贷款资金，依法合规提供信贷支持。鼓励各类金融机构加大对县（市、区）信贷支持力度，深入农村对接企业和项目。支持收益较好、实行市场化运作的农村基础设施重点项目开展股权和债权融资。支持符合条件的市（州）、县（市、区）政府积极利用国际金融组织和外国政府贷款。（牵头单位：省金融工作局，责任单位：财政厅、四川银监局、四川证监局）

（三）调动社会力量积极参与。鼓励各类企业积极参与农村 人居环境整治项目。规范推广政府和社会资本合作（PPP）模式，通过特许经营等方式吸引社会资本参与农村垃圾污水处理项目，鼓励以市、县为单位进行项目打包，统一进行设施设备和服务采购。引导有条件的地方将农村环境基础设施建设与特色产业、休闲农业、乡村旅游等有机结合，实现农村产业融合发展与人居环境改善互促互进。引导相关部门、社会组织、个人通过捐资捐物、结对帮扶等形式，支持农村人居环境设施建设和运行管护。倡导新乡贤文化，以乡情乡愁为纽带吸引和凝聚各方人士支持农村人居环境整治。（牵头单位：住房城乡建设厅，责任单位：省发展改革委、财政厅、文化厅、省旅游发展委、省金融工作局、省投资促进局）

（四）强化技术和人才支撑。编制四川省农村人居环境整治导则，按照平原、丘陵、山地不同地形，人文、旅游、生态不同类别，科学确定不同种类村庄整治标准和建设内容，分类分级制定农村生活垃圾污水处理设施建设和运行维护技术指南，不断健全技术标准体系。组织高校、科研院所、企业开展农村人居环境整治关键技术、工艺和装备研发。建立农村人居环境整治专家库，鼓励规划师、建筑师等专业人才下乡，选派各类专业技术人员驻村指导，组织开展企业与县、乡、村对接农村环保实用技术和装备需求。进一步建强乡镇规划建设管理队伍，加强项目建设和运行管理人员技术培训。（牵头单位：住房城乡建设厅，责任单位：省委编办、科技厅、人力资源社会保障厅）

（五）开展示范工作。21个市（州）各选择1个县（市、区）开展农村人居环境整治示范工作，其中成都市温江区、德阳市罗江区、遂宁市船山区、华蓥市、巴中市恩阳区、丹棱县6个县（市、区）要力争创建国家级试点示范。（牵头单位：住房城乡建设厅，责任单位：省委农工委、省发展改革委、财政厅、环境保护厅、农业厅）

四、进度安排

2018年10月底前，各市（州）、县（市、区）要制定出台市、县农村人居环境整治方案，建立健全工作机制，全面推进农村人居环境整治工作，2018年底前各市（州）完成农村人居环境整治三年行动总工作量的30%以上；2019年底前各市（州）完成农村人居环境整治三年行动总工作量的70%以上；2020年底前全面完成全省农村人居环境整治各项目标任务。

五、保障措施

（一）加强组织领导。省委、省政府对全省农村人居环境整治工作负总责，将农村人居环境整治作为实施乡村振兴战略的重要任务，建立健全领导机制，提供组织和政策保障，省直有关部门要根据本方案要求，密切协作配合，形成工作合力。各市（州）党委、政府要做好上下衔接、域内协调和督促检查等工作。各县（市、区）党委、政府要落实主体责任，做好项目落地、资金使用、推进实施等工作。

（二）发挥村民主体作用。调动村民积极性、主动性，充分运用“一事一议”民主决策机制，鼓励村民和村集体经济组织全程参与农村人居环境整治项目规划、建设、管理和监督，将农村环境卫生、古树名木保护等要求纳入村规民约，引导规范村民自治；探索建立农村人居环境设施共建、经费共担、环境共管机制，鼓励村民投工、投劳、投资，主动参与改善农村人居环境，村内公共空间整治主要通过村民投工投劳解决；鼓励农村集体经济组织通过依法盘活集体经营性用地、空闲农房及宅基地等途径，多渠道筹措资金。

（三）加强督导考核验收。将农村人居环境整治工作纳入各级政府目标绩效考核范围，建立日常督导、季度通报、年度考核、达标验收相结合的考评激励机制，相关资金支持、项目安排优先向工作成效突出的市（州）、县（市、区）倾斜，对排名靠后的县（市、区）进行通报约谈。省、市（州）有关部门要结合职能职责制定相关工作导则和技术标准，对县（市、区）工作加强指导。各市（州）要加大督导力度，确保农村人居环境整治各项任务全面完成。

（四）健全治理标准和法治保障。健全农村生活垃圾污水治理技术、施工建设、运行维护等标准规范。贯彻执行《四川省城乡环境综合治理条例》和《四川省农村住房建设管理办法》，鼓励各地结合实际制定相应的地方性法规规章和规范性文件。

（五）加强宣传推广。采取现场会、经验交流会等方式，大力宣传农村人居环境整治典型，不断放大示范效应。充分利用电视、报刊、网络等宣传载体，加强政策解读，宣传推广各地好典型、好经验、好做法，努力营造全社会关心支持农村人居环境整治的良好氛围。

附件：农村人居环境整治县（市、区）目标分解表（略）

四川省人民政府办公厅
关于印发四川省绿色金融发展规划的通知

川办发〔2018〕7号

各市（州）、县（市、区）人民政府，省政府各部门、各直属机构，有关单位：

《四川省绿色金融发展规划》已经省政府同意，现印发给你们，请认真组织实施。

四川省人民政府办公厅

2018年1月18日

四川省绿色金融发展规划（节录）

一、总体要求

（三）总体目标

以绿色信贷、绿色债券、绿色保险、绿色基金等多种金融产品创新为主导，以证券市场等多层次资本市场为支撑，以高新产业聚集的成都、德阳、绵阳为绿色金融核心区，以绿色资源丰富的广元、巴中、阿坝、甘孜、凉山为绿色金融带，以产业转型升级任务重的攀枝花、自贡、乐山等为绿色金融点的“一核一带多点”为空间格局，逐步建立多元化、广覆盖的四川省绿色金融创新体系和绿色金融市场体系，在优化产业结构、改善生态环境、促进地方生态文明建设和经济社会发展方面发挥显著作用。

到2020年，绿色信贷占比达到15%，绿色信贷（节能环保和服务项目贷款）年均增速不低于各项贷款平均增速。全省绿色企业累计实现债券融资1 000亿元、股权融资500亿元。全省绿色A股上市企业、“新三板”挂牌企业、天府（四川）联合股权交易中心挂牌企业累计达到1 000家。在全省构建强制性的环境污染责任保险与商业性的环境污染责任保险相结合、保障较全、运行良好的保险市场机制，投保企业达到600家。逐步提供与环境风险、气候变化、低碳环保、可持续发展相关的保险产品和服务，有效发挥保险在经济补偿方面的有效作用，支持和促进四川省经济向绿色发展。

二、主要任务和政策措施

（一）大力发展绿色信贷

1. 完善绿色信贷治理体系。引导法人银行业金融机构借鉴赤道原则的理念、方法和工具，将绿色信贷和发展规划紧密结合起来，围绕“四区八带多点”空间格局、加快产业转型升级、促进能源资源节约、加大生态建设和环境保护力度等战略，制定绿色信贷目标。推动法人银行业金融机构负责落实本机构绿色信贷发展战略，制定中长期和短期发展目标，逐步建立绿色信贷专业化体系。推动银行业金融机构确定牵头管理部门和经营机构的职责和权限，制定相应的机制和流程，并定期组织开展检查和评价。

2. 完善绿色信贷管理机制。引导全省法人银行业金融机构积极探索设立绿色金融总部或专营机构，其他银行分支机构要向总部申请设立绿色金融事业部。建立和完善绿色信贷管理制度，开发适合四川省情的绿色信贷新产品，适当下放绿色项目贷款审批权、简化审批流程。制定绿色信贷行业、企业和项目的准入标准，定期收集、主动跟进绿色项目信息，建立“绿色信贷行业、企业和项目清单”。完善信贷管理系统，将绿色信贷标识嵌入信贷管理系统，完善绿色信贷统计制度，对“绿色信贷行业、企业和项目清单”实行动态管理。

3. 实行差异化信贷政策。推动全省银行业金融机构按照风险可控、商业可持续原则，进一步优化信贷结构，以绿化全川行动和“大气、水、土壤”污染防治“三大战役”为契机，支持四川先进制造业强省、清洁能源示范省和绿色经济强省建设，加快推动生产、生活方式绿色化，构建科技含量高、资源消耗低、环境污染少的产业结构，着力培育和增强经济新动能。加大对节能环保项目、绿色建筑项目、绿色交通项目和绿色消费等的支持力度，大力支持新一代信息技术、先进电力装备、节能环保、新能源汽车、新材料、养老健康等行业发展，积极支持重大技术改造、产业升级和结构调整，助推传统制造业企业技术改造和设备更新。在贷款准入环节，严格执行“环保一票否决”制度，限制高污染、高耗能等产业行业发展。严格执行国家化解过剩产能金融政策，大力推进钢铁、煤炭、水泥等产能过剩行业有效去产能。

4. 推动绿色融资产品和服务创新。大力推广绿色信贷资产证券化、合同环境服务、合同能源管理未来收益权质押贷款、特许经营权质押、排污权抵押贷款、碳排放权融资、节能减排融资等金融工具和服务。开发绿色车贷、绿色储蓄卡、绿色信用卡等零售类金融产品，积极满足个人绿色消费需求。创新担保方式，积极推动应收账款质押、履约保函、知识产权质押、股权质押以及林权和农村土地“两权”抵押，推进碳排放权、用能权、排污权等担保方式创新。

5. 防范环境和社会风险。全省银行业金融机构要主动加强与当地发展改革、经济和信息化、环境保护和安全监管等部门的沟通衔接，积极对接环境保护、节能减排、安全生产等方面最新政策要求，重点审查企业环境行为和安全生产等情况，切实发挥绿色信贷的引导作用，防止因信息不对称而带来环境和社会风险。

6. 强化信息披露。推动全省银行业金融机构公开绿色信贷战略和信贷政策，充分披露绿色信贷发展情况。对涉及重大环境与社会风险影响的项目，要根据法律法规披露相关信息，接受市场和利益相关方的监督。必要时可通过聘请独立的具备相应资质的第三方，对银行业金融机构履行环境和社会责任的活动开展第三方评估和审计。

（二）推动证券市场支持绿色投资

1. 支持绿色企业上市融资与再融资。鼓励符合条件的绿色企业到天府（四川）联合股权交易中心和“新三板”挂牌、融资，以及在境内外资本市场上市融资。积极推动已上市绿色企业通过增发、配股等方式进行再融资。在土地保护、大气治理、水污染治理、节能减排、自然生态保护及资源合理利用等方面，促进省内上市公司提高资源利用效益，实现自身发展与环境保护的有效融合与良性互动。

2. 支持符合条件的机构和企业发行绿色债券和相关产品。加强工作沟通与政策协调，大力推动符合条件的企业用好绿色公司债券“即报即审”政策，发行绿色公司债券筹集资金。支持融资规模大、期限长的绿色项目利用永续票据、可续期债券拓宽融资渠道。加强绿色债券信息披露监管，提升绿色债券透明度。推动评级机构提升绿色债券评级质量，为投资者提供参考。鼓励信用评级机构在信用评级过程中将绿色债券发行人的绿色信用记录纳入其信用风险考量，并在信用评级报告中进行专项披露。支持企业利用资产证券化盘活存量资产。推动金融机构发行绿色资产支持证券（绿色 ABS）、绿色资产担保债券、绿色收益支持证券。建立健全绿色项目企业融资便捷机制，提升市场对绿色项目的融资功能。

3. 积极开发绿色投资产品。支持金融机构改进技术手段和业务途径，进一步提升金融机构在绿色金融产品开发、环境风险管理、绿色可持续投资等方面的能力和水平。支持证券期货经营机构围绕绿色发展，开发绿色投资产品，满足绿色产业投融资需求。鼓励私募基金投向政策支持的绿色企业和绿色项目。培育绿色投资文化，鼓励银行业金融机构、证券经营机构、基金管理机构、保险机构、私募基金管理机构等市场主体及其管理的产品投资绿色项目。鼓励机构投资者提升对所投资资产涉及的环境风险和碳排放的分析能力。

4. 探索实施绿色项目评估。募集资金拟投资项目如属于绿色项目，鼓励融资主体提交由独立专业评估或认证机构出具的评估意见或认证报告。开展绿色评估认证业务的评估认证机构应具备相应资质，建立健全评估认证相关制度、流程和标准，依法规范开展绿色项目评估认证工作。

（三）设立绿色发展基金

1. 推动设立绿色发展基金和碳基金。鼓励各地政府整合、发挥财政资金引导作用，与社会资本共同设立绿色发展基金，积极推动证券经营机构、私募基金管理机构等对接绿色发展基金，支持地方节能减排、生态建设、绿色产业发展。支持绿色发展基金利用资产证券化进行结构化融资，带动社会资本投入，拓宽资金来源，提高资金使用效益。积极推动银行业金融机构、风险投资基金、创投机构、社会资本共同设立碳基金。

2. 鼓励多元化融资方式支持绿色产业发展。大力推广运用政府和社会资本合作（PPP）模式，引导社会资本加大绿色项目投入；推动绿色项目PPP资产证券化。

（四）积极发展绿色保险

1. 健全绿色保险相关政策。结合四川省实际，制定环境污染强制责任保险办法，重点选择环境风险高、环境污染事件较为集中的领域或相关企业纳入投保环境污染强制责任保险范围，将保险费高低与企业环境风险管理水平挂钩，奖优罚劣，借助市场价格杠杆，抑制高污染行业扩张，倒逼企业淘汰落后产能。推动完善保险机制与环保专项资金支持、企业环境行为公开、环境保护税收取等配套政策。完善环境损害鉴定评估程序和技术规范，指导保险机构加快定损和理赔进度，及时救济污染受害者，降低对环境的损害程度。

2. 支持开发绿色保险产品和服务创新。根据不同行业和区域环境风险类型与特点，积极开发符合市场需求、能有效保障环境风险的保险产品，合理确定责任范围，确保环境污染责任保险功能有效发挥。探索建立与气候变化相关的巨灾保险制度，积极开发环境保护技术装备保险、低碳环境保护类消费品的产品质量安全责任保险、船舶污染责任保险、森林保险和具有地方特色的农牧业灾害保险。积极推动保险机构参与养殖业环境污染风险管理，建立农业保险理赔与病死牲畜无害化处理联动机制。

3. 推动保险机构参与环境风险治理体系建设。加强环境风险监督，积极利用互联网等先进技术，研究建立面向环境污染责任保险投保主体的环境风险监控和预警机制，实时开展风险监测，定期开展风险评估。推动企业开展事故预防管理，提高企业环境事故预防能力。建立“绿色理赔”通道，加强理赔工作管理，规范、高效、优质地开展理赔工作，对案情复杂或损失较大环境污染事故，建立预付赔款制度。

（五）丰富环境权益融资工具

1. 加快建设西部碳交易中心。结合区域优势，积极融入全国碳交易市场，加快建设西部碳交易中心和全国碳市场能力建设（成都）中心，开展碳排放权配额、新能源汽车碳配额和国家核证自愿减排量交易。积极开展碳排放权、用能权、排污权、水权等交易业务，借助全国碳市场能力建设（成都）中心的辐射功能，将四川联合环境交易所打造成为中国西部地区环境资源权益交易的核心市场和首选平台。重点推进与西部各省（区、市）的合作，推动实施四川联合环境交易所战略性增资扩股，以股权为纽带、以业务为核心，形成共同建设、共同管理、共同支持的格局，拓展市场覆盖面。

2. 深入开展用能权有偿使用和交易试点。加快推进用能权有偿使用和交易制度设计，推动研究出台相关地方性法规政策，做好用能权交易规则及交易流程设计，加强交易信息披露、交易结算、风险控制等制度建设，加快交易系统和注册登记系统开发，务实推进用能权交易试点工作。

3. 积极开展绿色电力证书交易。加快推行绿色电力证书交易，通过市场化方式，按规定给予生产清洁能源发电企业必要的经济补偿，推动可再生能源产业持续健康发展。

4. 加快推进排污权交易市场建设。推动成都平原经济区开展排污权交易试点工作，逐步建立覆盖全省的排污权交易市场。完善排污权有偿使用制度，严格落实排污许可证制度和污染物总量控制制度，合理核定排污权，推动实行排污权有偿取得。规范排污权出让方式，加强排污权出让收入管理。加快推进排污权交易，加强交易管理、规范交易行为、控制交易范围、激活交易市场。探索开展跨市（州）行政区域的排污权交易。

5. 加快推进水权交易市场建设。建立完善水权制度，推行水权交易，培育水权交易市场，开展多种形式的水权交易，运用市场机制优化水资源配置，促进水资源节约和保护。

6. 积极发展各类碳金融产品。探索研发碳金融创新产品，有序发展碳远期、碳掉期、碳租赁、碳债券、碳资产证券化和碳基金等碳金融产品和衍生工具，探索研究碳排放权期货、期权交易。

（六）推进市（州）绿色金融发展

1. 积极推动各市（州）开展绿色金融示范区建设。鼓励各市（州）结合地方产业发展规划，探索开展绿色网点、绿色支行、绿色金融小镇、绿色产业园区等绿色金融示范区建设，探索可复制、可推广经验，待试点成熟后，再加以总结推广。对绿色金融市场建设工作推进成效显著的地方，授予绿色金融示范市（州）、县（市、区）称号。

2. 建立完善联动机制。完善相关省直部门联动，省、市（州）协同机制，建立绿色项目审批“绿色通道”，加快推动绿色项目或企业在市（州）布局。省级金融机构要积极指导市（州）金融机构开展绿色信贷、绿色保险、绿色证券等业务创新。

（七）推动开展绿色金融国际合作

1. 积极扩大开放合作。加强国际合作，积极引进境外绿色金融专业人才、先进理念和管理经验。积极推动四川省与相关国际金融组织和跨国公司的交流与合作，充分利用双边和多边合作机制，引导国际资金投资四川省绿色债券和其他绿色金融资产。

2. 推动跨国绿色债券和绿色发展基金发展。大力支持四川省金融机构和企业到境外发行绿色债券。支持企业通过并购重组购买境外绿色资产。支持国际金融组织和跨国公司在四川省发行绿色债券、开展绿色投资。鼓励设立合资绿色发展基金。

3. 鼓励开展跨国绿色保险风险管理。鼓励四川省金融机构、非金融企业在“一带一路”建设和其他对外投资项目中加强环境风险管理，探索使用环境污染责任保险等工具进行环境风险管理。

（八）完善绿色金融发展配套机制

1. 搭建信息共享平台。加快推进金融机构与环境保护等相关部门的信息共享平台建设，借助信息共享平台，畅通绿色信贷信息共享渠道，充分发挥信息在引导资金投向中的基础作用。建立省级层面的绿色产业和绿色项目库，定期公布绿色产业和绿色项目，规范绿色产业和绿色项目退出机制，将不符合条件的企业和项目及时剔除出支持名单。引导金融机构加大支持力度，对绿色产业和项目库企业发行绿色债券按照相关规定予以财政贴息，绿色产业、项目库企业可按规定享受税收优惠。

2. 推进绿色企业信用体系建设。全面开展四川省企业环境保护标准化建设和环境信用评价工作，在现有试点工作基础上进一步完善企业环境信用评价指标体系、评价程序、评价成果运用机制以及企业环境信用信息管理平台。推进工业企业全面落实企业环境保护主体责任，引导企业严格履行环境保护法定义务和社会责任，逐步建立四川省企业环境标准化和信用评价长效机制，不断提高企业环境保护工作水平。推动将企业环境保护违法违规信息等企业环境信息纳入金融信用信息基础数据库，建立企业环境信息共享机制，为金融机构开展绿色信贷和投资决策提供依据。

3. 建立风险分担和补偿机制。引导融资担保机构创新绿色信贷担保产品，省级建立融资分险机制，推动市（州）、县（市、区）建立绿色信贷风险补偿基金，通过分担部分绿色项目信贷风险损失，引导金融机构发放绿色信贷。鼓励市（州）、县（市、区）政府研究建立绿色债券违约风险分担机制，纳入省级融资风险分担机制，对符合条件的绿色债券违约风险进行合理分担。

4. 加大对金融机构的正向激励力度。对绿色信贷规模达到一定比例的银行业金融机构，适当提高监管容忍度。对符合再贷款申请条件、积极提供绿色信贷的银行业金融机构，优先给予再贷款支持。对积极参与绿色金融、达到一定条件的金融机构，可按规定享受税收优惠。

5. 强化绿色金融人才建设。推动全省金融机构将绿色金融人才纳入人才培育计划，增强服务绿色金融发展专业能力。定期从大专院校、科研院所等招聘专门人员，为建立绿色金融发展长效机制做好人才储备。建立有关推进绿色金融发展的专业化培训机制，努力提升对涉及环境与社会风险的企业和项目的风险管理能力。

6. 积极开展宣传推广。大力普及环境保护意识，积极倡导绿色发展、生产和消费方式，营造共建生态文明、支持绿色金融发展的良好氛围。加大对绿色金融机构、绿色企业、绿色项目和绿色产品的宣传力度，推动形成发展绿色金融的广泛共识。

四川省人民政府办公厅关于印发四川省支持推进秸秆综合利用政策措施的通知

川办发〔2018〕13 号

各市（州）人民政府，省政府有关部门、有关直属机构，有关单位：

《四川省支持推进秸秆综合利用政策措施》已经省政府同意，现印发给你们，请结合实际认真贯彻落实。

四川省人民政府办公厅

2018 年 2 月 23 日

四川省支持推进秸秆综合利用政策措施

为推动农业循环经济加快发展，提升四川省秸秆综合利用率和综合利用水平，促进秸秆综合利用产业进一步发展，完成“十三五”秸秆综合利用目标任务，特制定以下政策措施。

一、财政支持政策

（一）支持通过秸秆综合利用实施耕地质量提升。优先支持秸秆资源量大、禁烧任务重、综合利用潜力较大、工作有基础、技术模式较成熟的县（市、区）纳入农业资源及生态保护补助资金支持范畴，按照项目规定的使用方向、目标任务，大力开展农作物秸秆综合利用、耕地质量提升与化肥减量增效示范。[农业厅（现为“农业农村厅”，后同）牵头，财政厅配合，各市〔州〕人民政府负责落实]

（二）严格落实农机购置补贴政策。对纳入四川省农机购置补贴机具种类范围的秸秆综合利用机械应补尽补。鼓励市（州）、县（市、区）人民政府对实施秸秆机械化还田、离田作业的农机户、农机合作社给予农机作业补贴。（农业厅牵头，财政厅配合，各市〔州〕人民政府负责落实）

（三）加大秸秆综合利用资金支持力度。省直有关部门加大财政资金整合力度，对秸秆收储运体系、产业链补链项目等给予重点支持。统筹省直部门相关资金，对省级秸秆全域综合利用试点地区，以及秸秆综合利用成效显著的地区加大补贴力度，鼓励秸秆过腹还田和工业原料化燃料化利用（压块颗粒）。（省发展改革委、农业厅、财政厅牵头，省经济和信息化委配合，各市〔州〕人民政府负责落实）

二、税收优惠政策

（四）落实增值税即征即退优惠政策。利用农作物秸秆生产的纸浆、秸秆浆和纸，增值税即征即退50%；利用农作物秸秆生产的生物质压块、沼气等燃料、电力和热力，增值税即征即退100%；利用农作物秸秆生产的纤维板、刨花板、细木工板、生物炭、活性炭、栲胶、水解酒精、纤维素、木质素、木糖、阿拉伯糖、糖醛和箱纸板，增值税即征即退70%。利用农作物秸秆生产的单一大宗饲料，凭省级税务机关认可的饲料质量检测机构出具的饲料产品合格证明，申请免税备案。（省国税局牵头，各市〔州〕人民政府负责落实）

（五）落实企业所得税优惠政策。对企业以农作物秸秆为主要原材料，生产符合国家或行业标准的代木产品、电力、热力及燃气（产品原料70%以上来自秸秆）取得的收入，在计算应纳税所得额时，减按90%计入当年收入总额。（省国税局牵头，省地税局配合，各市〔州〕人民政府负责落实）

三、金融支持政策

（六）引导金融资源向秸秆综合利用企业倾斜。运用支小再贷款、再贴现等货币政策工具，为银行业机构扩大小微企业融资争取更多低成本的稳定资金，引导金融机构为秸秆综合利用等环保类企业制定适当的利率优惠措施。健全银政企融资对接协调机制，积极搭建针对秸秆综合利用企业的融资服务平台，提升融资对接精准性和有效性。积极支持小额贷款公司、融资担保公司转型发展，健全再担保业务体系，引导其资源向秸秆综合利用企业倾斜。（省金融工作局牵头，省发展改革委、人行成都分行、四川银监局配合，各市〔州〕人民政府负责落实）

（七）持续推动金融产品和服务创新。支持银行业机构针对秸秆综合利用企业特点，创新金融服务产品和服务方式，为企业量身定制综合性金融服务方案。指导金融机构做好对秸秆综合利用企业的融资培育，提供全方位的金融服务咨询。加强直接融资政策培训和业务指导，支持符合条件的秸秆综合利用企业，通过“新三板”和天府（四川）联合股权交易中心等多层次资本市场融资，或到银行间市场发行债券融资工具融资。（省金融工作局牵头，省发展改革委、人行成都分行、四川证监局配合，各市〔州〕人民政府负责落实）

四、土地支持政策

（八）加大秸秆综合利用土地支持力度。秸秆收储设施用地原则上按设施农用地管理，尽量利用存量建设用地、空闲地、废弃地等。属于永久性占用的，按建设用地依法依规办理审批手续。支持秸秆综合利用收储中心、加工场地按照土地利用总体规划和乡村规划，合理布局使用现有的农村集体建设用地。支持各地将秸秆发电等产业化项目纳入土地利用总体规划调整完善布局，并在土地利用年度计划安排中给予重点保障。（国土资源厅牵头，各市〔州〕人民政府负责落实）

（九）完善土地供应方式。对符合《划拨用地目录》的秸秆产业项目用地，可采取划拨方式供地。鼓励秸秆加工企业和秸秆产业化项目进入园区，采取长期租赁、先租后让、租让结合和弹性年期出让等多种方式取得土地使用权，促进节约集约利用土地，降低企业用地成本。（国土资源厅牵头，各市〔州〕人民政府负责落实）

五、电力支持政策

（十）落实可再生能源发电保障性收购制度。在制定年度电量平衡方案时，对纳入规划的秸秆发电项目优先发电。电网公司全额收购秸秆发电上网电量。（省经济和信息化委、国网四川电力牵头，省能源局配合，各市〔州〕人民政府负责落实）

（十一）落实秸秆综合利用发电电价补贴政策。秸秆发电上网电价按照农林生物质发电标杆上网电价执行。属于四川省燃煤机组标杆上网电价以内的部分，由电网企业结算；高出部分，通过可再生能源电价附加补助资金方式予以解决，由电网企业根据财政拨付的补助资金进行转移支付。（省发展改革委牵头，国网四川电力、财政厅、省能源局配合，各市〔州〕人民政府负责落实）

（十二）落实秸秆初加工生产用电电价政策。严格按照国家有关电价政策，以及《四川省发展和改革委员会关于四川省农业服务业中农产品初加工用电价格政策的通知》要求，对秸秆捡拾、切割、粉碎、拉捆（包括编织）、压块等初加工用电执行农业生产电价。（省发展改革委牵头，国网四川电力、农业厅配合，各市〔州〕人民政府负责落实）

六、科技支持政策

（十三）支持秸秆综合利用共性关键技术及配套装备研发。加大资源整合力度，集成各类科技计划，支持产学研单位开展秸秆综合利用新技术、新工艺、新产品、新装备等产业技术创新。积极组织指导产学研单位申报国家科技重大专项和国家重点研发计划项目。（科技厅牵头，财政厅、省发展改革委、农业厅、省经

济和信息化委配合，各市〔州〕人民政府负责落实）

（十四）支持秸秆综合利用科技成果转化推广。鼓励产学研单位共同组建秸秆综合利用重点实验室、工程实验室、工程（技术）研究中心、产业技术研究院和产业技术创新联盟等创新转化平台。鼓励支持以企业为主体，产学研单位联合实施重大科技成果转化项目，加强成果中试、熟化，开展秸秆综合利用新技术、新产品、新工艺及新装备集成示范与应用推广。（科技厅牵头，财政厅、省发展改革委、农业厅、省经济和信息化委配合，各市〔州〕人民政府负责落实）

四川省人民政府办公厅关于印发
四川省农村生活污水治理五年实施方案的通知

川办发〔2018〕14号

各市（州）人民政府，省政府有关部门、有关直属机构，有关单位：

《四川省农村生活污水治理五年实施方案》已经省政府同意，现印发给你们，请结合实际认真组织实施。

四川省人民政府办公厅

2018年2月26日

四川省农村生活污水治理五年实施方案（节录）

二、目标任务

（三）总体目标

从2018年起，加快推进全省农村生活污水处理设施建设，处理设施运行监管不断加强，处理设施保障能力和服务水平全面提升，农村人居环境质量显著改善，通过5年努力，实现全省约4.5万个行政村农村生活污水处理设施全覆盖。

推进阶段（2018—2019年）：扎实开展全省农村生活污水治理“千村示范工程”建设，完成600个“百镇建设行动”试点镇所辖行政村、16 282个幸福美丽新村农村生活污水处理设施建设，全省50%以上的行政村具备生活污水处理能力。

攻坚阶段（2020—2021年）：持续开展“千村示范工程”，全面推动全省农村生活污水处理设施建设，完成长江干流四川段等五大重点流域周边行政村和持续创建的幸福美丽新村生活污水处理设施建设，全省90%以上的行政村具备污水处理能力。

巩固阶段（2022年）：进一步巩固农村生活污水治理成果，总结推广先进经验，确保全省约4.5万个行政村基本实现污水处理设施全覆盖。

三、重点工作

（四）强化规划引领。到2018年年底前，各市（州）应以县为单位编制完成农村生活污水处理专项规划，并结合地方实际制定农村生活污水治理实施细则，明确治理工作的目标、时序和措施，正排工序、倒排工期，确保全省农村生活污水治理工作合理有序稳妥推进。（责任单位：住房城乡建设厅，省发展改革委、环境保护厅、水利厅、农业厅，列首位的为牵头单位，下同）

（五）加快设施建设。支持“千村示范工程”试点县和“百镇建设行动”试点镇等有条件的地方，充分运用市场化手段，坚持“谁投资、谁营运、谁受益”，优选资信好、投融资能力强、处理技术专业的企业，积极探索以县为单位“整体打包”的PPP、第三方治理等新模式。结合地方实际，采用一种或多种处理工艺组合的方式组织建设处理设施。预处理设施可采用化粪池、厌氧生物膜池、沼气池等，二级处理可采用生物接触氧化池、一体式处理设施、氧化沟等，尾水处理可采用人工湿地、生态滤池和土地渗滤等组织建设。（责任单位：住房城乡建设厅，省发展改革委、财政厅、科技厅、环境保护厅、农业厅）

（六）强化技术支撑。建立农村生活污水治理日常环境监督机制，加强排放水质监测。组织开展农村生活污水污染源减排核查政策和技术研究，加大农村生活污水处理技术研发和集约化处理设施推广应用。鼓励采用运行状态远程实时监控系统，综合运用互联网、物联网等技术，建立数字化服务网络系统和平台，重点对日处理能力30吨以上、受益农户100户以上的农村生活污水治理设施运行状态进行实时监控。（责任单位：环境保护厅，省发展改革委、住房城乡建设厅、水利厅、农业厅）

（七）完善政策扶持。加大对农村生活污水处理设施项目建设和营运的扶持力度，落实用地、用电、设备折旧等支持政策。健全价格调整机制，对于收费不足以维持设施正常营运的，市、县政府可根据有关规定给予补贴。鼓励银行为符合条件的第三方专业服务机构开展应收账款、收费权质押贷款等金融服务。（责任单位：财政厅，省发展改革委、国土资源厅、环境保护厅、住房城乡建设厅、水利厅、农业厅、人行成都分行、国网四川电力）

（八）加大资金投入。省级财政安排“以奖代补”资金，支持“千村示范工程”和全省农村生活污水治理工作。各级地方财政调整优化支出结构，通过集中新增财力、盘活存量资金、安排政府债券等多种方式加大支持力度。统筹好中央、省、市、县各级专项资金，采取上下结合、横向统筹的办法，打好政策资金“组合拳”。综合运用股权融资、债权融资等多种方式，鼓励和引导社会资本、金融资本参与农村生活污水处理设施项目的建设和营运。（责任单位：财政厅，省发展改革委、环境保护厅、住房城乡建设厅、水利厅、农业厅）

四、保障措施

（九）落实责任。各市（州）、县（市、区）人民政府是实施农村生活污水治理工作的责任主体，要充分认清治理工作的重要性和紧迫性，进一步压实责任、分解任务，确保按时按质按量完成五年工作目标。住房城乡建设厅要履行农村生活污水治理的牵头责任，定期会同省直有关部门协调解决推进工作中的重大问题，加强治理工作的监管和考核。省直有关部门要结合工作职能，积极推进农村卫生厕所改造、村内畜禽散养环境卫生治理、沟塘疏浚整治及建设用地需求保障等相关工作，确保农村生活污水治理工作落地见效。

（十）强化管理。各地要抓紧制定专项规划和实施细则，细化职责分工，落实政策措施，建立治理项目实效检测评价和情况通报制度，严格目标管理。各级各部门要深入推进“放管服”工作，对农村生活污水治理设施运行维护管理所涉及的统一招投标和政府采购等事项，尽量简化审批手续，开辟绿色通道，优化服务质量。

（十一）加强宣传。充分发挥电视、广播、报刊、网络等媒体的作用，通过群众喜闻乐见的形式，大力宣传农村生活污水治理的重要意义、政策措施，强化环境卫生意识，引导农民群众形成健康文明的生活方式，动员广大农民和社会各界积极参与农村生活污水治理，努力形成全社会关心、支持和参与农村生活污水治理的良好氛围。

四川省人民政府办公厅
关于转发省发展改革委、住房城乡建设厅
四川省生活垃圾分类制度实施方案的通知

川办发〔2018〕22号

各市（州）人民政府，省政府各部门、各直属机构：

省发展改革委、住房城乡建设厅《四川省生活垃圾分类制度实施方案》已经省政府同意，现转发给你们，请认真组织实施。

四川省人民政府办公厅

2018年3月30日

四川省生活垃圾分类制度实施方案（节录）

省发展改革委 住房城乡建设厅

一、总体要求

（三）主要目标

到2020年底，基本建立垃圾分类相关法规和标准体系，研究制定地方性法规，形成可复制、可推广的生活垃圾分类模式，全省普遍建立生活垃圾分类制度，形成较为完善的生活垃圾处理信息化监管体系。在成都、德阳、广元城区实施生活垃圾强制分类，生活垃圾回收利用率达到35%以上；开展农村生活垃圾分类和资源化利用示范工作，逐步推进农村垃圾分类，垃圾分类综合治理、全民参与的浓厚氛围基本形成。

二、强制分类要求

生活垃圾是指人们在日常生活中或者为日常生活提供服务的活动中产生的固体废物，以及法律法规规定的视为生活垃圾的固体废物。工业固体废弃物和医疗废弃物等不包含在生活垃圾范畴中。

（一）有害垃圾

主要品种包括：家庭日常生活中产生的废电池（镉镍电池、氧化汞电池、铅蓄电池等），废荧光灯管（日光灯管、节能灯等），废温度计、废血压计、废药品及其包装物，废油漆、溶剂及其包装物，废杀虫剂、消毒剂及其包装物，废胶片及废相纸等。

投放暂存要求：按照便利、快捷、安全原则，设立专门场所或容器，对不同品种的有害垃圾进行分类投放、收集、暂存，并在醒目位置设置有害垃圾标志；对列入《国家危险废物名录》（环境保护部令第 39 号）的品种，应按要求设置临时贮存场所。

收运处置要求：根据有害垃圾的品种和产生数量，合理确定或约定收运频率。危险废物运输、处置应符合国家有关规定；鼓励骨干环保企业全过程统筹实施垃圾分类、收集、运输和处置；尚无终端处置设施的城市，应尽快建设完善。

（二）易腐垃圾

主要品种包括：相关单位食堂、宾馆、饭店等产生的餐厨垃圾，农贸市场、农产品批发市场产生的蔬菜瓜果垃圾、腐肉、肉碎骨、蛋壳、畜禽产品内脏等。

投放暂存要求：设置专门容器单独投放，除农贸市场、农产品批发市场可设置敞开式容器外，其他场所原则上应采用密闭容器存放。餐厨垃圾可由专人清理，避免混入废餐具、塑料、饮料瓶罐、废纸等不利于后续处理的杂质，并做到“日产日清”；按规定建立台账制度（农贸市场、农产品批发市场除外），记录易腐垃圾的种类、数量、去向等。

收运处置要求：易腐垃圾应采用密闭专用车辆运送至专业单位处理，运输过程中应加强对泄露、遗撒和臭气的控制。相关部门要加强对餐厨垃圾运输、处理的监控。

（三）可回收物

主要品种包括：废纸、废塑料、废金属、废包装物、废旧纺织物、废弃电器电子产品、废玻璃、废纸塑铝复合包装等。

投放暂存要求：根据可回收物的产生数量，设置容器或临时存储空间，实现单独分类、定点投放，必要时可设专人分拣打包。

收运处置要求：可回收物产生主体可自行运送，也可联系再生资源回收利用企业上门收集，进行资源化处理。

三、主要任务

（一）推进垃圾源头减量。推广使用清洁能源和原料，厉行节约，发展绿色包装，减少产品生产、流通、使用等全生命周期垃圾产生量。推行净菜和洁净农副产品进城，有效减少家庭厨余垃圾产生量。加大“限塑令”执行力度，推广使用菜篮子、布袋子。限制宾馆、餐饮等服务性行业使用一次性用品，在餐饮服务行业倡导节约文明用餐，减少餐厨废弃物产生量。（责任单位：省经济和信息化委，住房城乡建设厅、商务厅、省旅游发展委、省工商局、省食品药品监管局，列首位的为牵头单位，下同）

（二）实施生活垃圾强制分类。完善垃圾分类标准，确定强制分类类别，制定强制分类行动目标，健全垃圾回收利用统计制度和分类绩效评价指标体系，督促指导成都、德阳和广元城区及各地新城新区率先实施生活垃圾强制分类，稳步推动其他市（州）分步实施。成都、德阳、广元等实行生活垃圾强制分类的城市，要出台垃圾强制分类方案，明确任务及完成时间，细化垃圾分类类别、品种、投放、收运、处置等方面要求。实施生活垃圾强制分类区域内的党政机关、事业单位、社团组织、公共场所管理单位，以及宾馆、饭店、超市、商场、集贸市场、商用写字楼等相关企业应重点实施生活垃圾强制分类。（责任单位：住房城乡建设厅，省发展改革委、教育厅、商务厅、省卫生计生委、省机关事务管理局）

（三）实施生活垃圾分类投放。居住区根据实际情况，按照可回收物、有害垃圾、易腐垃圾和其他垃圾实施“四分类”或按照可回收物、有害垃圾、其他垃圾实施“三分类”，大件垃圾和装修垃圾临时堆放场地单独设置。各地按照确定的分类种类统一配置设计美观、标识易懂、规格适宜的居民生活垃圾分类收集容器，并设置垃圾分类引导指示牌；新改扩建的住宅工程应当按标准与主体工程同步配套建设居民生活垃圾分类收集设施，建设兼具垃圾分类与再生资源回收功能的投放点，同步验收，同步交付使用，鼓励在公共机构、社区、企业等场所设置专门的分类回收设施。（责任单位：住房城乡建设厅，教育厅、财政厅、环境保护厅、商务厅、省卫生计生委）

（四）实行生活垃圾分类收运。加强运输车辆规范化管理，配置符合密闭运输要求并有标识的生活垃圾分类运输车辆，统筹安排分类运输路线、时段和作业组织，实现规范运输。加强装修垃圾、建筑渣土等各类建筑垃圾运输管理，优化现有环卫收运体系，规范运输企业管理，严肃查处随意倾倒、弃置垃圾现象。加强对餐饮服务单位的监管，餐饮行业餐厨废弃物要统一收运管理，逐步实现全量收集。改造城区内的垃圾房、转运站、压缩站等，适应和满足垃圾分类与再生资源回收功能要求。城市管理部门牵头推进易腐垃圾、其他垃圾分类收运体系建设。（责任单位：住房城乡建设厅，公安厅、环境保护厅、交通运输厅、商务厅、省食品药品监管局）

（五）提高可回收物回收利用水平。强化产品制造企业与销售企业的产品及包装物回收再利用责任，通过“以旧换新”“押金退换”等方式，利用现有物流体系，探索开展废弃电子产品、包装物等再生资源品种逆向物流体系建设。优化城市再生资源回收体系，整合规范再生资源回收网点，规范城市收旧行为，鼓励实施企业化运作，促进垃圾分类与再生资源回收利用“两网融合”。建设城市大件垃圾等可回收物分拣中心，培育玻璃制品、塑料等低值可回收物利用市场，鼓励在收集、分拣、转运、处理等环节融合发展，构建从垃圾分类到回收利用的完整产业链，提高处理企业的规模化、集约化水平。建立再生资源回收利用信息化平台，提供回收种类、交易价格、回收方式等信息。大件垃圾（废旧家具为主）、园林垃圾、装修垃圾等应首先资源化回收利用，并鼓励建设相应的回收利用基地。（责任单位：商务厅，省发展改革委、省经济和信息化委、环境保护厅、住房城乡建设厅、省供销社）

（六）规范处理有害垃圾。实施居民生活垃圾中有害垃圾分类投放，有害的废电池、废荧光灯管、废温度计、废血压计、废药品及其包装物、废油漆和溶剂及其包装物、废杀虫剂和消毒剂及其包装物、废胶片及废相纸等家庭源危险废物收集由市容环卫主管部门负责，可在社区设立固定回收点或设置专门容器分类收集、独立储存，由社区居委会、物业公司等负责管理，按照《国家危险废物名录》要求分类，由具备相应运输和处置利用资质的危险废物经营单位按要求开展运输和处置利用。生活垃圾中的医疗废物应交由专门的医疗废物处置单位进行处置，同步推进危险废物处置设施建设。优先推进成都、德阳、广元市等重点区域开展废铅酸蓄电池收集试点。环境保护部门加强家庭源危险废物贮存、处置利用的指导、监督和管理，交通运输部门加强危险废物运输的监督管理。（责任单位：环境保护厅，住房城乡建设厅、交通运输厅、省食品药品监管局）

（七）有效处理餐厨废弃物等易腐垃圾。根据城市规模、人口分布、餐厨废弃物产生量，兼顾区域统筹，合理布局餐厨废弃物处理设施。统筹考虑产生源分布和运输半径，以规模化、集中式处理为主，相对集中、就地处理为辅，实现集中与就地处理有效结合。加快餐厨废弃物处理装备设施建设，采用国内相对成熟的技术工艺，推进餐厨废弃物资源化利用，杜绝地沟油回流餐桌。有条件的城市可与城市粪便、污泥、厨余垃圾等实施协同处置。通过政府引导、统一收运、定点处置等办法，建立餐厨废弃物产业化发展、市场化运作和资源化利用机制，推广餐厨废弃物资源化利用产品示范应用。（责任单位：住房城乡建设厅，省发展改革委、省经济和信息化委、公安厅、环境保护厅、农业厅、商务厅、省质监局、省食品药品监管局）

（八）相对集中处理园林绿化垃圾和其他有机易腐垃圾。对城市绿化养护以及公园绿地、风景名胜区产生的枝叶、树木等有机垃圾实施集中分类处理。根据园林绿化垃圾产生量，合理建设就地处置或适度集中的园林绿化垃圾处理设施，对其实施粉碎处理后，用于公园绿地裸露土地覆盖和肥料等。推进有条件的农贸市场、果品批发市场、机关事业单位、学校和大型企业等有机易腐垃圾产生量较大的单位自行建设相对集中的处理设施，减轻生活垃圾焚烧和卫生填埋设施处置压

力。（责任单位：住房城乡建设厅，省经济和信息化委、教育厅、农业厅、商务厅、省机关事务管理局）

（九）加快垃圾分类处置装备设施项目建设。各地要参照《城市环境卫生设施规划规范》（GB50337—2003）、《环境卫生设施设置标准》（CJJ27—2012）等标准规范编制环境卫生设施专项规划，结合当地实际，统筹安排或调整城市生活垃圾收集、运输、处置设备设施的布局、用地和规模，确定各类环境卫生设施的种类、等级、数量、建筑面积、定点位置等内容，并纳入土地利用总体规划、城市总体规划和近期建设规划。大力实施《四川省城乡垃圾处理设施建设三年推进方案》，科学合理规划布局垃圾分类处置装备设施，推进生活垃圾焚烧设施建设。建设资源循环利用产业示范基地，集中布局垃圾分拣、资源化利用和无害化处置设施，促进生产和生活系统循环链接，推动垃圾规模化、集约化、协同化处置，实现垃圾变废为宝、循环利用。加快推进垃圾分类处置装备设施建设，加大资金、土地、技术等要素保障和政策倾斜。加大一般工业固体废物处理设施建设力度，严格控制工业固体废物混入生活垃圾处理体系。到 2020 年底，建成垃圾分类投放、收集、运输和处置体系，基本实现 4 个分类环节设施设备相匹配。（责任单位：住房城乡建设厅，省发展改革委、省经济和信息化委、国土资源厅、环境保护厅）

（十）有序推进生活垃圾分类试点工作。加快推进成都、德阳、广元等国家生活垃圾分类示范城市建设，积极建设攀枝花、绵阳、遂宁、泸州等省级生活垃圾分类示范城市，在成都市温江区、蒲江县、泸州市纳溪区、德阳市罗江区、筠连县、宝兴县、丹棱县开展农村生活垃圾分类和资源化利用示范工作。总结试点经验，扩大试点范围，在城市、县城、乡镇、社区、行政村、住宅小区、机关企事业单位以及学校、宾馆、商场等开展生活垃圾分类试点，以点带面，全面推进全省生活垃圾分类工作。（责任单位：住房城乡建设厅，省发展改革委、财政厅、省供销社、试点市人民政府）

（十一）探索创新垃圾分类体制机制。鼓励社会资本参与生活垃圾分类收集、运输和处理。积极探索特许经营、承包经营、租赁经营等方式，通过公开招标引入专业化服务公司。通过“互联网+”等模式促进垃圾分类回收系统线上平台与线下物流实体相结合。逐步将生活垃圾强制分类主体纳入环境信用体系。推动建设一批以企业为主导的生活垃圾资源化产业技术创新战略联盟及技术研发基地，提升分类回收和处理水平，加快智能化进程。通过建立居民“绿色账户”“环保档案”等方式，对正确分类投放垃圾的居民给予可兑换积分奖励。探索“合同资源管理”等模式，推动企业和社会组织开展垃圾分类服务。（责任单位：住房城乡建设厅，省发展改革委、省经济和信息化委、财政厅、商务厅、省供销社）

（十二）强化垃圾分类宣传引导。制定垃圾分类宣传引导行动计划，编制垃圾分类科普手册，制作公益广告宣传片，建立互动栏目，丰富宣传内涵；利用报纸、广播电视、网络微信等媒体，在企事业单位、商业中心、公交站点、建筑围挡等公共场所大力开展垃圾分类知识普及和公益宣传，不断提升广大市民垃圾分类意识和分类投放正确率，进一步形成全社会共同参与垃圾分类的浓厚氛围。（责任单位：住房城乡建设厅，省发展改革委、教育厅、省新闻出版广电局、省机关事务管理局）

四、保障措施

（一）加强组织领导。省直各部门要按照职能职责，组织实施全省生活垃圾分类工作，加强对生活垃圾分类工作的指导，因地制宜探索农村生活垃圾分类模式。实施生活垃圾强制分类的成都、德阳和广元市人民政府要切实承担主体责任，建立协调机制，研究解决重大问题，推进相关工作。

（二）严格督查考核。各地在生态文明先行示范区、卫生城市、环境保护模范城市、园林城市、全域旅游示范区、节约型公共机构示范单位和能效领跑者等创建活动中，逐步将生活垃圾分类实施情况列为考核指标；因地制宜探索农村生活垃圾分类模式。各地每季度向住房城乡建设厅报送工作进展情况，住房城乡建设厅定期开展垃圾分类专项检查，实施分类质量评估和工作考核，及时将有关情况汇总报省政府。

（三）完善政策措施。按照污染者付费原则，完善垃圾处理收费制度。发挥中央、省级基础设施建设投资引导带动作用，采取投资补助、贷款贴息等方式，加快推进生活垃圾分类收运处理设施建设。鼓励工业炉窑协同处理生活垃圾。严格落实资源综合利用税收优惠政策。各级地方财政应对垃圾分类收运处理系统的建设运行予以支持。

（四）强化法规保障。研究制定关于生活垃圾分类方面的管理办法，从法治层面对生活垃圾分类设施体系建设、分类投放、收集、运输和处置、源头减量、监督管理、保障措施、政府和公众分类责任义务、公民行为规范、奖惩机制等方面予以明确，推动建立生活垃圾分类制度的规范长效机制。

（五）健全监督渠道。建立健全垃圾分类民意反映监督平台，开通投诉监督电话热线，开辟民情聚焦曝光栏目，设立民情民意留言箱，广泛接受群众监督。重点引导居民自觉开展垃圾分类，防止垃圾分类投放后重新混合收运。同时，利用微博、微信公众号加强线上线下交流互动，调动群众参与垃圾分类的自觉性和积极性。

四川省人民政府办公厅关于印发四川省市（州）政府耕地保护责任目标考核办法的通知

川办发〔2018〕74号

各市（州）、县（市、区）人民政府，省政府各部门、各直属机构，有关单位：

经省政府同意，现将修订后的《四川省市（州）政府耕地保护责任目标考核办法》印发给你们，请认真贯彻执行。2008年4月19日印发的《四川省市（州）政府耕地保护责任目标考核办法》同时废止。

四川省人民政府办公厅
2018年9月17日

四川省市（州）政府耕地保护责任目标考核办法

第一章 总 则

第一条 为贯彻落实《中共中央 国务院关于加强耕地保护和改进占补平衡的意见》（中发〔2017〕4号）和《中共四川省委 四川省人民政府关于加强耕地保护和改进占补平衡的实施意见》（川委发〔2018〕9号），坚持最严格的耕地保护制度和最严格的节约用地制度，守住耕地保护红线，严格保护永久基本农田，确保四川省耕地占补平衡，建立健全市（州）政府耕地保护责任制度，根据《中华人民共和国土地管理法》《基本农田保护条例》等法律法规和《国务院办公厅关于印发〈省级政府耕地保护责任目标考核办法〉的通知》（国办发〔2018〕2号）精神，制定本办法。

第二条 本办法适用于省政府对市（州）政府耕地保护责任目标履行情况进行考核，由国土资源厅会同农业厅、省统计局（以下称考核部门）负责组织开展考核检查工作。

第三条 各市（州）政府对《四川省土地利用总体规划》（以下简称《规划》）确定的本行政区域内的耕地保有量、永久基本农田保护面积以及高标准农田建设任务负责，市（州）长为第一责任人。

第四条　市（州）政府耕地保护责任目标考核在耕地占补平衡、高标准农田建设等相关考核评价的基础上综合开展，实行年度自查、期中检查、期末考核相结合的方法。

年度自查每年开展 1 次，由各市（州）自行组织开展；从 2016 年起，每五年为一个规划期，期中检查在每个规划期的第三年开展 1 次，由考核部门组织开展；期末考核在每个规划期结束后的次年开展 1 次，由省政府组织考核部门开展。

第五条　考核部门会同有关部门，根据国务院下达的考核指标以及《规划》确定的相关指标和高标准农田建设任务、补充耕地指标易地流转、生态退耕、灾毁耕地等实际情况，对各市（州）耕地保有量和永久基本农田保护面积等提出考核检查指标建议，经省政府批准后，由考核部门下达，作为市（州）政府耕地保护责任目标。

第六条　全省以每年土地利用变更调查提供的各市（州）耕地面积、生态退耕面积、永久基本农田面积数据以及耕地质量调查评价与分等定级成果，作为考核依据。

各市（州）政府要按照国家和省的相关规范，加强对耕地、永久基本农田保护和高标准农田建设等的动态监测，在考核年向考核部门提交监测调查资料，并对数据的真实性负责。

考核部门依据国土资源遥感监测“一张图”和综合监管平台以及耕地质量监测网络，采用抽样调查和卫星遥感监测等方法和手段，对耕地、永久基本农田保护和高标准农田建设等情况进行核查。

第七条　市（州）政府耕地保护责任目标考核遵循客观、公开、公正，突出重点、奖惩并重的原则，年度自查、期中检查和期末考核采用定性与定量相结合的综合评价方法，结果采用评分制，满分为 100 分。考核检查基本评价指标由考核部门依据国家制定的考核评分标准并结合四川省实际确定，根据需要适时进行调整完善。

第二章　年度自查

第八条　各市（州）政府按照本办法的规定，结合考核部门年度检查工作要求和考核检查基本评价指标，每年组织自查。主要检查所辖县（市、区）上一年度的耕地数量变化、耕地占补平衡、永久基本农田占用和补划、高标准农田建设、耕地质量保护与提升、耕地动态监测、耕地开垦费缴纳以及地方财政耕地建设保护投入等方面情况，涉及补充耕地指标易地流转（含国家统筹）的市（州）还应检查该任务落实情况。

第九条　省政府每年与市（州）政府签订耕地保护目标责任书，并进行严格考核。耕地保护目标责任书的具体内容由省政府确定，并根据需要适时进行调整完善。

第十条　各市（州）政府要落实耕地保护目标责任制，于每年5月底前向考核部门报送上一年度自查情况。考核部门每年随机选取若干市（州）进行实地抽查，结合各市（州）市级自查、实地抽查和相关督察检查等对各市（州）耕地保护责任目标落实情况进行综合评价、打分排序，形成年度检查结果报告。

第十一条　年度检查结果由考核部门向各市（州）通报，同时纳入市（州）政府耕地保护责任目标期末考核。

第三章　期中检查

第十二条　市（州）政府耕地保护责任目标期中检查按照耕地保护工作任务安排实施，主要检查规划期前2年各地区耕地数量变化、耕地占补平衡、永久基本农田占用和补划、高标准农田建设、耕地质量保护与提升、耕地保护制度建设、补充耕地指标易地流转（含国家统筹）、耕地开垦费缴纳以及地方财政耕地建设保护投入等方面情况。

第十三条　各市（州）政府按照本办法和考核部门期中检查工作要求开展自查，在期中检查年的5月底前向考核部门报送自查报告。考核部门分片区进行全面检查，结合各市（州）市级自查、实地抽查和相关督察检查等对各市（州）耕地保护责任目标落实情况进行综合评价、打分排序，形成期中检查结果报告。

第十四条　期中检查结果由考核部门向各市（州）通报，纳入市（州）政府耕地保护责任目标期末考核，并向省政府报告。

第四章　期末考核

第十五条　市（州）政府耕地保护责任目标期末考核内容主要包括耕地保有量、永久基本农田保护面积、耕地数量变化、耕地占补平衡、永久基本农田占用和补划、高标准农田建设、耕地质量保护与提升、耕地保护制度建设、补充耕地指标易地流转（含国家统筹）、耕地开垦费缴纳以及地方财政耕地建设保护投入等方面情况。涉及补充耕地指标易地流转（含国家统筹）等情况的有关市（州），考核部门可以根据国民经济和社会发展规划纲要以及耕地保护工作进展情况，对其耕地保护目标、永久基本农田保护目标等考核指标做相应调整。

第十六条　各市（州）政府按照本办法和考核部门期末考核工作要求开展自查，在规划期结束后次年的5月底前向省政府报送耕地保护责任目标任务完成情况自查报告，并抄送考核部门。市（州）政府对自查情况及相关数据的真实性、准确性和合法性负责。

第十七条　考核部门对各市（州）政府耕地保护责任目标履行情况进行全面

抽查，根据市级自查、实地抽查和年度检查、期中检查等对各市（州）耕地保护责任目标落实情况进行综合评价、打分排序，形成期末考核结果报告。

第十八条　考核部门在规划期结束后次年的 9 月底前将期末考核结果报送省政府，经省政府审定后，向社会公告。

第五章　奖　惩

第十九条　省政府根据考核结果，对认真履行市（州）政府耕地保护责任，成效突出的市（州）给予表扬。有关部门在安排年度土地利用计划、土地整治工作专项资金、补充耕地指标易地流转（含国家统筹）和耕地质量建设项目资金时予以倾斜。考核发现耕地保有量和永久基本农田保护责任未完成、占补平衡不落实、高标准农田建设任务未完成等问题突出的市（州）要明确提出整改措施，限期进行整改；整改期间暂停该市（州）及

第二十条　市（州）政府耕地保护责任目标考核列入省政府每年对市（州）政府的综合目标考核，考核结果列为市（州）政府主要负责人综合考核评价的重要内容，年度自查、期中检查和期末考核结果抄送省委组织部、省发展改革委、财政厅、审计厅、省粮食局等部门，作为领导干部综合考核评价、生态文明建设目标评价考核、粮食安全责任制考核、领导干部问责和领导干部自然资源资产离任审计的重要依据。

第六章　附　则

第二十一条　各市（州）、县（市、区）人民政府应当根据本办法，结合本行政区域实际情况，制定下一级人民政府耕地保护责任目标考核办法。

第二十二条　本办法自印发之日起施行。2008 年 4 月 19 日省政府办公厅印发的《四川省市（州）政府耕地保护责任目标考核办法》同时废止。

第二十三条　本办法由国土资源厅会同有关部门负责解释。

中共四川省委办公厅 四川省人民政府办公厅关于印发《四川省创新体制机制推进农业绿色发展实施方案》的通知

各市（州）党委和人民政府，省直各部门：

经省委、省政府领导同意，现将《四川省创新体制机制推进农业绿色发展实施方案》印发给你们，请结合实际认真贯彻落实。

中共四川省委办公厅
四川省人民政府办公厅
2018年9月24日

四川省创新体制机制推进农业绿色发展实施方案（节录）

一、总体要求

（二）目标任务

绿色产业体系基本形成。农业主体功能和生产力布局进一步优化，绿色供给能力明显提升。到2020年，全省粮食综合生产能力达到3 500万吨以上，“三品一标”数量达到5 600个；畜禽养殖规模化率达到50%以上；水产标准化健康养殖比重达到68%。特色农业与旅游、教育、文化、康养等产业深度融合，休闲农业和乡村旅游加快发展。到2030年，农产品供给更加优质安全，农业生态服务能力进一步提高。

资源利用集约高效。农业自然资源得到有效保护和集约节约利用。到2020年，全省耕地保有量不少于9 448万亩，永久基本农田保护面积不少于7 793万亩，耕地质量比2015年提高0.5个等级；农田灌溉水有效利用系数提高到0.5以上；林地保有量不少于3.6亿亩；现代林业产业基地超过3 000万亩；基本草原面积不少于2.1亿亩。到2030年，全省耕地质量水平和农业用水效率进一步提高，资源利用更加节约高效。

生态环境持续改善。农业生态环境保护和治理水平不断提高，农业清洁化生产和节能减排技术广泛应用，农业农村生态环境质量明显改善。到 2020 年，化肥、农药使用量实现零增长；秸秆综合利用率达到 90%以上；畜禽养殖废弃物综合利用率达到 75%以上；农膜回收率达到 80%以上；农药包装废弃物逐步实现回收处置；全省森林覆盖率达到并稳定在 40%；草原综合植被盖度达到 85%。到 2030 年，农业废弃物全部实现资源化利用，产地环境更加清洁，农业生态系统更加稳定。

体制机制不断健全。到 2020 年，基本构建起以资源环境管控为主要内容的农业绿色生产制度体系、以绿色生态为导向的政策支持体系、以评价考核体系和激励约束机制为重点内容的工作推进机制，农业绿色生产和生活方式初步形成。到 2030 年，农业绿色发展制度体系全面建立，基本形成与资源环境承载力相匹配、与生产生活生态相协调的农业发展格局。

二、优化农业主体功能与空间布局

（三）落实农业功能区制度

细化农业发展区域。坚持生态优先，维护好“四区八带多点”生态安全格局，构建以盆地中部平原浅丘区、川南低中山区、盆地东部丘陵低山区、盆地西缘山区和安宁河流域“五大农产品主产区”为主体的农业发展格局。立足水土资源匹配性，确立平原地区、丘陵地区大部分和安宁河流域为优化发展区，盆周山区大部分和安宁河流域以外的川西南山地区为适度发展区，川西高原区和部分盆周山区为保护发展区的农业可持续发展功能定位和发展方向。

明确区域生产功能。积极推进粮食生产功能区、重要农产品生产保护区划定，做到全部建档立卡、上图入库，实现信息化和精准化管理，力争到 2019 年年底完成 4 620 万亩“两区”地块划定任务。加快推进特色农产品优势区认定，制定全省特色农产品优势区建设实施规划，明确创建内容、认定标准、申报流程及考核办法，重点打造特色粮经作物、园艺产品、畜产品、水产品、林产品，到 2020 年创建省级特优区 50 个。

（四）建立农业生产力布局制度

优化主要农产品生产力布局。推动建立成都平原经济区重点发展都市现代农业，川南经济区重点推动农产品优质原料基地建设和农产品加工一体化发展，川东北经济区重点发展生态、绿色、有机、富硒等特色农产品生产和精深加工业，攀西经济区重点发展亚热带特色农业和立体特色农业，川西北生态示范区重点发展高原生态特色农牧业的农业生产力布局。

健全粮食产销协作机制。建立省内市（州）间粮食产销协作机制，支持产区粮食企业到销区建立销售网络，支持销区企业到主产区建立生产基地和异地储备。支持省内优势企业跨省发展，以资产为纽带组建跨区域、跨所有制的企业集团，拓展延伸产业链，开展多种形式的跨区域经营，培育具有国际和国内竞争力的粮商及农业企业集团。围绕“一带一路”建设、长江经济带发展战略和四川自贸试验区建设，建设一批重要粮食物流节点项目。推动成都国际粮食物流枢纽港建设，加强泸州港、宜宾港等进境粮食指定口岸能力建设。利用中欧班列（蓉欧快铁）运输优势和长江黄金水道优势，大力发展粮食铁（公）水联运，构建开放式粮食物流新格局。

加强农业可持续发展试验示范区建设。开展国家农业可持续发展试验示范区建设，将其打造为农业绿色发展试点先行区。推进省级农业可持续发展试验示范区创建。建立和完善试验示范区考核指标体系，制定试验示范区管理办法，开展建设考核评估工作，确保试验示范区发挥带动作用。到2020年，建成5个国家农业可持续发展试验示范区。

（五）完善农业资源环境管控制度

坚持最严格的耕地和林地保护制度。推进自然资源空间规划体系建设，推行“多规合一”。严格永久基本农田划定和保护，全面落实永久基本农田特殊保护政策措施。严格林地用途管制，控制林地向非林地逆转。持续推进耕地易地占补平衡政策实施，规范省域内补充耕地指标调剂管理。建立全省易地补充耕地指标交易平台，制定农业、水利等部门涉农项目产生的可用于耕地占补平衡的新增耕地核定管理办法。

探索以县为单位建立农业产业准入负面清单制度。针对农业资源与生态环境突出问题，制定禁止和限制发展产业目录，明确种植业、养殖业发展方向和开发强度，强化准入管理和底线约束。在国家农业可持续发展试验示范区开展农业产业准入负面清单制定试点。

（六）建立农业绿色循环低碳生产制度

选育推广节肥、节水、抗病绿色新品种。开展联合育种攻关，强化节水、节肥、抗病等优异基因的筛选，加快品种的培育。拓宽品种试验渠道，完善新品种审定标准，加快绿色新品种的审定。开展节水、节肥、抗病绿色新品种的展示示范，建立健全省、市、县三级展示示范网络，加快品种应用推广。建设标准化、规模化、集约化、机械化、信息化的优势农作物种子生产基地，建立健全省、市、县三级良繁体系。

推行畜牧业绿色发展转型。调整完善禁养区，优化县域畜牧业发展规划和区域布局，引导畜牧业生产向环境容量大的地区转移。全面开展畜禽养殖标准化创建。以现代农业示范县、现代畜牧业重点县、畜牧大县为重点，每年创建一批省级畜牧业绿色发展示范县。实施动物疫病净化计划，以种畜禽场和规模化养殖场为重点，创建一批动物疫病净化场、净化区。科学确定畜禽养殖用地选址和规模，禁养区划定减少的畜禽规模养殖用地，原则上要按照“拆一补一”进行异地新建，确保县域养殖用地总体平衡。依法落实规模养殖环境评价准入制度，强化畜禽养殖污染监管，推进种养循环发展。

推行水产健康养殖制度。推动水产发展与资源禀赋、生态类型相匹配，产品结构与市场消费需求相适应，要素投入与产业可持续发展相衔接，合理确定养殖规模和密度，因地制宜发展池塘健康养殖、稻鱼综合种养、流水养殖、水库生态养殖、池塘工程化循环水养殖、陆基集装箱式养殖等水产健康养殖模式。到 2020 年，新增国家级水产健康养殖示范场 60 个，新增池塘标准化示范改造 6 万亩，新增稻鱼综合种养 60 万亩，新增江河库区生态渔场 60 万亩。

建立低碳、低耗、循环、高效的加工体系。强化农产品产地初加工，支持农户、新型农业经营主体、涉农企业集中建设一批农产品冷藏库、烘干房等初加工设施，支持有条件的地方建设粮食烘储加工中心、果蔬茶综合加工中心。支持建设一批农产品加工产业园区，推广一批农产品精深加工技术装备，加快农产品加工企业技术升级改造，提升农产品精深加工水平。推动农产品及加工副产物、林业“三剩物”综合利用，开展综合利用试点工作，聚焦农产品及加工副产物向工业产品转化的循环利用，实现资源化、减量化、可循环发展。

建立低碳、低耗、循环、高效的流通体系。充分发挥农产品批发市场作为农产品市场流通主渠道作用，支持大型农产品批发市场改造升级，布局和建设一批优势农产品产地市场。依托“菜篮子”市长负责制考核，推动各地完善农产品产地市场基础设施，提升农产品流通现代化水平。借助农业展会、营销推介活动等，加强农产品产销对接，督促食用农产品集中交易市场开办者和经营者落实食品安全主体责任，促进农产品高效流通。抓好以村户为重点的益农信息社建设，尽快形成以公益性服务为核心的农村综合服务平台。加快发展农产品电子商务，推动冷链物流建设，形成线下资源与线上需求对接的重要流通渠道。大力推广粮库“仓顶阳光”工程建设，构建技术多样、层次合理、功能完善的低温绿色储粮体系。

探索建立区域农业循环利用机制。依托畜禽粪污资源化利用整县推进、区域生态循环农业等项目，着力推进农业资源利用节约化、生产过程清洁化、产业链条生态化、废弃物利用资源化，实施粮经饲统筹、种养加结合、农林牧渔融合循环发展。

推进现代农业产业园区建设。立足优势特色产业，以培育壮大新型农业经营主体、推进农村一二三产业融合发展为重点，建设规模化种养基地，发展产业化龙头企业，形成现代农业产业集群，构建集生产、加工、收储、物流、销售于一体的农业全产业链，创新农民利益联结机制，省、市、县分层分级建设一批现代农业产业园区，争创一批国家现代农业产业园。

（七）建立贫困地区农业绿色开发机制

推进生态产业精准扶贫。坚持以扶贫成效为导向，建立健全产业带贫减贫机制，统筹谋划粮油、畜牧、经济作物、林竹、水产、农产品初加工及精深加工、休闲农业、乡村旅游等特色优势产业发展，推进秦巴山区、乌蒙山区、大小凉山彝区、高原藏区重点发展产业建设，推动形成“一村一品、一户一业”的发展格局。把贫困地区生态环境优势转化为经济优势，大力培育发展绿色、有机和地理标志优质特色农林产品，总结“川藏高原”“大凉山”“圣洁甘孜”“广元七绝”“巴食巴适”等区域品牌创建经验，打造“四川扶贫”集体商标品牌。以休闲采摘、农事体验、农耕文化、科普教育、森林游憩、森林康养等为重点，依托花卉、水果、森林旅游、森林康养等特色产业，培育休闲农庄、森林小镇、生态康养社区、森林人家，举办四川美丽田园欢乐游、生态旅游节会、森林生态康养等系列活动，推进贫困地区一二三产业融合发展，构建贫困地区优质农产品供销体系，带动贫困农户脱贫致富。

三、强化资源保护与节约利用

（八）建立耕地保育与轮作休耕制度

推动用地与养地相结合。推进绿色高产高效创建，实施果菜茶有机肥替代化肥试点，推广保护性耕作技术、秸秆还田、稻鱼轮作、绿肥种植、增施有机肥、土壤改良等耕地地力提升综合配套技术。在土壤污染严重和土壤酸化严重等不宜连续耕作的农田开展轮作休耕试点。

建立耕地质量监测和等级评价制度。完善耕地质量监测体系，定期发布耕地质量等级报告。开展耕地质量监测与等级评价，逐步完善耕地质量数据库。2018年全省建设1万个耕地质量评价调查监测点和180个耕地质量长期定位监测点。

推进高标准农田建设。推进土地整治项目实施和验收，严格补充耕地检查验收制度。以粮食生产功能区、重要农产品保护区、现代农业园区为重点，集中成片推进高标准农田建设，加快推进高标准农田统一上图入库。加快高标准农田建设绿色转型，实施“三网”配套、生态修复、循环利用、质量提升、环境保护五大工程，推进高标准农田绿色示范区建设。

（九）建立节约高效的农业用水制度

推行农业灌溉用水总量控制和定额管理。扎实开展国家水资源监控能力二期工程建设。核发农业取水许可证，加强农业取用水计量在线设施建设。开展覆盖主要农作物的用水定额研究，实施地下水取用水总量和水位控制。

推进农业水价综合改革。按照总体不增加农民负担的原则，加快建立合理农业水价形成机制和节水激励机制，切实保护农民合理用水权益，提高农民有偿用水意识和节水积极性。到2020年，农业水价综合改革在农田水利设施较完善的大型灌区和重点中型灌区落地实施，探索水权流转机制取得初步成效。

大力发展节水农业。全面加快推进高效节水灌溉工作，强化农业综合节水技术推广，开展高效节水灌溉技术与水肥（药）一体化技术、农耕农艺节水措施和地膜覆盖技术等综合集成示范。

（十）健全农业生物资源保护与利用体系

加强动植物种质资源保护利用。构建省级种质资源保护体系，建设种质资源保存库、保种场、保护区、资源圃、基因库，开展种质资源保存、鉴定评价、编目入库与分发利用。开展第三次全省农作物种质资源普查与收集。加快推进全省林木种质资源普查。加强西昌市油橄榄、德昌县核桃、青川县毛叶山桐子国家种质资源库建设。积极做好康定、石渠冬虫夏草和万源野生大豆原生境保护小区（点）管护工作。

实施全省自然保护区能力提升计划。实施极小种群野生植物保护拯救工程，重点抓好疏花水柏枝、距瓣尾囊草、梓叶槭、五小叶槭、尾叶杜鹃、云南梧桐、光叶蕨、峨眉拟单性木兰等物种的野外保护和人工繁育，实现部分物种野外回归。继续开展第二次全国重点保护野生植物资源调查和第二次国家重点保护野生动物资源调查，开展四川省云豹分布及种群数量调查。开展野外巡护监测工作，对受伤、病弱、饥饿、受困等需要救护的野生动物实施保护。继续开展重点区域大熊猫种群动态监测。开展省级以上水生生物自然保护区监控系统建设和鱼类资源调查。推动建立野生动物植物自然保护区管理成效评估机制，制定进入保护区开展活动负面清单，建立区内人类活动遥感监测体系。

实施珍稀特有水生生物保护行动。实施达氏鲟保护行动计划，进行达氏鲟遗传多样性和就地、迁地保护研究，开展达氏鲟增殖放流及其效果评估。到 2020 年，形成达氏鲟就地和迁地保护研究报告，建立达氏鲟保护及遗传多样性繁育体系。

建立外来物种风险监测评估与防控机制。开展外来入侵有害生物水花生、福寿螺、紫茎泽兰等综合防控试验示范，建立天敌繁育基地和关键区域生物入侵阻隔带，扩大生物替代防治示范技术试点规模。

四、加强产地环境保护与治理

（十一）建立工业和城镇污染向农业转移防控机制

加强农田污染防控。严格控制在优先保护类耕地集中区域新建有色金属矿采选、有色金属冶炼、石油加工、化工、焦化、电镀、制革、天然（页岩）气开采、铅蓄电池、汽车制造、农药、电子拆解、危险废物处置和涉重金属等行业企业。现有相关行业企业要采用新技术、新工艺，加快提标升级改造。严格工业和城镇污染物处理和达标排放，依法禁止未经处理达标的工业和城镇污染物进入农田、养殖水域等农业区域。

开展受污染耕地安全利用。开展全省农用地土壤污染详查，划分耕地土壤环境质量类别，利用土壤污染防治专项资金对成都平原、川西、攀西等重点地区的受污染耕地开展治理修复。制定耕地污染治理及效果评价标准，加快启动受污染耕地特定农产品禁止生产区划定和种植业结构调整试点。到2020年，全省受污染耕地安全利用率达到94%。

（十二）健全农业投入品减量使用制度

实施化肥农药使用量持续减量行动。大力推广测土配方施肥、水肥一体化、机械施肥等技术，增施高效新型肥料，开展化肥减量增效示范和果菜茶有机肥替代化肥试点。推进病虫害监测预报精准化减量、病虫防控绿色化减量和统防统治专业化减量，普及推广种子包衣、药剂拌种、带药移栽等病虫害预防技术。实施高剧毒农药替代计划，加快应用高效、低毒、低残留农药。推动农资企业规范建立农药生产经营管理制度，严格执行限制使用农药定点经营制度。

规范限量使用饲料添加剂，减量使用兽用抗菌药物。强化生产过程中饲料添加剂使用的规范控制，依法对超量超范围使用饲料添加剂进行处罚。深化饲料质量安全“全覆盖”监测，全省饲料产品合格率稳定在98%以上。以“中兽药”等安全、高效、低残留的兽药产品为重点，引导养殖者科学使用兽用抗菌药物。开展兽用抗菌药减量使用示范创建活动，逐步禁用促生长兽用抗菌药。

建立农业投入品电子追溯制度。实行农药标签二维码标示制度，组织新型农业经营主体积极落实农药使用台账记录制度及安全使用间隔期制度。加强兽药产品追溯信息系统建设，逐步推进兽药追溯制度实施，完善兽药基础信息平台，力争2018年经营企业100%入网。完善种子追溯平台，推动追溯管理全面实施。探索推进其他农业生产资料追溯体系建设工作。

（十三）完善秸秆和畜禽粪污等资源化利用制度

完善秸秆综合利用制度。以秸秆规模化、多元化、高值化、产业化利用为方向，加快推进形成布局合理、循环利用、可持续运行的综合利用格局。大力推进秸秆肥料化、饲料化、基料化、能源化、原料化利用，开展农作物秸秆综合利用试点，推进秸秆全域综合利用试点示范。严格依法落实秸秆禁烧制度，建立健全秸秆禁烧区域联防联控机制，落实县、乡、村、组秸秆禁烧责任。

建立畜禽粪污资源化利用制度。强化属地管理责任和规模养殖场主体责任，建立健全科学规范、权责清晰、约束有力的畜禽养殖废弃物资源化利用制度。大力推广农牧结合生态治理模式，实现畜禽粪污就近还田和异地还田利用。鼓励在养殖较为集中的区域建立粪污处理中心，探索建立受益者付费、第三方处理企业和社会化服务组织合理收益的运行机制，在有条件的地区，鼓励推广政府和社会资本合作（PPP）模式。

健全病死畜禽无害化处理体系。按照统一收集暂存、集中无害化处理的原则，推动在广安、绵阳、达州、南充、阿坝、广元等地建设集中无害化处理厂。落实病死猪无害化处理补助政策，鼓励有条件的地方按规定将病死畜禽无害化处理补助从生猪扩展到其他畜禽品种。

完善农林废弃物资源化利用政策。落实农机购置补贴政策，对纳入四川省农机购置补贴机具种类范围的农业废弃物资源化利用装备，按照规定的补贴标准实行敞开补贴。落实秸秆和沼气发电上网标杆电价和上网电量全额保障性收购政策，对纳入规划的秸秆、沼气发电项目实行优先发电。落实农林废弃物资源化利用用地政策，属于设施农用地的按农用地管理，鼓励依法使用存量集体建设用地开展秸秆、畜禽粪污、病死畜禽等农业废弃物资源化利用。

（十四）完善废旧地膜和包装废弃物等回收处理制度

加强农膜生产源头、营销和使用管控。推动农用薄膜生产新标准实施，逐步规范企业生产条件，严控脱标地膜进入市场和农田。引导农民科学选膜用膜，加大对 0.01 毫米以上加厚地膜的推广力度，鼓励使用技术成熟、可降解、无污染的新型农田地膜。推进农田地膜使用减量化，推广集中育秧育苗、水稻直播、果园生草、秸秆覆盖栽培等农田地膜减量替代技术。推进农田地膜回收专业化，建立健全广大农户捡拾交售、回收网点积极收集、龙头企业加工利用的农田残膜回收处理体系。试点建立“谁生产、谁回收”的农田地膜生产者责任延伸制度。

建立农药包装废弃物回收和集中处理体系。在粮经作物主产区整建制推进农药包装废弃物回收试点，探索建立农药包装废弃物回收机制。在有条件的试点县推行押金制，提高农药包装废弃物回收率；采取政府购买服务、以奖代补等方式，探索农药包装废弃物回收处理专业化第三方服务模式。

五、养护修复农业生态系统

（十五）构建田园生态系统

打造种养结合、生态循环、环境优美的田园生态系统。大力发展种养结合、生态循环农业，修复农业农村生态景观，统筹山水林田湖草系统治理，提升农业的生态价值、休闲价值和文化价值。依托农村绿水青山、田园风光、乡土文化等资源，发展休闲农业、生态旅游、森林康养、生态康养和乡村旅游。推进田园综合体建设，形成最美乡村形态典范。

（十六）创新草原保护制度

健全草原产权制度。在进一步巩固完善草原承包经营责任制的基础上，积极稳妥开展草原确权承包登记试点。推进草原“三权分置”改革，按照自愿、规范、有偿原则，采取转包、出租、互换、转让等方式流转草原经营权。建立健全草原产权制度和科学利用制度，规范草原经营权流转，适时开展全民所有草原资源分级行使所有权制度和全民所有草原资源资产有偿使用制度试点。

落实草原生态保护补助奖励政策。实施新一轮草原生态保护补助奖励政策，严格落实草原禁牧休牧轮牧和草畜平衡制度，防止超载过牧，在“三州”所辖48个县（市）每年开展草原禁牧7 000万亩、草畜平衡管理1.42亿亩。

完善草原监管制度。组织实施大美草原守护行动，强化草原执法监督。规范草原征占用审核审批，严控草原非牧使用。建立草原资源资产负债表、领导干部草原自然资源资产离任审计制度、草原生态建设成效评价制度。

（十七）健全水生生态保护修复制度

严格实施重点河流禁渔期和禁渔区制度。贯彻落实禁渔期制度，加强增殖放流管理。率先在长江水生生物保护区推进全面禁捕工作。严厉整治“绝户网”等非法捕捞行为，坚决取缔违法渔具渔法，推进涉渔“三无”船舶清理整治，保持对“电、毒、炸”鱼等违法犯罪行为严惩重处的高压态势。

加强河湖水系连通建设。以自然河湖水系、调蓄工程和引排水工程为依托，科学规划、合理布局、因地制宜实施河湖水系连通工程。编制河道采砂规划和采砂方案，明确禁采期和禁采区并定期公告。

（十八）实行林业和湿地养护制度

加强森林资源保护。建立森林资源监测体系，完善森林资源“一张图”，推进建立“天上看、地上巡、图上比”的森林资源监管体系。落实林地定额管理、林木凭证采伐、木材凭证运输制度，严格执行林木采伐限额管理。严格保护天然林资源。

实施绿色家园建设行动。大力推进农村道路、河渠、房前屋后、闲置土地绿化，结合建设彝家新寨、藏区新居、巴山新居和乌蒙新村，加快形成道路与河岸乔木林、房前屋后果木林、村庄周围防护林的村庄绿化格局，着力打造体现文化特色、彰显花果景观、发展集中连片、融合一三产业的绿色美丽新农村。

实施湿地养护制度。严格实施湿地分级管理制度，发布四川湿地名录，开展湿地自然保护区和湿地公园湿地保护与恢复，加强重要湿地基础设施和能力建设，优先实施四川若尔盖湿地国家级自然保护区湿地恢复项目。

加强严重退化沙化地区植被恢复治理。落实沙化土地封禁保护修复制度，在具备条件的区域探索设立沙化土地封禁保护区，研究制定封禁试点经济补偿办法。推进川西高原生态脆弱区综合治理、林业防沙治沙等项目建设，持续提升治理区植被盖度。开展森林、草原、湿地生态屏障重点县建设。开展沙化监测和沙化治理成效监测。

加快构建生态治理长效机制。实施新一轮退耕还林还草政策，对全省25度以上非基本农田坡耕地，三峡库区上游县15度至25度非基本农田坡耕地，以及经国务院批准的调整为非永久基本农田后实施退耕的陡坡耕地实施退耕还林还草。

深入推进岩溶地区石漠化治理工程，加强凉山、宜宾、泸州等岩溶地区石漠化综合治理。以小流域为单元，以坡耕地水土流失治理为重点，加强区域水土流失综合防治。

六、健全创新驱动与约束激励机制

（十九）构建支撑农业绿色发展的科技创新体系

积极开展以农业绿色生产为重点的技术攻关。围绕绿色农业领域农业高效用水、化肥农药减施增效、健康养殖绿色投入品等方面的技术瓶颈，开展节水灌溉设施、化肥农药减施配套产品及施用装备、生物饲料和新型兽药、主要农畜新品种选育等领域关键核心技术攻关、成果转化应用，重点建设一批科技创新平台，推进绿色农业领域技术攻关清单落地落实。推进基层农技推广体系改革创新，建立长期稳定的农业、林业科技试验示范基地，示范推广优质农林品种、高效生态技术、绿色生态种养模式。积极引进符合农业绿色发展的国际先进品种、技术、设备。

（二十）完善农业生态补贴制度

建立以绿色生态为导向的农业补贴制度。推动建立农业生态环境保护补偿制度体系，基本实现在农业自然资源保护、农业物种资源保护、农业环境保护等领域农业生态环境保护补偿制度全覆盖。建立与耕地地力提升和责任落实相挂钩的耕地地力保护补贴机制。完善耕地、草原、森林、湿地、水生生物等生态补偿政策，完善稻谷、小麦最低收购价政策。

探索绿色金融服务农业绿色发展机制。利用绿色金融机制鼓励涉农银行创新信贷产品，利用更多银行资金支持农业绿色发展，加大绿色信贷投入。加快建立覆盖全省的政策性农业信贷担保体系，构建覆盖产粮大县及主要农业大县的农业信贷担保服务网络，支持担保公司开展农业绿色发展担保业务。推动建立全省乡村振兴农业产业发展风险补偿制度，探索创新财政支农新方式和金融支农新机制。积极推进农业大灾保险试点工作，发展绿色生态农业保险产品。加大 PPP 模式在农业绿色发展领域的推广应用，引导社会资本投向农业资源节约、废弃物资源化利用、动物疫病防控和生态保护修复等领域。

（二十一）建立绿色农业标准体系

制定修订农业绿色发展标准。以农业绿色发展为导向，以生产技术规范、储藏运输、质量追溯、包装标识等为重点，加快制定修订省级农业地方标准，及时清理、废止与农业绿色发展不适应的省级农业地方标准和行业规范，构建与质量兴农、绿色兴农相适应的标准体系。

实施农业绿色品牌战略。建设专业化、标准化生产基地。支持大企业、大集团和农业龙头企业发挥示范带动作用。全面实施农产品品牌建设“孵化、提升、创新、整合、信息”五大工程，培育具有区域优势特色和国际竞争力的农产品区域公用品牌、企业品牌和产品品牌，加大“川”字号特色农产品品牌创建力度。积极引导新型农业经营主体申报绿色食品、有机农产品、国家地理标志产品、国家生态原产地保护产品，创建国家级生态原产地保护示范区、国家有机产品认证示范区等。

加强农林产品质量安全全程监管。健全产地准出与市场准入衔接机制，积极推进食用农林产品合格证制度，严防不合格产品流出基地、进入市场。开展国家农产品质量安全县和省级农产品质量安全监管示范市创建，落实农产品质量安全属地管理责任。积极推进省级农产品追溯平台与国家追溯平台有效对接，进一步扩大省级农产品追溯平台应用覆盖面。到2020年基本实现农业产业化重点龙头企业、农民合作社示范社、“三品一标”规模生产经营主体可追溯管理。

（二十二）完善绿色农业法规体系

研究制定修订体现农业绿色发展需求的地方法规。完善耕地保护、农业污染防治、农业生态保护、农业投入品管理等制度。加快推进农业生态环境保护立法，开展农业节约用水立法研究。加大执法和监督力度，依法打击破坏农业资源环境的违法行为。

（二十三）建立农业资源环境生态监测预警体系

建立健全农业资源环境生态监测网络。完善耕地、草原、渔业水域、生物资源、产地环境监测体系建设，编制农业生态环境监测规划。推进全省第二次农业污染源普查工作。先行在国家农业可持续发展试验示范区建立以县为基本单位的重要农业资源台账制度，绘制耕地、作物、草原、渔业水域、农村承包地空间布局图。

（二十四）健全农业人才培养机制

加强农业绿色发展培训。把节约利用农业资源、保护产地环境、提升生态服务功能等内容纳入农业人才培养范畴，培养一批具有绿色发展理念、掌握绿色生产技术技能的农业人才、“土专家”和新型职业农民。积极培育新型农业经营主体，鼓励其率先开展绿色生产。

健全生态管护员制度。增加生态环境脆弱区、深度贫困地区草原管护员、生态护林员公益性岗位，进一步加强生态管护员管理和队伍建设。逐步建立覆盖主要森林、草原地区的基层生态管护员队伍。

四川省人民政府办公厅关于印发
四川省大气污染防治考核暂行办法的通知

川办发〔2018〕75 号

各市（州）人民政府，省政府各部门、各直属机构：

《四川省大气污染防治考核暂行办法》已经省政府同意，现印发给你们，请认真贯彻执行。

四川省人民政府办公厅

2018 年 9 月 18 日

四川省大气污染防治考核暂行办法

第一条　为落实大气污染防治工作责任，强化监督管理，推动环境空气质量改善，按照《中华人民共和国大气污染防治法》规定和国家考核有关要求，结合四川省实际，制定本办法。

第二条　本办法适用于对各市（州）人民政府大气污染防治工作的年度考核。

第三条　对市（州）人民政府的考核指标包括大气污染防治约束性指标、大气污染防治重点任务完成情况（具体内容见附件）。相关指标根据国务院对省政府大气污染防治目标任务和重点任务的考核要求变化及时进行调整。

第四条　年度考核采用评分法。大气污染防治约束性指标完成满分 60 分，大气污染防治重点任务完成情况满分 40 分，共计 100 分。考核结果分 4 个等级，评分结果 90 分及以上为优秀，70 分（含）至 90 分为良好，60 分（含）至 70 分为合格，60 分以下为不合格。

当年空气质量新达标城市加 5 分；当年细颗粒物（PM2.5）年均浓度改善幅度前五名分别加 8 分、5 分、3 分、2 分、1 分，当年单项大气污染物指标年均值新达标的加 2 分。

大气污染防治工作获得省级及以上通报表扬的，按国家、省级每次分别加 3 分、1 分；工作经验在省级及以上交流推广的，按国家、省级分别加 3 分、1 分。

以上加分项可重复计算。

第五条　市（州）人民政府对本行政区域大气环境质量负责，依据年度大气环境质量改善目标和大气污染防治重点任务，制定本地区年度工作计划，分解到县（市、区）人民政府和相关部门，并配套相关政策，完善保障措施，确保目标任务完成。

第六条　市（州）人民政府按照考核要求进行自查，每年年初将上年度自查报告送省环境保护行政主管部门。自查报告应包括任务分解、工作推进和目标完成情况。

第七条　考核工作由省环境保护行政主管部门会同省直有关部门负责，组织评出考核等次建议方案，报省政府审定后向社会公开。

第八条　考核结果交由干部主管部门按照有关规定，作为各级领导班子和领导干部综合考核评价的重要依据。

第九条　对年度考核不合格的市（州），由省政府委托省环境保护行政主管部门会同省直有关部门，约谈市（州）政府及相关部门负责人。

对连续两年考核不合格的市（州），可以暂停该地区有关责任城市新增大气污染物排放建设项目（民生、环保基础设施和节能减排项目除外）的环境影响评价文件审批。

第十条　在考核中发现篡改、伪造监测数据的，其考核结果确定为不合格，并按照有关规定依纪依法严肃追究有关单位和人员的责任。

第十一条　市（州）人民政府可参照本办法，结合本地实际，对本地区大气污染防治工作情况实施考核。

第十二条　本办法由省环境保护行政主管部门负责解释。

附件：考核指标（略）

四川省人民政府办公厅关于进一步推进全省“厕所革命”工作的意见（节录）

川办发〔2018〕89 号

二、做好顶层设计，强化规划标准引领

（三）科学编制专项规划。按照“先规划、后建设”的原则，在全面开展厕所普查的基础上，结合各地区实际，科学制定公共厕所建设专项规划，提出用地、数量和布局等规划控制要求，建立以独立式和附属式公共厕所为主、社会厕所对外开放为辅，布局合理、数量充足的公共厕所服务体系。编制公共厕所专项规划，加强与环境卫生、旅游、交通、美丽新村、公共服务等相关专项规划的衔接和协调，合理确定建设规模和时序。综合考虑农村卫生健康、污染防治、生态环境保护等要求，制定农村户厕改造专项规划。

（四）强化标准指导作用。遵循文明、卫生、方便、安全、节能的基本原则，根据各地气候特征、地质地理条件和实际需求差异，因地制宜选择厕所工艺，在保证环境整洁、干净卫生的前提下，突出方便、实用、舒适等基本功能，防止脱离实际需求片面追求豪华。进一步完善公共厕所设计建设标准，合理确定男女厕位及第三卫生间设置比例，适当提高公共厕所坐便器比例，充分满足各类人群特别是特殊人群如厕需求。制定全省统一的公共厕所标识标志指引标准，规范标志名称和设置标准。

三、突出工作重点，加快推进厕所建设

（五）加快城乡公共厕所建设。按照“合理布局、改建并举、卫生适用、方便群众、有利排运”原则，统筹推进城市、乡（镇）和村规划区内公共厕所新建、改建工作。城市新区应将新建公共厕所用地纳入城市黄线保护范围，严禁擅自占用或者改变用途，确保新城新区公共厕所建设不欠账。加快补齐老城区公共厕所短板，结合旧城更新、城市修补等，统筹安排公共厕所建设，积极推进旱厕等老旧公共厕所改造。现有公共厕所确需拆除的，应遵循“拆一补一、就近建设、优化服务”的原则，不得减少现有公共厕所数量和建筑面积。新建商业服务、文

化体育、医疗卫生、交通客运等公共服务设施项目，应在施工图设计文件中明确配建公共厕所的数量和建筑面积，并与项目主体同步规划、同步设计、同步建设、同步验收。加快完善乡（镇）政府所在地、乡（镇）卫生院、农村社区综合服务中心、集贸市场等场所公共厕所建设。结合农村人居环境整治行动和美丽四川·宜居乡村建设等，加快推进农村公共厕所建设和改造。

（六）着力补齐交通厕所短板。做好交通沿线和交通节点厕所的选（布）点与新建工作，同时做好老旧厕所改造提升和粪污处理。切实提高加油站厕所对外开放程度和使用效率，加大建设改造力度，提升管理服务水平。明确客运站、水路客运码头等交通站点管辖范围和边界，做到厕所建设不留死角，并根据日均客流量对不符合建设标准的厕所进行全面改造提升。

（七）提升景区景点厕所品质。加快完善旅游集散中心、旅游餐馆、旅游娱乐场所、休闲街区等区域公共厕所布局，重点推进A级旅游景区、省级旅游度假区、旅游小镇等公共厕所全部达到国家标准要求。加强全省风景名胜区、水利风景区、地质公园、森林公园、乡村旅游景区、博物馆等厕所建设与管理，其设计、建设与改造要与当地文化元素、地域特色相融合。国家级、省级以上景区及其他定级的旅游景区厕所应根据相关标准规范要求设置第三卫生间，乡村旅游点厕所基本实现水冲化，不具备水冲条件的场所积极推广建设“生态厕所”，进一步提升旅游厕所建设的生态化、特色化、品质化水平。

（八）深入推进农村户厕建设。遵循“群众接受、经济适用、维护方便、不污染公共水体”原则，按照因地制宜、集中连片、整村推进、建管并重、长效运行的思路，有机整合农村人居环境整治、美丽四川·宜居乡村建设、易地扶贫搬迁等政策，加快实施农村户用卫生厕所建设和改造工作。按照《农村户厕卫生规范》（GB19379—2012）等相关标准规范要求开展农村户厕建设改造工作，同步实施粪污治理，有机衔接全省农村生活污水治理工作，加快实现农村卫生厕所全覆盖。加大农村户用厕所建设材料、无害化处理、粪污回收等方面技术攻关，鼓励研发生产并推广使用成本低、质量好、达标规范、适用性强的一体化设施设备。

（九）积极推广装配式厕所。按照四川省现行标准体系、抗震设防和绿色节能等要求，加强与高校、科研院校、装配式企业合作，建立完善覆盖设计、生产、施工和使用维护全过程的装配式厕所标准体系。积极培育集厕所设计、生产、施工于一体的龙头企业和产业链重点企业，推动厕所建造方式变革创新。根据各种区域和场所对公共厕所建设规模、功能定位、建设成本的不同要求，结合各地气候环境、地形地貌、民俗传统等特征，因地制宜、充分论证，培育打造一批集约化、多样化的装配式公共厕所，并加快在全省推广运用，不断提高装配式厕所比例。

（十）切实加强粪污治理。进一步加强厕所粪污治理，提升管理维护水平，保持厕所下水通畅，贮粪池密闭，化粪池定期清渣、及时清运，发生堵塞立即疏通。在不适合将粪污接入市政污水管网或暂无市政污水管网的区域，统筹考虑粪污收集运输和处理，因地制宜采取适当方式进行无害化处理或资源化利用，有效改善城乡人居环境。

四、转变运行方式，提升厕所管理服务水平

（十一）提升公共厕所管理水平。按照属地管理原则，进一步明确公共厕所管理（产权）单位，切实履行主体责任，建立健全公共厕所管理长效机制，制定公共厕所管理办法，依法向社会公示。加强公共厕所规范化、标准化、精细化管理，确保公共厕所设施设备完好，达到“四净、三无、两通、一明”（即地面净、墙壁净、厕位净、周边净，无溢流、无蚊蝇、无臭味，水通、电通、灯明）的要求。加强公共厕所管护队伍建设，定期组织管护人员专业培训，提升管护人员的综合素质，探索建立符合本地实际的公共厕所专（兼）职管护人员管理制度。

（十二）鼓励引导社会资本参与。积极探索“以商建厕、以商养厕、以商管厕”的市场化运行模式，鼓励引导专业化企业参与公共厕所建设和品牌化、规模化连锁经营，引导各类经营主体对公益性厕所进行托管、维护。对公共厕所经营主体兼营商业项目的，可研究制定水电费优惠等支持政策，按规定落实税费优惠政策。

（十三）推进公共机构厕所开放共享。充分利用存量厕所资源，加强厕所卫生提升和开放共享。按照厕所类别、等级，制定相应的补贴补助政策，积极推进各类社会经营场所和党政机关、企事业单位、服务业窗口等非涉密保密单位的厕所对外开放，有效扩大厕所供给量。

（十四）加快信息化技术推广运用。按照智能化、综合化、人性化的要求，推进信息技术在厕所营运管理、服务监管和行业管理等方面应用。充分利用微信、微博、政府网站、社会媒体等多种渠道，推广使用“城市公共厕所云平台”，让广大市民参与公共厕所建设管理和监督工作，反馈公共厕所使用中的问题，实现共治共享。

五、加强要素保障，为“厕所革命”提供有力支撑

（十五）加大资金投入力度。积极争取中央政策和资金支持，制定省级资金支持“厕所革命”工作办法，加大省级财政对“厕所革命”的支持力度，对使用地方政府债券资金建设改造公共厕所和农村户厕的市（州）、县（市、区），省级财政给予部分贴息，切实发挥公共财力带动作用。各地要统筹整合各类项目资金，加大财政投入，支持公共厕所和农村户用厕所建设改造，提高资金使用效益。

（十六）积极拓宽融资渠道。加快研究建立政府、市场、社会共同负担的资金

筹集机制，通过政府和社会资本合作（PPP）、政府购买服务等模式吸引社会资本参与厕所建设和营运管理。依法适当延长特许经营年限，优化建设用地使用权等资源配置，充分挖掘项目营运商业价值，建立合理投资回报机制，形成政府投入为导向、企业投入为主体、社会投资为补充的多元化投融资体系。引导金融机构及各类基金、社会资本向“厕所革命”工作倾斜，鼓励金融机构提前介入提供融资顾问、财务顾问、风险控制等服务，拓宽项目特许经营权、债权、股权、资产、收益权等抵押质押融资渠道，切实提高“厕所革命”项目融资效率。

（十七）推动“厕所革命”PPP 项目入库。鼓励各地采用 PPP 模式将本区域公共厕所建设营运项目以县（市、区）为单位整体打包向省政府和社会资本合作中心申报入库。各市（州）PPP 项目实施方案由市（州）人民政府报省发展改革委、财政厅、住房城乡建设厅等省直相关部门联评联审，加快项目推进工作。

（十八）强化厕所建设用地保障。充分考虑和优先保障“厕所革命”设施建设用地的需求，在项目选址、定点、建设用地审批等方面开辟绿色通道，优化报件流程，缩短审批时限，依法办理土地征收和供应手续。厕所选址方案需依法进行公示，接受社会监督。对符合城乡规划和土地利用总体规划要求的公共厕所建设项目，可合理利用城市绿地、公共空闲用地和集体建设用地进行建设。

（十九）加强科技支撑与创新。在保证实用性的基础上，加强厕所科技应用及推广示范，特别是在高寒地区，逐步普及“高效节水、低碳排放、生态循环、智能系统、技术转化”五大创新科技，鼓励采用生物除臭、真空气冲、泡沫封堵等先进技术和材料，提升厕所科技化水平。大力推动厕所科技攻关，集中攻克山岳型、高寒区、缺水型景区及条件艰苦地区的厕所建设难题。

六、加强组织领导，统筹协调推进“厕所革命”

（二十）落实工作责任。各市（州）人民政府是推进“厕所革命”工作的责任主体，要切实加强组织领导和政策保障，统筹协调、督促实施；县（市、区）人民政府具体负责做好项目建设、营运管理等各项工作。省推进“厕所革命”工作领导小组各成员单位要强化协调联动，各司其职、密切配合，形成齐抓共管的工作推进态势。各市（州）和县（市、区）人民政府要加强组织领导，明确牵头部门和相关部门责任分工，明确本地区“厕所革命”建设目标任务、保障措施，研究制定具体实施方案，全面推进“厕所革命”工作。

（二十一）加强监督检查。省推进“厕所革命”工作领导小组办公室（设在住房城乡建设厅）牵头，会同省直相关部门制定全省推进“厕所革命”工作监督考核办法，定期对各地推进“厕所革命”工作情况进行督促检查，并将“厕所革命”相关指标作为硬性条件，纳入中国人居环境奖、卫生城镇、宜居城市、生态园林城市、生态文明建设示范县等有关各类创建活动推荐和评定工作，凡“厕所革命”工作开展不力、公众反应强烈、人大代表建议和政协委员提案屡次批评的地区实行“一票否决”。各地要建立相应考核体系，加大督查力度，严格兑现奖惩，严肃行政问责。

（二十二）强化宣传教育。加强“厕所革命”工作宣传力度，深化“小厕所，大民生”理念，结合“世界厕所日”等主题活动，培育厕所文化，倡导文明用厕，推广厕所建设典型，整体带动全省公共厕所建设，营造全社会高度关注、共同参与“厕所革命”的良好氛围，激发群众改善自身生活条件的主动性。

附件：四川省推进“厕所革命”三年行动方案（2018—2020 年）（略）

四川省人民政府办公厅

2018 年 11 月 30 日

四川省发展改革委政策文件

关于印发《四川省重点生态功能区产业准入负面清单（第二批）（试行）》的通知

川发改规划〔2018〕263号

沐川县、峨边彝族自治县、马边彝族自治县、石棉县、宁南县、普格县、布拖县、金阳县、昭觉县、喜德县、越西县、甘洛县、美姑县、雷波县、屏山县人民政府：

2016年9月，国务院同意四川省沐川等14个县由省级重点生态功能区调整为国家重点生态功能区。按照经国务院同意的《重点生态功能区产业准入负面清单编制实施办法》，沐川等14个县以及省级重点生态功能区屏山县研究制定了《四川省重点生态功能区产业准入负面清单（第二批）（试行）》（以下简称《第二批负面清单》）。《第二批负面清单》已经省政府同意，现印发你们，请认真贯彻执行。

重点生态功能区实行产业准入负面清单制度，是党的十八届五中全会确定的战略任务，是国家“十三五”规划《纲要》明确的重大举措，对于加强生态文明建设和生态环境保护、打好污染防治攻坚战、加快建设美丽四川、筑牢长江上游生态屏障、维护国家生态安全，具有十分重要的意义。

《第二批负面清单》涉及的县要按照党中央、国务院和省委、省政府决策部署，牢固树立和践行绿水青山就是金山银山的理念，把生态文明建设放在突出位置，把建设长江上游生态屏障、维护国家生态安全放在生态文明建设的首要位置。要坚定不移走生态优先、绿色发展新道路，有效保护和改善生态环境质量，增强生态产品供给能力，写好生态文明建设这篇大文章。要落实重点生态功能区建设的有关要求，自觉把经济社会发展同生态文明建设统筹起来，限制进行大规模高强度工业化城镇化开发，努力形成环境友好型的产业结构。要加强产业准入负面清单实施的组织领导，建立工作机制，严格落实管控要求，做好相关企业关停并转、改造升级、入园入区等工作。

有关市（州）、省直有关部门要加强对《第二批负面清单》实施的支持引导、监督管理，研究完善配套政策措施，帮助解决实施中出现的问题，促进有关县严格按照主体功能定位谋划经济社会发展。我委将会同有关部门加强对《第二批负面清单》实施情况跟踪分析和督促检查，适时组织开展实施效果评估。

《第二批负面清单》自印发之日起实施，实施中遇到的问题，请及时向我委反映。

四川省发展和改革委员会

2018 年 5 月 30 日

四川省重点生态功能区产业准入负面清单（第二批）（试行）（略）

关于落实加快创新和完善促进绿色发展电价机制有关事项的通知

川发改价格〔2018〕591号

国网四川省电力公司：

为贯彻落实绿色发展战略，积极运用价格政策助力打好污染防治攻坚战，国家发展改革委印发了《国家发展改革委关于创新和完善促进绿色发展价格机制的意见》（发改价规〔2018〕943号），对健全促进节能环保的电价机制提出了要求，结合四川省实际，现将有关事项进一步明确如下。

一、严格执行差别化电价政策。按照国家现行相关规定，严格落实铁合金、电石、烧碱、水泥、钢铁、黄磷、锌冶等7个行业的差别电价政策。探索对科技进步企业产品单位产值能耗、污染物排放降低的相关电价鼓励措施。

二、配合完善四川省峰谷电价形成机制。开展丰枯峰谷电价政策年度评估，积极配合探索鼓励低谷用电的价格措施，探索研究尖峰电价、可间断供电、不可间断供电等电价政策。

三、落实部分环保行业用电支持政策。从2018年7月1日起，对实行两部制电价的污水处理企业用电、港口岸电营运商用电免收需量（容量）电费，执行时间至2025年底；对实行两部制电价的电动汽车集中式充换电设施用电免收需量（容量）电费政策延长至2025年底。

四、国网四川电网应按照发改价规〔2018〕943号以及本通知要求，严格落实相关政策。对政策执行过程中的相关问题，及时报告我委。

四川省发展和改革委员会

2018年12月30日

关于印发《四川省用能权有偿使用和交易管理暂行办法》的通知

川发改环资规〔2018〕527号

各市（州）人民政府，省直有关部门，有关单位：

为推动四川省用能权有偿使用和交易试点工作，规范用能权有偿使用和交易管理，省发展改革委组织制定了《四川省用能权有偿使用和交易管理暂行办法》，已经省政府领导同意，现印发给你们，请认真贯彻执行。

四川省发展和改革委员会

2018年11月26日

四川省用能权有偿使用和交易管理暂行办法

第一章　总　则

第一条　为推动四川省用能权有偿使用和交易试点工作，探索通过市场机制促进节能降耗，以较低成本实现能耗总量和强度“双控”目标任务，按照《国家发展改革委关于开展用能权有偿使用和交易试点工作的函》《四川省节能减排综合工作方案（2017—2020年）》《四川省用能权有偿使用和交易试点实施方案》《四川省〈中华人民共和国节约能源法〉实施办法》等相关文件和法律法规要求，制定本办法。

第二条　本办法适用于本省行政区域内用能权有偿使用和交易的全过程，包括用能权指标的分配、交易、清缴以及相关监测、报告、核查等活动的监督与管理。

第三条　用能权，是指在能源消费总量和强度控制的前提下，用能单位经核发或交易取得、允许其使用或投入生产的综合能源消费量权益。

用能权有偿使用，是指用能单位按规定通过用能权交易机构有偿获得用能权指标的行为。用能单位在规定期限内对获得的用能权指标拥有使用、转让和获取收益等权利。

用能权交易，是指用能单位及其他交易主体通过省用能权交易机构进行用能权指标交易的行为。

第四条　用能权有偿使用和交易坚持政府引导与市场运作相结合，遵循公开、公平、公正和诚信原则。

第五条　四川省发展和改革委员会是用能权有偿使用和交易的省级主管部门（以下简称“用能权交易主管部门”），负责对省内用能权有偿使用和交易相关工作进行综合协调、组织实施和监督管理。主要履行以下职责：

（一）制定用能权交易相关规划、政策、管理制度并组织实施；

（二）负责确定纳入用能权交易的用能单位（以下简称“重点用能单位”）名单并监督其履约；

（三）负责用能权指标总量设定并分配到重点用能单位；

（四）监督用能权交易市场相关活动；

（五）建立并管理重点用能单位能源消费报送系统、用能权注册登记系统、交易系统等，会同相关部门建设和完善重点用能单位能耗在线监测平台；

（六）统筹、指导、协调本省用能权交易工作。

第六条　市（州）和县（市、区）发展改革部门（管理节能工作的部门）负责本地区用能权有偿使用和交易工作的综合协调，督促和指导辖区内重点用能单位能源利用状况报告、综合能源消费量核查、用能权指标交易和清缴等相关工作。

县级以上地方人民政府相关部门按照各自职责，协同做好用能权有偿使用和交易管理相关工作。

第二章　用能权指标分配

第七条　根据全省能源消费总量控制目标，合理确定用能权指标总量。

用能权交易主管部门综合考虑产业结构、行业发展规划、用能单位历史能耗水平、历年目标达成及能源消费下降目标等情况，在广泛征求有关各方意见的基础上，明确分配原则、方法及流程，另行制定用能权指标分配方案。

第八条　用能权指标实行免费分配和有偿分配相结合的方式，试点初期以免费分配方式为主。

用能权交易主管部门负责向重点用能单位核发用能权指标，并抄送市（州）用能权交易综合协调部门。用能权交易主管部门建立市场化的调节机制，并预留部分用能权指标用于有偿分配及市场调节。

第九条　用能权交易主管部门核发的用能权指标有效期暂定为自核发之日起两年。

第十条　重点用能单位发生合并、改组、兼并等变更行为的，其用能权指标应进行相应调整，调整后的用能权指标总量不得大于调整前总量；其用能权指标及相应的权利义务由变更后存续或新设单位承继。

重点用能单位分立的，应依据用能设施归属，制定合理用能权指标分拆方案，并报用能权交易主管部门审核；其用能权指标及相应权利义务，由分立后拥有用能设施的单位承继。

重点用能单位关停或迁出四川省的，应及时报告用能权交易主管部门，按照经审定后的当年能源消费量完成清算。重点用能单位免费获得的当年剩余用能权指标，由主管部门无偿收回，次年不再对其发放；重点用能单位有偿获得的剩余用能权指标，由用能单位自行交易处理。

重点用能单位在全省范围内实施搬迁的，其用能权指标予以保留。

第十一条　用能权交易主管部门负责建立和管理用能权注册登记系统（以下简称“注册登记系统”），用于记录用能权指标的持有、转移、清缴、注销等相关信息。注册登记系统中的信息是判断用能权指标归属的最终依据。

注册登记系统为用能权交易主管部门、交易主体、交易机构和其他市场参与方等设立具有不同功能的账户。各参与方根据省级用能权交易主管部门的相应要求开立账户后，可在注册登记系统中进行指标管理的相关业务操作。

第三章　用能量的核定

第十二条　建设重点用能单位能耗在线监测系统，逐步实现对重点用能单位用能状况的实时、在线监测。

重点用能单位应加强用能监测，制定监测计划，明确监测方式、频次、计量器具精度、责任人员等内容，同时加强能源计量管理，严格按照监测计划实施监测。

重点用能单位应于每月 10 日前，通过“四川省重点用能单位能源消费报送系统”填报上一月度能源利用状况的相关信息。

第十三条　用能权交易主管部门建立用能量核查制度，组织第三方机构对重点用能单位能源利用状况进行核查，确认其用能数据真实、准确、完整。用能量核查制度及标准由用能权交易主管部门另行制定。

核查过程中，重点用能单位应当配合第三方核查机构开展工作，如实提供有关文件和资料。第三方核查机构及其工作人员应当遵守国家和本省相关规定，独立、公正地开展核查工作，按时保质保量提交核查报告。

第三方机构核查经费由省级财政安排支出。

第十四条　用能权交易主管部门在重点用能单位填报、第三方核查机构核查、征求相关方意见基础上，核定重点用能单位上一年度用能量，确定用能权指标并公示（公示时间不少于 7 个工作日）。重点用能单位对公示的用能权指标有异议的，可在公示期内向用能权交易主管部门申请复核。用能权交易主管部门应当自接到复核申请之日起15个工作日内，做出复核决定。

用能权指标确权办法由用能权交易主管部门另行制定。

第四章　用能权的交易

第十五条　用能权交易主管部门会同相关部门推进用能权交易市场建设，制定相关政策及管理制度，建立用能权交易及信息管理系统等。

第十六条　四川联合环境交易所作为用能权交易机构，负责制定场内交易规则及信息披露、交易过户、资金结算、风险控制等相关交易制度，按照相关操作规程组织场内交易，为用能权交易提供场所、设施、信息和资金结算等服务。

第十七条　本办法规定的用能权交易为场内交易，交易主体购买或出售用能权指标的行为，须通过四川联合环境交易所交易平台进行。

第十八条　本办法中的交易主体，暂定为重点用能单位以及符合用能权交易规则相关规定的其他用能单位、社会机构、组织。

纳入用能权交易的重点用能单位名单由用能权交易主管部门会同相关部门拟订，报省用能权交易工作领导小组审定后公布，并适时动态调整。重点用能单位暂定为全省范围内年综合能源消费达到10 000吨标准煤以上（等价值、含）的企事业单位。

交易主体须按规定向交易平台提交相关申请、证明材料办理用能权交易相关手续。用能权交易主管部门和交易平台应主动公布需提交的材料目录及办理情况。

用能权交易主体管理办法由用能权交易主管部门另行制定。

第十九条　用能权交易的核心交易产品是用能权交易主管部门核定的用能权指标，以吨标准煤为单位。

全省范围内的非重点用能单位通过采用先进工艺和装备、淘汰落后产能、实施节能技术改造降低能耗获得的节能量，经有资质的第三方审核机构审核、用能权交易主管部门核定备案后，作为补充交易产品，可在用能权交易平台上出售。重点用能单位可通过用能权交易平台购买经核证的节能量，在清缴时用于抵消本单位用能权指标。

逐步探索可再生能源绿色电力证书等作为补充交易产品。补充交易产品具体交易规则和办法由用能权交易主管部门另行制定。

第二十条　用能权交易机构制定用能权交易规则，明确交易参与方的资质、权利义务、交易程序、交易方式、交易费用、异常情况处理以及纠纷处理等，报经用能权交易主管部门和省金融主管部门审定后公布。用能权交易机构应根据用能权交易规则，制定交易参与方管理、信息发布、结算交割以及风险控制等相关业务细则，报用能权交易主管部门备案后实施。

第二十一条　用能权指标价格采用政府指导与市场调节相结合的方式。

第二十二条　重点用能单位在规定时间内，通过用能权注册登记系统，足额缴纳与用能权交易主管部门审定的上一年度用能量等额的用能权指标，履行清缴义务。重点用能单位用于清缴的用能权指标，在用能权注册登记系统内注销。

用于清缴的用能权指标应当为上一年度及之前年度指标。本单位指标不足以履行清缴义务的，通过用能权交易机构购买指标用于清缴。节余指标可在有效期内继续使用，也可用于交易。

第五章　监督管理

第二十三条　用能权交易主管部门应及时向社会公布用能权交易重点用能单位纳入标准、名单及其用能情况、用能权指标清缴情况，以及具备资质的第三方核查机构名单等。

用能权交易机构应建立交易信息披露制度，及时公布交易行情、交易数据统计信息及交易机构公告等信息。

第二十四条　用能权交易主管部门应及时掌握四川省用能权交易情况，加强对用能权交易参与各方的监管，及时查处各种违法违规行为。

用能权交易主管部门和其他相关部门履行监管职责时，可采取下列措施：

（一）对重点用能单位、其他交易主体、第三方核查机构、交易机构进行现场检查并调查取证；

（二）询问当事人和与被调查事件有关的单位和个人；

（三）查阅、复制当事人和与被调查事件有关的单位和个人的注册登记记录、交易记录、财务会计资料以及其他相关文件和资料；

（四）查询当事人和与被调查事件有关的单位和个人的注册账户、交易账户和资金账户；

（五）冻结当事人和与被调查事件有关的单位和个人的注册账户和交易账户；

（六）法律、法规规定的其他监管措施。

用能权交易过程中出现争议的，相关各方可向相关行政主管部门申请调解。

第二十五条　用能权交易主管部门建立重点用能单位、第三方核查机构、交易机构和其他市场主体参与用能权交易的相关行为信用记录，并纳入全省信用管理体系，建立守信联合激励和失信联合惩戒制度，发布和更新“红黑名单”。

第二十六条　任何单位或个人有权向用能权交易主管部门等有关部门举报用能权交易中存在的违法违规违纪行为。受理部门应针对举报问题及时调查处理并反馈举报人，同时为举报人保密。

第二十七条　各级节能监察机构要对重点用能单位用能情况进行动态监督监察，重点用能单位应配合开展监督监察工作，如实提供有关文件和资料，不得拒绝、阻碍和隐瞒，并对所报数据和信息的真实性、完整性负责。

第二十八条　用能权交易主管部门应建立用能单位能源利用状况第三方核查机构的备案管理制度，制定完善核查相关准则。

第三方核查机构应对核查报告的规范性、真实性、准确性和完整性负责，对被核查单位的商业秘密负有保密义务。第三方核查机构与重点用能单位相互串通、虚构或者捏造数据，出具虚假报告或者报告严重失实，泄露企业信息，与重点用能单位有其他利害关系，违反公平竞争原则的，除依照相关法规处罚外，由用能权交易主管部门将其从第三方核查机构名录中除名。

第三方核查机构管理办法由用能权交易主管部门另行制定。

第二十九条　用能权交易主管部门会同有关部门加强对用能权交易机构开展的相关业务实施监督和管理，及时查处各种违法违规交易行为。

交易机构及其工作人员应当自觉遵守相关法律、法规、规章的规定，执行交易规则的各项制度，定期向用能权交易主管部门报告交易情况，接受主管部门的指导和监督。禁止操纵用能权交易市场价格等行为。

第三十条　用能权有偿使用和交易实行公开报告制度，接受社会监督。用能权交易主管部门建立监督意见收集渠道，及时处理、反馈有关信息。

第六章　责任处理

第三十一条　重点用能单位在交易中弄虚作假、提供虚假数据、未按要求配合开展用能量核查的，由用能权交易主管部门会同有关部门依法严肃处理，并予以曝光。

重点用能单位未按时履行用能权指标清缴义务的，由用能权交易主管部门责令其在规定时限内进行清缴，市（州）、县（市、区）用能权交易综合协调部门负责督促；在规定时限内仍不按规定进行清缴的，按相关法规进行处罚，纳入社会信用体系失信单位名单。

第三十二条　第三方核查机构有下列情形之一的，按相关法规处罚；情节严重的，由用能权交易主管部门责令其暂停核查业务，或取消其核查机构备案；给重点用能单位造成经济损失的，依法承担赔偿责任；构成犯罪的，依法追究刑事责任：

（一）出具虚假、不实核查报告；

（二）核查报告存在重大错误；

（三）未经许可擅自使用或者公布被核查单位的商业秘密；

（四）其他违法违规行为。

第三十三条　交易机构及其工作人员有下列情形之一的，由用能权交易主管部门责令限期改正；逾期未改正的，按相关法规处罚；给交易主体造成经济损失的，依法承担赔偿责任；构成犯罪的，依法追究刑事责任：

（一）未按规定公布交易信息；

（二）未建立并执行风险管理制度；

（三）未按规定向用能权交易主管部门报送有关信息；

（四）开展违规的交易业务；

（五）泄露交易主体的商业秘密；

（六）其他违法违规行为。

第三十四条　用能权交易主管部门和市（州）、县（市、区）用能权交易综合协调部门及其工作人员，未履行本办法规定的职责，玩忽职守、滥用职权、利用职务便利牟取不正当利益，或者泄露有关单位和个人的商业秘密的，按照管理权限，由相关单位依纪依法给予处理；情节严重构成犯罪的，依法追究刑事责任。

第三十五条　各参与方在用能权交易市场活动中，凡以不正当手段谋取利益并给他人造成经济损失的，依法承担赔偿责任；构成犯罪的，依法追究刑事责任。

第七章　附　则

第三十六条　本办法自印发之日起实施。

关于印发《四川省资源循环利用基地建设推进工作方案》的通知

川发改环资〔2018〕233号

各市（州）发展改革委、财政局、住房城乡建设行政主管部门：

为推进四川省生态文明建设和绿色循环发展，建设新型城市，促进垃圾分类和资源循环利用，根据国家发展改革委办公厅、财政部办公厅和住房城乡建设部办公厅《关于推进资源循环利用基地建设的指导意见》（发改办环资〔2017〕1778号），省发展改革委、财政厅和住房城乡建设厅制定《四川省资源循环利用基地建设推进工作方案》。现印发给你们，请遵照执行。

四川省发展和改革委员会
四　川　省　财　政　厅
四川省住房和城乡建设厅
2018年5月9日

四川省资源循环利用基地建设推进工作方案（节录）

资源循环利用基地是对废钢铁、废有色金属、废旧轮胎、建筑垃圾、餐厨废弃物、园林废弃物、废旧纺织品、废塑料、废润滑油、废纸、快递包装物、废玻璃、生活垃圾、城市污泥等城市废弃物进行分类利用和集中处置的场所。根据国家发展改革委办公厅、财政部办公厅、住房城乡建设部办公厅联合印发的《关于推进资源循环利用基地建设的指导意见》（发改办环资〔2017〕1778号），为促进四川省循环经济发展，推动资源循环利用基地建设，制定本方案。

三、建设目标

到2020年，在全省范围内布局建设3~5个省级资源循环利用基地，力争建设1~2个国家级资源循环利用基地，建立健全循环经济评价指标体系，完善相关政策法规，建立有效的激励和约束机制，基地服务区域的废弃物资源化利用率提高

30%以上，探索形成一批与城市绿色发展相适应的废弃物处理模式。

四、重点任务

（一）科学选址，统筹规划

省发展改革、城市环卫部门会同国土、规划等部门按照“一次规划，分期建设”的思路，综合考虑省内各城市废弃物年处理量的变化，以及废弃物产生、分类、收运、处置、营运、监管全过程空间需求等科学做好基地的统筹规划和选址工作。具备基地建设条件的市（州），要集中布局垃圾分拣、资源化利用和无害化处置设施，促进生产和生活系统循环链接，推动废弃物规模化、集约化、协同化处置，实现垃圾变废为宝、循环利用。同时，要将基地建设纳入城市总体规划、土地利用总体规划等，优先保障土地供应。

（二）共建共享，协同处置

拟建基地市（州）发展改革部门要会同有关单位按照“网络化布局、协同化处置”的建设理念，做好基地建设项目设计、规划、储备工作。优先推进道路、管网等基础设施及水电供应、污染防治等公共服务设施的共建共享。统筹布局各类废弃物处置项目，科学设置技术标准门槛，促进区域间、企业间形成分工明确、互利协作、利益相关的合作关系，实现资源能源的高效利用。着力发挥项目间的协同效应，各项目运行产生的废气、废水及固体废物，努力做到集中收集、科学处理、循环利用，严防“二次污染”。严格落实国家和省对危险废物的管理要求，做到安全无害化处置。

（三）完善收运，多网融合

拟建基地市（州）城市环卫部门、发展改革部门应加快推进生活垃圾分类收集，按照“分类收集、规范运输、集中处置”的原则，合理布局生活垃圾收集设施，不断推进完善生活垃圾分类投放、规范储存和运输。积极推进基地与城市垃圾清运、再生资源回收系统、危险废物回收网络和设施的对接整合。有效提高废弃物回收效率和水平，实现城市发展与生态环境和谐共生。

（四）创新机制，多元营运

因地制宜建立新型、适用性强的基地管理体系，鼓励政府和社会资本建立混合所有制企业，参与基地建设和运管。积极推行 PPP 和环境污染第三方治理等模式，引进专业化的投资主体和营运服务商，推动建立各营运主体利益共享机制，分类保障投资营运收益，实现基地的高效、持续营运。充分发挥龙头企业的带动作用，通过市场化模式，完善城市废弃物回收及资源化利用产业链延伸与耦合。支持商业模式创新，鼓励政府、企业联合管理与经营模式。

（五）邻利共生，绿色发展

各市（州）发展改革和城市环卫等相关部门要按照绿色发展的要求，探索建立基地与周边环境和谐共融发展模式，打造生态型、公园型资源循环利用基地，实现基地与周边民众的和睦相处，变邻避问题为邻利共生。要合理预留基地拓展空间，依托基地及周边区域产业基础，引入符合产业发展方向的关联项目，大量吸纳当地居民就业，形成产业集聚发展态势，促进当地经济社会低碳绿色循环发展。

五、实施步骤

（一）编制建设实施方案

拟建基地市（州）应根据区域内城乡居民生活废弃物的产生和现有处理状况，编制出台资源循环利用基地建设实施方案。建设方案内容包括本地区资源循环利用现状，开展示范基地建设的指导思想、重点任务、重点内容、标志性目标、主要措施（包括重点工程项目和技术进步项目）和实施进度安排等。建设实施方案于 2018 年 4 月初前报送省发展改革委、财政厅、住房城乡建设厅。

（二）确定建设基地

省发展改革委、财政厅、住房城乡建设厅等将会同有关部门，组织专家对报送的建设实施方案进行论证，确定纳入省级资源循环利用基地建设的名单，并批复建设实施方案。将根据国家有关部委的同意安排，在省级资源循环利用基地中择优向国家推荐申报国家级资源循环利用基地。

（三）落实建设任务

各资源循环利用基地要按照批复的建设实施方案开展建设工作。各地发展改革、财政和城市环卫部门要加强跟踪，督促落实，帮助协调解决资源循环利用基地建设中遇到的问题。省发展改革委、财政厅、住房城乡建设厅将适时开展监督检查，并帮助示范基地落实相关政策措施。

（四）组织评估验收

资源循环利用基地建设期（一般为三年，不超过五年），建设目标任务达到实施方案预期目标 90%以上、重点项目建设进度达到实施方案设定目标的，向省发展改革委、财政厅、住房城乡建设厅提出验收申请，省发展改革委、财政厅、住房城乡建设厅组织专家进行评估验收。

六、保障措施

（一）加强组织协调

省发展改革、经济和信息化、财政、农业、环境保护、科技、住房城乡建设、国土资源、交通运输、商务、税务等部门要按照职能职责，协同配合、共同推进四川省资源循环利用基地建设工作。各地方要加强工作指导，充分论证项目建设可行性，做好项目储备，根据当地资源禀赋、产业特点和地方特色，因地制宜探索废弃物循环利用和处理模式。建立协调机制，共同研究解决重大问题。

（二）完善政策措施

各市（州）发展改革和城市环卫部门要会同有关部门，研究出台支持政策措施，为基地建设做好保障。充分发挥财政资金的引导带动作用，对纳入基地建设并符合中央和省上相关专项资金支持条件的重点项目，在同等条件下给予优先考虑。支持符合条件的企业发行绿色债券，用于基地重点项目建设。对符合规划的基地，要比照城镇基础设施项目落实用地政策，优先保障项目建设用地。完善垃圾处理收费政策，提高收缴率。同时，各地要严格落实资源综合利用税收优惠政策，各级地方财政应对基地的建设和运行予以支持。

（三）建立监管系统

基地建设要建立相应的信息采集和管理系统，强化即时监管能力。要与城市环卫信息化系统做好衔接，搭建基于物联网、GPS 等信息技术的城市废弃物收集、储运、处置信息平台，打造集物流管理、废物流监控、生产现场监控、污染排放在线监测于一体的物流系统、信息与控制系统、综合服务系统和综合管理系统，对项目建设、基地营运、城市废弃物物质流向进行全过程管控，实现监督管理的信息化、可视化，切实提高监督管理效率和水平，保障基地稳定运行。

（四）拓宽监督渠道

资源循环利用基地建设要建立健全信息公开制度，拓宽监管渠道。通过电视、广播、网络等平台以及在项目周边显著位置设置显示屏等方式，及时发布各类废弃物处置项目营运情况。开通投诉监督电话热线，设立民情民意留言箱，广泛接受社会各界监督。环卫部门要组织成立由周边居民代表、有关专家等各方共同组成的监督委员会，不定期进入基地查看，主动向公众反馈意见。同时，利用微博、微信公众号等新媒体手段，调动社会各界积极参与资源循环利用基地建设的自觉性和积极性。

（五）加大宣传引导

各地要充分利用广播、电视、报刊、网络等媒体，广泛宣传资源循环化利用的科学知识、法规政策和重要意义，加大对工业园区、社区、企业的宣传力度，加强对中小学生的知识普及，提高全社会对建设资源循环利用基地的认识，努力形成公众自觉参与的良好氛围。

关于印发《四川省推进园区循环化改造三年行动计划（2018—2020年）》的通知

川发改环资〔2018〕219号

各市（州）发展改革委：

为贯彻落实绿色发展理念，建立健全绿色循环低碳发展的经济体系，推进资源全面节约和循环利用，持续推进园区循环化改造，提升园区绿色化发展水平，我委制定了《四川省推进园区循环化改造三年行动计划（2018—2020年）》现予印发，请遵照执行。

四川省发展和改革委员会

2018年5月5日

四川省推进园区循环化改造三年行动计划（2018—2020年）（节录）

一、总体要求

（三）工作目标

通过实施循环化改造，实现园区的主要资源产出率、土地产出率大幅度上升，固体废物综合利用率、水循环利用率显著提高，主要污染物排放量大幅度降低，基本实现废水、废渣“零排放”。到2020年，推动30个以上园区实施循环化改造，全省75%以上的国家级园区和50%以上的省级园区实施循环化改造（不包括“十三五”期间新纳入的国家级和省级园区）。优先推动化工、轻工等涉水类园区实施循环化改造，凝练推广一批符合四川省发展实际的园区循环化改造模式，为各类园区发展循环经济、实现转型发展提供示范。

二、主要任务

按照可借鉴、可复制、可推广的要求，对园区循环化改造进行总体框架设计，推进园区污染治理集中化、产业链结循环化、资源利用高效化、空间布局合理化、产业结构优良化、基础设施绿色化、运行管理规范化。

（一）推动园区污染综合治理

积极推进污水、垃圾处理等环境基础设施建设及升级改造，实行园区污染集中治理。创新环境服务模式，培育专业化第三方改造和治理公司，实现污染治理的专业化、集中化和产业化。强化园区的环境综合管理，开展企业环境管理体系认证，构建园区、企业和产品等不同层次的环境治理和管理体系，最大限度降低污染物排放水平，有条件的园区争取做到“零排放”。

（二）构建循环经济产业链条

结合园区产业布局优化，按照“横向耦合、纵向延伸、循环链接”原则，重点实施产业链招商、补链或补环招商，加快建设和引进涉及产业链接或延伸的关键项目，实现园区项目间、企业间、产业间首尾相连、环环相扣、闭路循环、物尽其用，促进原料投入和废物排放的减量化、再利用和资源化，以及危险废物的资源化利用和无害化处理。

（三）促进资源高效循环利用

按照循环经济减量化优先的原则，推行清洁生产，推广余热余压回收利用、水处理等先进节能环保装备促进源头减量。开发能源资源的清洁高效利用技术，发挥四川省水电资源优势，开展电能替代改造，提高可再生能源利用率。根据园区内企业资源及废弃物利用情况，制定资源综合利用路线图，加快园区工业“三废”及生活垃圾的综合利用，构建园区静脉产业链，注重园区可再生能源利用，推进园区雨水收集利用、中水回用和再生水利用，提高园区资源产出率。

（四）调整优化园区产业结构

结合区域产业特色和资源优势，充分考虑园区环境承载力和地方发展需求，分析园区与周边区域的产业关联、基础设施和服务平台共享情况，围绕提高资源产出率和提高园区核心竞争力，制定入园企业、项目的准入标准和招商引资指导目录，加快传统产业改造升级，培育和发展战略性新兴产业，不断调整优化园区的产业结构。

（五）提升园区运行管理水平

推动各类基础设施共建共享、集成优化，降低基础设施建设和运行成本，提高运行效率。建设园区废物交换平台、循环经济技术研发及孵化中心等公共服务设施，建立园区循环经济统计指标体系，提高信息化应用和管理水平。制定并实施循环经济相关技术研发和应用的激励政策，开展园区循环经济宣传、教育和培训，强化园区内企业资源节约、环境保护的执法监督。

三、推进步骤

（一）制定推进计划

各市（州）发展改革委会同有关部门研究制定本地区园区循环化改造三年推进计划，明确本地区园区循环化改造的总体目标、主要任务、重点工作、保障措施等，分年度列出拟实施循环化改造的园区名单、主要改造内容和时间节点。原则上，各市（州）所辖所有国家级园区及75%以上的省级园区均要纳入循环化改造推进计划；确实不具备改造条件的，需做出说明。各市（州）园区循环化改造三年推进计划于2018年5月底前报送省发展改革委。

（二）编制实施方案

列入各市（州）循环化改造推进计划的园区，要参照《园区循环化改造实施方案编制指南》要求，编制实施方案。实施方案要围绕产业园区物质流分析，明确循环化改造的主要目标和重点任务，提出拟建设的重点支撑项目。实施方案由各市（州）发展改革委组织有关部门和专家审查并批复实施。

（三）做好示范试点

2018—2020年，省发展改革委会同相关部门在各市（州）报送的园区循环化改造推进计划名单中，每年选择8~12个产业基础好、特色鲜明、改造潜力大、示范价值高的园区开展省级园区循环化改造示范试点，探索可复制、可推广的先进典型模式。对纳入示范试点的园区，授予“四川省循环化改造示范试点园区”称号，并视情况在资金安排、项目申报等方面给予支持。

（四）开展考核验收

实施期（一般为三年，不超过五年）内，园区循环化改造目标任务达到实施方案预期目标90%以上、重点项目建设进度达到实施方案设定目标的，由园区管理机构提出考核验收申请。各市（州）发展改革委依据园区循环化改造实施方案组织对园区进行考核验收，通过验收的报省发展改革委备案。省发展改革委会同有关部门负责国家级和省级循环化改造示范试点园区的考核验收，同时将抽选部分市（州）自行组织循环化改造的园区组织评估验收。

五、保障措施

（一）加强组织领导

省发展改革委牵头做好全省园区循环化改造的各项具体工作，会同有关部门研究制定和落实园区循环化改造支持政策；成立园区循环化改造专家组，组织开展实施方案编制培训，对园区循环化改造提供技术支撑。各市（州）发展改革委要加强对园区循环化改造工作的组织领导，会同有关部门完善支持政策措施，积极有序推进本地区园区循环化改造工作。各园区管委会是循环化改造的第一责任主体，要结合园区自身实际，按照园区循环化改造的主要任务，切实采取有效措施，推动实施循环化改造。

（二）创新改造模式

培育和扶持一批循环经济专业化服务公司，鼓励采用合同能源管理、合同节水管理、环境污染第三方治理、政府和社会资本合作（PPP）等市场化方式，推进污水、垃圾处理等基础设施建设和营运的专业化、社会化，为园区和企业提供废物管理外包式、“嵌入式”服务，与园区和企业生产流程有效对接。推动产业园区技术创新、管理模式和营运模式创新，促进企业内部“小循环”、产业园区“中循环”与社会“大循环”的有机衔接，发挥循环经济整体效益。

（三）完善支持政策

优先向国家推荐符合国家循环化改造重点支持条件的园区，争取中央循环经济专项资金支持；列入各类园区循环化改造实施方案的关键补链项目和公共服务设施项目，优先推荐争取中央预算内资金支持。加大省级专项资金支持力度，引导各地推动园区循环化改造。鼓励金融机构加大对园区循环化改造重点项目的支持，引导金融机构开展绿色贷款、信用贷款等多元化信贷支持。各地节能减排资金和创新投入要重点向园区倾斜，支持循环化改造项目建设、循环经济关键技术研究开发和成果转化；成都市园区循环化改造工作由成都市安排专项资金自主实施；有条件的市（州）要安排引导资金，支持辖区内园区实施循环化改造。

（四）做好宣传推广

省发展改革委会同相关部门委托相关机构组织开展园区循环化改造绩效评估和不定期抽查督导，总结凝练出先进模式并进行宣传推广，对成效特别突出的，及时向国家有关部委申报国家循环经济教育示范基地。各地要加强循环化改造跟踪调研，对好的做法和经验及时总结并报省发展改革委组织示范推广。

各市（州）发展改革委要高度重视园区循环化改造工作，将政府引导和企业主体两方面作用有机结合，进一步细化年度工作任务，落实目标责任，稳步推进实施园区循环化改造工作，每年 2 月底前将本地区园区循环化改造工作情况报送省发展改革委（资源节约和环境保护处）。

四川省生态环境厅政策文件

关于调整建设项目环境影响评价文件审批权限的公告

2018年第4号

为进一步简政放权，提高环境管理效能，明确环评审批权责，根据环境保护部《关于发布〈环境保护部审批环境影响评价文件的建设项目目录（2015年本）〉的公告》（环境保护部公告2015年第17号）《建设项目环境影响评价分类管理名录》（环境保护部令 第44号）有关规定，结合四川省建设项目环境管理实际，我厅对建设项目环境影响评价文件分级审批权限进行了调整。经省政府同意，现将四川省建设项目环境影响评价文件审批权限予以公告。

一、环境保护厅建设项目环境影响评价文件审批权限按照《四川省环境保护厅审批环境影响评价文件的建设项目目录》（以下简称《目录》）执行。四川省将根据生产工艺技术进步、污染防治技术发展和环境保护管理要求，适时调整该目录。

二、已经完成环境影响评价文件审批的建设项目，其调整、变更的环境影响评价文件审批权限按本公告分级审批规定执行。

三、除环境保护部、环境保护厅审批的项目外，市（州）环境保护部门负责审批下列类型的建设项目环境影响评价文件。

（一）按照《建设项目环境影响评价分类管理目录》，应编制环境影响报告书的项目；

（二）除环境保护部、环境保护厅审批的项目外，按照《建设项目环境影响评价分类管理目录》，应编制环境影响报告表的铁路、水运、油库和气库、石油和天然气开采、煤炭洗选和配煤、型煤和水煤浆生产、有化学处理或喷漆工艺的轻工类制品、屠宰、机场导航台站等配套工程、规模2万吨/天及以上生活污水集中处理、工业废水集中处理、220 千伏及以下的输变电工程。使用Ⅲ类放射源、丙级非密封放射性物质工作场所、使用血管造影用Ⅱ类 X 射线装置的核技术利用项目及相应需要退役的项目。

四、《目录》以外的跨市（州）建设项目环境影响评价文件，可由涉及的主要市（州）环境保护部门牵头，会同有关市（州）环境保护部门协商一致后联合审批。协商不一致的报环境保护厅审批。

五、环境保护部、环境保护厅和市（州）环境保护部门审批权限以外的建设项目环境影响评价文件，由县（市、区）环境保护部门负责审批。扩权试点县（市）环境保护部门还负责审批第三条第二款所列的本行政区内建设项目（核与辐射类项目除外）环境影响评价文件。

六、成都市环境保护局的建设项目环境影响评价文件审批权限按照《四川省人民政府办公厅关于下放成都市部分审批权限的复函》（川办函〔2015〕72 号）和本公告要求执行。

七、未设立环境保护行政管理机构、不具备环境保护监管能力的各类工业园区（包括高新技术产业开发区、经济技术开发区和工业集中发展区）不得审批建设项目环境影响评价文件。

八、各级环境保护部门要按照环境保护部《关于以改善环境质量为核心加强环境影响评价管理的通知》（环环评〔2016〕150 号）要求，落实“生态保护红线、环境质量底线、资源利用上线和环境准入负面清单”约束，建立项目环评审批与规划环评、现有项目环境管理、区域环境质量联动“三挂钩”机制，有效发挥环评制度从源头防范环境污染和生态破坏的作用，加快推进四川省环境质量改善。

九、各级环境保护部门要加强环境影响评价文件审批能力、技术评估能力建设，切实提高行政效能，依法依规履行审批职责。

十、环境保护厅验收的建设项目依据《目录》执行。目前，环境保护部门仅对建设项目需配套建设的噪声或者固体废物污染防治设施进行竣工环境保护验收。《目录》以外已由环境保护厅审批了环境影响评价文件的建设项目，委托项目所在地市（州）环境保护部门验收。

本公告自发布之日起实施，与公告规定不一致的其他相关文件内容即行废止。

附件：四川省环境保护厅审批环境影响评价文件的建设项目目录（2018 年本）

四川省环境保护厅

2018 年 3 月 15 日

附件：

四川省环境保护厅审批环境影响评价文件的建设项目目录（2018 年本）

行业类别	项目目录
（一）酒、饮料制造业	有发酵工艺的白酒、酒精制造
（二）造纸和纸制品业	纸浆制造（含废纸制浆）
（三）石油加工、炼焦业	精炼石油产品制造项目（在现有项目基础上调整产品结构，但不新增产品种类的除外）；炼焦；煤制合成气；煤制液体燃料；新建乙烯；对二甲苯（PX）、对苯二甲酸（PTA）、二苯基甲烷二异氰酸酯（MDI）、甲苯二异氰酸酯（TDI）项目
（四）化学原料和化学制品制造业	含焙烧工艺的锂盐制造；钛白粉、海绵钛等钛制品制造；农药制造；合成材料制造；炸药及火工产品制造；多晶硅制造
（五）医药制造业	化学药品制造；发酵类抗生素制造
（六）非金属矿物制品业	水泥制造；平板玻璃制造；含焙烧的石墨、碳素制品
（七）黑色金属冶炼和压延加工业	黑色金属冶炼（铁合金制造除外）
（八）有色金属冶炼和压延加工业	有色金属冶炼（含再生有色金属冶炼）
（九）汽车制造业	新建汽车整车制造（仅组装的除外）
（十）电气机械和器材制造业	铅蓄电池制造（仅组装的除外）；专业电镀项目
（十一）计算机、通信和其他电子设备制造业	印刷电路板、显示器件、含前工序的集成电路、含前工序的8 英寸及以上半导体器件制造
（十二）电力、热力生产和供应业	火电（包括热电，不包括燃气发电）；环境保护部审批权限以外的水电；编制报告书的风电
（十三）环境治理业	新建危险废物（医疗废物、废矿物油除外）集中处置项目；水泥窑、钢铁行业、火电等协同处置危险废物项目；涉及五类重点控制重金属的危险废物综合利用项目
（十四）研究和试验发展	P3、P4 生物安全实验室
（十五）社会事业与服务业	大型主题公园；涉及世界自然和文化遗产保护区、国家级自然保护区的编制报告书的旅游开发项目；高尔夫球场项目
（十六）煤炭开采和洗选	环境保护部审批权限以外的，国家规划矿区内生产能力 30 万吨/年及以上的煤炭开采项目
（十七）石油和天然气开采业	天然气、页岩气区块开发
（十八）有色金属矿采选业	有色金属采选
（十九）水利	在跨市（州）河流上建设且应编制环境影响报告书的水库；涉及跨市（州）水资源配置调整的且编制报告书的其他水事工程

（续）

行业类别	项目目录
（二十）交通运输业、管道运输业和仓储业	新建一类通用机场；扩建运输机场；危险化学品码头；航电枢纽工程；新建铁路（铁路专用线、联络线、货站、站场项目除外）；地铁；新建编制报告书的高速公路；涉及国家级自然保护区的编制报告书的公路（含独立桥梁、隧道）、码头；进口液化天然气接收、储运设施；编制报告书的跨市（州）输油（气）管线
（二十一）核与辐射	500 千伏及以上输变电工程；环境保护部审批权限以外的广播电台、差转台，电视塔台，卫星地球上行站，雷达；稀土深加工（含放射性）；环境保护部审批权限以外的伴生放射性矿产资源的采选、冶炼及废渣再利用；生产放射性同位素的，甲级、乙级非密封放射性物质工作场所，使用Ⅰ、Ⅱ类放射源的，销售（含建造）、使用Ⅰ类射线装置的，生产、使用Ⅱ类射线装置（使用血管造影用Ⅱ类 X 射线装置除外）的核技术利用项目及相应需要退役的项目；在野外进行放射性同位素示踪试验项目

关于印发《四川省挥发性有机物污染防治实施方案（2018—2020年）》的通知

川环发〔2018〕44号

各市（州）人民政府，省直有关部门：

为贯彻国家六部委《“十三五”挥发性有机物污染防治工作方案》和《四川省蓝天保卫行动方案（2017—2020年）》，加快全省挥发性有机物污染综合防治，推动环境空气质量持续改善，我们制定了《四川省挥发性有机物污染防治实施方案（2018—2020年）》。现印发给你们，请认真组织实施，抓好落实。

四川省环境保护厅　　四川省经济和信息化委员会
四川省发展和改革委员会　　四川省财政厅
四川省交通运输厅　　四川省质量技术监督局
四川省能源局

2018年4月25日

四川省挥发性有机物污染防治实施方案（2018—2020年）（节录）

挥发性有机物（VOCs）是形成臭氧（O_3）污染的重要前体物，对细颗粒物（PM2.5）二次生成具有重要影响，对大气环境影响日益突出。为贯彻实施原环境保护部、国家发展改革委等六部委印发的《“十三五”挥发性有机物污染防治工作方案》和《四川省蓝天保卫行动方案（2017—2020年）》，加快推进全省VOCs污染综合防治工作，持续改善四川省环境空气质量，特制定本方案。

一、总体要求与目标

（二）主要目标。到2020年，全面完成重点城市以及重点行业的VOCs污染整治，基本建成VOCs监测、监控、预警和应急体系，VOCs污染防治长效管理机制有效运行。推进 VOCs 与氮氧化物（NOx）协同减排，VOCs 排放总量下降 8%，重点工程减排 VOCs 达到 8.59 万吨，持续改善全省环境空气质量。

二、主要任务

（一）加大产业结构调整力度

1. 加快推进“散乱污”企业综合治理。各市（州）全面开展涉 VOCs 排放的“散乱污”企业排查工作，建立管理台账，实施分类处置。列入淘汰类的，依法依规予以取缔，做到“两断三清”，即断水、断电，清除原料、清除产品、清除设备；列入搬迁改造、升级改造类企业，按照发展规模化、现代化产业原则，制定改造提升方案，落实时间表和责任人；对“散乱污”企业集群，要制定整改方案，统一标准要求，并向社会公开，同步推进区域环境综合整治和企业升级改造。实行网格化管理，建立由乡、镇、街道党政主要领导为“网格长”的监管制度，明确网格监管员，落实排查和整改责任。2018 年年底前完成涉 VOCs“散乱污”企业排查工作，建立管理台账，依法依规完成清理整顿工作。

责任单位：省经济和信息化委、环境保护厅、各市（州）人民政府（以下均需各市〔州〕人民政府负责落实，不再列出）。

2. 严格建设项目环境准入。提高 VOCs 排放重点行业环保准入门槛，严格控制新增污染物排放量。各市（州）要严格限制石化、化工、包装印刷、工业涂装等高 VOCs 排放建设项目。新建涉 VOCs 排放的工业企业要入园区。未纳入国家《石化产业规划布局方案》的新建炼化项目一律不得建设。严格涉 VOCs 建设项目环境影响评价，新增 VOCs 排放量实行区域内等量替代或倍量削减替代，环境空气质量未达标的城市，建设项目新增 VOCs 排放的，实行 2 倍削减量替代，达标城市实行 1 倍削减量替代，攀枝花市实行 1.5 倍削减量替代，并将替代方案落实到企业排污许可证中，纳入环境执法管理。新、改、扩建涉 VOCs 排放项目，应从源头加强控制，使用低（无）VOCs 含量的原辅材料，加强废气收集，安装高效治理设施。

责任单位：环境保护厅、省发展改革委、省经济和信息化委。

3. 实施工业企业错峰生产。各市（州）应加大工业企业生产季节性调控力度，充分考虑行业产能利用率、生产工艺特点以及污染排放情况等，在夏季和秋冬季，分别针对 O_3 和 PM2.5 污染研究提出行业错峰生产要求，引导企业合理安排生产工期，降低对环境空气质量的影响。企业要制定错峰生产计划，依法依规落实到企业排污许可证和应急预案中。成都平原地区城市夏秋季重点对产生烯烃、炔烃、芳香烃的行业实施调控，成都平原、川南、川东北地区城市冬季重点对产生芳香烃的行业实施调控。成都市对涉及原料药生产的医药企业 VOCs 排放工序（应急及短缺药品除外）、生产过程中使用有机溶剂的农药企业 VOCs 排放工序，在12月至次年2月实施错峰生产。

责任单位：各市（州）人民政府。

（二）加快实施工业源VOCs污染防治

加强全过程控制，推广使用低（无）VOCs含量的原辅材料和生产工艺、设备。产生含挥发性有机物废气的生产和服务活动，应当在密闭空间或者设备中进行，并按照规定安装、使用污染防治设施；无法密闭的，应当采取措施减少废气排放。依法依规设置排放口，建立台账，记录VOCs产生、收集、处理、排放等情况。

1. 全面实施石化行业VOCs达标排放。

石油炼制和石油化学工业、合成树脂等行业生产企业应严格按照排放标准要求，全面推进环保设施达标排放改造，确保稳定达标。2020年，石油炼制和石油化学生产行业VOCs排放量比2015年减少40%以上。

全面开展泄漏检测与修复（LDAR）。建立健全LDAR管理制度及信息管理平台，重点加强搅拌器、泵、压缩机等动密封点以及低点导淋、取样口、高点放空、液位计、仪表连接件等静密封点的泄漏管理。

严格控制储存、装卸损失。挥发性有机液体储存优先采用压力罐、低温罐、高效密封的浮顶罐。有机液体装卸必须采取全密闭底部装载、顶部浸没式装载等方式，汽油、航空汽油、石脑油、煤油等高挥发性有机液体和苯、甲苯、二甲苯等有毒有害物质的装卸过程采取高效油气回收措施，使用配备具有油气回收接口的车船。

强化废水处理系统等逸散废气收集治理。废水集输、储存、处理处置过程中的集水井（池）、调节池、隔油池、气浮池、浓缩池等高浓度VOCs的逸散环节应采用密闭收集措施，并采取回收利用措施，难以利用的应安装高效治理设施；在生化池、沉淀池等低浓度VOCs的逸散环节需采用密闭工艺并采取相应的处理措施，禁止稀释排放。

加强有组织工艺废气治理。工艺弛放气、酸性水罐工艺尾气等含高浓度VOCs的工艺废气优先回收利用，对难以利用的，应送火炬系统，或采用催化焚烧、热力焚烧等销毁措施。氧化尾气、重整催化剂再生尾气等含低浓度VOCs的工艺废气需采用催化焚烧、热力焚烧等销毁措施。

加强非正常工况排放控制。在确保安全前提下，非正常工况排放的有机废气应送火炬系统处理，禁止熄灭火炬长明灯。无火炬系统的，应采用冷凝、吸收、吸附等处理措施。加强操作管理，减少非计划停车及事故发生频次；对事故工况，企业应开展事后评估并及时向当地环境保护主管部门报告。

2. 加快推进化工行业VOCs综合治理。

加大有机化学原料制造、农药制造、医药化工、涂料油墨颜料制造、化学纤维制造、橡胶和塑料制品制造、煤化工（含现代煤化工、炼焦、合成氨等）等化工行业VOCs整治力度，实施挥发性有机物综合整治。兼顾解决恶臭、有毒有害等民生环境问题。到2020年，化工行业VOCs排放量比2015年减少30%以上。

推广低VOCs含量、低反应活性的原辅材料和产品。以减少苯、甲苯、二甲苯、二甲基甲酰胺等溶剂和助剂的使用为重点，实施原料替代。农药行业加快水相合成、生物酶法拆分等技术推广。医药行业鼓励企业使用低VOCs含量或低反应活性的溶剂、溶媒，大力发展清洁、高效的绿色环保产品。橡胶行业推广使用串联法混炼、常压连续脱硫工艺。

参照石化行业VOCs治理任务要求，全面推进化工企业设备动静密封点、储存、装卸、废水系统、有组织工艺废气和非正常工况等源项整治。现代煤化工行业、连续密闭生产的化工企业全面实施LDAR，制药、农药、炼焦、涂料、油墨、胶黏剂、染料等行业逐步推广LDAR工作。

加强无组织废气排放控制，含VOCs物料的储存、输送、投料、卸料、涉及VOCs物料的生产及含VOCs产品分装等过程应密闭操作。反应尾气、蒸馏装置不凝尾气等工艺排气，工艺容器的置换气、吹扫气、抽真空排气等应进行收集治理。

3. 加大工业涂装VOCs治理力度。

通过采取低挥发性涂料替代、提高涂着效率、深化末端治理等综合措施，全面推进汽车、木质家具、船舶、工程机械、钢结构、卷材等工业涂装挥发性有机物减排控制。各市（州）加强其他交通设备、电子、家用电器制造等工业涂装VOCs排放控制，力争2018年年底前完成工业涂装VOCs治理。到2020年，全省工业涂装VOCs排放量比2015年减少20%以上，成都市减少30%以上。

（1）汽车制造行业。推进整车制造、改装汽车制造、汽车零部件制造等领域VOCs排放控制。推广使用高固体分、水性等低挥发性涂料，配套使用“三涂一烘”或“两涂一烘”等紧凑型涂装工艺；推广静电喷涂等高效涂装工艺，鼓励企业采用自动化、智能化喷涂代替人工喷涂；建立有机废气分类收集系统，整车制造企业有机废气收集率不低于90%，其他汽车制造企业不低于80%；对喷漆、流平、烘干等环节产生的废气，采取吸附燃烧等末端治理措施。到2020年，汽车制造业中整车制造企业VOCs综合去除率达70%以上，其他汽车制造企业达50%以上。

（2）木质家具制造行业。大力推广使用水性、紫外光固化等低挥发性涂料，到2020年底前，替代比例达到60%以上；全面使用水性胶黏剂，到2020年底前，替代比例达到100%。在平面板式木质家具制造领域，推广使用自动喷涂或辊涂等先进工艺技术。加强废气分类收集与处理，有机废气收集效率不低于80%，建设吸附燃烧等有效治理设施，实现达标排放。到2020年，木质家具制造企业综合去除率达50%以上。

（3）工程机械制造行业。推广使用高固体分、粉末涂料，到2020年底前，使用比例达到30%以上；试点采用水性涂料。积极采用机器人喷涂、静电喷涂等先进涂装技术。加强废气的收集与治理，有机废气收集率不低于80%，喷漆与烘干废气采用吸附燃烧等方式进行处理。到2020年，工程机械制造涂装行业综合去除率达到50%以上。

（4）钢结构制造行业。大力推广使用高固体分涂料，到2020年底前，使用比例达到50%以上；试点推行水性涂料。大力推广高压无气喷涂、空气辅助无气喷涂、热喷涂等涂装技术，限制使用空气喷涂。逐步淘汰钢结构露天喷涂，推进钢结构制造企业进入车间作业，建设废气收集与治理装置。到2020年，钢结构制造企业综合去除率达30%以上。

（5）卷材制造行业。全面推广使用自动辊涂技术；加强烘烤废气收集，有机废气收集效率达到90%以上，配套建设燃烧等治理设备，实现达标排放。到2020年，卷材制造企业综合去除率达80%以上。

（6）船舶制造行业。推广使用高固体分涂料，机舱内部、上建内部推广使用水性涂料。优化涂装工艺，将涂装工序提前至分段涂装阶段，到2020年底前，60%以上的涂装作业实现密闭喷涂施工；推广使用高压无气喷涂、静电喷涂等高效涂装技术。强化车间废气收集与处理，有机废气收集率不低于80%，对采用溶剂型涂料的喷漆与烘干废气采用吸附燃烧等高效治理措施。

4. 深入推进包装印刷行业VOCs综合治理。

推广使用低（无）VOCs含量的绿色原辅材料和低（无）VOCs排放的生产工艺、设备，加强无组织废气收集，优化烘干技术，配套建设末端治理措施，实现VOCs全过程控制。2018年年底前，力争完成包装印刷行业VOCs综合治理。到2020年，包装印刷行业VOCs排放量比2015年减少30%以上，成都市减少50%以上。

加强源头控制。大力推广使用水性、大豆基、紫外光固化等低VOCs含量的油墨和低VOCs含量的胶黏剂、清洗剂、润版液、洗车水、涂布液，到2019年年底前，低VOCs含量绿色原辅材料替代比例不低于60%。在纸制品包装、塑料软包装等领域，推广使用柔印等低（无）VOCs排放的印刷工艺；推广应用无溶剂、水性胶等环境友好型复合技术，到2019年年底前，替代比例不低于60%。油墨、胶黏剂等生产企业要加大产品结构调整力度，生产满足环保技术要求的产品，油墨行业重点研发低（无）VOCs的水性油墨、单一溶剂型凹印油墨、辐射固化油墨。

加强废气收集与处理。对油墨、胶黏剂等有机原辅材料调配和使用等环节，要采取车间环境负压改造、安装高效集气装置等措施，加强废气收集，有机废气收集率达到70%以上；对转运、储存等环节，采取密闭措施，减少无组织排放。

在烘干环节，采取循环风烘干技术，减少废气排放。采取回收、吸附燃烧等末端治理措施净化处理废气，确保稳定达标排放。

5. 加强制鞋行业 VOCs 综合治理。

加强鞋面拼接、成型、组底、喷漆、发泡、注塑、印刷、清洗、粘合等工序 VOCs 排放治理。到 2020 年，成都市制鞋行业 VOCs 排放量比 2015 年减少 30% 以上。

加强源头控制。推广使用水性胶粘剂等低（无）VOCs 含量的原辅材料，积极推动使用低毒、低挥发性溶剂。使用的胶粘剂应符合《鞋和箱包用胶粘剂》（GB19340）和《环境标志产品技术要求胶粘剂》（HJ/T220）相关要求。帮面加工推广采用热熔胶型主跟包头、定型布等材料；帮底黏合工序鼓励使用水性胶粘剂替代溶剂型胶粘剂；研发应用粉末胶粘剂；限制有害溶剂、助剂使用。使用密闭性高的生产设备。

加强废气收集与处理。对有机原辅材料调配和使用等，采取密闭、半密闭等收集措施，提高废气收集效率。配套建设吸附燃烧等高效治理设施，确保达标排放。

6. 因地制宜推进其他工业行业 VOCs 综合治理。

各市（州）结合本地产业结构特征和 VOCs 治理重点，因地制宜选择其他工业行业开展 VOCs 治理，确保实现环境空气质量改善目标和 VOCs 总量减排目标。电子信息行业应重点加强溶剂清洗、光刻、涂胶、涂装等工序 VOCs 排放控制；纺织印染行业应重点加强印染和染整精加工工序 VOCs 排放控制，加强定型机废气、印花废气治理；木材加工行业应重点治理干燥、涂胶、热压过程 VOCs 排放；合成革行业重点推进塑料人造革、合成革制造行业的 VOCs 排放控制，推广使用水性树脂和无溶剂合成革生产技术及装备，采用全密闭生产工艺，提升末端治理水平；化纤行业重点推进纤维素纤维原料及纤维制造、合成纤维制造等企业的 VOCs 排放控制，推广清洁生产技术和设备，采用环保密闭型生产成套装置，提高溶剂回用率，加强废气收集与处理。

责任单位：环境保护厅［负责推进涉 VOCs 工业污染源治理、监督性监测、推动泄漏检测与修复（LDAR）、环境执法等工作］、省经济和信息化委［负责工业源低（无）VOCs 含量的原辅材料替代、推广，先进生产工艺、技术、设备和绿色环保产品推广等工作］。

（三）深入推进交通源 VOCs 综合整治

统筹推进机动车排放控制和油品储运销油气回收治理，全面加强交通源 VOCs 治理。

1. 推进机动车 VOCs 综合治理。

以汽油车尾气排放和蒸发排放控制为重点，推进机动车 VOCs 减排。在尾气排放控制方面，严格执行国家汽车准入标准，改进发动机燃烧技术，提高三元催化转化效率；推广新能源汽车，提高新能源汽车占比，继续强化老旧车淘汰相关工作。在排放控制方面，一是强化城市交通管理，减少机动车使用频率和怠速时间，倡导绿色出行方式和文明驾车习惯。二是实施更严格的新车排放标准。自2020年7月1日起，实施轻型汽油车第六阶段排放标准，引入车载油气回收技术（ORVR），显著降低蒸发排放；实施摩托车第四阶段排放标准，并将相关标准纳入强制性产品认证实施。三是强化在用车排放控制。严格实施机动车强制报废标准，淘汰到期的老旧轻型汽车和摩托车；重点地区推进轻型汽油车燃油蒸发控制系统检验。四是全面提升燃油品质。加快实施国六汽油标准，显著降低烯烃、芳香烃含量和夏季蒸气压。五是加强管理。定期开展对新车生产一致性、在用车符合性、在用车环保检验、油品质量等环保监管，执行机动车排放检验信息全国联网要求，加快引入道路遥感等简易快速识别技术。

责任单位：公安厅、环境保护厅、交通运输厅、省质监局。

2. 全面加强油品储运销油气回收治理。

加强汽油储运销油气排放控制。严格按照排放标准要求，加快完成加油站、储油库、油罐车油气回收治理工作，全面推进省内重点区域加油站油气回收治理。建设油气自动监测系统平台，储油库和年销售汽油量大于5 000吨的加油站加快安装油气回收自动监测设备。制定加油站、储油库、油罐车油气回收系统操作技术规范和在线监控技术规范，企业加强系统外观检测和仪器检测，确保油气回收系统正常运转。

推进港口储存装卸、船舶运输油气回收治理。加大管道输送力度，提高管道输送比例。以泸州、宜宾等区域为重点，全面推进原油成品油码头和原油成品油运输船舶的油气回收治理工作。新建的原油、汽油或石脑油装船作业码头全部安装油气回收系统，已建原油成品油装船码头逐步实施油气回收系统改造。石化企业水路运输应优先使用具备码头油气回收条件的油船。

推动油库储罐升级改造，低沸点油品储罐应采用高效密封的内（外）浮顶罐，减少油品蒸发损耗；采用固定顶罐时，应安装压力控制系统，采用密闭排气将VOCs蒸气输送至回收设备。储油库应配备相应的油气回收系统，采用深冷、吸收、吸附再生、焚烧等技术或组合技术进行处理，并对回收处理设施全面加强运行监管，确保正常稳定运转。液体危险化学品运载工具（液体危化品槽车、火车和轮船）应安装密闭回收（气相平衡）装置，在装载过程中排放的VOCs应密闭收集返回储罐，或送至回收处理设施。

责任单位：省经济和信息化委、交通运输厅、环境保护厅、公安厅、省安全监管局、省质监局。

（四）有序开展城市生活源和农业源VOCs污染防治

加强建筑装饰、汽修、干洗、餐饮等生活源VOCs治理，以秸秆禁烧为重点减少生物质燃烧的 VOCs 排放。

1. 推进建筑装饰行业 VOCs 综合治理。倡导绿色装修，推广使用符合环保要求的建筑涂料、木器涂料、胶黏剂等产品。按照《室内建筑装饰装修材料有害物质限量》要求，严格控制装饰材料市场准入，逐步淘汰溶剂型涂料和胶黏剂。建立涂料产品政府绿色采购制度，涉及使用涂料、油漆和有机溶剂的市政工程、政府投资的房屋建设和维修工程等，优先采用低 VOCs 含量产品。2018 年成都市建筑内外墙涂饰全面推广使用水性涂料，装修标准合同增加环保条款，培育扶持绿色装修企业。

责任单位：住房城乡建设厅、省质监局、环境保护厅。

2. 推动汽修行业 VOCs 治理。大力推广使用水性、高固分等低挥发性涂料，推广采用静电喷涂等高涂着效率的涂装工艺，喷漆、流平和烘干等工艺操作应置于喷烤漆房内，使用溶剂型涂料的喷枪应密闭清洗，产生的 VOCs 废气应集中收集并导入治理设施，实现达标排放。取缔露天和敞开式汽修喷涂作业。

责任单位：交通运输厅，环境保护厅。

3. 开展干洗行业 VOCs 治理。干洗经营单位应逐步淘汰开启式干洗机，推广使用配备溶剂回收制冷系统、不直接外排废气的全封闭式干洗机。到 2020 年底，基本淘汰开启式干洗机。定期进行干洗机及干洗剂输送管道、阀门的检查，防止干洗剂泄漏。

责任单位：商务厅、省工商局、环境保护厅。

4. 开展餐饮服务业油烟排放控制。加强城市餐饮企业规划选址和烟道建设工作，强化餐饮服务企业油烟排放整治，城市建成区餐饮企业应安装高效油烟净化设施，定期对油烟净化设施进行维护保养，并保存维护保养记录，确保油烟稳定达标排放。开展规模以上餐饮企业在线监控试点，建立长效监管机制。加强居民家庭油烟排放环保宣传，推广使用高效净化型家用吸油烟机。

责任单位：住房城乡建设厅，省食品药品监管局、环境保护厅。

5. 积极推进农业源 VOCs 排放防治。积极落实农作物秸秆综合利用政策，大力推广稻田秸秆还田腐熟技术和秸秆养畜技术，推进秸秆肥料化、饲料化、基料化、原料化等多种形式的秸秆综合利用。推行农药减量增效技术，减少农田农药施用量，减少 VOCs 逸出和挥发。全面推进秸秆和田间杂草的禁烧工作，及时查处露天焚烧行为。

责任单位：省发展改革委、农业厅、环境保护厅。

6. 加强其他生活源 VOCs 排放防治。提高城市精细化管理水平，完善禁烧落叶、垃圾和高污染燃料的管理，加强城市建成区内的烟花爆竹燃放、腌腊制品熏制和露天烧烤管理，加大散煤治理力度，控制各类燃烧导致的 VOCs 排放。

责任单位：各市（州）人民政府。

（五）建立健全VOCs管理体系

1. 建立健全监测监控体系。加强环境质量和污染源排放VOCs自动监测工作，强化VOCs执法能力建设，全面提升VOCs环保监管能力。加强城市大气环境VOCs自动监测能力建设，空气质量不达标的城市至少建设一套VOCs组分在线监测系统。将石化、化工、包装印刷、工业涂装等VOCs排放重点源纳入省重点污染排污单位名录，2020年底前，主要排污口安装污染物排放自动监测设备，并与环保部门联网，其他企业逐步配备自动检测设备或便携式VOCs检测仪。推进VOCs重点排放源厂界VOCs监测。工业园区应结合园区排放特征，配置自动触发式VOCs连续自动采样体系或符合园区排放特征的VOCs监测监控体系。

责任单位：环境保护厅。

2. 实施排污许可制度。加快石化行业VOCs排污许可工作，2018年6底前，完成石化行业排污许可证核发工作。2018年年底前，完成制药、农药等行业排污许可核发。到2020年底前，对电子、汽车制造、包装印刷等VOCs排放重点行业全面推行排污许可制度。通过排污许可管理，实施企业VOCs源头削减、过程控制和末端污染治理，落实企业自行监测、台账记录和定期报告制度，推进企业持证、按证排污，严厉处罚无证和不按证排污行为。定期公布各市（州）排污许可证申请与核发情况，对应发未发的予以通报。

责任单位：环境保护厅。

3. 加强统计与调查。建立健全VOCs排放清单，结合排污许可证实施情况、全省第二次污染源普查工作和各城市污染源排放清单编制情况，进一步系统梳理VOCs排放与治理情况，实施动态更新。按照国家有关规定和技术指南要求，加强VOCs减排核查核算。探索引入第三方核算机制。

责任单位：环境保护厅、省发展改革委、省经济和信息化委、公安厅、住房城乡建设厅、交通运输厅、农业厅、商务厅、省工商局、省质监局、省统计局、省能源局。

4. 加强监督执法。全面提高VOCs监管能力和技术水平，加强执法人员装备和能力建设，制定人才培训计划。各市（州）要加强日常督查，组织开展执法检查，提高执法监测能力建设，规范执法监测证据，加大测管协同力度。按照排放标准、排污许可证等要求对VOCs污染治理设施、台账记录情况进行监督检查。支持、鼓励各市（州）推行第三方治理单位开展监管服务，进一步推动企业加强治污设施建设和运行管理。环境保护厅会同有关部门开展重点地区VOCs治理情况专项检查。企业应规范内部环保管理制度，制定实施VOCs防治设施运行管理方案，相关台账记录至少保存三年以上。加强对第三方营运机构监管，探索实施“黑名单”制度。

责任单位：环境保护厅、公安厅、交通运输厅、住房城乡建设厅、省质监局、省工商局。

5. 完善经济政策。加大 VOCs 治理的财政支持力度，将符合规定的 VOCs 污染项目纳入省大气污染防治专项资金支持范围，利用专项资金、扩大绿色信贷等方式支持企业实施 VOCs 防治工作。选择石化、化工、工业涂装、包装印刷等 VOCs 治理重点行业，实施环保“领跑者”制度。推进政府绿色采购，要求家具、印刷、汽车维修等政府定点招标采购企业使用低挥发性原辅材料。支持符合条件的企业发行企业债券直接融资，募集资金用于 VOCs 污染治理。落实支持节能减排企业所得税、增值税等优惠政策。支持市（州）建立基于环境绩效的 VOCs 减排激励机制。

责任单位：财政厅、省发展改革委、环境保护厅。

关于印发《四川省工矿用地土壤环境管理办法》的通知

川环发〔2018〕88 号

各市（州）环境保护局、经济和信息化委、国土资源局：

为贯彻落实《土壤污染防治行动计划四川省工作方案》，加强全省工矿用地土壤环境保护管理，保障工矿企业用地土壤环境安全，结合四川省实际，制定《四川省工矿用地土壤环境管理办法》，现印发给你们，请遵照执行。

四川省生态环境厅
四川省经济和信息化厅
四川省自然资源厅
2018 年 12 月 14 日

四川省工矿用地土壤环境管理办法

第一章 总 则

第一条 为了加强全省工矿用地土壤和地下水生态环境监督管理，防治工矿用地土壤和地下水污染，根据《中华人民共和国土壤污染防治法》《土壤污染防治行动计划》《工矿用地土壤环境管理办法（试行）》和《土壤污染防治行动计划四川省工作方案》，制定本办法。

第二条 本办法适用于从事工业、矿业生产经营活动的土壤污染重点监管单位用地土壤和地下水的环境现状调查、环境影响评价、污染防治设施的建设和运行管理、污染隐患排查、环境监测和风险评估、污染应急、风险管控和治理与修复等活动，以及相关生态环境监督管理。

矿产开采作业区域用地，固体废物集中贮存、填埋场所用地，不适用本办法。

第三条 土壤污染重点监管单位（以下简称重点单位）包括：有色金属采选、有色金属冶炼、石油开采、石油加工、化工、焦化、电镀（含电镀工序）、制革、化学制药、铅酸蓄电池、汽车制造、电子拆解、危险废物处置、垃圾焚烧等行业企业，以及涉及重金属、有机污染物及危险废物排放的企业。

重点单位以外的企事业单位和其他生产经营者生产经营活动涉及有毒有害物质的，其用地土壤和地下水生态环境相关活动及相关生态环境监督管理，可以参照本办法执行。

第四条　省级生态环境主管部门对全省工矿用地土壤和地下水生态环境工作实施统一监督管理。

县级以上生态环境主管部门负责本行政区域内的工矿用地土壤和地下水生态环境相关活动的监督管理。

第五条　省级生态环境主管部门制定省控土壤污染重点监管单位名单和省控以下土壤污染重点监管单位名单，并动态更新。省级生态环境主管部门公布省控土壤污染重点监管单位名单，市级生态环境主管部门公布省控以下土壤污染重点监管单位名单。

第六条　工矿企业是工矿用地土壤和地下水生态环境的责任主体，应当按照本办法的规定开展相关活动。

造成工矿用地土壤和地下水污染的企业应当承担治理与修复的主体责任。

第二章　污染防控

第七条　严格控制在优先保护类耕地集中区域新、改、扩建增加重金属排放的项目；现有涉重金属重点单位要采取新技术、新工艺，加快提标升级改造。在永久基本农田集中区域，不得新建可能造成土壤污染的建设项目；已经建成的，应当限期关闭拆除。

严格执行相关行业企业布局选址要求，禁止在居民区和学校、医院、疗养院、养老院等单位周边新建、改建、扩建可能造成土壤污染的建设项目。

第八条　重点单位新、改、扩建项目，应当在开展建设项目环境影响评价时，按照国家有关技术规范开展工矿用地土壤和地下水环境现状调查，编制调查报告，并按规定上报环境影响评价基础数据库。

重点单位应当将前款规定的调查报告主要内容通过其网站等便于公众知晓的方式向社会公开。

第九条　重点单位新、改、扩建项目用地应当符合国家或者地方有关建设用地土壤污染风险管控标准。

重点单位在新、改、扩建项目的土壤和地下水现状调查中，发现污染物含量超过有关建设用地土壤污染风险管控标准的，应当参照《四川省污染地块土壤环境管理办法》开展详细调查、风险评估、风险管控、治理与修复等活动。

第十条　重点单位在生产、使用、贮存、运输、回收、处置、排放有毒有害物质时，严格控制有毒有害物质排放，防止有毒有害物质渗漏、流失、扬散，避免土壤受到污染，并按年度向县级生态环境主管部门报告排放情况。

第十一条　重点单位建设涉及有毒有害物质的生产装置、储罐和管道，或者建设污水处理池、应急池、固体废物处置设施等存在土壤污染风险的设施，应当按照国家有关标准和规范的要求，设计、建设和安装有关防腐蚀、防泄漏设施和泄漏监测装置，防止有毒有害物质污染土壤和地下水。

第十二条　重点单位现有地下储罐储存有毒有害物质的，应当在2019年5月3日前，将地下储罐的信息报市级生态环境主管部门备案。

重点单位新、改、扩建项目地下储罐储存有毒有害物质的，应当在项目投入生产或者使用之前，将地下储罐的信息报市级生态环境主管部门备案。

地下储罐的信息包括地下储罐的使用年限、类型、规格、位置和使用情况等。

第十三条　重点单位应当建立土壤和地下水污染隐患排查治理制度，每三年按照国家有关技术规范对重点区域、重点设施开展一次全面隐患排查。发现污染隐患的，应当制定整改方案，及时采取技术、管理措施消除隐患。隐患排查、治理情况应当如实记录并建立档案。

重点区域包括涉及有毒有害物质的生产区，原材料及固体废物的堆存区、储放区和转运区等；重点设施包括涉及有毒有害物质的地下储罐、地下管线，以及污染治理设施等。

第十四条　重点单位应当按照相关技术规范要求，自行或者委托第三方专业机构每年开展一次土壤和地下水监测，重点监测存在污染隐患的区域和设施周边的土壤、地下水，将监测数据报市级生态环境主管部门备案，并按照规定公开相关信息。

重点单位应当对监测数据的真实性和准确性负责。市级生态环境主管部门发现土壤污染重点监管单位监测数据异常，应当及时进行调查，并督促重点单位限期整改。

市级生态环境主管部门每年对重点单位、污水集中处理设施、固体废物处置设施周边土壤开展一次监督性监测，发现异常监测数据，要求有关单位采取相应改进措施。数据及时上传到省土壤环境信息化管理平台。

第十五条　重点单位在隐患排查、监测等活动中发现工矿用地土壤和地下水存在污染迹象的，应当排查污染源，查明污染原因，采取措施防止新增污染，并参照《四川省污染地块土壤环境管理办法》及时开展土壤和地下水环境调查与风险评估，根据调查与风险评估结果采取风险管控或者治理与修复等措施。

第十六条　重点单位拆除设施、设备或者建筑物、构筑物的，应当按照有关规定，事先制定包括应急措施在内的企业拆除活动污染防治方案，并在拆除活动前十五个工作日报所在地县级生态环境、经济和信息化主管部门备案。

企业拆除活动污染防治方案应当包括被拆除生产设施设备、构筑物和污染治理设施的基本情况、拆除活动全过程土壤污染防治的技术要求、针对周边环境的污染防治要求等内容。

重点单位拆除活动应当严格按照有关规定实施残留物料和污染物、污染设备和设施的安全处理处置，并做好拆除活动相关记录，防范拆除活动污染土壤和地下水。拆除活动相关记录应当长期保存。

第十七条　重点单位突发环境事件应急预案应当包括防止土壤和地下水污染相关内容。现有已备案的应急预案在本办法公布后半年内，补充防止土壤和地下水污染相关内容，报县级以上生态环境主管部门备案。

重点单位突发环境事件造成或者可能造成土壤和地下水污染的，应当采取应急措施避免或者减少土壤和地下水污染；应急处置结束后，应当立即组织开展环境影响和损害评估工作，评估认为需要开展治理与修复的，应当制定并落实受污染土壤和地下水治理与修复方案。

第十八条　重点单位终止生产经营活动前，应当参照《四川省污染地块土壤环境管理办法》开展土壤和地下水环境初步调查，编制调查报告，及时上传全国污染地块土壤环境管理信息系统。

重点单位应当将前款规定的调查报告主要内容通过其网站等便于公众知晓的方式向社会公开。

土壤和地下水环境初步调查发现该重点单位用地污染物含量超过国家或者地方有关建设用地土壤污染风险管控标准的，应当参照《四川省污染地块土壤环境管理办法》开展详细调查、风险评估、风险管控、治理与修复等活动。

第十九条　根据土壤污染状况详查结果，将重点单位用地划分为高风险、中风险、低风险等级。划分为高风险等级的重点单位用地要开展土壤污染状况详细调查和风险评估，根据评估结果，采取有效的风险管控措施。

第二十条　涉重金属重点单位要按国家有关规定开展重金属污染整治，强化清洁生产，提升技术水平，降低重金属排放强度，减少土壤环境风险隐患。

全口径涉重金属重点行业企业清单中的重点单位要落实重金属减排指标，纳入排污许可证，明确相应的减排措施和工程，完成减排任务。新、改、扩建重金属重点行业生产项目应当及时纳入全口径清单。

第二十一条　县级以上生态环境、自然资源主管部门加强对矿产资源开发区域土壤污染防治的监督管理，按照相关标准和总量控制的要求，严格控制可能造成土壤污染的重点污染物排放。

尾矿库营运、管理单位应当按照规定，加强尾矿库的安全管理，采取措施防止土壤污染，按照规定进行土壤污染状况监测和定期评估。

县级以上生态环境主管部门加强对尾矿库污染防治情况的检查和定期评估，

发现风险隐患，及时督促相关企业采取相应措施。

矿产资源开发活动集中区域重金属排放重点单位执行重点污染物特别排放限值。

第二十二条　重点工业园区要建设大气、地表水、土壤和地下水污染协同预防预警机制。市级生态环境主管部门每年对工业园区周边土壤开展一次监督性监测，数据及时上传到省土壤环境信息化管理平台，监测结果作为环境执法和风险预警的重要依据。

第三章　监督管理

第二十三条　县级以上生态环境主管部门有权对本行政区域内的重点单位进行现场检查。被检查单位应当予以配合，如实反映情况，提供必要的资料。实施现场检查的部门、机构及其工作人员应当为被检查单位保守商业秘密。

第二十四条　县级以上生态环境主管部门对重点单位进行监督检查时，有权采取下列措施：

（一）进入被检查单位进行现场核查或者监测；

（二）查阅、复制相关文件、记录以及其他有关资料；

（三）要求被检查单位提交有关情况说明。

第二十五条　重点单位未按本办法开展工矿用地土壤和地下水生态环境相关活动或者弄虚作假的，由县级以上生态环境主管部门将该企业失信情况记入其环境信用记录，并通过全国信用信息共享平台、国家企业信用信息公示系统向社会公开。

第四章　附则

第二十六条　本办法所称的下列用语的含义：

（一）矿产开采作业区域用地，指露天采矿区用地、排土场等与矿业开采作业直接相关的用地。

（二）有毒有害物质，是指下列物质：

1. 列入《中华人民共和国水污染防治法》规定的有毒有害水污染物名录的污染物；

2. 列入《中华人民共和国大气污染防治法》规定的有毒有害大气污染物名录的污染物；

3.《中华人民共和国固体废物污染环境防治法》规定的危险废物；

4. 国家和地方建设用地土壤污染风险管控标准管控的污染物；

5. 列入优先控制化学品名录内的物质；

6. 其他根据国家法律法规有关规定应当纳入有毒有害物质管理的物质。

（三）土壤和地下水环境现状调查，指对重点单位新、改、扩建项目用地的土壤和地下水环境质量进行的调查评估，其主要调查内容包括土壤和地下水中主要污染物的含量等。

（四）土壤和地下水污染隐患，指相关设施设备因设计、建设、运行管理等不完善，而导致相关有毒有害物质泄漏、渗漏、溢出等污染土壤和地下水的隐患。

（五）土壤和地下水污染迹象，指通过现场检查和隐患排查发现有毒有害物质泄漏或者疑似泄漏，或者通过土壤和地下水环境监测发现土壤或者地下水中污染物含量升高的现象。

第二十七条　本办法自发布之日起施行。

四川省住房和城乡建设厅政策文件

关于印发《四川省生态园林城市系列评定管理办法》及《四川省生态园林城市系列标准》的通知

川建景园发〔2018〕415 号

各市、州住房城乡建设（园林绿化）行政主管部门：

为认真贯彻落实习近平总书记系列重要讲话精神和治国理政新理念新思想新战略，牢固树立绿色发展理念，贯彻省第十一次党代会精神会，落实省委《关于推进绿色发展建设美丽四川的决定》（川委发〔2016〕20 号）中“加快建设美丽城镇”“建设生态城镇”的要求，结合我省实际情况，将此前园林城市系列的创建目标统一为创建生态园林城市、县城和城镇，进一步引导和规范我省生态园林城市、县城和城镇的申报、考评及管理工作。

经四川省人民政府同意，现将《四川省生态园林城市系列评定管理办法》及《四川省生态园林城市系列标准》印发给你们，请认真贯彻执行。原《四川省园林城市申报办法》及《四川省园林城市标准》（川建景园发〔2013〕395 号）、《四川省园林县城申报办法》及《四川省园林县城标准》（川建景园发〔2014〕213 号）、《四川省园林镇（乡）标准》及《四川省园林镇（乡）申报与评审办法》（川建景园发〔2015〕334 号）同时废止。

附件：1. 四川省生态园林城市系列评定管理办法
2. 四川省生态园林城市系列标准
3. 申报材料内容与要求

四川省住房和城乡建设厅

2018 年 5 月 4 日

四川省生态园林城市系列评定管理办法

一　总则

第一条　为加快推进生态文明建设，贯彻绿色发展理念，引导和规范我省生态园林城市系列的申报、考评及管理工作，参照国家生态园林城市标准，结合我省实际情况，制定本办法。

第二条　本办法所称省生态园林城市系列，包括省生态园林城市、省生态园林县城和省生态园林城镇。

第三条　省生态园林城市系列实行申报制，申报评审每年开展一次。设市城市可申报省生态园林城市，县城可申报省生态园林县城，除县（市、区）人民政府驻地镇和城市建成区内的建制镇以外，其他建制镇均可申报省生态园林城镇。

未纳入上级城市申报生态园林城市范围，且远离主城区的区，可按四川省生态园林县城的标准申报。

第四条　省生态园林城市系列申报评审管理遵循自愿申报、分类考核、动态监管、持续发展的原则。

第五条　住房城乡建设厅负责省生态园林城市系列的申报评审管理工作。

二　申报

第六条　申报城市（县、镇）应具备以下条件：

1. 申报城市（县、镇）人民政府制定了省生态园林城市、县城或城镇创建工作目标、实施方案及规划。

2. 对照省生态园林城市系列标准自评达标，基本具备省生态园林城市、县城和城镇对应条件要求。

3. 近 2 年内未发生破坏园林绿化成果、生态环境保护等方面的重大恶性事件，未发生风景名胜区、世界遗产地、历史文化保护等方面重大违法违规事件，未被通报批评或造成不良影响。

第七条　申报流程

1. 申报省生态园林城市、县城的城市或县城，在完成申报材料编制后，由所在市（州）人民政府向省人民政府提出申请，向住房城乡建设厅提交申报材料。

2. 申报省生态园林城镇的镇，在完成申报材料编制后，由所在县（市、区）人民政府向住房城乡建设厅提出申请，并提交申报材料。

第八条　申报材料

申报材料应包含以下内容，并做到简明扼要：

1. 市（州）或县（市、区）人民政府的申报申请；

2. 城市、县城或城镇概况（包括城市基础设施情况、城市环境状况等）及最新批准实施的城市总体规划、城市绿地系统规划、建成区范围图、城市绿地现状图、行政区划图；

3. 城市、县城或城镇绿线管制制度建立和实施情况说明，城市绿线图及媒体公示说明；

4. 对照《四川省生态园林城市系列标准》逐项说明并提供相关附件资料。

5. 创建工作技术报告高清音像片。

三　评审

第九条　省生态园林城市系列的评审工作遵循公平、公正、公开的原则。

由住房城乡建设厅组织成立专家组，对申报城市进行创建技术指导、审查申报材料及实地考查验收。专家组成员包括风景园林、规划、建筑、生态、环境保护、历史文化、市政、水利、林业等方面的管理和技术人员。

第十条　省生态园林城市系列评审程序包括资料审查、实地考查、综合评议、结果公示和命名通报。

第十一条　资料审查。专家组对申报资料的完整性、真实性和合理性进行审查，确定实地考察对象。凡存在否决项指标不达标的，一律不再进行后续评审程序。

申报材料弄虚作假的，取消申报资格并予以通报。

第十二条　实地考查。采取听取情况介绍、看技术报告片、审查各类材料、查看实地现场、召开座谈会等形式，对申报城市、县城和城镇的创建工作进行全面考查。

实地考评点和线路由申报城市自定与专家组随机抽查相结合，随机抽查线路及内容由专家组临时确定。

申报城市应在专家组抵达前至少两天，在当地不少于两种主要媒体上向社会公布专家组工作时间、联系电话等相关信息。

实地考评结束后，专家组将经所有成员签字确认的书面考评意见提交住房城乡建设厅。

第十三条　综合评议。住房城乡建设厅根据专家组的考评意见，并征求环境保护、水利、林业等省级相关行政主管部门意见，对申报城市的相关工作和各项数据进行全面核实后，提出综合评议意见。

第十四条　结果公示。经综合评议合格的城市、县城和城镇，由住房城乡建设设厅在官方网站公示10个工作日，并对公示期间的举报信息组织调查核实。对经核查举报情况属实的城市、县城和城镇，予以通报且两年内不得重新申报。

第十五条　命名通报。

1. 通过综合评审工作的城市、县城，由住房城乡建设厅报省人民政府授予“四川省生态园林城市、县城”称号。

2. 通过综合评审工作的城镇由住房城乡建设厅授予“四川省生态园林城镇”称号。

未通过综合评审的城市、县城和城镇，住房城乡建设厅将评审意见书反馈给申报市（州）或县（市、区）人民政府。

四　管理与监督

第十六条　对已命名的城市（县、镇）实行“城市自查、省级复查”相结合的方式实行动态管理。

第十七条　自查每2年组织开展一次，已命名的省生态园林城市、县城和城镇，应按期将园林绿化建设、养护管理、运营维护、宣传教育等相关工作情况自查报告报送住房城乡建设厅，未按要求报送自查报告的城市（县、镇），由住房城乡建设厅报请省政府撤销其称号。

第十八条　省级复查每3年开展一次，复查合格的，保留其称号；复查不合格的，限期整改；整改仍不合格的城市和县城，报请省人民政府撤销其省生态园林城市、县城称号。整改仍不合格的城镇由住房城乡建设厅撤销其省生态园林城镇称号。

第十九条　凡被取消命名的，两年内不得重新申报。

五　附则

第二十条　本办法颁布之日起，不再评审和命名新的省园林城市、省园林县城和省园林城镇。已被评为省园林城市、省园林县城和省园林城镇的，在继续保留原称号的同时，可结合复查工作按照新标准补充相关材料，经审查合格，按程序报请省人民政府授予省生态园林城市序列称号。

第二十一条　根据经济社会发展水平和生态绿地发展实际，阿坝、甘孜和凉山州申报省生态园林城市系列的，可适当降低标准执行。

第二十二条　本办法颁布之日起，原《四川省园林城市申报办法》《四川省园林城市标准》《四川省园林县城申报办法》《四川省园林县城标准》《四川省园林镇（乡）申报与评审办法》和《四川省园林镇（乡）标准》废止。

第二十三条　本办法自印发之日起施行。

关于开展农村生活污水治理“千村示范工程”的通知

川建村镇发〔2018〕301号

各市（州）住房城乡建设行政主管部门、发展改革委、财政局：

为认真贯彻落实《四川省农村生活污水治理五年实施方案（2018-2022）》，有效形成政策资金支持合力，破解全省农村生活污水治理难题，省政府决定于2018年起开展全省农村生活污水治理“千村示范工程”专项行动。现就有关事项通知如下：

一、总体要求

认真贯彻落实党的十九大“乡村振兴战略”和省委“推进绿色发展建设美丽四川”的重大决策部署，通过试点先行、示范带动，对水环境污染较严重的长江干流四川段、金沙江、沱江、岷江、嘉陵江五大重点流域范围内的农村生活污水治理进行试点示范，因地制宜，不断总结经验教训，以探索成熟经验模式为目的，着重工程效果，稳步推进。

二、基本原则

1. 突出重点、分步推进。优先解决重点流域范围内对水环境影响较严重支流所在的自然村（聚居点）污水处理问题，逐步向非重点流域和农村散户扩展。

2. 省市联动、分级负责。省级相关部门根据年度计划，每年确定试点示范范围和工作重点。市州通过竞争性评审，择优推荐试点县（市、区）。县（市、区）根据申报要求，落实重点自然村（聚居点）实施试点。

3. 市县为主、省级支持。市县人民政府是农村生活污水治理的责任主体，要多方筹资、加大投入。省上将对纳入试点示范的县（市、区）通过省预算内资金和省财政专项资金予以支持。

三、工作目标

从 2018 年起，每年选择 10–20 个试点县、1000 个左右距流域水体较近、农户相对集中的自然村（聚居点），组织实施“千村示范工程”。示范村年底前要实现生活污水处理设施全面建设竣工并投入运行；“千村示范工程”试点县年底前应建立健全生活污水处理设施运行维护机制，确保处理设施管护到位，并逐步带动县域成片推进农村生活污水治理工作，探索出适应不同地形环境和聚居模式的农村生活污水治理“四川新途径”。

四、申报组织

根据《四川省农村生活污水治理五年实施方案（2018–2022）》工作要求，2018 年度“千村示范工程”重点支持具备一定工作基础，在不同社会经济、地理地貌条件下具有一定示范效应的县（市、区）。

（一）申报条件

1. 申报名额。每个市（州）择优推荐 1–2 个试点县。

2. 申报范围。试点县必须位于长江干流四川段、金沙江、沱江、岷江、嘉陵江等五大重点流域范围内（具体区域见附件）。

3. 申报要求。试点县原则上应编制县域农村生活污水治理专项规划，并制定农村生活污水治理示范工作方案。每个试点县原则上应涵盖 100 个以上距离流域支流 5 公里范围内、对水环境影响较严重、人口聚居程度相对较高的自然村（聚居点）。自然村（聚居点）农村人口原则上应在 15 户、50 人以上。

（二）申报材料

申报材料主要包括：

1. 试点县申请报告；

2. 农村生活污水治理示范工作方案，方案应包括资金筹措计划、运营保障体系等；

3. 市（州）推荐报告；

4. 相关政策支持文件。

（三）评选程序

1. “县申报”。具备申报条件的县（市、区）将区域内处于重点流域的自然村（聚居点）纳入试点范围，制定农村生活污水治理试点工作方案进行申报。

2. “市初选”。市（州）住房城乡建设、发展改革、财政等主管部门根据县（市、区）申报范围、基础条件、财政配套力度、运营维护方式等开展竞争性初评，向省上推荐 1–2 个对水环境影响较严重、急需解决农村污水问题的重点县（市、区）。

3.“省确定”。住房城乡建设厅会同省发展改革委、财政厅等省直有关部门组织专家评审或竞争性评比，按照全省示范的自然村（聚居点）总数1000个左右进行总量控制，确定试点县（市、区）由省发展改革委、住房城乡建设厅共同组织实施。

五、其他事项

（一）请市州认真做好统筹协调工作，按照“县申报、市初审、省确定”的工作程序，组织开展好“千村示范工程”申报工作。

（二）各市（州）请于2018年4月15日前将申报相关电子文档、纸质材料报送住房城乡建设厅村镇建设处615办公室和省发展和改革委环资处1004办公室。

（三）申报材料应确保内容真实、数据准确、重点突出、特色鲜明，相关数据以2017年数据为准。申报材料提供纸质正式文件和电子版各1份，纸质版可装订成册。

附件：1. 重点流域所辖县（市、区）名单（试点县申报范围）（略）

2. 千村示范工程”示范县申报材料编写提纲（略）

四川省发展和改革委员会

四川省住房和城乡建设厅

四　川　省　财　政　厅

2018年3月27日

关于印发《四川省推进装配式建筑发展三年行动方案》的通知

川建建发〔2018〕299号

各市（州）住房城乡建设行政主管部门：

为贯彻落实《四川省人民政府办公厅关于大力发展装配式建筑的实施意见》（川办发〔2017〕56号）精神，大力推进装配式建筑发展，促进建筑业转型升级，我厅制定了《四川省推进装配式建筑发展三年行动方案》。现印发你们，请遵照执行。

四川省住房和城乡建设厅
2018年3月28日

四川省推进装配式建筑发展三年行动方案

发展装配式建筑是落实绿色循环低碳发展理念的重要要求，是推动建筑业转型升级、实现高质量发展的重要抓手。为贯彻落实四川省人民政府办公厅《关于大力发展装配式建筑的实施意见》，进一步明确2018~2020年推进装配式建筑发展阶段性工作目标和重点任务，强化措施保障，统筹推进全省装配式建筑发展，特制定本方案。

一、发展目标

大力发展装配式混凝土结构和钢结构建筑，倡导有条件的景区、农村建筑推广采用现代木结构建筑，支持市政工程建设中应用装配式部品部件。以试点城市和100万以上人口城市为依托，形成以试点城市带动区域发展，以中心城区带动区县发展的格局。到2020年，全省装配式建筑占新建建筑的比例达到30%，成都、广安、乐山、眉山、西昌5个试点城市达到35%，泸州、绵阳、南充、宜宾等100万以上人口城市达到30%，其他城市达到20%。

到2020年，全省培育8个装配式建筑试点城市，培育5家集设计、生产、施工于一体的装配式建筑龙头企业，培育50个科研、生产、应用的装配式建筑产业示范基地，20个以上装配式建筑示范项目，充分发挥示范引领和带动作用。

二、重点任务

（一）编制发展规划

2018年6月底前，各市（州）住房城乡建设行政主管部门要编制完成本地装配式建筑发展规划，明确年度和中长期发展目标任务，细化阶段性工作安排，有效引导市场预期。发展规划要结合区域装配式建筑产业基地发展情况及有效辐射半径，按照研发、生产、应用三类基地协调发展原则合理布局产业基地，实现市场供需基本平衡。鼓励各区域间形成有效的合作机制，对区域发展形成相互支撑，培育综合性产业基地和专业性部品部件生产企业，完善装配式建筑产业链。

（二）完善技术体系

鼓励相关产学研单位以及产业基地组建装配式建筑产业技术创新联盟，开展装配式混凝土结构、钢结构、木结构、组合结构等技术体系研发与应用，确保结构安全。发挥省装配式建筑专家库专家作用，加大装配率较高的高层装配式混凝土建筑的基础理论研究和施工工艺工法的总结编写，推动高性能混凝土、高强钢筋和消能减震、预应力技术在装配式建筑中的应用，突破钢结构中围护体系、楼面体系、节点连接以及钢结构、抗裂隔音、露梁露柱等共性关键难题和技术瓶颈，尤其要结合我省高烈度地区特点建立装配式建筑技术体系和关键技术。

（三）完善标准体系

加快装配式建筑标准制定，形成一套包括设计、生产、施工、质量控制和验收等各个环节的标准体系。住房城乡建设厅主导制定解决装配式建筑应用过程中通用性、基础性的地方标准和图集。支持企业开展标准体系研究，制定企业标准、专用图集和技术手册，鼓励社会组织编制团体标准。强化设计、部品部件生产、建筑材料与工程建设标准之间的衔接，实现工程设计、生产和施工装配标准规范化，监督管理标准规范化。

（四）提高设计和建造智慧化水平

按照系统集成思路，推行以建筑系统的模数化、标准化为基础，与结构系统、机电系统和装修系统的一体化集成设计。提升设计人员装配式建筑设计理论水平和全产业链统筹把握能力，发挥设计人员主导作用，为装配式建筑提供全过程指导。提倡装配式建筑在方案策划阶段进行专家论证和技术咨询，促进各参与主体形成协同合作机制。推动医院、学校及保障性住房等政府投资项目为主的标准化设计。推进BIM技术在装配式建筑规划、勘察、设计、生产、施工、装修、运行维护全过程的集成应用，建立适合BIM技术应用的装配式建筑工程管理模式，提升 BIM 技术在装配式建筑中的应用空间。

（五）提高施工能力

提升装配式建筑的管理水平，引导施工企业研发应用与装配式施工相适应的部品部件吊装、运输与堆放、套筒灌浆、部品部件连接等施工技术，确保部品部件的装配施工连接质量和建筑整体安全性能。大力开展与装配式施工相配套的装备、机具的开发应用，提高施工企业技术工人与机械装配的配置水平和施工效率。鼓励企业创新施工组织方式，推行绿色施工，促进人、材、机相融合的施工管理模式。支持施工企业编制施工工法，提高装配施工技能，实现技术工艺、组织管理、技能队伍的转变，打造一批具有较高装配施工技术水平的骨干企业。

（六）规范部品部件生产应用

制定《四川省装配式建筑部品部件生产质保能力评估管理办法》，规范装配式建筑部品部件的生产和应用，优先从成熟和适用的部品部件入手，建立全省装配式建筑部品部件目录，推行使用预制部品部件，促进部品部件生产企业产品质量和现代化水平提升。规范生产企业部品部件技术标准、规格型号、产品种类，提高设计、施工、生产工作效率，降低建设成本，有效控制部品部件质量。

（七）推进建筑全装修

各地要积极推进装配式建筑全装修成品交房，明确装配式建筑全装修的目标和要求，加大全装修成品交房和政策引导扶持。推行装配式建筑全装修与主体结构、机电设备一体化设计和协同施工，并与主体结构交付验收同步。鼓励全装修提供大空间灵活分隔及不同档次和风格的菜单式装修方案，满足消费者个性化需求。推进整体厨房卫生间、集成化设备管线、预制装配式轻质隔墙的应用，提高装配化装修水平。

（八）促进绿色发展

积极推进绿色建材在装配式建筑中应用，推广绿色多功能复合材料，发展环保型木质复合、金属复合、优质化学建材及新型建筑陶瓷等绿色建材。装配式建筑要与绿色建筑、超低能耗建筑相结合，全面执行绿色建筑标准，在绿色建筑评价中逐步加大装配式建筑的权重，鼓励建设综合示范工程。推动太阳能光热光伏、地源热泵、空气源热泵等可再生能源与装配式建筑一体化应用。

（九）加强质量安全管理

研究制定装配式混凝土建筑质量安全监管办法，明确设计、施工、验收等环节的各方主体责任和监管措施。加强对装配式建筑总承包企业及建设、设计、施工、监理、检测等企业行为监督，严格落实各方主体质量和安全责任，严肃查处违法违规行为。加强装配式建筑工程实体质量和施工安全监管，保障运输、吊装等重点环节和套筒灌浆、部品部件连接等重点部位施工过程的质量安全。

三、保障措施

（十）加大政策扶持

各地要结合节能减排、环保治理、产业发展、科技创新等政策，加大装配式建筑在财政、税费、土地、金融、招标投标等方面政策扶持，加强对供给侧和需求侧的支持力度。将装配式建筑产业纳入新兴产业范畴予以培育扶持，在评选优质工程、优秀工程设计和考核文明工地时，优先考虑装配式建筑。制定规范装配式建筑招标投标活动的指导意见，完善装配式建筑部品部件市场价格信息发布机制，逐步形成装配式建筑计价体系。

（十一）创新管理机制

创新装配式建筑监管机制，在招标投标、施工许可、施工图审查、工程计价、工程监理、质量安全监督和竣工验收等环节进行建设管理制度改革，建立适合装配式建筑发展的监管机制。装配式建筑原则上应全部采用工程总承包模式，实现工程设计、部品部件生产、施工及采购的统一和深度融合。建立装配式建筑全过程信息追溯机制，把生产、施工、装修、运行维护等全过程纳入全省装配式建筑发展推进平台管理，实现数据即时上传、汇总、监测及电子归档管理等，增强行业监管能力。

（十二）加快人才队伍建设

制定装配式建筑人才培养计划，加快培养和引进装配式建筑发展急需的技术管理人才。支持省内高校、职业学校设置装配式建筑、BIM 技术专业课程，搭建产学研平台，推动装配式建筑企业开展校企合作。创新人才培训模式，将装配式建筑政策、技术、标准等纳入建设工程注册执业人员考试和继续教育内容，加大装配式建筑全产业链人才培养力度。加快装配式建筑复合型人才培养，打造适应装配式建筑发展的产业工人队伍和质量安全监管队伍。

（十三）加强宣传推广

各地要加强对装配式建筑的政策宣传，利用网络等媒体手段，构筑信息交流平台，及时报道最新产业动向，广泛宣传发展装配式建筑的社会效益和经济效益，提升全社会对装配式建筑的认知度。引导消费者购买装配式建筑住宅，倡导低碳环保的消费模式和生活方式，营造社会共同关注、支持装配式建筑发展的良好氛围，促进装配式建筑行业和市场协调发展。

四川省水利厅政策文件

关于印发四川省总河长制运行规则的通知

川总河长办发〔2018〕53 号

各市（州）党委、政府，省总河长办公室成员单位：

《四川省总河长制运行规则》已经省总河长同意，现印发给你们，请抓好贯彻落实。

四川省总河长办公室
2018 年 12 月 27 日

四川省总河长制运行规则

第一章　总　则

为进一步规范省总河长制运行程序，提高工作质量和效率，根据《四川省全面落实河长制工作方案》和《关于设立省级双总河长、撤销省全面落实河长制工作领导小组的通知》等文件精神，制定本规则。

本规则所称的省总河长制是指省总河长、省副总河长、省级河长湖长、省级河长湖长联络员单位、省总河长办公室、省河长制办公室之间的运行制度和工作机制。

本规则所称的河湖是指全省河流、湖泊和重要天然湿地、渠道、水库等纳入河长制湖长制实施范围的所有水域。

第二章　机构和职责

实行省总河长负责制。省委书记和省长担任省总河长，省委副书记担任副总河长，省委常委，有关省人大常委会副主任、省政府副省长、省政协副主席担任省级河长湖长。设省总河长办公室，承担省总河长日常工作的统筹协调，办公室主任由分管副省长担任。

省总河长是全省全面落实河长制湖长制第一责任人，对全省范围内河湖管理保护负总责，领导全省河长制湖长制工作。

省副总河长负责协助省总河长开展全省河湖管理保护工作，落实省总河长的工作部署和安排。

省总河长、副总河长、省级河长湖长、省总河长办公室主任因工作调整变动等原因离任的，由接任的省级领导自动接替。

第三章 工作运行机制

省总河长会议制度

省总河长会议分为全体会议和专题会议。省总河长全体会议原则上由省总河长主持召开，省副总河长、省级河长湖长、省总河长办公室主任和副主任及成员单位主要负责同志出席，其他参会人员由会议主持人确定。专题会议原则上由省总河长主持召开，根据会议内容，由会议主持人确定参会人员。受省总河长委托，省副总河长可主持召开省总河长会议。

会议议题由省总河长、省副总河长、省级河长湖长或省总河长办公室提出，报会议主持人确定。主要包括：传达贯彻中央河长制湖长制工作重大决策部署；听取工作汇报，安排推动全省河长制湖长制工作；研究解决重大问题及跨部门、跨流域、跨区域的重点难点问题；审议重要制度、工作方案，研究有关表扬奖励、重大责任追究等事项。

省总河长会议由省委办公厅或省政府办公厅组织协调，省总河长办公室具体承办。会议纪要由省总河长办公室主任审阅后报会议主持人签发。

省总河长会议决定的事项，有关各方应当在规定时限内办理落实，并将结果送省总河长办公室。省总河长办公室负责总河长会议议定事项的督促催办、跟踪落实并向省总河长、副总河长报告。

工作报告

全面推进河长制湖长制过程中，应当定期或不定期向省总河长、副总河长、省级河长湖长报告工作安排、重大事项、工作进展、典型做法、存在的问题和建议等情况。其中：

日常工作情况由省河长制办公室向省总河长办公室报告，并抄送相关省级河长湖长；涉及河湖管理保护方面的重要事项、重大问题和突发事件，由省总河长办公室及时向省总河长或副总河长专题报告，并抄送相关省级河长湖长。

涉及省级河流或湖泊的日常推进工作，由省级河长湖长联络员单位向省级河长湖长报告，同时抄送省河长制办公室；重要事项、重大问题和突发事件，由省级河长湖长及时向省总河长、副总河长报告。

省总河长、副总河长、省级河长湖长直接交办的事项，承办部门应当及时将办理情况报告交办领导，并抄送省河长制办公室。

报告原则上采用书面形式，使用口头方式报告的，事后应提交书面材料。报告有批示时，承办部门应及时将批示件（复印件）送省河长制办公室备案。

省总河长办公室应于每年 7 月上旬和次年 1 月底前将上半年工作推进情况和全年工作推进情况分别向省总河长和副总河长书面报告。省级河长湖长联络员单位按照上述时间要求，将所联系省级河湖工作情况报省级河长湖长，同时抄送省河长制办公室；根据工作需要，省级河长湖长联络员单位也可不定期向省级河长湖长报告工作情况。

市级总河长应于每年 6 月底、12 月底前，将本年度上半年、全年的工作情况向省总河长办公室书面报告，并由省总河长办公室汇总后报送省总河长。

省级河流干流及支流的市级河长湖长应每年 6 月底、12 月底向省级河长湖长联络员单位书面报送履职情况，由省级联络员单位将其汇总到所联系省级河湖工作整体情况中，一并报送省级河长湖长，同时抄送省河长制办公室。

报告制度执行情况纳入全省河长制湖长制工作年度考核。

文电办理

收文。所有省总河长办公室的收文，由主任或副主任签批后，按公文运转程序处理。

发文。涉及全省河长制湖长制的重要规章制度、工作方案、重大决定、重要工作措施、年度工作要点、考核方案、表扬奖励、省级河长湖长调整等，由省总河长签发；涉及河长制湖长制面上重要工作或重大的问题提示单等，由省总河长办公室主任签发；日常性工作或一般问题提示单等，由省总河长办公室副主任签发。会议纪要由会议主持人签发，省委办公厅、省政府办公厅或省总河长办公室印发。

存档。涉及省总河长制的相关文件、资料，由省河长制办公室统一留存归档。

省总河长办公室文电办理由省河长制办公室负责具体工作。

督导检查

按照省总河长、副总河长安排，省总河长办公室不定期对下列事项进行督导检查：

（一）中央和省委、省政府有关河长制湖长制工作部署的贯彻落实情况；

（二）省总河长会议决定事项的办理情况；

（三）其他需要督导检查的事项。

本规则自印发之日起执行，由省总河长办公室负责解释。《四川省全面落实河长制工作领导小组关于印发〈四川省全面落实河长制工作领导小组运行规则〉的通知》（川河领发〔2017〕1 号）同时废止。

关于印发四川省河长制湖长制工作提示约谈通报制度的通知

各市（州）党委和人民政府，省总河长办公室成员单位：

现将《四川省河长制湖长制工作提示约谈通报制度》印发给你们，请结合实际认真贯彻执行。

四川省总河长办公室
2018年7月10日

四川省河长制湖长制工作提示约谈通报制度

第一章　总　则

第一条　为全面落实河长制湖长制工作，督促各地区各相关部门、各级河长湖长切实履行职责，根据《四川省全面落实河长制工作方案》等文件精神，制定本制度。

第二条　提示是指在河长制湖长制工作中，对发现的问题进行提醒告知，督促提示对象及时开展整改并在规定时间内反馈整改落实情况。提示对象为市级第一总河长、市级总河长，市级河长、市级湖长，以及省总河长办公室成员单位，市级河长制办公室。

第三条　约谈是指约见未履行河长制湖长制工作职责或履行职责不到位的相关责任人，通过告诫谈话，指出问题、提出整改要求并督促整改到位。约谈对象为市级第一总河长、市级总河长，市级河长、市级湖长，以及省总河长办公室成员单位主要负责人，市级河长制办公室主要负责人。

第四条　通报是指在河长制湖长制工作中，对存在的突出问题按照相关程序在一定范围进行通报。通报对象为市（州）或有关单位。

第二章　提　示

第五条　有下列情形之一的，应当进行提示：

（一）未有效落实所负责河湖河长制湖长制工作“六大任务”，河湖管理保护工作存在突出问题，或可能发生水环境问题的；

（二）未认真履行工作职责，河长制湖长制年度工作任务推进滞后的；

（三）未有效开展巡河、问河，研究解决河湖管理保护突出问题不及时的；

（四）未有效开展清河、护岸、净水、保水“四项行动”，对群众反映强烈的突出问题或投诉举报处置不及时的；

（五）所负责河湖管理利用中存在违法违规行为的。

第六条　提示由省河长制办公室负责。提示对象应在 5 个工作日内书面反馈整改落实情况。

第三章　约　谈

第七条　有下列情形之一的，应当进行约谈：

（一）经提示仍未整改或整改落实不到位的；

（二）年度考核等次为不合格或履行职责不力，未完成年度工作目标任务的；

（三）存在工作失误，区域内发生重大水环境事件的；

（四）所负责河湖管理利用中违法违规行为屡禁不止的。

第八条　省总河长对市级第一总河长、总河长进行约谈；省级河长、湖长对市级河长、湖长进行约谈；省总河长办公室主任对办公室成员单位主要负责人进行约谈；省河长制办公室主任对市级河长制办公室主要负责人进行约谈。

第九条　约谈可单独实施，必要时也可邀请相关部门（单位）、纪检监察机关共同实施。邀请其他部门和机构共同实施约谈的，应就有关约谈内容、程序、要求等事项达成一致意见。

第十条　约谈实施 7 个工作日前，应以书面形式通知约谈对象，明确约谈事由、程序、时间、地点、邀请参加方等事项。

第十一条　约谈实施后应形成约谈纪要，印送约谈对象同时抄送邀请参加方，并督促约谈对象按约谈要求落实到位。

第十二条　约谈的具体组织、协调、记录和督促工作由省河长制办公室承担。

第四章　通　报

第十三条　有下列情形之一的，应当进行通报：

（一）河长制湖长制工作严重滞后或河长湖长履职严重不到位，经提示约谈问题仍未得到明显整改的；

（二）区域内发生重大水环境事件，或处置不到位的；

（三）在考核工作中瞒报、谎报及不认真履行考核职责的。

第十四条　通报方案由省河长制办公室拟定，报省总河长办公室主任审定后实施。通报对象应在接到通报之日起10个工作日内，以书面形式将整改落实情况报送省总河长办公室。省河长制办公室对整改落实情况适时进行复核。

第五章　约谈、通报结果运用

第十五条　约谈及通报情况纳入河长制湖长制工作年度考核。

第十六条　需实施问责的，由省总河长办公室提出问责建议，经省总河长批准，按照干部管理权限移送有关部门依纪依规予以问责。

第六章　附　则

第十七条　各市（州）参照本制度，结合实际制定本地区的提示、约谈和通报制度。

第十八条　本制度由四川省河长制办公室负责解释，自发布之日起施行。

四川省农业农村厅政策文件

关于印发《四川省农业生态环境保护补偿制度建设方案》的通知

川农业〔2018〕64 号

各市（州）人民政府，省级有关部门：

根据省委、省政府生态文明体制改革总体部署，《四川省农业生态环境保护补偿制度建设方案》经省生态文明体制改革专项小组第十次全体会议审议通过，现印发给你们，请认真贯彻执行。

四川省农业厅

2018 年 7 月 10 日

四川省农业生态环境保护补偿制度建设方案（节录）

二、重点工作

（一）加强农业自然资源保护补偿制度建设

1. 完善耕地保护补偿制度。探索建立永久基本农田保护补偿机制，落实中央政策规定，统筹利用省市县三级新增建设用地有偿使用费、土地出让收益、增减挂钩节余指标及新增耕地指标流转收益等资金渠道，依据村级永久基本农田保护责任书及永久基本农田数据库成果，对承担永久基本农田保护任务的村级集体经济组织和农户给予奖补。依托农业综合开发、土地整治、水利发展、新增 1 000 亿斤粮食生产能力规划田间工程、耕地保护与质量提升等资金，推动建立“涉农资金统筹整合、社会资本投入、政策性金融资本补贴贴息、农业信贷担保、农民筹资投劳”的耕地质量建设投入补偿机制。完善耕地地力保护补贴政策，引导各地将“耕地地力保护补贴”与耕地地力保护挂钩，根据中央财政下达的补贴资金规模，创新方式方法，以绿色生态为导向，进一步完善补贴政策，改进补贴办法，提高补贴效能，保护农业生态资源。探索建立耕地轮作休耕补偿制度，对土壤污染严重、区域生态功能退化、可利用水资源匮乏等不宜连续耕作的农田实行轮作休耕，依托中央土壤污染防治、岩溶地区石漠化综合治理等资金，深入推进重金属重度污染区和石漠化区轮作休耕补偿工作。贯彻落实土壤污染防治行动计划，组织开展农用地土壤污染状况详查，划定农用地土壤环境质量类别，多渠道筹措修复治理资金，探索开展对承担替代种植、农产品禁止生产任务的农业生产经营主体予以补偿支持。（责任单位：农业厅、国土资源厅、财政厅、环境保护厅、省发展改革委、水利厅）。

2. 完善水域生态保护补偿制度。积极争取国家重点生态功能区转移支付禁止开发区补助资金，加强水生动植物自然保护区、水产种质资源保护区和重要鱼类栖息地基础设施建设。完善涉水工程渔业资源生态补偿制度，依法依规开展水下工程作业渔业资源环境影响评价，按照“谁开发谁保护、谁受益谁补偿、谁损害谁修复”原则，督促涉水工程单位制定渔业资源补救方案和措施，落实补偿项目资金。开展水功能区重要源头和全国重要水源地水质监测，建立常规监测制度和应急监测预案。开展水利风景区生态补偿试点，建立以政府投入为引导、合理利用市场和社会投入的多元化补偿机制。健全集中式饮用水水源保护责任机制和生态补偿机制，依法划定集中式饮用水水源保护区，编制生态环境保护方案，清理整治饮用水水源保护区内违法排污设施，开展集中式饮用水水源水质断面监测，加强备用水源建设。根据国家有关规定，实施水土保持生态效益补偿制度，从资源开发收益中提取一定比例用于水土流失预防和治理。加强水质断面监测，建立流域水质考核机制和上下游补偿机制。（责任单位：农业厅、水利厅、环境保护厅、财政厅）。

3. 完善草原生态补偿制度。实施新一轮草原生态保护补助奖励政策。依据《四川省牧区草原禁牧管理办法（试行）》，对生存环境恶劣、生态极为脆弱、不宜放牧、植被覆盖度50%以下、鲜草产量200千克以下、具有特殊生态功能、位于大江大河水源涵养区、重要湿地和退化严重的草原，实行禁牧封育管理，全省每年在牧区48个县实施草原禁牧补助7 000万亩。依据《四川省牧区草畜平衡管理实施办法（试行）》，对禁牧区域以外的可利用草原，以村组为基本单元实行草畜平衡管理，根据草原载畜能力核定合理的载畜量，实施超载减畜计划，落实草畜平衡制度，全省每年在牧区48个县实施草畜平衡奖励14 200万亩。（责任单位：农业厅、财政厅）

4. 完善林业保护补偿制度。实施《四川省新一轮退耕还林还草实施方案》。对符合条件的25度以上坡耕地、三峡库区上游县15~25度非基本农田坡耕地、经国务院批准的调整为非永久基本农田后实施退耕的陡坡耕地，实行退耕还林还草，在农户自愿的基础上应退尽退，切实把生态承载力弱、不适宜耕种的耕地退下来。及时兑现中央财政种苗补助费和农户现金补助。完善天然林保护补助政策，逐步将集体和个人所有的天然起源商品林全部纳入国家天然林停伐管护补助范围。健全集体和个人所有的公益林生态效益补偿资金兑现机制，及时兑付补偿资金。积极筹措资金扩大生态护林员规模，鼓励自然保护区、森林公园、国有林场、森工企业等单位临时聘用符合条件的建档立卡贫困人员从事国有林管护，促进贫困人员通过管护森林资源脱贫致富。（责任单位：林业厅、省发展改革委、国土资源厅、财政厅、农业农村厅）

5. 建立湿地保护补偿制度。积极争取国家扩大湿地生态补偿范围，对候鸟迁飞路线上的重要湿地因鸟类等野生动物保护造成的损失给予适当补偿。争取国家退耕还湿和退牧还湿政策，对国际重要湿地、国家级湿地自然保护区、国家重要湿地范围内的省级自然保护区实施退耕还湿予以适当补助。制定《四川省重要湿地认定办法》，公布一批重要湿地名录。健全湿地生态效益补偿政策，加快推进省级湿地生态补偿试点，逐步扩大省级湿地生态补偿范围。加快湿地保护修复，在江河源头、关键生态节点，抢救性保护一批有重要价值的湿地，创建一批国家湿地公园，加强湿地公园建设，启动实施一批湿地修复项目。（责任单位：林业厅、财政厅）

（二）加强农业物种资源保护补偿制度建设

1. 探索建立农作物、林木及其野生近缘植物种质资源保护补偿制度。加大农作物及林木种质资源保护力度，支持种质资源库和种质资源保护圃（场）建设，设立种质资源保护区或种质资源保护地。加强野生植物自然保护区建设，建立野生植物原生境保护区（点），推进濒危野生植物资源原生境保护、移植保存和人工繁育。开展农作物种质资源的资源调查、性状鉴定与评价，加强对库存资源尤其是优质资源的繁殖利用。发掘农作物种质资源优异功能，建立农作物育种体系，加强品种选育。积极争取各类专项资金支持，深入推进农作物、林木及其野生近缘植物种质资源保护补偿工作。（责任单位：农业农村厅、林业厅、财政厅）

2. 探索建立畜禽遗传资源保护补偿制度。加强畜禽品种保种场、保护区建设，对濒危资源实施抢救性保护，对国家级、省级保护品种实施重点保护，对于实施抢救性保护的濒危品种，确保保护品种不再消失。开展畜禽遗传资源基因库建设，完善畜禽遗传资源收集、评价及保存技术体系，实现畜禽遗传资源长期妥善保存，实现畜禽遗传资源的创新和有效利用。推进畜禽品种资源开发利用，引进国外优良畜禽品种，开发和利用好地方畜禽遗传资源，培育新畜禽品种（配套系），逐步形成以自我开发为主的育种体系，带动畜禽遗传资源的开发利用。依托中央财政畜牧良种补贴、省级财政现代农业发展工程畜禽遗传资源保护等资金，

深入推进畜禽遗传资源保护补偿工作。（责任单位：农业农村厅、财政厅）

3. 探索建立水生生物资源保护补偿制度。加强水产种质资源保护区、保种场、省级水产良种场建设。加强水生生物资源养护，持续开展鱼类增殖放流。积极推进天然水域捕捞渔民转产转业，逐步降低江河捕捞强度。深入推进长江流域水生生物自然保护区全面禁捕，严格执行赤水河流域10年全面禁渔制度。依托中央财政渔业增殖放流等资金，进一步加大对经济物种和濒危物种增殖放流、濒危物种救护与放生、原良种亲本更新补偿支持。改革渔业补贴政策，以国家转移支付四川省资金规模为总控，盘活存量，优化支出结构，支持渔业生态修复、渔业渔政信息化、水产养殖基础设施建设等养护措施。采取产业扶持、转移就业、生态补偿、社会保障等政策手段，做好退捕渔民安置保障工作。（责任单位：农业农村厅、财政厅）

（三）加强农业环境保护补偿制度建设

1. 建立畜禽养殖废弃物资源化利用补偿制度。进一步加大畜禽养殖废弃物资源化利用投入，依托中央畜禽粪污资源化利用、畜禽粪污资源化利用整县推进等资金，以及省级财政农业公共安全与生态资源保护利用工程农村沼气建设等资金，支持规模养殖场配套完善畜禽粪污收集、处理、储存、利用设施，开展能源化和肥料化利用。对纳入四川省农机购置补贴机具种类范围的畜禽养殖废弃物资源化利用装备，按照规定的补贴标准，实行敞开补贴。执行沼气发电上网标杆电价和上网电量全额保障性收购政策。将符合要求的规模化养殖设施、规模养殖场粪污资源化和有机肥生产积造设施纳入设施农用地管理。对规模养殖场内为获得各种畜禽产品而从事的动物饲养活动的用电，执行农业生产电价政策。（责任单位：农业农村厅、省发展改革委、省经济和信息化委、国土资源厅、财政厅）

2. 建立农业投入品减量补偿制度。进一步加大农业投入品减量使用投入，依托中央财政果菜茶有机肥替代化肥示范县建设、绿色高产高效创建、农作物病虫害防治等资金，以及省级财政农业公共安全与生态资源保护利用工程植物疫病与农作物病虫害灾害防治等资金，推广有机肥替代化肥、专业化统防统治、绿色防控、兽用抗菌药减量使用等技术，推广高效低毒低残留农药、生物农药、加厚地膜、可降解无污染新型农田地膜、中兽药等产品，推进化肥农药使用量零增长行动计划、高剧毒农药替代行动计划、遏制动物源细菌耐药行动计划的全面实施。（责任单位：农业农村厅、财政厅）

3. 建立农业废弃物综合利用补偿制度。进一步加大农业废弃物综合利用投入，依托中央财政农作物秸秆综合利用试点、农村一二三产业融合发展、农产品产地初加工补助等资金，以及省级财政现代农业发展工程农村一二三产业融合、农业公共安全与生态资源保护利用工程动物疫病防控等资金，支持农作物秸秆、病死畜禽、农田残膜、农药包装废弃物、农产品副产物及加工副产物收集体系和储藏、贮存、加工、处理、利用设施建设。落实农机购置补贴政策，对纳入四川省农机购置补贴机具种类范围的农业废弃物综合利用装备，按照规定的补贴标准，实行敞开补贴。落实用地支持政策，按照规定属于设施农用地的，按农用地管理。落实税收优惠政策，对纳入《资源综合利用产品和劳务增值税优惠目录》的产品，实行增值税即征即退优惠政策。落实病死猪无害化处理补助政策，推动病死畜禽无害化处理补助从生猪扩展到其他畜禽品种。落实保险支撑政策，建立健全养殖业保险与病死畜禽无害化处理联动机制。（责任单位：农业农村厅、国土资源厅、省发展改革委、财政厅）

4. 建立高效节水农业补偿制度。进一步加大高效节水农业投入，依托中央财政高效节水灌溉和省级财政现代农业发展工程农业基础设施建设等资金，加大粮食主产区、果菜茶主产区、严重缺水地区和生态脆弱地区节水灌溉、机电提灌、智慧灌溉、集雨补灌和水肥一体工程建设投入，推广喷灌、微灌、管道输水灌溉等高效节水灌溉技术，促进节水减排，改善生态环境。加大农耕农艺节水保墒技术推广投入，改进耕作方式，调整种植结构，推广抗旱品种，扩大保护性耕作面积。稳步推进农业水价综合改革，按照总体不增加农民负担的原则，加快建立合理农业水价形成机制和节水激励机制，切实保护农民合理用水权益。（责任单位：水利厅、农业农村厅、财政厅）

关于印发
《四川省农业废弃物综合利用方案》的通知

川农业〔2018〕65号

各市（州）人民政府，省级有关部门：

根据省委、省政府生态文明体制改革总体部署，《四川省农业废弃物综合利用方案》经省生态文明体制改革专项小组第十一次全体会议审议通过，现印发给你们，请认真贯彻执行。

附件：四川省农业废弃物综合利用方案

四川省农业厅

2018年7月10日

四川省农业废弃物综合利用方案（节录）

一、总体要求

（三）总体目标

到2020年，初步建立农业废弃物综合利用收集体系、处理体系、产业体系和技术体系，畜禽粪污综合利用率达到75%以上，秸秆综合利用率达到90%以上，废旧农膜回收利用率达到80%以上，主要产粮大县、果菜茶主产区农药包装废弃物回收率达到70%以上，病死畜禽实现集中收集、统一无害化处理，农产品副产物及加工副产物综合利用水平不断提高，农业废弃物基本实现资源化利用，农业面源污染得到有效治理，农村人居环境显著改善。

二、重点工作

（一）深入推进畜禽粪污资源化利用

统筹考虑环境承载能力、畜禽养殖污染防治以及种植业发展需要，以资源环境承载力为基准，科学规划畜牧业和种植业发展布局，大力发展种养循环农业，推广农牧结合生态治理模式。支持规模养殖场配套完善畜禽粪污收集、处理、储存、利用设施，建设沼气工程处理利用设施、固体粪便加工利用设施、沼渣沼液还田利用设施。到 2020 年，全省规模养殖场粪污处理设施装备配套率达到 95%以上，大型规模养殖场粪污处理设施装备配套率提前 1 年达到 100%。加强沼气高值高效深度开发利用，因地制宜推动沼气集中供气、沼气发电上网，开展规模化生物天然气项目试点示范，每年新建沼气集中供气工程 150 处，2018 年建成荣县、富顺县 2 个规模化生物天然气示范工程，建成的规模养殖场沼气发电设施全部发电并实现富余电量上网。加强沼渣沼液还田利用，基本实现生产消纳平衡。加强固体粪便肥料化利用，发展以固体粪便为原料的有机肥料产业。鼓励在养殖较为集中的区域建立粪污处理中心，探索建立受益者付费、第三方处理企业和社会化服务组织合理收益的运行机制，在有条件的地区，鼓励推广政府和社会资本合作（PPP）模式。培育壮大多种类型的畜禽粪污处理社会化服务组织，构建专业化生产、市场化营运的社会化服务体系，每年在 6 个县开展畜禽粪污处理社会化服务试点。以畜牧大县为重点，组织实施畜禽粪污资源化利用整县推进项目和畜禽粪污资源化利用重点县项目。（责任单位：农业农村厅、省发展改革委、省经济和信息化委、省能源局）

（二）深入推进病死畜禽无害化处理

按照“政府主导、市场运作、统筹规划、因地制宜，财政补助、保险联动”的原则，健全完善养殖业主、收运企业、保险公司、无害化处理厂与动物卫生监督机构多方联动的病死畜禽监管机制。按照“统一收集暂存、集中无害化处理”的原则，进一步推动病死畜禽收集暂存体系建设，加快建设专业集中无害化处理场。2018—2020 年，推动在广安市、绵阳市、达州市、南充市、阿坝州、广元市等地建设集中无害化处理厂。深入推进病死畜禽无害化处理区域合作，鼓励跨行政区域建设病死畜禽专业集中无害化处理场。鼓励推广政府和社会资本合作（PPP）模式，推动建设病死畜禽集中无害化处理 PPP 示范项目。结合畜牧业绿色发展示范县创建活动，整县推进病死畜禽无害化处理，提升集中处理比例。全面推行病死畜禽死亡保险理赔和无害化处理连接机制，引导保险机构将病死畜禽无害化处理列入畜禽保险合同。支持市（州）、县（市、区）按照财政部关于“统筹包括均衡性转移支付在内的自有财力予以保障”的要求，全面落实生猪屠宰环节病害猪无害化处理补贴政策。具备条件的市（州）、县（市、区）可根据工作实际，统筹相关政策，逐步拓展病死畜禽无害化处理范围。大力推广安全可靠、先进环保、省地节能、经济适用的病死畜禽无害化处理与资源化利用技术。（责任单位：农业农村厅、财政厅、中国银保监会四川监管局）

（三）深入推进农作物秸秆资源化利用

以秸秆规模化、多元化、高值化、产业化利用为方向，加快推进形成布局合理、循环利用、可持续运行的综合利用格局。推进秸秆肥料化利用，推广秸秆还田技术，发展秸秆商品有机肥产业，全省每年推广秸秆还田3 000万亩，到2020年建成秸秆商品有机肥企业100家，秸秆肥料化利用率达到44.2%。推进秸秆饲料化利用，推广秸秆饲料化利用技术，发展秸秆精深饲料加工产业，到2020年建成秸秆饲料加工点1 000个，建成秸秆饲料精深加工企业25家，秸秆饲料化利用率达到18.1%。推进秸秆能源化利用，发展秸秆汽化、固化、炭化、生物质发电等产业，到2020年建成投运秸秆发电项目4个，建成秸秆气化集中供应示范点10个，生物质固化成型燃料加工点75个，秸秆能源化利用率达到16.5%。推进秸秆基料化利用，发展秸秆食用菌基料、花木基料、育秧育苗基料等产业，到2020年食用菌生产企业达到100家，规模化秸秆基质生产企业达到6家，秸秆基料化利用率达到6.1%。推进秸秆原料化利用，发展秸秆建材、造纸、板材、乙醇等产业，到2020年秸秆板材加工企业达到6家，秸秆原料化利用率达到5.1%。完善建立秸秆高效收集体系，建立秸秆储运网络，推动秸秆收储运的专业化和市场化，到2020年建成农作物秸秆收储中心（站）913个，秸秆收集专业合作社1 370个。全省每年选择16~20个县开展秸秆综合利用试点示范。（责任单位：农业农村厅、省发展改革委、省经济和信息化委）

（四）深入推进废旧农膜回收处理利用

指导农膜生产企业严格执行国家产业政策，深入贯彻落实《农用薄膜行业规范条件（2017年本）》，2020年底前全省80%的农膜生产企业达到行业规范条件。贯彻落实新修订的《聚乙烯吹塑农用地面覆盖薄膜》强制性国家标准，从源头杜绝脱标地膜进入市场和农田。引导农民和新型农业生产经营主体科学选择使用合格农膜，鼓励使用可降解、无污染的新型农田地膜。推进农田地膜使用减量化，推广集中育秧育苗、水稻直播、果园生草、秸秆覆盖栽培等农田地膜减量替代技术，科学降低农田地膜覆盖用量。到2020年，涉及使用财政资金项目区实现农田地膜减量替代技术全覆盖、0.01毫米以上加厚地膜比例达到90%以上，带动全省地膜科学使用水平明显提高。推进农田地膜捡拾机械化，加快农田地膜回收机具推广应用，推广机械拾膜技术，降低农田残膜捡拾难度。推进农田地膜回收专业化，建立健全“广大农户捡拾交售、回收网点积极收集、龙头企业加工利用”的农田残膜回收处理体系。试点建立“谁生产、谁回收”的农田地膜生产者责任延伸制度，推广以销定收、包片回收、以旧换新等回收方式。推进农田残膜资源化利用，引导回收企业采用资源利用率高、污染排放量少的工艺和设备，加工利用废旧农田地膜。（责任单位：农业农村厅、省质监局、省经济和信息化委）

（五）深入推进农药包装废弃物回收处置

深入实施农药减量控害行动，推广绿色防控和专业化统防统治技术，降低农药使用量，减少农药包装废弃物，到2020年全省农药使用量实现零增长。鼓励农药生产企业使用易于回收处理和再生利用的包装材料，鼓励农药企业针对新型农业经营主体提供大容量包装。贯彻落实生态环境部、农业农村部关于农药包装废弃物回收处理管理有关规定，建立健全农药包装废弃物回收处理监管体系，加强农药包装废弃物回收、贮存、运输、处置活动的监督管理，防治农药包装废弃物污染。通过政府和社会资本合作、政府购买服务、农药换包装、现金回收、回收保证金制度等多种方式，加快建立适合不同区域特色的农药包装废弃物回收体系，探索基于市场机制的农药包装废弃物回收机制。加强农药科学安全使用技术培训，指导农药使用者不得随意丢弃农药包装废弃物，自觉拾捡、妥善保管、及时送交农药包装废弃物。（责任单位：农业农村厅、环境保护厅）

（六）深入推进农产品副产物及加工副产物综合利用

坚持资源化、减量化、可循环发展方向，围绕农产品副产物（玉米芯、菜叶菜帮、等外果、残次果等）、粮油薯加工副产物（稻壳、麸皮胚芽、油料饼粕、薯渣薯液等）、果蔬加工副产物（果皮果渣等）、畜禽加工副产物（骨血、皮毛、内脏等）、水产品加工副产物（皮骨、内脏等）五大领域，鼓励支持企业采取先进的提取、分离与制备技术，开发新能源、新材料、新产品，推动农产品副产物及加工副产物循环利用、全值利用、梯次利用，不断挖掘农产品加工增值潜力、提升增值空间，提高农产品副产物及加工副产物附加值。全面摸清农产品副产物及加工副产物综合利用现状，启动农产品副产物及加工副产物综合利用试点，推介一批农产品副产物及加工副产物综合利用典型模式，培育一批农产品副产物及加工副产物综合利用示范企业。（责任单位：农业农村厅、省经济和信息化委）

三、支持政策

（一）发电支持政策。落实秸秆和沼气发电上网标杆电价和上网电量全额保障性收购政策。按照《四川省可再生能源发电全额保障性收购管理实施细则》规定，省经济和信息化委在制定年度电量平衡方案时，对秸秆、沼气发电项目实行优先发电，国网四川电力公司全额收购秸秆、沼气发电上网电量。秸秆发电上网电价按照国家发展改革委《关于完善农林生物质发电价格政策的通知》（发改价格〔2010〕1579 号）等文件规定执行。属于四川省燃煤机组标杆上网电价以内的部分，由电网企业结算；高出部分，通过可再生能源电价附加补助资金方式予以解决，由电网企业根据财政拨付的补助资金进行转移支付。沼气发电上网电价按照国家发展改革委《可再生能源发电价格和费用分摊管理试行办法》（发改价格〔2006〕7 号）等文件规定执行。（责任单位：省经济和信息化委、省能源局、省发展改革委、国网四川电力、财政厅）

（二）用电支持政策。严格按照国家有关电价政策，以及《四川省发展和改革委员会关于四川省农业服务业中农产品初加工用电价格政策的通知》（川发改价格〔2016〕483 号）要求，对秸秆捡拾、切割、粉碎、拉捆（包括编织）、压块等初加工用电执行农业生产电价。落实规模养殖场内养殖相关活动农业用电政策，对规模养殖场内为获得各种畜禽产品而从事的动物饲养活动用电执行农业生产电价。（责任单位：省发展改革委、国网四川电力）

（三）用地支持政策。严格落实《四川省国土资源厅四川省农业厅关于转发〈国土资源部　农业部（现为“农业农村部”，后同）关于进一步支持设施农业健康发展的通知〉的通知》（川国土资发〔2015〕16号）要求，秸秆、畜禽粪污、病死畜禽等农业废弃物资源化利用用地中，按照规定属于设施农用地的，按农用地管理，不办理农用地转用审批手续。鼓励使用存量集体建设用地开展秸秆、畜禽粪污、病死畜禽等农业废弃物资源化利用。各地将省上下达的土地利用年度计划总量的一定比例安排用于保障农村新增建设用地。对列入省级重点推进项目的秸秆和畜禽粪污等资源化利用项目，其用地计划由省上匹配70%，地方匹配30%；其他具有重大意义的项目，按一事一议方式予以解决。支持各地发展秸秆发电等产业化项目，并在土地利用年度计划方面予以积极支持。（责任单位：国土资源厅）

（四）税收优惠政策。落实增值税即征即退优惠政策，按照《财政部国家税务总局关于印发〈资源综合利用产品和劳务增值税优惠目录〉的通知》（财税〔2015〕78号）规定，纳税人利用农作物秸秆生产的纸浆、秸秆浆和纸，增值税即征即退50%；利用农作物秸秆生产的生物质压块、沼气等燃料、电力和热力，增值税即征即退100%；利用农作物秸秆生产的纤维板、刨花板、细木工板、生物炭、活性炭、栲胶、水解酒精、纤维素、木质素、木糖、阿拉伯糖、糖醛和箱纸板，增值税即征即退70%；利用农作物秸秆生产的单一大宗饲料，凭省级税务机关认可的饲料质量检测机构出具的饲料产品合格证明，申请免税备案；利用畜禽粪便、稻壳、花生壳、玉米芯、油茶壳、棉籽壳、蔗渣生产的生物质压块、沼气等燃料，以及生产的电力、热力，增值税即征即退100%。落实企业所得税优惠政策，对企业以农作物秸杆为主要原材料，生产符合国家或行业标准的代木产品、电力、热力及燃气（产品原料70%以上来自秸秆）取得的收入，在计算应纳税所得额时，减按90%计入当年收入总额。（责任单位：省税务局）

（五）农机购置补贴支持政策。对纳入四川省农机购置补贴机具种类范围的畜禽粪污资源化利用、秸秆资源化利用、病死畜禽无害化处理、农田残膜回收、农产品初加工等机具装备，按照规定的补贴标准，实行敞开补贴。根据农业废弃物资源化利用发展要求，鼓励地方出台农机购置补贴支持政策，将暂时未纳入农机购置补贴机具种类范围的急需机械设备和新型机械设备，列入地方本级财政安排资金的补贴范围，不断提高农业废弃物资源化利用机械装备能力。（责任单位：农业农村厅、财政厅）

关于深入推进农业绿色发展六大专项治理行动的通知

各市（州）、县（市、区）农业（农牧）局（委）、厅属各有关单位：

为全面确保《四川省农业厅贯彻落实中央第五环境保护督察组督察反馈意见整改实施方案》落地落实，我们制定了深入推进农业绿色发展六大专项治理行动方案，现予以印发，请认真贯彻执行。

附件：

1. 畜禽养殖污染防治专项行动方案
2. 水生生物保护区专项治理行动方案
3. 草原生态保护生态环保专项治理行动方案
4. 秸秆综合利用专项治理行动方案
5. 农业投入品减量增效控害专项治理行动方案
6. 生猪屠宰及病死畜禽处理生态环保专项治理行动方案

四川省农业农村厅

2018年5月23日

附件 1

畜禽养殖污染防治专项行动方案

为全面贯彻落实省委省政府对中央环境保护督察反馈意见整改工作要求，切实加强畜牧业生态环境保护，确保各项问题整改到位，标本兼治，建立健全畜牧业生态环境保护长效机制，根据中央环保督察反馈四川省畜牧业生态环保问题及《四川省农业厅贯彻落实中央环保督察整改工作总体方案》，制定本方案。

一、目标任务

进一步规范畜禽养殖禁养区划定和巩固环保督察成果，加强畜禽养殖粪污资源化利用，到 2020 年，全省畜禽粪污综合利用率达到 75% 以上，规模养殖场粪污处理设施装备配套率达到 95% 以上，大型规模养殖场粪污处理设施装备配套率提前 1 年达到 100%，畜禽粪污基本实现资源化利用。

二、工作措施

（一）完善畜牧业绿色发展规划，强化工作指导。贯彻落实《四川省人民政府办公厅关于推进畜牧业转型升级绿色发展的意见》《四川省人民政府办公厅关于加快推进畜禽养殖废弃物资源化利用的实施意见》精神，坚持生态优先绿色发展、一体化发展、种养循环发展思路，以县域为单位，完善畜牧业绿色发展规划和养殖区域布局，突出主导优势产业，统筹考虑环境承载能力、畜禽养殖污染防治以及种植业发展需要，地制宜发展适应性畜牧业。配合环保部门编制《畜禽养殖污染防治规划》。

（二）科学划定禁养区，实施源头减量。按照《环保部、农业部关于印发〈畜禽养殖禁养区划定技术指南〉的通知》要求，各地配合环保部门，进一步调整完善禁养区划定工作，科学划定畜禽养殖禁养区、限养区和适养区，兼顾畜牧业发展与养殖污染治理工作。各地要严格按照四川省《水污染防治行动计划》四川省实施方案的要求，认真核实 2017 年底前依法关闭或搬迁禁养区内的畜禽养殖场（小区）和养殖专业户情况，防止已关闭养殖场重新生产、死灰复燃。同时，要把禁养区内规模以下养殖场的污染治理作为整改重点，采取疏堵结合引导养殖业主在禁养区外布局养殖基地、改建标准化养殖场、配套建设粪污处理利用设施等方式，实现养殖污染治理及粪污还田利用。

（三）实施标准化改造，实现养殖治污过程控制。坚持粮饲兼顾、种养循环、农牧结合发展思路，大力推进国家畜牧业绿色发展示范县建设，牛羊标准化示范基地县、畜禽标准化示范场建设项目，加快推进畜牧生产方式向适度规模化、标准化转型升级，从发展方式上预防污染发生。各地现有规模化畜禽养殖场（小区）要根据污染防治需要，配套现代化生产设施，推广应用先进技术，支持规模养殖场完善配置粪污收集、处理、储存、利用设施。散养密集区要实行畜禽粪便污水分户收集、集中处理利用或无害化处理后就近还田利用。新建、改建、扩建规模化畜禽养殖场（小区）要严格按照“畜禽良种化、养殖设施化、生产规范化、防疫制度化和粪污减量化排放、无害化处理、资源化利用”实施。

（四）加强无害化处理，实现资源化利用。因地制宜建设畜禽粪污收集处理厂和配套沼气工程，着力推进畜禽废弃物的无害化处理和利用。大力推行“生态养殖+沼气+绿色种植”的生产模式和畜禽养殖废弃物处理利用 PPP 模式、第三方集中处理等模式，加强沼气池、沼液配送、滴灌管网等配套设施建设，鼓励在畜产品优势产区配套发展沼气集中供气、沼气发电、有机肥加工等新兴产业，提高畜禽养殖废弃物无害化处理、资源化利用水平，指导养殖场建立粪污处理利用记录档案，做到粪污去向可追溯，从源头上预防污染的发生。

（五）加强技术研发推广。强化畜禽养殖污染防治技术及资源化利用模式集成研发和指导利用，加强技术培训，提高基层畜牧兽医人员技术服务能力。开展畜禽养殖废弃物利用模式研究，规范养殖企业的养殖废弃物处理行为。深入开展畜禽粪污处理工艺、安全利用途径研究以及粪污处理模式技术经济效果评价，建立畜禽粪污资源化综合利用创新示范基地。

三、保障机制

（一）明确责任管理。建立完善畜禽养殖污染问题整改责任体系，坚持管行业必须管环保“一岗双责、党政同责”的基本原则，严格问效问责，加大畜禽养殖废弃物综合利用的指导和服务。

（二）加强宣传引导。通过纸媒、网络、电视、展板等渠道，采取技术培训、制作宣传横幅、张贴宣传画、发放资料、现场咨询等多种方式进行畜禽养殖污染防治正面引导。通过发放法律法规，张贴通告等多种形式进行了法规政策宣传解读。通过整治成效和典型案例宣传，形成良好的舆论氛围。

（三）加强部门联动联合执法。强化部门联动，落实部门协同、行业联动工作推进机制，增强工作合力。配合环保部门对畜禽养殖生态环保工作开展专项整治，督促企业落实生态环保主体责任，依法打击偷排、漏排、不按规定处理病死畜禽等违法行为，确保环保突出问题得到有效整治。

附件 2

水生生物保护区专项治理行动方案

为全面贯彻落实“绿色发展”理念，切实加强水生生物生态保护工作，按照《四川省落实中央第五环境保护督察组督察反馈意见整改方案》党政同责、一岗双责、举一反三、标本兼治工作要求，特制定本方案。

一、目标任务

按照《中华人民共和国渔业法》《中华人民共和国野生动物保护法》、国务院《中华人民共和国自然保护区条例》和《四川省自然保护区管理条例》，规范水生生物保护区管理，坚持预防、保护和治理三种类型综合施策，完善水生生态保护规划，建立完善管理制度，进一步加大执法力度，依法审批和严格监管涉渔项目，依法依规查处水生生物保护区内违法违规行为。

二、工作措施

（一）完善规划。加快编制完成《四川省重要江河流域水生生态保护和修复规划》《长江干流、金沙江及长江一级支流等重要生态区域自然保护小区、水产种质资源保护区和湿地保护示范区建设规划》《四川省重点流域水生生物多样性保护方案》，开展珍稀濒危水生生物和重要水产种质资源的就地保护，提高水生生物多样性。

（二）建立健全管理制度。按照国务院《中华人民共和国自然保护区条例》等法律法规的要求，切实抓好《四川省水生生物自然保护区管理工作职责》《四川省水生生物自然保护区职能职责分工》《四川省水生生物自然保护区巡护工作制度》《四川省水生生物自然保护区宣传方案》等制度的落实，将省级以上自然保护区的建设与管理纳入农业部保护区管理综合考评。

（三）加强保护区规范化建设。2019 年前完成 7 个水生生物自然保护区和 37 个国家级、省级水产种质资源保护区的生态修复项目，建立和完善标志塔、界碑、界桩及宣传牌等设施，开展水产种质资源保护区鱼类索饵场、产卵场修复，加强对保护区鱼类“三场”的保护。建立水生生物保护区在线监控系统和救护设施。按照农业部的统一部署，推进四川省长江流域水生生物保护区渔民转产转业，退出捕捞。

（四）加大保护区执法力度。坚决查处未批先建、批建不符的涉渔工程建设项目，依法开展项目审查和审批，督促工程建设单位认真落实各项生态补救措施。切实开展渔政专项执法行动，严格实施春季禁渔期制度，严厉打击“电、毒、炸”和无证捕捞等非法捕捞行为。

（五）加强和规范水生生物增殖放流工作。组织各级渔业行政主管部门科学开展天然水域渔业资源增殖放流，强化增殖放流苗种供应单位的管理，规范增殖放流活动，加强社会放生活动的监管，有效增殖和恢复天然水域渔业资源，保持了水生生物的多样性。

三、保障措施

（一）加强组织领导。坚持管行业必须管环保“一岗双责、党政同责”的基本原则，在省农业厅党组的领导下，加强与相关部门密切配合，切实加强全省水生生物保护区专项治理行动的组织领导和统筹协调。督导自然保护区、种质资源保护区相关的市（州）、县（市、区）渔业行政主管部门成立相应的工作领导小组，落实责任，形成主要负责同志亲自抓、分管同志具体抓、班子成员共同抓的工作格局。

（二）强化追责问责。依法依规督察、督办水生生物保护区内的生态环境损害问题，严格生态环境损害责任追究，对不顾自然生态保护盲目决策造成严重后果的，对顶着不干、拖着不干，做选择、搞变通、打折扣，不作为、慢作为、乱作为，推诿扯皮、敷衍塞责的，启动追责问责程序，移交纪检监察严肃问责。

（三）加大宣传力度。组织各地充分运用报刊、电视、广播、网络新媒体等平台，大力宣传党中央、国务院和省委省政府关于生态环境保护的重大决策部署，公布违法行为举报电话，及时曝光典型案件查处情况和违法违纪责任追究情况，引导全社会重视水生生物保护区的保护工作，营造良好的舆论氛围。

四、构建长效机制

依据法定职能职责，进一步完善水生生物保护区生态环境问题发现、报告及查处机制，完善农业、公安部门渔业执法联动协作机制。探索建立农业、环保、水务、交通、公安等多部门协调联动的保护区监管机制。建立水域生态环境保护及补偿机制。建立保护区管理考核评估制度。

附件3

草原生态保护生态环保专项治理行动方案

为全面贯彻落实“绿色发展”理念，进一步做好草原生态环境保护工作，按照《四川省落实中央第五环境保护督察组督察反馈意见整改方案》党政同责、一岗双责、举一反三、标本兼治工作要求，特制定本方案。

一、目标任务

川西北牧区以着力改善生态环境、构建现代草原畜牧业体系为主要任务。全面推行草原保护制度，改良与治理“三化”草地1 300万亩，人工种草32万亩，全省草原综合植被盖度达到84.8%以上，牲畜超载率控制在9%以内；牲畜综合出栏率达到38%以上，其中牦牛出栏率提高1%，在重点草原地区，畜牧产业助推产业脱贫起到支撑作用。

二、工作措施

（一）落实主体责任。通过及时安排部署、分解落实任务，草原生态补奖政策纳入省委省政府民生工程，实施好退牧还草、退耕还草、南方草地项目，将目标任务分解落实到州、县，落实好市县农业主管部门责任，“资金、任务、目标、责任”四到市（州）县，积极争取落实配套政策、统筹安排配套项目实施，深入实地督促检查、组织开展绩效考核，抓好宣传培训工作。

（二）实施好三项基本制度。一是实施好生态奖补政策。在环境恶劣、退化严重、不宜放牧以及位于大江大河水源涵养区的草原实行禁牧封育，禁牧区以外的草原实施草畜平衡管理。落实补奖资金8.8亿元实施草原生态保护补助奖励政策，开展草原禁牧补助7 000万亩、草畜平衡奖励14 200万亩。二是抓好退牧还草工程实施。在生态脆弱区和草原退化严重地区禁牧，中度和轻度退化区休牧，植被较好草原轮牧。落实中央投资，开展草原围栏、退化草原改良、人工饲草地建设、舍饲棚圈建设、黑土滩治理、毒害草治理。三是抓好退耕还草政策实施。在25度以上非基本农田坡耕地、严重沙化耕地实施退耕还草。根据年初收集汇总的全省退耕还草需求计划，根据国家下达四川省退耕还草任务，争取国家项目资金。在项目安排上，向贫困地区、革命老区、生态脆弱地区倾斜，不定期检查，确保推进力度。同时，实施南方现代草地畜牧业推进行动试点示范项目，扶持开展改良草地、棚圈建设和草产品加工等。

（三）全面推行草原保护基本制度。继续完善基本草原划定，积极推行基本草原保护制度。进一步落实草原禁牧休牧制度、草畜平衡制度，把巡查禁牧区牲畜放牧情况、核查草畜平衡区放牧牲畜数量的监督行为常态化。组织开展草原禁牧和草畜平衡制度落实情况专项监督检查，使之落到实处，使天然草原逐步恢复植被。

（四）大力开展草原生态治理。坚持重点突破与面上治理相结合，工程措施与自然修复相结合，坚持国家、集体、个人一起上，促进草原生态系统修复。积极争取国家的投入，综合施策，加大对鼠虫害草地、严重退化草地，特别是石渠县黑土滩（鼠荒地）的治理力度。加强对重点区域和关键时期草原鼠虫害发生的动态监测，特别是包虫病流行区域鼠害和西藏飞蝗的预警。

（五）加快改良草地和人工草地建设。认真落实强牧惠草政策，大力推行人工草地建植和天然草原改良技术，建设优质人工草地，提高草原生产能力，使之既减轻牲畜对天然草原压力、改善草原生态环境，又缓解畜草矛盾、促进现代草原畜牧业发展。

（六）抓好防灾减灾工作。一是加强鼠虫害防控。按照《四川省草原生物灾害防治规划（2017—2020 年）》《四川省草原生物灾害绿色防控总体技术方案》，根据《四川省 2017 年草原鼠虫害发生趋势分析报告》，加强草原鼠害防治、虫害防治工作。二是积极应对冰雪灾害。根据《农业部草原畜牧业寒潮冰雪灾害应急预案》，提前安排抗灾保畜工作，并把它作为精准扶贫和巩固脱贫成果的一项重点工作来抓。三是做好草原防火。根据省政府先后全省森林草原防火工作电视电话会议精神，提前做好工作部署、强化工作督导，狠抓防火项目管理，加强基础保障建设，保证草原防火工作有序开展。

三、保障措施

（一）认真开展草原执法。始终把查处草原违法案件、打击违法行为作为首要职责。一是认真查处草原违法案件。省、州、县各级草原监理机构密切配合，认真查处一批非法占用使用草原的违法案件，特别是对未批先占草原的违法犯罪行为进行严厉打击。二是开展草原执法培训。邀请法律专家讲草原法律法规知识，邀请基层草原监理骨干，分享草原执法监理工作经验。三是规范执法行为。进一步规范草原执法行为，完善草原执法文书档案，切实做到规范、文明、秉公执法。四是继续实施“大美草原守护行动”。根据实施方案，强化工作责任，抓好方案落实，创新活动形式，丰富活动内容，把“大美草原守护行动”，掀起活动高潮。

（二）依法开展草原征占用审核。严格按照农业厅《关于进一步加强草原征占用管理工作的通知》《关于做好未批先建占用草原审核审批工作的通知》，对草原征占用审核做了进一步要求。督促各地认真按照文件精神，集中开展草原征占用清理清查行动，对未批先建项目建设单位和企业进行处罚，同时加强过程监管，对已审核通过的草原征占用项目进行核查，不断规范草原征占用行为，杜绝“先开工建设，后完善手续”现象，严格控制草原非牧使用。

（三）抓好牧区草原承包落实。在牧区落实草原承包面积 21 722.7 万亩的基础上，继续推进甘洛县蓼坪乡、阿坝县贾柯河牧场、色达县塔子乡、黑水县晴朗乡和红原县龙日种畜场开展草原确权登记颁证试点，适度扩大试点范围，对充分调动农牧民保护、建设、合理利用草原的积极性，推动牧区经济社会全面协调可持续发展起到了重大作用。

（四）加强宣传力度。各地要通过电视、广播，采取技术培训、制作宣传横幅、张贴宣传画、发放资料、现场咨询等多种方式宣传，公布举报电话，发放法律法规，张贴通告等多种形式进行了宣传发动。通过整治成效和典型案例宣传，有效地震慑违法犯罪分子，形成良好的舆论氛围。

四、构建长效机制

坚持环境保护与草原生态建设发展并重，防惩并举、标本兼治，严格环境准入，加强国家新一轮草原生态保护补助奖励政策和退牧还草、退耕还草等重大项目实施过程全程监管，进一步落实草原禁牧休牧制度、草畜平衡制度，把巡查禁牧区牲畜放牧情况、核查草畜平衡区放牧牲畜数量的监督行为常态化。组织开展草原禁牧和草畜平衡制度落实情况专项监督检查，使之落到实处，使天然草原植被逐步恢复。创新监管模式，加强环保风险点防控，依托环境资源监控平台，着力构建草原生态环境保护建设长效机制，推进监管和治理工作规范化，确保草原生态和退化草原治理工作效果。

附件 4

秸秆综合利用专项治理行动方案

为全面贯彻落实“绿色发展”理念，进一步加强秸秆综合利用工作，按照《四川省落实中央第五环境保护督察组督察反馈意见整改方案》党政同责、一岗双责、举一反三、标本兼治工作要求，特制定本方案。

一、目标任务

全面贯彻党中央、国务院和省委、省政府生态文明建设和绿色发展战略部署，深入落实《四川省秸秆综合利用工作推进方案》和《四川省秸秆综合利用规划（2016—2020 年）的通知》，按照“以用促禁、农用优先、轻简高效、配套实用、主体带动、产业培育”的思路，积极培育秸秆综合利用主体，完善建立秸秆收储运体系，加快推进秸秆综合利用产业化，深入推进秸秆肥料化、饲料化、基料化利用，稳步推进燃料化、原料化利用，以用促禁推动秸秆禁烧，促进大气环境改善和农业循环经济发展。2018 年全省秸秆综合利用率达到 86%以上。

二、工作措施

（一）深入推进秸秆就地就近利用。以秸秆农用为重点，大力推广各类高效轻简秸秆就地就近利用技术。平坝区要全面推广秸秆机械粉碎还田技术，丘区要重点推广机械粉碎还田、覆盖还田腐熟和集中堆沤腐熟还田技术，山区要重点推广覆盖还田腐熟、集中堆沤腐熟还田和走道式还田术。以畜牧养殖大县为重点，大力推广秸秆青贮、微生物发酵、氨化等技术，促进节粮畜牧业快速发展。加大农户自用推广力度，鼓励农户通过农作物秸秆炊事利用、沼气利用、冬季取暖、直接饲喂等多种方式，提高就地就近秸秆利用水平。

（二）积极培育秸秆综合利用主体。从秸秆还田利用、离田收集运输、加工转化利用各环节出发，加快培育企业、农民合作社、家庭农场、专业大户等秸秆综合利用主体，进一步提高秸秆综合利用组织化程度，切实解决农户利用积极性不高、利用水平不高、利用成本过高等突出问题。加快构建以机械化还田离田为支撑的农机服务体系，提升秸秆处理机械装备和处理水平。鼓励农机专业合作社、农户在购买农作物收获机械时，配备秸秆粉碎还田或捡拾打捆设备。

（三）推动秸秆综合利用产业发展。进一步转变秸秆综合利用方式，拓展秸秆利用渠道，发展秸秆综合循环经济，推动秸秆综合利用产业发展。加快构建秸秆商品有机肥、秸秆商品炭基肥、秸秆商品饲料、秸秆商品基料、秸秆制气、秸秆固化成型燃料、秸秆制炭、秸秆提取纤维素、半纤维素、秸秆生物质燃油、秸秆乙醇、秸秆建材、秸秆造纸、秸秆板材、秸秆生物质发电等新型产业体系，促进秸秆由低效利用向高效利用转变，推动秸秆深度转化利用增值。

（四）完善建立秸秆收储运体系。加快构建体系完备、运行良好的秸秆收储体系，建立完善的秸秆收集服务组织网络和规范的秸秆收储场所。以县域为重点，统筹规划建设秸秆收储中心（站点），逐步形成完备的县域秸秆收储网络。鼓励有条件的企业和社会组织组建专业化秸秆收储运机构，鼓励社会资本参与秸秆收集和利用，逐步形成商品化秸秆收储和供应能力，实现秸秆收储运的专业化和市场化。大力推广“企业+收储运中心+收储点+农户”“企业+收储运中心+专业合作社+收储点+农户”“专业合作社+收储点+农户”等多元化秸秆收储运模式。

三、保障措施

（一）严格落实责任。按照管行业必须管环保的“一岗双责、党政同责”要求，各级农业部门要按照地方政府赋予的职能职责，加强领导，落实责任，划区划片，定责定人，网格管理，严格督查。按照农业厅下达的秸秆综合利用目标任务，逐级分解落实目标任务，层层签订目标责任书。

（二）加大政策支撑。各地要根据秸秆综合利用面临的新形势、新要求和新任务，从秸秆“就地还田利用、前端收集运输、中端储存加工、后端产品使用”环节入手，进一步落实支持秸秆综合利用的政策措施。创新资金补贴方式，积极引导社会资本参与秸秆综合利用。

（三）加强技术指导。依托各类秸秆综合利用项目和资金，开展秸秆综合利用示范带（片、点）建设，集成展示和推广秸秆综合利用技术。建立秸秆循环利用示范区，带动促进秸秆全量化利用。加大秸秆资源综合利用工作宣传和典型实例宣传，形成各类社会主体自觉参与秸秆综合利用的社会氛围。

（四）加强考核监管。按照《四川省农业环境保护党政同责工作目标绩效管理实施细则（试行）》，把秸秆综合利用纳入农业环境保护党政同责工作目标绩效管理。根据《四川省生态文明建设目标评价考核办法》，将“农作物秸秆综合利用率”纳入市、县生态文明建设目标评价考核范畴。

（五）加强统计评价。各级农业部门要高度重视秸秆综合利用调查和评价，严格执行技术规范，开展典型调查，全面掌握秸秆利用去向、利用方式和利用数量等。会同发展改革等部门组织相关领域专家对本地秸秆综合利用数据进行评审，确保秸秆综合利用数据的科学性、准确性。

附件 5

农业投入品减量增效控害专项治理行动方案

为全面贯彻落实“绿色发展”理念，进一步做好农药、化肥、农用膜和饲料等农业生产投入品生态环境指导保护工作，按照《四川省落实中央第五环境保护督察组督察反馈意见整改方案》党政同责、一岗双责、举一反三、标本兼治工作要求，特制定本方案。

一、目标任务

以加强指导生产者科学使用农药、化肥、农膜和饲料为主要内容，加大技术指导和服务，切实减少农药、化肥、农膜等农业生产投入品使用量，规范饲料添加剂使用，加强管控，强化科技支撑。集成推广生物生态协调、技术物资结合、农机农艺配套的全程绿色防控技术体系，实现农药、化肥零增长，饲料添加剂规范使用，提高农田残膜回收综合利用率，到 2020 年，在成都平原、川南、川东北、川西北、攀西五大经济区成片建设 1 000 万亩绿色防控示范区，全省废旧农膜回收率达到 80%以上。

二、工作措施

（一）落实污染防治主体责任。根据《四川省固体废物污染环境防治条例》等相关法律法规，省、市、县农业部门加强相关工作技术指导和培训，督导农药、化肥、农膜和饲料产品的生产者、销售者、进口者、使用者依法承担污染防治主体责任，农业行政监管部门要切实履行农业投入品污染防治的监督管理职责，督促责任主体切实科学使用，规范使用，及时回收农田残膜，确保不随意弃置、掩埋或者焚烧。

（二）大力实施化肥农药零增长。一是突出抓好害虫生物防治，利用国家新一轮植保工程建设项目，以寄生蜂、捕食螨和授粉蜜蜂为主导产品，建设标准化天敌工厂；二是大力推进病虫害专业化统防统治继续推进监测预报精准化减量、病虫防控绿色化减量、统防统治专业化减量，强化科学用药指导，推广高效低毒低残留农药，全面提高提升农民科学用药水平。三是认真贯彻《农药管理条例》，全面启动农药经营许可制度。四是开展果菜茶有机肥替代化肥行动试点，大力推广水肥一体化技术，不断提高测土配方施肥覆盖度。

（三）加强农用膜农药包装物废弃物综合治理。一是加强技术培训和指导服务。引导农民和新型农业生产经营主体科学选择使用农膜。在玉米、马铃薯等主要粮油作物和蔬菜等经济作物大面积生产上，大力推广使用厚度大于0.01毫米、耐候期大于12个月且符合国家标准的农用地膜。二是着力推广减量替代技术。大力推广粮经作物集中育秧育苗、水稻直播、果园生草、秸秆覆盖栽培等技术，鼓励支持各地开展新型可降解地膜、液体地膜等新型物化技术产品的试验示范，对应用新型可降解地膜、液体地膜给予适当补助，逐步扩大其使用范围，逐步减少传统塑料地膜应用面积。三是着力抓好农用残膜农药包装收回收水平。针对不同农作物需求，示范推广适时揭膜、机械拾膜、膜侧栽培等技术，提高残膜从农田中的移除比例。综合运用农艺措施、农机化技术，促进农膜科学使用和农田残膜回收水平提高。四是探索建立农药包装废弃物回收机制。通过设立村级和农药经营门市回收点、采取“押金制”和“补贴制”等激励回收机制，建立健全农药包装废弃物及农用膜回收体系。

（四）强力规范饲料生产经营。一是严格许可技术评审。严守行业环保准入门槛，严格许可技术评审；二是认真贯彻行业规范。强化饲料生产企业对饲料原料查验和检验的责任，加强生产过程控制，防止重金属超标原料进入生产环节及超量超范围使用饲料添加剂。三是强化日常监管监测。加强日常监督检查，继续开展饲料质量安全“全覆盖”监测，加大饲料产品中重金属等指标的监测力度，完善检打联动，严肃查处违法添加行为。

三、保障措施

（一）强化政策引导。大力宣传贯彻《四川省固体废物污染环境防治条例》有关规定，引导农膜和农药生产者、销售者、使用者切实认清并依法履行法律义务，营造抓好废旧农膜污染防控的良好工作氛围。以新型农业经营主体和社会化服务组织为主要对象，加强农膜科普宣传和技术培训，宣讲废旧农膜的危害和回收再利用的好处，让农民和新型经营主体科学选用农膜，增强主动回收保护农业生态环境的自觉性和积极性。

（二）强化项目推动。

1. 建设标准化天敌工厂。利用国家新一轮植保工程建设项目，以寄生蜂、捕食螨和授粉蜜蜂为主导产品，争取在成都市建设全国第一家标准化天敌工厂，集院士工作站、天敌昆虫研究所、天敌繁育工厂和试验示范基地于一体，每年为1 000万亩害虫防治提供生防天敌，为500万亩蜜源作物提供授粉蜜蜂。

2. 建设绿色防控示范区。以大中城市蔬菜基地、现代农业示范园区“三品一标”农产品生产基地和园艺作物标准园为重点，集成推广生物生态协调、技术物资结合、农机农艺配套的全程绿色防控技术体系，在成都平原、川南、川东北、川西北、攀西五大经济区成片建设1 000万亩绿色防控示范区，全面提升果、菜、茶质量安全水平。

3. 建立健全绿色防控补贴机制。探索建立绿色生态为导向的农业补贴制度，充分发挥财政专项资金的撬动作用，将天敌昆虫、性诱装置、杀虫灯等绿色防控产品及生物农药纳入补贴范围，引导植保社会化服务组织与新型经营主体签订多年全程绿色防控服务协议，通过绿色生态品牌打造、农产品优质优价，全面推进绿色生态优质农产品生产。通过整改落实，到 2020 年全省主要农作物绿色防控覆盖率达 30%。

4. 开展农膜、农药包装废弃牧回收利用试点。选择部分县开展废旧农膜、农药包装废弃牧回收利用试点，在项目区内探索建立废旧农膜回收网络。

四、构建长效机制

（一）强化制度保障。落实农业环境保护党政同责工作目标绩效管理制度，加强对市（州）在农药、化肥、农膜等农业生产投入品科学使用和回收利用工作方面的考核。落实农业生态环保工作督促检查机制，在关键农时季节开展废旧农膜回收利用督查，条块结合持续传导压力，组织市州农业部门督促县、乡开展涉及农田残膜回收的集中整治，促进农业面源污染有效防治。

（二）加强科技研发推广。一是推广绿色高产高效创建项目。在适宜区域加大旱地新两熟耕制改革，改覆膜栽培春玉米为不需覆膜的迟春玉米或适度扩大夏玉米种植；二是大力支持技术创新。鼓励和支持饲料企业加大环保型饲料产品的研发与推广，大力推广植酸酶等酶制剂、微生物制剂及天然植物提取物等新型环保饲料添加剂的使用，提高饲料原料利用效率，减少重金属和氮、磷等的环境排放。

（三）加强宣传指导培训。认真贯彻习近平总书记生态文明建设重要战略思想和中央生态文明建设决策部署，按照省委、省政府建设美丽繁荣和谐四川、推进绿色发展的重大部署，以推广生物肥料使用、农膜减量替代、害虫生物防治、环保型饲料研发使用技术为抓手，加强政策宣传和技术培训，促进农膜、化肥、农药和饲料科学、规范使用指导，坚持产业发展与生态环保两手抓两手硬，推进全省农业面源污染有效防治和农业生态环境保护。

附件 6

生猪屠宰及病死畜禽处理生态环保专项治理行动方案

为全面贯彻落实“绿色发展”理念，进一步做好生猪屠宰环境保护和病死畜禽无害化处理生态环境指导保护工作，按照《四川省落实中央第五环境保护督察组督察反馈意见整改方案》党政同责、一岗双责、举一反三、标本兼治工作要求，特制定本方案。

一、目标任务

按国务院《生猪屠宰管理条例》《四川省生猪屠宰管理办法》合理规范定点，依法准入，严格审批，加大监管力度，督导企业落实环保主体责任，坚决关闭不合格生猪定点屠宰厂（场），严厉打击私屠滥宰等破坏环境违法违规行为。进一步建立健全病死畜禽无害化收集处理基础设施，完善病死畜禽无害化处理体系，到2020年各地养殖厂（场）、牲畜屠宰厂（场、点）必须配套病死畜禽无害化处理设施或委托无害化处理厂（中心）处理，各县（区、市）科学配套无害化处理转运设施。

二、工作措施

（一）加强监督指导，落实企业主体责任。按照国务院《生猪屠宰管理条例》等法律法规的要求，采取全面督查与日常检查相结合，加强工作督导，督促企业落实主体责任，抓好《四川省畜禽定点屠宰企业内部管理制度》的落实，指导屠宰企业建立病死畜禽无害化处理制度，做好无害化处理工作及无害化处理记录记载。

（二）加强基础设施建设，完善病死畜禽无害化收集处理体系。认真贯彻落实《四川省人民政府办公厅关于建立病死畜禽无害化处理机制的实施意见》（川办发〔2015〕38号），构建全域覆盖、因需设置、便于收集、利于监管的无害化处理收集体系。原则上一个市建设一个专业集中无害化处理场（厂），三州牧区根据实际情况可选择建设集中无害化处理场（厂）和分散建设无害化处理设施。县（区）配套建设病死畜禽无害化处理收运体系，科学规划建设一批集中收集点，并配备相应的冷库、专业运输车、运输袋等设施设备。

（三）强化行政监管，严防病死畜禽污染环境。一是完善监管机制。建立健全政府牵头负责、业主报告处理、部门监督指导的监管机制，严格落实病死畜禽

“五不一处理制度”（一律不准宰杀、不准食用、不准销售、不准转运、不准丢弃，必须进行无害化处理）。二是强化病死畜禽无害化处理工作。严格无害化处理现场监督制度，各地须认真做好无害化处理对象、处理记录的留存、统计数据的审核上报等要求。采取“双随机”的方式组织，适时开展省、市、县三级联动的全省病死畜禽无害化处理监管工作专项督查活动，对全省已建病死畜禽专业无害化处理场的检查全覆盖。三是认真落实无害化补贴。各地农业部门须对当地养殖和屠宰环节病死猪无害化处理数据及时进行审核汇总，及时将无害化处理补助发放到位。四是健全联动协调机制，加强与食品药品、工商、公安、环保等部门协作，健全部门间协调联动机制，进一步建立完善监管执法信息共享、公安机关提前介入、案件移送、双向案件咨询等工作机制，严惩畜禽屠宰及病死畜禽处理违法犯罪行为。

（四）加强标准化建设，推进屠宰行业转型升级。开展标准化屠宰厂试点，加强标准化示范场建设，推进屠宰行业转型升级。鼓励支持屠宰加工企业以多种方式兼并重组，加大城市及其周边小型定点屠宰企业的整合力度，进一步淘汰不符合环保设置要求的落后及过剩产能，优化屠宰行业结构，引导撤并的定点屠宰厂（场）和小型屠宰场点融入大型屠宰企业的生产、加工、配送和销售等供应链管理体系，转为其购销网点和分割配送点，提高行业集中度，减少环境污染、资源浪费。

三、保障措施

（一）明确管理责任。建立完善“地方政府负总责、监管部门各负其责、企业为第一责任人”的屠宰及病死畜禽无害化处理环保问题整改责任体系。坚持管行业必须管环保“一岗双责、党政同责”的基本原则，由地方政府负总责，畜牧兽医主管部门切实履行牵头责任，加强组织协调和情况汇总，督促下级人民政府及责任单位按照制定的措施抓好具体问题整改落实，压实病死畜禽无害化处理的监管责任，督促指导企业落实环保主体责任，确保全面符合生态环保标准。

（二）加强政策引导。在病死生猪无害化处理补助政策基础上，不断扩大病死畜禽无害化处理补助范围、提高补助标准，将病死牛羊、小家禽、兔、鱼等其他畜禽均纳入无害化处理补助。

（三）强化项目推动。一是鼓励各地采用 PPP 等项目融资方式参与病死畜禽无害化处理设施建设和营运，每个县（区）建成一个无害化收集点。二是建设省际指定通道快速检测能力。在 44 个动物及产品跨省调运指定通道建设快速检测室，配备（更新）快速检测设施设备，及时查处入川病害动物及产品，强化入境病死畜禽监管。三是建设屠宰企业在线视频监控体系。通过 PPP 模式（企业建设视频监控系统，政府购买服务），在全省 289 个 A 类生猪定点屠宰企业建立视频监控体系，提高畜产品质量安全、病害生猪及产品无害化处理管控能力和水平。

（四）加强宣传力度。各地要通过电视、广播，采取技术培训、制作宣传横幅、张贴宣传画、发放资料、现场咨询等多种方式宣传，通过相关知识、整治成效和典型案例宣传，培养企业知法守法意识，震慑违法犯罪分子，形成良好舆论氛围。

四、构建长效机制

坚持环境保护与畜禽屠宰发展并重，防惩并举、标本兼治，严格环境准入，加强屠宰过程全程监管，创新防治监管模式，加强环保风险点防控，建立智慧动监信息平台，建立健全在线视频监控网络，着力构建畜禽屠宰业污染防治长效机制，推进监管和治理工作常态化、制度化、规范化，确保畜禽屠宰污染监管和治理工作效果。

四川省林草局政策文件

关于印发《关于全面推动四川林业高质量发展的意见》的通知

川林发〔2018〕44 号

各市（州）、县（市、区）林业部门，机关各处室、直属各单位：

为贯彻落实省委十一届三次全会精神，我厅制定了《关于全面推动四川林业高质量发展的意见》，现予印发，请结合实际认真贯彻落实。

四川省林业厅

2018 年 9 月 12 日

关于全面推动四川林业高质量发展的意见

为贯彻省委十一届三次全会精神，落实《中共四川省委关于深入学习贯彻习近平总书记对四川工作系列重要指示精神的决定》和《中共四川省委关于全面推动高质量发展的决定》决策部署，全面推动四川林业高质量发展，现提出如下意见：

推动四川林业高质量发展，必须以习近平新时代中国特色社会主义思想为指导，牢固树立“绿水青山就是金山银山”这个理念，紧紧围绕“高质量筑牢长江上游生态屏障、高质量建设林业经济强省”两大目标，突出发挥林业“生态、经济、社会”三大效益，着力构建“生态安全、自然保护、绿色产业、支撑保障”四大体系。用五年时间，全省森林覆盖率超过 40%，绿化覆盖率超过 70%，林业生态服务价值超过 1.85 万亿元，林业总产值达到 5 000 亿元。

推动四川林业高质量发展，必须主动融入全省“一干多支、五区协同”发展新格局，坚持问题导向、深化林情认识、把握阶段特征，用力解决发展不充分不平衡的问题。必须正确处理保护与发展、数量与质量、重点与全面、政府与市场、当前与长远等关系，采取务实管用、可操作、可督察的政策措施，着力推进生态修复由分散型向系统型转变、资源培育由数量型向质量型转变、自然保护由工程型向制度型转变、开发利用由粗放型向集约型转变、组织实施由政府型向多元型转变。

一、高质量实施绿化全川行动，构建稳固的生态安全体系

（一）推进重点区域造林绿化。实施绿化全川三年行动计划，完成营造林2 500万亩。推进精准灭荒，以川滇、秦巴、大小凉山等生态功能区为重点，加强宜林荒山、荒坡、荒丘和迹地造林。加强城镇、公路、铁路、港口、园区、校园、工厂等人口集聚地造林绿化。加强工矿废弃地、工程及灾损创面绿化治理。支持利用陡坡耕地、严重污染等不适宜耕作土地造林。推进森林碳汇、风景文化等特种用途造林。

实施长江廊道造林。启动长江沿岸植树造林工程，将长江干流以及金沙江、雅砻江、岷江—大渡河、沱江、涪江、嘉陵江、渠江等重要支流和大型湖库周边宜林地纳入造林范围，新建和改造基干防护林带300万亩。推进重要水源地造林绿化。

推进“互联网+”和“包山头”义务植树履责试点，支持跨区域创建义务植树基地。支持捐资捐建、认管认养、爱绿宣传、购买林业碳汇等方式履行植树义务。支持社会主体参与植树造林，推广“公司+专业合作社+农户+基地”、股份合作等绿化模式。探索向社会主体购买财政性造林绿化、经营管护等服务。支持发展专业性绿化管护队伍。

（二）实施森林质量精准提升工程。制定森林经营技术指南和森林可持续经营指导意见，编制实施森林经营方案。五年内完成森林抚育复壮、低效林改造、退化林分修复800万亩。推进森林经营样板基地建设，打造一批绿化、美化、彩化、香化森林带。支持雅安市雨城区开展森林可持续经营示范。支持乐山岷江大渡河森林质量精准提升示范，总结项目经验在安宁河流域、秦巴山地、长江两岸推广。支持绵阳环城彩林建设工程。

建立国家储备林制度，建设储备林300万亩。以国有林场、重点森工企业为主体，建设一批短周期工业原料林、中周期用材林、长周期乡土珍稀珍贵树种、大径级用材林为主的国家储备林基地。用好开发性、政策性贷款，借鉴世行项目、速丰林工程等经验，吸引社会资本参与储备林建设。

（三）加快建设森林城市群。推进森林进城、森林围城，支持开展特色鲜明的城市绿化行动。推进城区周边可视范围内裸露地绿化，建设城市（郊）公园、湿地公园、森林公园。城市、县城和独立分布的市辖区，应在近郊建设供市民休闲

游憩的森林公园或湿地公园。支持评选市树、市花。支持成都建设龙泉山城市森林公园。支持广元建设黑石坡城市森林公园。

推进森林城市创建。支持达州、眉山和江油、营山、天全、大竹、青川、青神等地创建国家森林城市。指导自贡、乐山、南充、内江、资阳、雅安和彭州、简阳、广汉、绵竹、什邡、峨眉山、万源等地创建省级森林城市。巩固提升森林城市创建成果。

推进成都平原、川南、川东北、攀西四大森林城市群建设，建立联席协调机制。支持成都平原森林城市群率先突破。加强城市内部和城市之间的道路、水系绿化，推进建设成片森林和湿地，构建互联互通的城市生态网络。国家森林城市行政区域内的县（市、区）原则上应建成省级森林城市或绿化模范。

（四）积极参与“美丽四川·宜居乡村”建设。落实乡村振兴发展战略，履行《四川省乡村振兴战略规划（2018—2022 年）》职责任务，厚植村落绿色本底。开展村庄绿化行动，以村旁、宅旁、路旁、水旁为重点，推进村内绿化、围村片林和农田林网建设。组织开展彝家新寨、藏区新居、巴山新居、乌蒙新村绿化活动。实施家园变花园行动，积极发展庭院林木经济。加强乡村小微湿地保护和恢复。制定美丽乡村绿化指标，编制乡村绿化指南，总结推广乡村绿化模式。高质量打造一批森林小镇、森林村庄、森林人家。推进自然保护区、森林公园、湿地公园等保护地“厕所革命”。支持实施川西林盘保护修复行动。

加强乡村古树名木保护，划定保护范围和责任，一级古树名木挂牌率 100%。实施珍贵树木种植保护计划，加强乡土珍稀树种基地建设，打造一批有知名度的古树群落和森林古道。探索建立个人所有古树名木保护补偿制度。严禁大树古树违规进城。加强翠云廊千年古柏保护。

（五）纵深推进退耕还林工程。对符合政策的 25 度以上、重要水源地 15~25 度非基本农田坡耕地，三年实施还林 70 万亩。用好国家核减耕地保有量政策，将陡坡耕地永久基本农田纳入实施范围。推动大熊猫国家公园、重要水源地、地质灾害等特殊区域和易地搬迁腾退、严重污染、严重石漠化等特殊类型坡耕地实施退耕还林。

持续巩固退耕还林成果，落实好前一轮和新一轮退耕还林补助政策。推行联户共管、出资代管、集体统管、大户租管等管护机制。推动退耕还林地规范流转和规模经营，壮大退耕还林后续产业。退耕还林地依法纳入森林资源管理。

（六）加强脆弱地区生态修复治理。按职责分工落实森林、草原、湿地、荒漠等生态系统保护修复要求。以草原沙化防治为重点，组织实施川西北防沙治沙项目，五年治理沙化土地 300 万亩。探索实施沙化土地封禁保护政策措施。以泸州、宜宾、凉山等地为重点，加快岩溶地区石漠化综合治理。支持兴文县建设国家石漠公园。

实施森林草原湿地生态屏障重点县建设。支持红原、稻城、万源等20个县（市）开展森林、草原、湿地、荒漠化生态系统修复。支持壤塘、阿坝、若尔盖、红原、色达、炉霍、理塘等县打破行政区划界限，连片推进湿地和草原生态修复，探索川西地区乃至全国高寒地区生态治理经验。

实施长江上游干旱河谷生态治理工程。以金沙江、雅砻江、岷江—大渡河、赤水河等流域干热干旱河谷为重点，选择兼具生态和经济效益的乡土树种，增加林草植被覆盖度。争取干旱河谷生态治理成为国家重点工程。加强九寨沟等地区灾后生态修复。

二、高水平建设大熊猫国家公园，构建完备的自然保护体系

（七）加快大熊猫国家公园体制试点。推进大熊猫国家公园立法，推进公园管理相关机构建设。探索公园范围各类自然保护地管理机构融合机制。研究提出公园范围内矿山水电退出、林地征收流转、特许经营、访客管理、生态移民等政策建议。推进国家公园生态修复、大熊猫野化放归、民生改善、生态移民、科普游憩、入口社区和特色小镇建设，出台相关规划或指导意见。

推进大熊猫国家公园边界和功能区划打桩定界。推进公园内各类自然资源统一确权登记，清查移交保护地自然资源资产。开展土地岭、黄土梁、拖乌山等大熊猫遗传交流关键廊道建设。健全大熊猫DNA档案，推进大熊猫野外种群精细化管理，加强大相岭和岷山山系大熊猫野化放归基地建设。建立大熊猫国家公园自然资源登记数据库、信息平台，建设国家生物多样性监测体系和自然资源监测平台。

（八）调整优化自然保护地。研究构建国家公园为主体的自然保护体系。编制全省自然保护地发展规划，统筹各类自然保护地建设。制定差别化的自然保护地调整政策，明确不同类型自然保护地功能定位，整合部分交叉重叠自然保护地。组织开展自然保护地清理活动。制定自然保护小区管理办法，启动保护小区建设试点。探索开展省立自然公园试点。支持甘孜、阿坝以自然保护地为依托建设国家生态示范区。

完善自然保护区管理体制，协调推动国家级自然保护区上收省管试点。推动修改《四川省自然保护区管理条例》，完善保护区管理技术地方标准。完善保护区人类活动监管制度。出台扩大社会参与自然保护激励政策，研究建立地方协作保护、志愿者招募和管理、社会监督员等制度。以卧龙、唐家河、王朗等保护区为重点，打造一批集生态保护、自然教育、生态旅游、社区发展于一体的示范点。

推进自然保护地社区发展。编制全省自然保护地旅游发展规划，组织具备条件的保护地编制具体经营方案。建立保护地生态旅游特许经营权出让和管理机制，支持按照区内游、区外住模式建设生态旅游小镇。支持建设保护地原产地标志产品和大熊猫友好型产品体系，支持社区创立生态有机品牌产品。推动出台野生动

物致害补偿办法。

（九）实施天然林资源保护全覆盖。深入实施天然林资源保护工程，严格落实天然林商业性禁伐政策。完善天然林保护和修复制度。推广应用新技术新设备，完善天然林管理信息系统和管护技术体系。争取将天然商品林全部纳入补助范围，逐步提高森林生态效益补偿、国有林管护、天然商品林停伐管护补助标准。开展天保工程总结评估，制定天然林保护中长期规划。研究天保二期工程接续政策。

实施川西北民生项目木材替代行动，引导群众逐步改变烧柴做饭取暖、伐木建房等传统习惯。支持藏区新居、彝家新寨、危房改造、易地扶贫搬迁、地灾避险等补助项目实施木材替代示范。支持利用木材代用品，国有林管护站点带头使用抗震防寒新型环保建材。严禁各地出台自用材采伐天然林支持政策，按程序废止已出台的鼓励支持措施。

（十）依法加强森林资源监管。实施林地和森林总量管控，保有林地量 3.54 亿亩。严格林地用途管制、林地使用审核审批和使用林地定额制度，实施分类分级管理，从严控制林地向非林地逆转。适时修编林地保护利用规划，强化全省林地“一张图”建设、应用和维护。优先支持国家和省重要交通、能源、水利等基础设施、民生项目使用林地。严格凭证采伐制度，从严控制自用材采伐天然林，禁止自用材采伐国有林。推行集体人工商品林采伐指标进村入户、“一站式”采伐审批。严格木材凭证运输制度，加强木材经营“双随机一公开”检查。

创新森林资源监管，构建“天上看、地上巡、图上比”的森林资源监管、案件发现、执法查处常态化机制。推进森林公安执法办案场所升级改造，加强林区派出所基础信息化、警务实战化、执法规范化、队伍正规化建设。推动林区天网工程建设和网格化管理。健全破坏林业资源案件举报、线索移交和办案协作制度。突出重点区域、重点领域，组织开展打击破坏自然生态资源违法犯罪专项行动。规范林业涉案财物处置制度。加强平安林区创建。

健全保护发展森林资源目标责任制，严格党政领导生态环境损害责任追究制度。加强森林资源目标责任制考核和自然资源资产离任审计。健全国有林区林场、自然保护区、森林公园以及集体林权权利人、乡（镇）林业站生态保护责任机制。加强典型案件曝光和警示教育。

（十一）全面落实湿地保护修复制度。实施湿地面积总量管控，保有湿地量 2 620 万亩。实行湿地用途管控和分级管理，制定湿地资源利用负面清单，五年内自然湿地保护率达到 57%。制定湿地公园管理办法、重要湿地认定办法。明晰湿地管理事权划分。推动设立湿地类型的公园、自然保护区、保护小区。健全湿地保护管理机构和网络。完善湿地生态补偿制度，优先在自然湿地和生态区位重要的人工湿地开展试点。

实施湿地保护修复工程，加强集中连片、破碎化严重、功能退化的自然湿地修复。优先修复若尔盖、海子山、长沙贡玛等国际、国家和省级重要湿地。实施退牧还湿、退耕还湿、退养还滩，恢复排水退化湿地。建设若尔盖草原湿地生态功能区，以石渠为重点打造“中国最美高原湿地”。

（十二）用现代手段提升林业防灾减灾能力。加强森林火灾风险防范，严管林区野外火源，推广应用巡护管理系统。建设重点林区野外林火视频监控系统，探索无人机巡护监测。拓展森林航空消防，探索应用大型无人机、灭火弹等新手段，推广红外监测、物联网、阻燃剂等新技术。加强森林防火队伍、装备、道路、蓄水池、隔离带等建设。

提升重大林业有害生物监测预警、检疫御灾和防治减灾能力。构建天空地一体化体系，精准监测松材线虫病等重大林业有害生物。强化航空防治作业、机动化除治疫（灾）情等应急控灾手段。应用互联网信息技术构建全程检疫追溯监管平台。研发推广以生物防治为主的绿色防治技术，无公害防治率95%以上。

强化林业灾害联防联治。健全区域协同机制，推进市州、县区之间应对较大以上森林火灾的物资装备和扑救力量协作。推进区域联动检疫执法，完善广安、达州、宜宾等地松材线虫病等林业有害生物协同防控机制。开展云贵川渝藏林业检疫执法“利剑”联合行动。推进鄂渝川陕松材线虫病联防联治。

三、高标准打造现代林业园区，构建发达的绿色产业体系

（十三）下大力气建设现代林业园区。出台现代林业园区建设指导意见和管理办法。分区域建设高标准林业科技园、生态经济园、特色产业园，支持30个县培育现代林业产业示范园区。发展林业产业化联合体，推广“大园区+小业主+农户”“龙头企业+基地+农民”等发展模式。推荐申报一批国家级示范园区。支持乐至国家林业科技示范园区做优做强。支持温江建设国际花木进出口园区。支持宜宾县建设林业综合试验区。发挥园区对周边林业建设的辐射带动作用。五年内培育省级以上现代林业示范园区50个。

在凉山州深度贫困县中，选点建设高水平的现代林业示范园区。园区以脱贫攻坚为目标，以现代科技和经营管理为支撑，政府引导和社会参与相结合，实现一二三产业融合发展。协调完善园区规划、建设、管理机制，协调解决人才、土地、资金、财税、业态等瓶颈。2020年完成重点建设内容，园区功能初步彰显。

（十四）构建林业产业区域协同融合发展新格局。支持成都发挥“主干”作用，与其他地区建立林业三产融合发展机制。以成都、眉山、乐山为重点，做强成都平原林板家具产业集群。以宜宾、泸州、乐山、自贡为重点，做强川南竹产业集群。协调广元、达州、巴中、南充等市，做强川东北特色经济林产业集群。支持甘孜、阿坝建设国家全域旅游示范区，打造川西北生态旅游产业集群。支持凉山、攀枝花发展森林康养、优势林果等产业。加强林业产业区域协同，推动平

台服务、信息共享、产业成链、集群招商等联动发展。培育一批林业产业强县。

推动林业产业基地与林产品加工融合。引导经营主体执行《现代林业产业基地建设标准》，推进基地规模化、标准化和集约化。命名一批省级现代林业产业示范基地。推进林产品原产地初加工，通过以奖代补等形式鼓励支持企业、专业合作社、业主大户建设木竹、特色经济林果、木本药材和森林蔬菜等大宗林产品原产地初加工设施。五年内现代林业产业基地达到 3 500 万亩，大宗林产品就地加工转化率达到 70%以上。

开展森林食品基地认定，构建林产品“三品一标”体系，完善森林食品、木本药材产品生产标准。以木材、木本油料、特色干果、森林蔬菜、木本药材为重点，启动实施森林生态标志产品工程。以行业协会和创新联盟为平台，整合区域和企业品牌，培育“四川竹浆纸”“四川花椒”“四川核桃”“四川竹笋”等“川字号”林产品牌，打造一批区域公用品牌和知名企业品牌。

（十五）推进特色优势林产业重点突破。加快由竹资源大省向竹经济强省跨越，推动竹林成为四川美丽乡村的一道风景线。推进青衣江、龙门山、渠江三大竹产业带建设，构建“一群三带多点”发展格局。多类型培育竹基地，竹林总量不低于 1 800 万亩。组建四川竹工程技术研发中心，推进全竹利用和全产业链发展。提升竹人造板、竹地板、竹家具、竹食品、竹工艺品加工能力，开发竹炭、竹纤维、竹缠绕、竹饮品、竹保健品等新型产品。支持宜宾市打造“中国竹都、最美竹海”。支持眉山举办国际竹产业交易博览会。

打造花椒产业第一省。在雅安、眉山、南充、巴中、达州、绵阳、广安、甘孜、阿坝、凉山等地培育一批国家和省级花椒产业特优区，全省花椒种植面积达到 600 万亩。推进花椒采摘、分选、烘干等初加工，加强花椒在医疗、保健、食用、化工等领域的精深加工。完善花椒栽培管理、品果分级、产品加工等环节的标准或规范。支持花椒产业联盟发展。

推进核桃产业转型发展。适当增加攀西地区、民族地区、秦巴山区核桃种植面积，调整川中丘陵区种植面积。划分区域良种最佳适生区，加强低效核桃林改造。引导经营主体开展核桃清洗、分选、烘干、包装等产地初加工。推进核桃全产业链发展，支持广元率先突破。支持实施精制核桃油、核桃糖、核桃奶、核桃多肽等精深加工项目。科学发展油橄榄、油茶等木本油料产业。

提升木质工业原料林效益。集约培育杨树、桉树、桤木、柳杉、杉木等木质工业原料林和构树、苦楝、皂角等生物工业原料林。建设椿树、桢楠、桦木、香樟、银杏、柏木等珍贵树种和大径级用材林基地。优化纤维板、刨花板、胶合板加工布局，推进板材生产、家具制造等企业向园区集聚。

（十六）合理开发利用自然生态资源。做强大熊猫、森林、湿地和乡村四大生态旅游品牌，培育观花、观鸟、赏叶、采果旅游，拓展研学旅行、自然教育、科考探险等特种生态旅游。启动森林步道建设，打造穿越凉山、甘孜、阿坝、雅安的横断山国家森林步道。实施“十万千米森林健身步道”行动，评选四川最美森林步（古）道。加强林业生态旅游示范市、县建设。支持组建大熊猫、森林小镇、赏花经济、森林氧吧及环四川周边省（市、区）的西部生态旅游联盟。探索发行“生态旅游景区（森林氧吧）联票”。

支持组建四川森林康养投资管理集团、森林康养学会（协会）和相关研究机构。支持建设大峨眉、大贡嘎、大秦巴、大乌蒙、大龙门、大华蓥和攀西阳光等森林康养示范区，创建一批森林康养示范单位。支持广元高品质建设森林康养旅游目的地。推进森林康养产品和服务开发。推进“森林自然教育 100+1 计划”。编制生态康养产业发展规划。

推进林业立体经营，突出林药、林茶、林菌模式，扩大林下种植规模。结合林地承载能力，适度发展林畜、林禽、林蜂等林下养殖业。加强林下野生资源原产地保护，引导依法、可持续开展林下产品采集。制定黄连、天麻、沙参、半夏、重楼等中药材林下仿野生种植技术规程。推进“万亩林亿元钱”建设，打造一批林下经济示范县、示范基地。

制定野生动植物人工繁育利用指导意见。支持建立五小叶槭、兰科植物等具有观赏价值和曼地亚红豆杉、石斛等具有药用价值的野生植物标准化、规模化人工培育园区和基地。支持社会资本高标准建设野生动物园、野生动物驯养观赏园以及林麝、穿山甲等药用动物人工繁育基地。支持广元建设蜀道植物园。支持达州建设大巴山植物园。

（十七）大力支持新型经营主体发展林业。支持林业科技人员、高校毕业生、退役军人、个体工商户、返乡农民工等，创办领办林业企业、专业合作组织、家庭林场等新型经营主体，规模经营集体林地。将新型林业经营主体纳入造林补贴、产业基地补助等财政资金支持范围，支持其承担涉林项目、申报产业引导基金项目、参与生态修复工程建设。依法依规落实林地使用政策。

支持林业龙头企业建立现代企业制度，引导竹浆、人造板和板式家具企业优化重组。支持建立林业产业联盟。支持创建国家和省级林业产业龙头企业。支持企业研发引进新工艺、新装备，加快形成原浆纸、竹纤维、实木家具、实木复合家具、木竹结构建筑、木竹工艺品等新型加工产能。支持建设木本粮油、木本调料、木本药材、特色干果和饮品精深加工线。

（十八）高质量推进林业精准扶贫精准脱贫。推进生态建设扶贫。造林绿化任务优先安排到贫困县，新的生态工程优先布局到贫困县。逐步提高贫困县造林投入标准。支持脱贫攻坚造林专业合作社等新型经营主体参与造林绿化，鼓励国有林场、森工企业、村集体组织等开展营造林项目自建。造林资金向脱贫攻坚造林专业合作社运行和脱贫成效显著的贫困县倾斜。新一轮退耕还林向凉山州等贫困地区倾斜。

推进生态保护扶贫。争取国家增加生态护林员指标。加强生态护林员选聘管理。探索政府购买服务方式聘请贫困群众管护国有林。支持阿坝州、甘孜州实施省级湿地生态补偿。探索建立湿地管护员制度。协调落实长沙贡玛国际重要湿地中央财政湿地生态补偿资金。

推进生态产业扶贫。支持贫困县建立绿色发展试验区、生态经济示范区。支持贫困县实施核桃、花椒、油橄榄、木竹原料林等低产林改造。鼓励使用“四川扶贫”集体商标。支持贫困县发挥森林、草原、湿地和野生动植物资源优势，发展生态旅游业、森林康养业。推进生态旅游扶贫千村万景行动。

四、高效率推进数字林业建设，构建有力的支撑保障体系

（十九）加快林业数字化进程。建设标准规范的林业数据库体系。建立涵盖基础地理、遥感影像、行政区划、气象等的“公共基础数据库”。建立森林资源、湿地资源、生物多样性等的“林业基础数据库”。建立林地使用、林木采伐、林权流转、营林造林、灾害监测等的“林业专题数据库”。建立林业政策法规、林业标准、实用技术、林业产业、项目管理等的“林业综合数据库”。打造林业数据中枢，推进林业资源数据聚集共享。

注重运用云计算、物联网、大数据、移动互联网等新一代信息技术，推进造林绿化、资源管理、野生动植物保护、湿地保护、荒漠化治理、应急管理、林业产业管理数字化，实现“一张图”管理。建设集成数据决策管理、分级分类授权数据实时更新、业务应用、移动办公和新媒体发布等的移动智能终端。打造全省林业统一的移动 APP，实现业务一键式管理。

完善林业资源调查、监测和评价体系。健全调查本底支撑管理、监测动态辅助决策、评价成效保障目标制度，提高“林业一张图”质量。优化保护区人类活动卫星遥感监测体系。提升卧龙、龙门山等国家级生态定位站点。推进湿地监测站点建设，建立省级重要湿地监测评价网络。

推进林业电子商务。实施“互联网+”林业产品行动，支持发展“天府林产”等本土林业电子商务平台。建立竹子、花椒、核桃等特色林产品营销网络和信息服务平台。建立四川花椒信息中心。推动林业行政审批跨地区、跨层级、跨部门协同办理，逐步实现非涉密项目行政审批 100%网上运行。加快林业办公平台应用，推进无纸化办公，逐步实现全省林业系统全覆盖。

（二十）深化林业重点改革。深化集体林权制度改革，推进集体林业“三权分置”。支持通过流转合同鉴证、交易鉴证等确认林地经营权，引导通过“实物计价、现金结算”规范流转经营权。推广使用承包、流转合同示范文本。推广“共营制”“预流转+履约保证保险”等模式和利益联结机制。探索制定集体林权入场

交易激励政策。探索开展林业经营和补偿收益权担保贷款。完善森林保险政策，推动森林保险全覆盖。

全面完成国有林场改革，理顺国有林场管理体制。健全国有林场管理制度，出台国有林场管理办法。加快国有林区改革，建立精简高效的国有林资源管理机构。完善国有林区社会保障体系。建立健全国有林场林区森林资源保护培育、人员激励约束、基础保障、政策支持等制度体系。

完善财政资金使用管理，加强资金整合，突出支持重点。完善"大专项+任务清单"资金下达方式，下放财政项目审批权限。建立财政资金安排与使用效益挂钩的投入机制。推进林业主要项目绩效评价全覆盖，建立任务清单调整优化和退出机制。引入社会资源参与林业项目资金稽查，建立稽查专家库。健全省级公益林补偿标准动态调整机制。管好用好森林植被恢复费。

引导社会资本参与林业建设。将符合条件的社会主体平等纳入林业财政资金支持范围。建立体现林业项目特点的财政贴息政策，推动营造林等补贴类项目由全过程管理向结果管理转变。争取将新型林业经营主体开展湿地保护恢复、储备林等项目建设贷款纳入财政贴息范围。搭建农发行、国开行等政策性、开发性金融贷款支林平台。

（二十一）加强林业科技创新和应用。加强 10 个国家和省部级重点实验室、长期科研试验基地建设。加大核桃、花椒、油橄榄、竹林等标准化栽培、精深加工、功能开发，加强经营、采收、加工机械研发应用。强化生物多样性保护、湿地保育、森林质量提升和森林城市、森林小镇、美丽乡村建设等科技攻关。加强林业知识产权保护。五年内林业科技进步贡献率达到 57%。

出台推进林业科技成果转化应用的意见。健全以公益性为主体的林业科技推广体系和评价体系，完善科技成果对林业工程支撑制度。加强造林绿化、森林经营、生态治理、产业发展新技术、新工艺、新标准推广示范，分级分层分区分类建设 100 个林业科技推广示范片（点）。

推进"保育繁"一体化，五年内林木良种使用率达到 75%。加强新品种选育、审（认）定和繁育。强化重点林木良种基地建设。支持经营主体建设种子园、采穗圃、良种繁育基地。推广轻基质、无纺布、截根、容器、组培等育苗技术。开展林木种质资源普查，建设一批林木种质资源库。制定公布全省林木良种目录清单。建立林木种苗质量溯源追责制度。

健全苗木培育、丰产栽培、配方施肥等质量控制标准体系，建设标准化示范基地 20 个。加强生态环境影响评价、生物多样性调查评价、森林资源监测、环境监测方法、生态旅游、森林康养等标准体系建设。健全林产品质量安全监管体系，开展农药残留测定和产地环境安全指标监测。制定特色优势经济林发展安全生产标准。

（二十二）建设西部林业对外交流合作高地。围绕"四向拓展、全域开放"，加快建设外向型林业。落实长江经济带发展行动计划。加强长江上游四省市林业合作。加强川粤、川桂、川滇、川黔、川浙林业合作。深化川港林业合作，办好香港“四川自然保护周”窗口。加强川台森林康养、森林自然教育交流合作。

主动融入“一带一路”建设，加强与倡议沿线国家以及日本、德国、美国、以色列、哥斯达黎加、南非等国家在生物多样性保护、国家公园建设、应对气候变化、森林康养等领域的合作。参与中国—东盟框架合作下林业行动、中国—中南半岛、孟中印缅、中巴国际经济走廊合作。推动林业企业融入“万企出国门”活动。支持开展名优特新林产品“丝路行”等国际推广活动。支持开展林业碳汇交流，开发国际碳汇项目。

引进推广近自然林业、福祉林业、林业治山等国际先进理念、技术、方法和业态，建设一批林业国际引资引智基地和园区。完善国外林业专家引进机制。拓展同国际政府、金融机构、非政府组织的合作。实施世界银行和欧洲投资银行联合融资贷款长江经济带珍稀树种保护与发展等项目。

（二十三）提高推动林业高质量发展的能力水平。坚持党对林业工作的领导，牢固树立“四个意识”，坚定“四个自信”。坚持民主集中制，完善党组（党委）议事决策制度。深化党风政风行风建设，健全廉政风险防控体系。深化“大学习、大讨论、大调研”活动，开展新时代林业现代化战略研究。建立环环相扣的责任链，推行“清单制+责任制”工作方法。

完善林业立法、执法、普法、监督体系，建设法治林业。落实行政执法公示、执法全程记录、重大执法决定法制审核制度，严格行政处罚标准。完善重大行政决策程序，加强规范性文件合法性审查。深化林业综合执法、“放管服”改革，优化林业行政审批程序。开展林业“法律七进”活动。

创新林业宣传工作。强化门户网站、官方微博、微信与传统媒体的融合，完善数字化“四川林业发布”平台。开展专项宣传活动，塑造一批林业先进人物、典型经验。建设大熊猫文化与品牌，支持开发影视、美术、动漫、图书、电子游戏、纪念品、手工品等大熊猫文创产品。推进生态文明教育基地建设。支持举办生态旅游康养等节会、论坛。支持办好林业报纸杂志。支持卧龙建设大熊猫文化小镇。

加强林业基层基础建设。实施标准化基层林业站建设项目。推进木材检查站、病虫防治检疫站、林业科技推广站标准化建设。加强国有林场林区管护用房、饮水、电力、通信建设。实施国有林场林区场部通硬化路工程，支持重要节点外连公路建设。支持建设特色经济林和竹林基地作业道路、灌溉设施。

实施“人才强林”行动。落实激励科技人员创新创业政策。制定林业干部培训计划，在 45 个深度贫困县培训人才 1 000 人次。完善林业技术职务评价标准，做好技师考核。推进干部轮岗交流，完善年轻干部培养选任机制。实施党员积分制管理，健全正向激励、容错纠错、约谈问责机制，引导干部职工进一步解放思想、拼搏实干，在新时代林业高质量建设中展现新担当新作为。

典型案例

低碳发展

广元坚持生态立市 践行绿色发展 加快建设宜居宜业宜养宜游的低碳城市

广元市是全国第二批、四川省首个国家低碳试点城市。近年来，广元市委、市政府始终坚持生态立市，大力推进绿色低碳发展。特别是“5·12”汶川特大地震发生后，率先在地震重灾区、西部欠发达地区提出“低碳重建、低碳发展”思路，2010年在全国率先设立法定“低碳日”。2016年，市委七届二次全会做出了“推进绿色发展、实现绿色崛起、建设中国生态康养旅游名市”的决定，着力打造“绿色广元、康养之都”，把生态立市和低碳发展摆在了更加突出的位置。通过持续不断推进低碳发展，广元守住了绿水青山，也收获了“金山银山”。2015年成功入列国家第二批生态文明先行示范区，2017年被国家发展改革委、住房城乡建设部确定为28个国家气候适应型城市建设试点地区之一，也是四川唯一的气候适应型试点城市。2018年末，全市地区生产总值增长8.4%，地方一般公共预算收入年均增长7.3%，城乡居民人均可支配收入年均增长8.7%、9.7%，三次产业结构由2014年17.4：47.7：34.9调整为14.7：44.7：40.6，广元经济社会正驶入转型发展的“快车道”。实践证明，通过低碳发展，推动了全市经济社会的科学发展、转型发展、跨越发展，宜居、宜业、宜养、宜游的低碳城市正在建成。

广元市全景图

一、以发展“低碳经济”为路径，转方式调结构，推动产业迈向中高端

一是发展战略性新兴产业。积极对接国家和省引导发展的战略新兴产业和先进制造业，瞄准高端产业和产业高端，重点培育新一代信息技术、新材料、生物等重点产业，2018 年战略新兴产业实现产值 180 亿元，同比增长 17%。二是发展低碳农业。围绕六大特色优势产业和七大全产业链，全市新建 8 个现代农业园区，累计建成现代农业园区 100 个 102 万亩，建成低碳农业园区 48 个 49 万亩。绿色有机生产发展迅猛，全市累计认证有机农产品 85 个、认证面积 26. 5 万亩（含两湖水产养殖基地 22. 5 万亩），推广有机生产面积 30. 2 万亩。全年无公害农产品复查换证 29 个，绿色食品申报认证 27 个，新增有机认证产品（含转换认证）32 个。三是发展新型服务业。围绕建设中国生态康养旅游名市，促进文化、生态、康养、旅游深度融合，2018 年，新建 A 级旅游景区 6 个，全市旅游景区 46 个，其中：5A 级景区 1 个，4A 级景区 19 个。广元进入高铁时代，广元旅游发展迎来新机遇，全年接待游客 5 028. 86 万人次，实现旅游收入 419. 53 亿元，较上年分别增长 14%、27%。特别是确定了低碳旅游景区建设标准，将“低碳景区”从较为模糊的概念转变为具有操作性、制度化和标准化的景区治理模式和评价机制，开创全国先河。

二、以建设“生态广元”为路径，加强生态建设，保护绿水青山

认真实施退耕还林、植树造林、天然林保护等生态工程，全市森林覆盖率达

到56.81%，林业碳汇约175.45万吨。在西部地区率先开展碳汇交易，2010年，分别向上海世博会、广州亚运会提供碳中和指标3.6万吨、1万吨。全市道路、水系绿化率达到90%以上，市建成区绿化覆盖率达40.3%。深入实施“蓝天、碧水、净土行动”，推进空气质量改善、重点流域水环境综合整治和饮用水源保护，市城区和县级城镇空气质量优良天数比例均达到95%以上，境内水体绝大多数属I类水质。95.2%的耕地通过国家无公害土壤认证。持续深化城乡环境综合治理，城市污水集中处理率和城市生活垃圾无害化处理率分别达到90%、97.6%。抓好主要污染物总量减排，2018年全市万元产值能耗下降4.51%、二氧化碳排放下降4.5%，均能超额完成省定目标，化学需氧量、氨氮、二氧化硫、氮氧化物排放量均完成省上下达指标。

三、以建设“气化广元”为路径，调整能源结构，构建清洁能源开发利用体系

新核准在（待）建风电项目总装机44.8万千瓦，中广核剑阁高池风电场、朝天八庙沟水电站等项目开工建设，大唐广元何家山风电建成投产，中广核剑阁摇铃风电项目并网发电，全市新能源和可再生能源发电总装机达到245万千瓦。2019年预计新增风电总计20.2万千瓦以上。天然气理论蕴藏量达5 000亿立方米，2018年天然气产量达到42亿立方米，同比增长20%，天然气消费总量达到3.9亿立方米，同比增长39.78%。改善城乡居民燃料结构，取缔燃煤锅炉、灶具10万台（套），发展民用天然气用户达46万户，气化率超过80%。建成农村沼气池39.06万口，基本实现宜建农户全覆盖，被省政府命名为沼气化市。

四、以构筑“低碳家园”为路径，推进国家气候适应型试点城市建设

2017年广元市被国家发展改革委确定为国家气候适应型试点建设地区以来，全市在城市治理和规划设计中统筹考虑温室气体减排和应对气候灾害的不同需要，打造低碳韧性城市。积极规划建设海绵城市，推进绿色屋顶、下凹式绿地、透水铺装、雨水蓄积利用等工程，降低城市热岛效应，降低城市能源消耗。实施绿色建筑行动计划，鼓励引导绿色低碳建材的生产和消费，在新改扩建工程中严格执行50%的节能设计标准，节能强制标准设计阶段执行率100%，主城区施工阶段执行率100%。加强应急管理，强化自然灾害监测预警和应急能力建设，70个地震烈度与预警站点加快建设。在龙门山地震断裂带推广建设具有川北民居风貌的抗震能力强的轻钢结构、木结构住房。建成国家省市防震减灾示范社区44个、大型应急避难场所11处，城市韧性大幅提升。

五、以培育“低碳文化”为路径，牢固树立低碳理念，倡导低碳生活

积极开展低碳生产生活方式进社区、进企业、进机关、进学校活动，培养市民良好生活习惯，自觉减少碳足迹，增强节约用电、用水、垃圾循环利用意识，全市创建各类低碳社区 37 个，其中省级低碳社区 5 个（全省共 11 个）。倡导绿色交通，截至 2018 年 11 月底，新能源汽车保有量 217 辆，比 2017 年的 123 辆增加 74%。城市公共交通分担率达 26%，城市 100%的出租车和公交车完成油改气，在广元市城区设置便民自行车站点 33 个，投放共享自行车 1 000 余辆，建成城市生态休闲廊道 67 千米。

六、以创新“低碳发展机制”为路径，探索可复制推广的“广元模式”

广元市成立了市低碳发展领导小组，2011 年在全国率先成立市低碳发展局（与市发展改革委合署办公），市发展改革委成立了低碳发展科，负责全市低碳发展各项工作。同时，还成立了广元市低碳经济发展研究会，负责全市低碳发展的政策、技术研究等工作。2010 年，在全国率先由市人大常委会将每年 8 月 27 日确定为“广元低碳日”，2014 年将“低碳日”时间调整与全国低碳日一致。此外，每年市、县区政府确定一批低碳发展重点工作、重要任务、重大项目，出台年度《低碳试点城市工作重点及责任分工》。在项目申报、审批和资金安排上给予最大扶持和倾斜，坚持将低碳建设目标任务纳入市、县区和各部门的年度目标绩效考核，并严格督查问责。

成都创新实施会议碳中和
倡导共建共享低碳生活

碳中和是指企业、团体或个人测算在一定时间内从事生产、经营过程中直接或间接产生的温室气体排放总量，通过植树造林、节能减排或购买碳信用的形式，以抵消自身产生的二氧化碳排放量，实现“零碳排放”。近年来，在深度参与全球环境治理的国际合作背景下，实施碳中和项目逐步在国内外大型赛会中推广。

为在全省展示成都作为“首位城市”的“主干”担当，向全国展示成都作为国家低碳城市试点的创新实践，向国际展示成都参与全球应对气候变化的积极行动，成都市启动实施了全省首批会议碳中和项目，“低碳办会”正面影响不断提升的同时，全市共建共享绿色低碳生活的社会氛围愈加浓厚。

一、借力国际会议，提升低碳发展影响力

通过借助国内外大型会议活动实施碳中和项目，打造成都“会展之都”绿色低碳新名片。2018 年 8 月 1 日和 9 月 17 日，第二届国际城市可持续发展高层论坛、国家网络安全宣传周网络安全技术高峰论坛在蓉举行，依托专业机构测算，两次会议产生的温室气体分别排放 921 吨、466 吨二氧化碳当量。为展示成都推动绿色低碳可持续发展的坚定决心，成都创新策划实施会议碳中和项目，通过造林增汇的方式，在龙泉山城市森林公园建设 700 亩碳中和林，用未来 20 年的森林碳汇抵消两大论坛产生的全部温室气体排放，实现“零碳排放”目标。

龙泉山城市森林公园碳中和基地启动仪式

二、利用新兴媒体，积极传播绿色低碳理念

利用新媒体创新开展节能低碳网络知识竞赛，动员市民“答题种树”亲身参与碳中和项目，赋予“碳中和林”个人属性，全方位、多渠道宣传节能低碳理念。在 2018 年全国节能宣传周、低碳日期间，成都市发展改革委、龙泉山城市森林公园管委会共同举办“节能低碳主题知识竞赛”，竞赛随机生成 10 道单选题，涉及节能低碳基础知识、成都低碳城市建设等相关内容，答对 8 道题以上的参与者，将成为蓉城“低碳卫士”并能以个人名义在 700 亩“碳中和林”中种下一棵树。通过“低碳卫士”们接力分享，竞赛上线不到 36 小时，逾 1.3 万人踊跃参与，2018 棵树苗全部被领取，节能低碳知识得到有效传播的同时，会议碳中和活动的体验性、趣味性、互动性也得到增强。

龙泉山城市森林公园碳中和林

三、开放示范点位，彰显生态价值综合效应

2018 年 10 月，通过高标准完成植树造林任务，“碳中和林”在龙泉山城市森林公园正式落成，“碳中和林”的生态效益、经济效益、社会效益不断彰显。生态方面，总面积共 700 亩的碳中和林可中和 1 387 吨二氧化碳当量，增绿增汇的方式有效改善了区域生态环境质量。经济方面，“碳中和林”紧邻龙泉山城市森林公园“古驿十二景”，通过植入以“碳中和”为主题的绿色文旅消费场景，景区生态旅游价值不断提升。社会方面，“碳中和林”也是全市低碳宣传教育基地，通过面向公众开放，充分发挥其宣教示范作用，能够引领更多企业、组织和公众践行绿色低碳的生产生活方式。

四、完善标准体系，促进绿色会展模式可持续

为延续首个碳中和项目的成功模式，成都市发展改革委、质监局、博览局联

合中国质量认证中心等专业机构，探索开展低碳示范认证评价标准制定。2018 年年底，成功发布全国首个会展活动碳足迹核算地方标准《成都市会展活动碳足迹核算与碳中和实施指南》，该指南对会展期间温室气体排放总量的计算方式给出了标准，明确实现碳中和的具体时间表，为未来全市各类国际重大会议实施碳中和、打造绿色低碳会展之都提供了科学支撑。

城市建设

遂宁打造海绵城市建设特色样本

2015年4月，遂宁入选第一批全国海绵城市试点市。遂宁市把海绵城市建设作为城市规划建设管理的重大变革和技术创新，作为推动城市发展转型升级的重要抓手，高效有序推进试点工作。经过三年的努力，遂宁市海绵城市建设试点项目基本完工，承诺指标全部达标，探索出西部丘陵欠发达地区“少花钱、多办事、办实事”的海绵城市建设经验和做法，较好地完成了向国家三部委承诺的试点任务，为海绵城市建设打造出特色样本。

一、特色经验与典型做法

遂宁是西部欠发达地区，是长江上游重要生态屏障，生态保护责任重大，基础设施建设短板突出，资金、人才、技术缺乏。如何补齐建设短板，解决要素保障，实现生态保护目标，是遂宁在海绵城市建设试点过程中面临的主要问题。基于此，遂宁积极探索、大胆创新，摸索出一套西部欠发达地区“少花钱、多办事、办实事”的海绵城市建设经验和做法。

（一）转变发展理念，践行生态文明

从生态文明出发，建设海绵城市。“让城市在绿水青山中自然生长”是遂宁市通过国家海绵城市试点建设、因地制宜创新探索最新成果的全面总结。尊重自然、道法自然，在一江、七河、两山、四岛的生态格局之下，科学运作，保护大格局、修复小板块，人与自然相处如斯，城市发展亦应如是。

（二）建立健全管控体系，实现全程全域管控

为确保海绵城市理念落地生根，实现海绵城市建设的全程全域管控，遂宁探索建立了一套以立法为核心，以规范文件、地方标准为支撑的制度体系，主要包括组织领导、规划管控、制度管控、标准体系、信息管理5大类管控体系，形成了“规划一张图，建设一盘棋，管理一张网”的管理格局。

（三）坚持“小、巧、省、适用”，创新“四大发明”

通过现场打样、模拟试验、多方案比对，用“小”“巧”“省”办法解决大问题。一是探索创新既有道路雨水口“微创”改造技术，避免大拆大建，节约工程造价。该技术已获得国家发明创造专利并在全市全面推广运用。二是积极探索创新市政道路整体透水和边带透水技术，降低地表径流和消除道路积水，提高交通安全度和舒适度。该技术也已获得国家发明创造专利。三是创新调蓄利用渗透新工艺，使用钢带波纹管增大蓄水空间。四是结合本地古法取卤工艺，创新海绵促渗技术，运用遂宁本地的卓筒井盐卤钻井技术，实现地表人工海绵体与地下天然海绵层有效搭接，提高雨水净化和地下水涵养能力，效果明显。

（四）坚持优化完善，推动“三种转变”

一是从“碎片化”到“系统化”。试点初期，遂宁仅注重单个项目的实施，未从系统角度思考片区海绵城市建设。2016 年 5 月，遂宁市引进专家团队组织了试点区全覆盖的模型模拟，编制了明月河流域、联盟河流域系统方案，修订形成《遂宁市海绵城市专项规划（2016—2030）（增补）》，形成试点区为核心，全域覆盖的涉及水生态、水安全、水环境、水资源的顶层设计，并付诸实施。二是从“定性海绵”到“定量海绵”。在三年试点期间，遂宁对所有排水分区、重点项目径流总量控制率、SS 削减率等进行监测，通过监测数据指导后期海绵设计。三是从“单一海绵”到“综合海绵”。遂宁海绵城市建设从 2015 年至 2017 年，经历了由“为海绵而海绵”到以问题、目标综合导向的全功能海绵，从而实现“为民生而海绵”的 1.0 版本到 5.0 版本的循序提升。

（五）坚持开源节流，用好“四方资本”

坚持“多条腿”走路，力求多元投入，通过加大地方财政直接投入、争取中央和省里资金支持、政府和社会资本合作（PPP）模式以及鼓励社会资本加大投入等多种方式吸纳“四方资本”，筹集建设资金，保障项目持续、稳步推进，实现资金保障，共通过中央、省、市政府 13.264 亿元的较少投入撬动社会资本 105.04 亿元。

二、建设成效

试点三年以来，遂宁市海绵城市建设不仅提升了城市知名度，更极大地增强了群众的获得感与幸福感。中央电视台、《人民日报》、新华社等 20 余家中央媒体 40 余次对遂宁海绵城市建设的做法和经验进行报道。2017 年 8 月 3 日，中央电视台新闻联播更是以头条的方式报道遂宁海绵城市建设试点情况。澳大利亚、越南、中国台湾地区、京津沪等境内外 70 余个地方、2 100 余人次来遂宁参观学习。

（一）城市更生态

城市内涝得以消除，河道水质明显改善，城市生态明显修复。通过划定红线、蓝线，科学制定生态修复方案，增加生态堤岸，恢复原有径流路径，让城市更绿色健康。三年试点期间，通过实施莲里公园、九莲洲湿地公园、五彩缤纷路北延湿地、联盟河生态治理等项目，中心城区生态岸线得以集中整治。将原状为砂石料场的莲里岸线打造为综合公园，将原状为河岸滩涂的九莲洲打造为城市绿心，将原状为“三面光”的五彩缤纷路北延段打造为城市湿地休闲景观带，天然岸线资源被有效保护，生态及防洪属性更加突出，城市热岛效应逐步缓解。

（二）发展可持续

海绵城市建设，让遂宁绿色发展步伐不断加快，城市短板不断补齐、城市功能不断完善、城市环境不断提升，同步推动投资环境改善，城市物业价值提升，城市旅游、康养等相关产业蓬勃发展。“十二五”以来，遂宁地区生产总值年均增长 11.5%，多项经济指标增速居全省前列。

遂宁风光

（三）社会更和谐

遂宁的海绵城市建设坚持以民生为核心，努力为市民提供一个更加优质的生活环境，注重突出社会效益。在海绵城市建设中，遂宁坚持问题导向，不仅做内涝治理、雨污分流、径流控制等海绵内容，还及时解决老百姓反映强烈、普遍关注的道路破损、停车难、环境差等问题，既实现“小雨不积水、大雨不内涝”的海绵目标，又实现“路平、灯亮、水通、景美”的民生目标，深受老百姓好评。群众由被动海绵转为主动海绵，对海绵城市建设的满意度和参与度随之提高，最近一次民意调查显示遂宁海绵城市群众满意度达到 95%。目前，海绵进小区工作更受欢迎，已有 127 个非试点区域开发项目通过海绵专项审查，正按要求实施建设，试点区域外的 20 余个小区也在主动申请被纳入海绵改造范围。

汉碑路社区以绿色发展新理念创新社区治理

按照雅安绿色发展示范市建设目标要求，为探索绿色发展的新路径、新模式，雅安市雨城区青江街道汉碑路社区以开展低碳社区试点建设工作为载体，认真践行绿色发展理念，积极摸索，不断实践，通过广泛动员、社区居民积极参与，在工作中查找问题、发现问题、解决问题，逐步走出了一条具有特色的社区绿色发展建设之路。

一、基本情况

汉碑路社区以主题党日活动、远程教育平台、社区公益活动为载体，从全球气候变暖对人类生存发展的重大影响、低碳生活的科普知识、能源节约的法律法规等方面对居民开展节能减排科普宣传活动。据统计，社区编制、印刷、发放《致居民一封信》6 000 余份、《生活垃圾分类手册》2 500 余份、《社区低碳生活指南》6 000 余份、环保手提袋 2 000 个、宣传纸杯 4 000 个、宣传抽纸 2 000 个，设立标识标牌 60 余处，拍摄宣传短片 1 部。通过以上全方位的节能减排宣传教育活动，让低碳文化进入课堂、深入街头、扎根社区，使低碳意识转化为社会共识，凝聚成社会合力，深化为公众的自觉行动。

二、做法与经验

（一）“三降低”，强化碳排放利用

一是降低能源利用碳排放。①建设社区公共食堂和配餐服务中心。在第一江岸社区活动用房已初步建成了可容纳 100 人的就餐公共食堂和配餐服务中心，解决了当前社区居家养老一日三餐问题。社区公共食堂秉承“微利经营、服务社区”的理念，依据本地居民的饮食习惯，遵守“亲民、健康、安全”三大原则，为社区居民打造营养健康的公共餐饮服务，食材统一选配、多重检测，做到菜品价格亲民实惠。②建设生活垃圾分类收集系统。在 4 个居住小区试点生活垃圾分类，投放分类垃圾桶，建立垃圾分类指导队伍，强化宣传引导和指导，逐步建立垃圾分类回收体系。建立社区垃圾分类基本标准，将社区居民生活垃圾分为可回收物、厨余垃圾、有害垃圾、其他垃圾 4 类。社区牵头建设垃圾分类管理应用软件，实施“垃圾分类”二维码处理，小区居民通过实名制注册登记，与垃圾分类工作小

组成员建立二维码服务关系。工作小组向实名注册登记、具有垃圾分类积极性的居民发放二维码及垃圾袋。凡是有二维码的居民，每次将二维码分别粘贴到所投放垃圾袋上，进行分类投放。垃圾分类工作小组成员对分类正确的垃圾袋，通过手机扫描垃圾袋上的二维码后，识别投放正确的居民信息，增加居民积分，一定时间后居民可通过积分在社区“爱心超市”兑换生活日用品。

二是降低建筑碳排放。①实施社区市政路灯节能改造。通过市政工程和新建楼盘基础设施建设，已完成了 2 380 余盏路灯的智能化控制系统改造及 680 余盏 LED 路灯光源改造项目。②建筑绿色节能设计与改造。对爱国苑小区 25 个单元进行楼道高效节能灯具更换，并主动向居民免费发放通用接口的节能灯具，促使居民主动更换自家仍在使用的高耗能白炽灯，培养了居民使用节能灯具的低碳行为与意识。汉碑路社区办公楼实施了墙体绿化，种植了各类花草及攀缘类植物，降低了环境温度，减少了城市热岛效应。

三是降低交通移动源碳排放。建立公共自行车租赁系统。通过多渠道、多形式鼓励居民选择公交出行或拼车出行等低碳出行方式，与辖区内单位和小区大院携手合作，在和平中路共建低碳出行示范街，大力推进共享单车，社区内已建成自行车投放点 12 个，共计投入共享单车 120 辆。

（二）“两增加”，形成共建共创合力

一是增加低碳宣传与活动。社区组织开展了 3 场百姓讲坛宣传节能科普知识，组织社区艺术表演队宣传节能标兵、演示节能减排技巧 6 场次，组织开展低碳家庭创建活动，120 户家庭主动参与其中。通过召开小区居民座谈会、居民小组长意见征集会、党员建言献策会等形式，引导辖区党员群众参与低碳社区建设规划，通过以上各种方式，征集到意见建议 60 余条。论证商讨后，有 30 余条可行性意见建议得到了实施。社区建设了 200 余平方米的低碳社区党群共享空间，设置了共享驿站、交换空间、环保净衣站等多个功能区，开展旧物交换、技能共享等活动 10 余次。通过以上举措，低碳意识和低碳生活方式植根于每个社区居民的心中，居民参与低碳社区的积极性和主动性得到进一步加强。

二是增加基础设施。①增加社区旧物交换及回收利用设施。居民小区内投放 4 个环保回收爱心公益箱，用于存放居民欲丢弃但仍具有使用价值的旧物，如旧衣物、玩具、小电器、书刊、旧家具等。对于箱内所回收的旧物，社区集中清洗消毒后用于扶助困难群众等，使社区物品得到循环再利用。②增添社区生活信息电子化智能服务平台。为了贯彻落实智慧雨城建设，实现社区营运管理高效低碳化，汉碑路社区在小区内各安装了 1 台触摸一体机，为社区居民提供了集查询、统计、监督、举报、资源共享等多方面于一体的服务，减少了办事程序，缩短了办事时间，让信息多跑路，让居民少奔波。③增建“共享空间”。共享空间内包含“悦读吧”“交换空间”及“共享驿站”三部分内容。

创建低碳家庭颁奖仪式

（三）“一补一建”，构建碳盘查体系

一是补居民低碳环保意识短板。针对社区内居民低碳环保意识相对薄弱的情况，汉碑路社区聘请北京和碳公司专业工作人员，对社区的党员、居民、商家、辖区单位的工作人员等，进行了低碳政策与理论培训，同时向他们分发低碳经济培训教程，使他们及时了解国家相关文件，积极贯彻国家的各项节能政策，拓展低碳视野，培养低碳意识，掌握将低碳纳入经营和管理的能力，进而从容应对低碳趋势带来的时局变化，实现可持续发展。

二是建立社区碳排放统计调查机制。该项工作通过政府招标采购实施，聘请北京和碳公司进行专业碳盘查，完成《雅安市雨城区汉碑路社区年度碳盘查报告》，量化社区年度碳排放标准。建立社区碳排放统计调查制度与管理体系，制定《汉碑路社区碳排放管理制度》与《汉碑路社区碳排放统计调查制度》，确立了社区碳排放管理常态化机制。

组织辖区单位和居民开展低碳政策和理论培训

三、工作成效

（1）“悦读吧”精神补给。为社区党员和居民提供各类党建报刊书籍、生态环境保护法律法规、文学名著等，进一步提升党员和群众的思想文化水平。

（2）“交换空间”循环利用。为居民提供平台，通过自愿、自由的物品交换、捐赠，使闲置物品物尽其用，实现效益价值最大化，同时引导大家树立“环保低碳”的生活理念，倡导绿色、节约的生活方式。

（3）“共享驿站”邻里和睦。开展生活用具与技能双共享活动，驿站配备使用率不高但必需的生活用具如扳手、铁锹等，居民均可在“共享驿站”借用，既提高了使用率也避免重复购置的浪费。将党员志愿者特长与技能进行公示，将党员志愿服务与群众需求有效对接，为群众提供各类志愿服务。

（4）“智慧平台”便捷服务。立足于减少出行、减少碳排放的理念，在所辖 4 个居民小区投放智能化服务器，为居民提供集查询、统计、监督、举报、资源共享等多方面于一体的智能服务，实现服务群众零距离。

生态修复

集中攻坚治愈生态“创伤”——四川瓦屋山省级自然保护区生态环境问题整治的经验和成效

四川瓦屋山自然保护区是以大熊猫为主的珍稀野生动植物及其自然生态系统为重点保护对象的省级自然保护区。2017 年，中央环保督察组指出瓦屋山自然保护区存在违法违规开发水电及矿产等问题后，眉山市洪雅县强力推进问题整改，全面停止开发活动，拆除设备，修复生态，恢复瓦屋山自然生态环境。

一、基本情况

四川瓦屋山自然保护区成立于 1993 年，是以大相岭山系大熊猫为主的珍稀野生动植物及其自然生态系统为重点保护对象的省级自然保护区，总面积为 3.6 万公顷，有 469 种陆生野生（脊椎）动物、3 500 余种野生植物。

20 世纪 80 年代以来，洪雅县实施“以水发电、以电代柴”，解决当地经济发展用电难题，曾获“全国小水电百强县”称号，但同时也破坏了生态环境。

2017 年，中央环境保护督察反馈意见指出，四川省自查发现瓦屋山省级自然保护区存在 30 家水电站、14 家矿山。《四川省落实中央第五环境保护督察组督察反馈意见整改实施方案》明确要求：2018 年 6 月底前依法限期拆除自然保护区核心区和缓冲区内小水电项目，2019 年 12 月底前完成自然保护核心区和缓冲区矿业问题整改，同时要加强组织领导，建立健全管理机构。

二、做法与经验

眉山市洪雅县高度重视瓦屋山自然保护区生态环境问题整改工作，以壮士断腕、刮骨疗伤的决心，全力完成整改任务。

（一）抓重点出硬招，铁腕整改务求实效

细化分组，迅速行动。洪雅县成立了县委、县政府主要领导任组长的瓦屋山自然保护区生态环境治理工作领导小组，设县级领导挂帅的专班工作组 12 个，抽调部门精英、业务骨干、执法人员 120 余人，由县级领导带队，在保护区分片驻扎，迅速推进保护区内采（探）矿权全面退出、水电整改工作。

铁面无私，严查严处。向违法违规水电企业下发停产整治决定书、停止取水通知，查封水电主要设备，30 家水电站已全面关停。关停矿山 14 家，拆除地面全部生产生活设备设施，恢复生态植被 294 亩。

巡查管控，强化监管。加强日常巡查，加大联合执法力度。依法从重打击擅自恢复生产的探采矿企业。在保护区进出山处设立花杆 5 根、站房 4 个，新增电子花杆伸缩门 3 座，视频监控 5 套，不锈钢大门 3 座，切实加强保护区“出入口”源头管控。设立举报电话、举报信箱，24 小时接受群众监督举报。

（二）攻弱点用实招，有序推进确保稳定

加强宣传，争取支持。分人包片开展摸底调研，掌握小水电业主、职工家庭情况、社会背景、困难诉求等基本信息。县委、县政府主要领导多次主持召开业主座谈会、职工见面会，集中宣传解读政策。挑选 30 名有威望的老党员和离任村组干部参与政策宣传。

多措并举，支持就业。结合企业用工需求，采取社会化培训模式，对因小水电关闭失业和有意愿就业人员开展培训。先后举办厨师、电工、普工、保洁、农业种养殖等专题培训 6 期，培训 600 余人次。召开就业岗位推介会，组织瓦屋山投资公司、明星化工等 40 余家企业开展专场招聘，提供就业岗位 1 600 余个。

财政借资，解决困难。县财政预支 9 000 余万元（包括周公河片区），先行借支给电站业主，补缴职工保险，稳定职工情绪。坚持实事求是原则，综合年限、效益等因素，确定收益法测算补偿标准。省、市共同补助资金 5 000 万元，解决业主实际困难。

（三）破难点使真招，打造绿色生态产业

科学规划，优化产业。制定林下经济发展规划，整合部门资金，加大对林下经济发展扶持力度。成立种养专业合作社，规模化发展种养殖、根雕根艺、特色经济作物、中药材等产业；推动现代农业发展，做实做大瓦屋山龙圣有机蔬菜园区；加快建立“互联网+旅游+农业”综合展销智慧平台，畅通林下经济产品电销渠道，突现旅游、农林产业融合发展。

护绿兴林，增加收益。严控森林采伐指标，及时恢复地质灾害区域森林植被；建成森林防火视频监控平台，全天候监控重点林区；通过物理、化学手段防控森林病虫害，新增森林面积 4.5 万亩。依托瓦屋山景区，坚持在保护中开发、开发中保护，积极加强与瑞士施泰内尔设计公司、深圳华侨城、美国 AT 公司等知名品牌公司沟通对接，力争将瓦屋山景区打造为世界级山地度假旅游胜地。2018 年 8 月以来，实现景区接待游客 21.11 万人，旅游总收入 18 655 万元以上。

创新机制，盘活资产。通过发包租赁、入股联营等方式盘活农村闲置房屋、荒地，积极探索农村土地、林地等集体经营性资产股份制改革，采取动产抵押、林权抵押、土地使用权抵押等形式，解决融资问题。健全村级旅游协会、专业合作社，引导社会资本开发高端民宿、农家作坊、休闲农场等农民参与度高、受益面广的乡村旅游项目。鼓励村民用老宅、古树名木、林竹、宅基地等生产资料入股经营、定期分红，实现资源变资产、资源变资金。

三、工作成效

瓦屋山自然保护区核心区、缓冲区 27 座电站全面拆除，实验区拆除 2 座、整改保留 1 座。矿山、电站生产生活设施拆除范围共恢复植被 338 亩。

如今的瓦屋山自然保护区，绿树环山、溪水清澈，曾经的生态创伤全面治愈，长效监管机制逐步优化，生态环境日益改善。整改成效多次被中央电视台等中央、省级媒体报道。

环境保护

自贡强化责任担当　决战污染顽疾
举全市之力打赢环保翻身仗

在中央第五环保督察组反馈四川督察意见时，自贡被点名批评，这成为自贡生态环境保护工作中的一个标志性事件，深深触痛了全市神经与灵魂。市委、市政府知耻后勇，痛下决心，于年初召开打赢环保翻身仗誓师大会，确立了环境质量“一年明显改观、三年提质升位、五年彻底变貌”的目标，并以电视直播形式向 330 万盐都人民做出了庄严承诺。2018 年自贡打赢环保翻身仗初战告捷，PM2.5、PM10 平均浓度同比分别下降 18.2%和 12.4%，首次完成省控目标；国、省断面达标率同比上升 55.6%，碳研所断面消除劣Ⅴ类，沱江干流自贡段水质改善为Ⅲ类，城市集中式饮用水水源地水质达标率 100%，乡镇集中式饮用水水源地水质达标率从 40%提高到 80%，向全市人民兑现了生态环境质量“一年明显改观”的政治承诺。

一、筑牢体制机制四梁八柱，重视程度前所未有

一是健全高位推动机制。市、区（县）均成立环保督察整改领导小组和环保委员会，中央督查整改任务和重点信访件均落实市级领导包案，一年来书记、市长亲自督导暗访达 23 次。注重突出区（县）主体责任，建立“市长+局长+区（县）长”环保微信群，构建高效工作指挥平台；督察问题整改实行严格的调度通报考核问责机制，整改销号规范化程度受到省督察办通报表扬。

二是创新巡察检查机制。在全省率先开展环保专项整治巡察和人大大气污染特定问题调查，将每年 6 月确定为市级环保督察月；探索建立市级督政、区县督面、部门督点、社会曝光四级督导机制，一年来督查点位 1 755 个，交办督导问题 450 个。三是健全考核问效机制。全面落实生态环境保护“党政同责、一岗双责”，生态环境保护考核权重提高到 17.5%；建立整改台账“月初提醒、月末检

查、超时问责”机制，对没有如期完成整改任务的一律严厉问责，全年已问责处理干部246人。

二、聚焦环境痛点攻坚补短，推动力度前所未有

一是挥刀亮剑，铁腕治霾。深入推进“铁腕治霾十大专项行动”，制定发布并实施《自贡市大气污染防治技术导则》，全面淘汰城市建成区小燃煤锅炉；整治“散乱污”企业957户、砖瓦企业89户，非法商混、小煤矿、砂石料场全面取缔关停；“五烧”得到有效管控，城市精细化管理水平明显提高。

二是破釜沉舟，重拳治水。编制《沱江干流、釜溪河、越溪河流域综合治理方案》等17个方案，流域综合治理全面推进。新（改）建城乡污水处理厂（站）96座、污水管网245千米。实施“一江两河”绿色长廊工程，禁养区内畜禽养殖场完成取缔搬迁。饮用水源地问题整改提前完成，拆除保护区内居民住宅261户。

三是高标设计，科学净土。投资16亿元建设垃圾“收储运处”设施，19座城乡生活垃圾压缩转运站开工建设，70个非正规生活垃圾填埋场关停整治；循环经济产业园开工建设。完成张家坝渣场渗滤液治理应急抢险工程，启动渣场治理和遗址公园生态修复。

四是着眼长远，投入空前。加大生态环保财政投入，引导鼓励社会资本参与，推进总投资300亿元的以截污清水、治乱护岸、筑景兴业等为目标的釜溪河综合治理及水系连通工程。投入1亿元建设大气和水网格化监测系统及大数据平台，设立每年不少于1亿元的环保专项资金，由市环保局主导安排使用。

三、集结内外力量夺隘闯关，共创共建前所未有

一是对外合作“共谋共享”。率先与省生态环境厅签订厅市战略合作协议；与内江市、眉山市共商共治越溪河、威远河，牵头川南大气污染区域联防联控，区域流域合作格局初步形成。二是全民参战“众志成城”。开展全媒体公开问政；出台环境污染有奖举报制度，创新开设“社区环保学堂”；成立首个环保公益组织，招募环保社会监督员470名，拓宽群众监督渠道。三是依法治污“扶优惩劣”。启动《釜溪河流域污染防治条例》《自贡市建设施工现场管理条例》立法；开展企业环境信用评价试点，坚持运用法治思维和法治方式推行全年全域环保强化执法行动，全市环保系统已做出处罚决定626起，处罚金额从2016年的460万元、2017年的2 300万元增至2018年的4 300万元，法治环保格局进一步提升。

自贡环保翻身仗一年打下来，我们的切身体会是：一是必须坚持省委、省政府与市委、市政府双重领导下的政治站位；二是必须主动争取党政重视以实现高位推动；三是必须积极协调部门履职以实现联防联治；四是必须注重突出区（县）主体以实现责任到位；五是必须强化督查通报考核以实现落地落实；六是必须持

续加大追责问责以实现政令畅通；七是必须树立规范服务发展理念以实现多赢局面。

打赢环保翻身仗一直在路上，自贡市将以习近平新时代中国特色社会主义思想为主导，坚持丰富完善“七个必须”经验方法，聚焦聚力推进中央和省环保督察问题整改和污染防治“八大战役”两大核心任务，着眼长远突出抓好生态环境体制建设中机改、垂改、综合执法改革三大改革任务，高标高效加快大气、水网格化监测系统及大数据平台建设，全面提升精细管理、精准治理的能力水平，以“功成不必在我，功成必定有过我”的担当情怀，努力再争口气、干个样，绝不负人民的关怀与期待！

乐山综合施策改善空气质量
合力攻坚唤回高颜值“嘉州蓝”

一、基本情况

乐山古称“嘉州”，风景优美、人文荟萃，每年吸引5 000多万人次赴乐旅游，旅游经济总量历年居四川省第二。然而，两年前，这座著名旅游城市的“颜值”正遭遇空气污染的挑战。2016年秋冬季，受工业、城市、交通等活动排放的烟粉尘、二氧化硫、氮氧化物影响，及地处四川盆地西南部，岷江、青衣江、大渡河三江交汇处的地理条件和乐山连续出现静风、少雨、多雾天气等因素影响，全市大气环境质量相对糟糕。2017年1~2月，大气环境质量进一步变差，尤其是在1月28日除夕夜，PM2.5短时段爆表，最高浓度642微克/立方米，超过国家标准7.6倍，是西南地区烟花爆竹燃放污染最严重的城市之一。

“天空时常灰蒙蒙”“蓝天越来越不容易见到”“家长不太敢带孩子出门活动”……改善空气质量成为群众反映强烈的热点话题，也是乐山作为旅游城市亟待解决的问题。面对严峻形势，乐山市委、市政府把环境保护工作摆在更加突出的战略位置，以壮士断腕、刮骨疗伤的决心，实施强有力的大气污染防治攻坚，推动空气质量持续改善。

二、做法与经验

（一）筑牢绿色发展观，大环保机制凝聚合力

乐山，既是全国著名的旅游城市，还是全国老工业基地和四川省重点工业城市。盐磷化工、钢铁、陶瓷、水泥、纺织等行业曾经在乐山发展史上做出卓越贡献，书写了辉煌历史。回顾过去，乐山重工业太重、轻工业太轻，特别是燃煤耗量特别大，2016年全社会用煤量达到1 300万吨标准煤。要确保在新一轮发展大潮中不掉队，乐山必须走绿色发展之路。

2018年，生态文明建设被写入宪法，我国迈入高质量绿色发展新时代。近年来，乐山市委、市政府将绿色发展理念全面融入全市战略部署，确立旅游为主导产业，部署工业“一总部三基地”格局，建立与旅游产业相匹配的工业布局，着力构建绿色低碳发展新格局。市委七届五次全会将严守生态保护红线、环境质量

底线、资源利用上限等内容写入市委推动高质量发展的决定，推进发展方式由简单粗放向绿色低碳转变。近两年来，乐山以更实举措、更大决心，扎实推进大气污染防治攻坚。严格落实生态环境保护“党政同责、一岗双责”要求，市委、市政府主要领导亲自组织制定整改方案，并深入一线进行督查指导，出台《环境保护工作责任分工方案》，明确各县（市、区）和 44 个市级部门工作责任；制定《乐山市环境保护党政同责工作目标绩效管理办法（试行）》，提高目标考核权重，逐级签订目标责任书，压紧压实各地各部门的治理责任和企业的主体责任。出台《污染防治“四大战役”实施方案》《突出环境问题边督边改方案》《臭氧防治方案》等系统性治理方案，建立重污染天气预防与应急指挥部定期调度、定期研究、定期通报制度，及时发现、协调解决大气污染防治工作问题。协同开展全市特别是 7 个大气污染防治重点县（市、区）大气污染综合整治，推动全市大气污染防治工作形成齐抓共管的“大环保”机制。

（二）牵住“牛鼻子”，铁腕治理燃煤污染

盐磷化工、钢铁、陶瓷、水泥、纺织等行业曾经是乐山工业的重要支撑。煤炭，是这些行业重要的能源，燃煤污染也成为乐山在大气污染防治过程中的治理重点。牢牢抓住“达标排放”的牛鼻子，乐山实行“两手抓”举措。

一手抓控煤减煤整治。把能源结构调整和燃煤锅炉清洁化改造作为首要任务，实施“气化全市、电能替代、清洁替代”工程，市、县两级投入专项补助资金 1 500 万元，全市淘汰 10 蒸吨及以下燃煤锅炉 717 台共 1 030 蒸吨，在全省率先实现了小型燃煤锅炉“清零”。完成全市陶瓷行业辊道窑煤改气，11 台共 310 蒸吨大中型燃煤锅炉改用天然气。

一手抓工业提标升级。分行业制定重点行业大气污染深度治理措施。和邦公司投资 2 亿元完成 11 台燃煤锅炉超低排放改造，目前全市共完成 26 台共 2 375 蒸吨大中型燃煤锅炉实施超低排放改造，11 家水泥企业全部建成脱硝装置，其中佛光水泥氮氧化物排放浓度比特别排放限值低一半；峨胜水泥正在实施低氮工艺深度治理改造；德胜钢铁开展超低排放方案论证；稳步推进福华集团等重点企业挥发性有机物治理，重点工程减排挥发性有机物 3 000 余吨。

福华集团掠影

（三）铺开“一张网”，综合施策完善防治体系

以治理燃煤污染为重点，乐山还综合实施了一系列措施，完善防治体系，铺开了一张紧密的大气污染防治网。

铁腕治污容不得敷衍懈怠。乐山统一全市各地各部门环境空气质量考核标准，一把尺子打分、常态化管控、逗硬追责问责，市政府约谈2017年环境保护党政同责工作目标绩效考核后三位的县（市、区）和市级部门，市委、市政府督查室通报批评秸秆禁烧管控不到位县（市、区）。2018年以来开展专项执法“百日行动”和多轮次大气污染强化督察，强化违法违规行为惩治。

聚焦污染治理的科学化、智能化，乐山不断强化精准治污科技支撑。重污染天气应急预案突出针对性，在四级预警的基础上增加二级预防，细化污染源应急减排清单；建立重污染天气预测预报联席制度，适时开展人工增雨作业；在4个国控、10个省控空气质量监测点的基础上建设网格化微型空气自动监测体系，实现城区周边网格化监测全覆盖和工业园区空气质量自动监测，实时监控空气质量异常情况；协调省环科院等单位调派激光雷达走航车、空气组分在线监测系统对乐山开展重点区域监测等。

加强大气污染防治立法。2018年5月，乐山市人大常委会开展大气污染防治立法调研；12月，乐山市大气污染防治地方立法项目已由调研类项目提档升级为制定类项目，已列入本届人大、政府立法规划和年度立法计划。

（四）瞄准重点领域，巩固污染防治效果

2017年年底，乐山出台《市中区禁止燃放烟花爆竹管理办法》，规定2018年

1 月 1 日起，中心城区及周边乡镇集镇禁止燃放烟花爆竹，经过一系列宣传动员工作，绿色文明过节的观念深入群众内心。2018 年 2 月 15 日除夕夜，市、区两级组织机关干部、社区干部、志愿者等 500 余人分组上街巡查，除夕夜烟花爆竹燃放“热点”从人口密集的主城区转移到城郊、乡村等人口稀疏区域，乐山市主城区同比 2017 年除夕夜削减可吸入细颗粒物近 60%。

作为农业区域，以前的乐山市城中心都能闻到秸秆焚烧味道，近郊烟雾铺天盖地，甚至出现过阻断交通情形，对空气质量的影响十分明显。为遏制夏、秋季秸秆禁烧行为，乐山强化秸秆综合利用，疏堵结合，做实县、乡、村、组四级责任体系，建成后基本未出现露天焚烧现象。

城市扬尘也是影响空气质量的主要因素，通过强化城市精细化管理，乐山主城区清洁程度显著提高。环卫工人轮班作业、日夜无休，最大限度地发挥吸扫车、雾炮车等清扫保洁机械作业的作用，保证每一条街道、每一个角落都清洁。建筑工地严格执行“六必须、六不准”要求，主城区 60 多个建筑工地全部安装在线监控和环保除尘雾炮机；调整扩大高污染燃料禁燃区，完成主城区油烟净化设施安装、清洁能源改造；开展柴油货车尾气抽检，7 个大气污染防治重点县（市、区）联动实施重污染天气货运车辆绕行限行措施。

三、工作成效

通过精心谋划、精准发力、精细管理，乐山在大气污染防治攻坚战中取得了初步胜利。2018 年，主城区空气质量综合指数 4.40，为全省第 2 名，同比改善 13.39%；为全国 169 个未达标市中第 14 名，为 2015 年国家实行现行考核办法以来最好位次。PM2.5 浓度值 47.2 微克/立方米，同比削减 8.2 微克/立方米，下降 14.8%；优良天数 293 天，增加 37 天，优良天数率 82.1%；共出现 4 天重度污染天气，比 2017 年减少 12 天。两项约束性指标完成情况均优于省下达目标（即 PM2.5 平均浓度≤49.8 微克/立方米，优良天数比率≥77.5%）。

空气质量改善不仅体现在监测数据上，更体现在群众不断提升的幸福指数上。越来越多的“嘉州蓝”刷屏朋友圈，晒蓝天、晒美景背后是乐山人满满的“获得感”。大气污染防治成效还体现在助推全市社会经济发展上。2018 年全市实现地区生产总值 1 640 亿元，增长 8.7%；规模以上工业增加值增长 10.5%，地方一般公共预算收入 110 亿元，增长 9.2%；主要经济指标增速均高于年初预期，也高于全省平均水平。

大气污染治理是一项长期而复杂的工程。乐山将以爬坡过坎、滚石上山的勇气和干劲，持续高效推进大气污染防治工作，让高颜值“嘉州蓝”成为美丽乐山的一张名片。

泸州清源补短　强责严打
让固危废不再为害

泸州是全省老工业基地和全国15个大型化工基地、14个精细化工基地之一，随着经济社会的快速发展，固危废产生量逐年上升，由此引发的环境质量和环境风险问题日益突出，加之泸州市地理区位敏感，是长江上游重要生态屏障和水源涵养地，长江出川水量的80%从泸州市进入重庆，使得我市固危废领域环境风险防控压力巨大。为确保一江清水出川，2018年以来，泸州市深入学习贯彻习近平生态文明思想，牢固树立“两山”理念，坚决落实长江经济带“共抓大保护，不搞大开发”战略要求，摸清家底、创新思路、精准施策、系统治理，走出了一条符合泸州实际的固危废管理之路。

一、基本情况

全市一般工业固体废物年产生量约175.87万吨，综合利用量154.69万吨，处置量2.34万吨，历年贮存量283.795万吨。主要工业固体废物种类有粉煤灰、煤矸石、炉渣、脱硫石膏和污泥等。工业危险废物年产生量2.11万吨，产生量前5类的主要是含铜废物、废矿物油、废酸废物、废蒸馏残渣、农药废物，其中处置1.85万吨，贮存0.26万吨；医疗废物年产生量2 518.47吨，全部由市内医疗废物处置单位自行处置。

二、做法与经验

（1）多措并举，摸清家底。一是创新开展危废申报登记工作，多部门联合对全市汽修行业、医疗机构、实验室危废等进行联合申报和管理，完成2017年度危险废物申报登记，全年产废量约2.36万吨（工业危废产生量2.11万吨、医疗废物产生量2 518.47吨）。二是全面开展长江经济带固废大排查，对境内长江干流及其主要支流沿岸固废存量、产生源头及处置单位处置能力等开展全面排查，摸清家底，做到心中有数。三是联合开展危废管理情况大排查，会同卫计、交通部门分别对全市医疗机构医废、汽车维修和拆解行业危废规范化管理开展调查，对发现问题的11家医疗机构、12家汽修企业和2家拆解企业，督促限期整改到位。

（2）补齐短板，降低风险。按照《四川省危险废物集中处置设施建设规划（2017—2022年）》，为进一步提高全市危废处置能力，拟分别投资4亿元、1.17

亿元、0.85 亿元新建 5 万吨/年综合性危废集中处置设施、1 万吨/年医废处置设施和 10 万吨/年水泥窑协同处置危废项目各 1 个。为加快推进项目建设进度，确保早日落地见效，有效缓解危废产生与处理矛盾，市委、市政府将其列入全市重大建设项目名录，给予资金、政策、要素保障等方面的大力支持。截至 2018 年年底，5 万吨/年的综合性危废集中处置设施已完成选址、可行性研究、核准等前期工作，正在编制环评报告；1 万吨/年的医废处置设施已完成主体工程建设和设备安装，将于近期调试，该项目建成后，可辐射周边市州；10 万吨/年的水泥窑协同处置危废项目正在办理相关手续。

（3）压实责任，强化监管。一是强化责任落实。将固危废管理工作纳入各级各有关部门环保党政同责目标任务，强化督查考核，将责任落实到一线。二是强化网格化监管。通过网格化环境监管，将固危废日常监管巡查向纵深推进，不留监管死角、不存巡查盲区，着力构建横到边、纵到底、点到位的责任体系。三是强化环境信用监管。将全市重点涉危行业、危废处置企业等纳入环境信用评价，投资 169.7 万元，在全省率先建成市级环境信用评价系统平台，实现全市涉危企业信用监管全覆盖。四是强化教育培训。以“全域+专题”培训的形式，培训企业负责人、基层环保人、部门管理人 500 余人次；同时，注重一线指导，在日常环境监察中，执法人员将危废管理规定印送至企业，并耐心讲解工作流程，解读法律条款，提高企业守法意识。

（4）高压严打，守住底线。一是严厉打击固废领域环境违法行为。始终保持对固废领域环境违法行为“零容忍”高压态势，全市办理涉危废案件 28 起，处罚金额 270 万元。二是强化行政执法与刑事司法联动。健全执法联动、重大案件会商督办、司法移交等工作机制。截至 2018 年年底，共向公安机关移送案件 30 件，犯罪移送 2 件。三是严守长江出川最后一道防线。委托生态环境部华南科研所对石化、酿造等产业集中区域和 35 家重点风险源企业开展环境风险评估和隐患整治，并对整改情况开展后督查，切实提高环境风险排查整治的专业化水平。“7·3 内江化工原料桶冲入沱江事件”发生后，第一时间启动应急预案，第一时间派人员科学妥善处置，有效防止了危险废物次生环境灾害。联合公安机关成功查处纳溪龙云废旧收购、销售涉嫌非法排放有毒物质案件，移送检察院提起刑事诉讼，正在对废弃化工原料桶进行危险废物鉴定。

三、工作成效

按照“减量化、资源化、无害化”工作要求，始终坚持多措并举，保持高压严打态势，一以贯之抓好固危废管理工作，总体形势平稳可控，未因管理不规范引发重特大突发环境事件。2018 年，坚持以“零容忍”态度严打生态环境违法行为。全市共查处环境违法行为 309 件，处罚金额 4 011 万元，实施配套办法 97 件，其中，按日计罚 3 件，查封扣押 20 件，限产停产 41 件，行政拘留移送 31 件，犯罪移送 2 件。市执法支队因办案质量高，表现突出，先后被评为全省和全国先进集体。

叙永推进矿山地质环境治理见实效

一、基本情况

叙永县矿产资源丰富，盛产优质无烟煤和硫铁矿，属于西南大型煤、硫矿区，其中无烟煤资源储量 16.4 亿吨，硫铁矿储量 15.5 亿吨，硫铁矿储量位居四川省第一。

在计划经济时期国有矿山企业泸州市叙永县落卜镇大树硫磺厂曾是我国的五大硫磺生产基地之一，为国家的经济建设做出过重大贡献。大树硫磺厂始建于 1951 年，于 2001 年政策性关闭，鼎盛时期企业的职工达到 1.1 万余人，最高年份所排放的硫金砂尾矿达到 200 吨。由于采矿初期，人们的生态环境意识薄弱，生产工艺落后，缺乏对生态环境的保护。长达几十年的矿山开采造成尾矿渣无序堆放，严重破坏地形地貌景观并压占了大量土地；土法炼磺形成酸雨使大片土壤酸化、森林植被破坏；地下开采形成采空区，地下含水层遭到严重破坏并形成较多地质灾害隐患，矿区面临的地质环境问题和矛盾十分突出。

二、做法与经验

（一）以生态文明建设为抓手，实现矿山地质环境治理机遇抢抓到位

建设生态文明，是关系人民福祉、民族未来的长远大计。为贯彻落实中央关于环境保护和生态文明建设的精神，加快解决我国计划经济时期历史遗留和责任人灭失的矿山地质环境问题，推进重点地区矿山地质环境治理，努力构建和谐社会，2012 年财政部、国土资源部下发了《关于组织 2012 年矿山地质环境治理示范工程有关事项的通知》（财办建〔2011〕168 号）。我县积极以此为契机，抢抓机遇，加快矿山地质环境治理。

（二）以政策机遇为抓手，实现矿山环境治理项目申报到位

获悉“中央财政将从 2012 年起，进一步突出重点，集中投入，集中连片解决对当地经济社会发展影响严重的矿山地质环境问题，启动实施矿山地质环境治理示范工程”这一政策和信息后，叙永县在省、市国土资源和财政部门的指导下，立即启动落卜片区硫铁矿矿山地质环境治理项目申报工作，成为 2012 年四川省唯一获财政部、国土资源部批准立项的矿山地质环境治理示范工程项目。

项目区位于四川省泸州市叙永县落卜镇，面积 15.068 平方千米，估算总投入资金 2.22 亿元，分三期实施。2012 年 5 月获得财政部、国土资源部批准启动，中央下达启动资金 8 000 万元，同时，省财政配套 500 万元。

（三）以生态环境为抓手，实现项目治理方案编制到位

为确保落卜片区硫铁矿矿山地质环境示范项目治理方案和措施科学合理、重点突出、切合实际，在项目实施方案的编制和施工图设计阶段，省国土资源厅多次组织专家到现场指导勘查工作。县委、县政府和市国土资源局多次组织有关部门与专家进行对接探讨、论证，征集汇总各方意见，对治理方案不断细化、补充、完善。

项目治理坚持“绿水青山就是金山银山”理念，统筹考虑项目区生态环境和经济社会可持续发展，通过优化矿区生态功能，以达到综合治理矿山地质和修复生态环境问题。针对磺烟和酸雨污染造成矿区土壤酸化、土地资源破坏问题，采取酸化土壤改良、土地整治等治理措施，有效提升耕地质量和粮食单位亩产量，充分缓解日渐紧张的人地矛盾；针对大量废弃矿渣无序堆放，造成地形地貌景观严重破坏和土地压占问题，采取客土复垦、林地生态修复等治理措施，有效整治废弃矿渣堆和新增耕地、林地，充分修复矿区景观地貌；针对地下采矿形成采空区，地下含水层破坏，导致地表水渗漏问题，采取疏干区人饮工程和修建蓄水池等治理措施，有效解决了当地群众饮水和土地抗旱保苗用水困难；针对矿区地质灾害易发、生存环境恶劣问题，采取地质灾害治理措施，消除灾害隐患，有效保护人民生命和财产安全；针对项目区基础设施建设落后、经济发展贫困问题，采取配套田间道路建设和特色农业种植，显著改善了当地交通运输条件，调整农业产业结构，有力促进当地群众创产脱贫。

（四）以项目管理为抓手，实现工程治理生态效益发挥到位

项目批准立项后，为高效推进项目实施和切实打造示范亮点工程，我县细化落实了责任和组织保障措施，成立了以县长为组长的项目领导组，领导组下设项目资金管理组和项目推进办，并列入重点民生工程进行目标考核、督查督办。

在项目监督管理上，一是进一步完善项目管理制度，在市财政局、市国土资源局指导下，叙永县制定了《叙永县落卜片区硫铁矿矿山地质环境治理示范工程项目管理办法》《叙永县落卜片区硫铁矿矿山地质环境治理示范工程项目管理补充规定》《叙永县落卜片区硫铁矿矿山地质环境治理示范工程专项资金管理办法》，确保项目有序推进；二是严格施工图设计变更，严格按照设计变更程序逐级报批，并申请省国土资源厅组织专家实地踏勘会商和变更报告评审；三是严格跟踪审计，按照审计部门要求委托有资质的审计单位进驻现场，提前介入项目的审计工作；四是严格纪律逗硬奖惩，项目实施期间，项目推进办对施工单位实行奖优罚劣的激励机制，对违反项目管理规定和合同约定的单位罚款，全部用于奖励工程质量

控制成效突出、遵章守纪的项目承担单位；五是严格质量控制，项目推进办从县级各部门抽调相关专业人员，对施工现场进行不定期巡查，督促监理单位履职尽责，发现异常及时处理；六是严格进度控制，项目推进办实行工期倒排，定期组织召开项目推进会议，对工程建设中存在的问题及时会商解决；七是严格资金管理和使用，项目实施过程中，财政、审计部门多次组织人员，严格按照部、省、市有关规定对该项目资金管理和使用情况进行专项检查，确保项目资金专款专用、合规使用。

三、工作成效

通过实施叙永县落卜片区硫铁矿矿山地质环境治理示范工程，落卜片区矿山地质环境问题得到有效治理，矿区生态环境及当地群众的生产生活条件得到显著改善。同时，当地政府整合发改、住建、国土等多个部门的其他项目资金约 7 500 万元，在项目区及周边实施了石漠化综合治理工程、建设安置幸福小区、苗木花卉生态示范园、工矿废弃地复垦利用试点项目等一系列配套工程，进一步改善项目区生态环境和促进后续产业的发展，切实提升了工程示范效应。本项目的实施成效主要体现在以下六个方面：

（一）地质灾害治理工程

完成马鞍山危岩崩塌等 11 处地质灾害治理工程，保障了 11 处地质灾害危险区内 119 户 602 人的生命和财产安全，彻底将地质灾害频发的恶劣环境改变成适宜人居的良好环境。

（二）土地复垦改良

通过土地复垦、酸化土壤改良等措施整治废弃矿渣堆，新增耕地 12 公顷，提升和恢复了 454. 63 公顷低效利用的耕地质量，使项目实施区群众 1. 4 万人从中受益，充分缓解了日渐紧张的人地矛盾。

（三）水利工程

通过配套完善治理区水利工程设施，兴建蓄水池、泵站及配电设施等供水系统，解决了项目实施区内 1 253 户 6 573 人的生活用水困难问题，并新建 38 口蓄水池，整治 6 口山坪塘，解决了项目区 80 公顷土地抗旱保苗用水问题。

（四）道路交通工程

通过配套田间道路建设，新建和整治田间道路 36. 05 千米，显著改善了当地交通运输条件和耕作条件，促进了当地人员流动、物资流通。

（五）特色农业种植

通过在项目区内适宜区域套种核桃 358. 78 公顷计 103 599 株，高粱、冰脆梨、李子等经济作物 3. 77 公顷计 1 969 株，当地群众受益人数达 10 860 人，有力地促进了当地群众增产增收。

（六）生态修复和矿山公园工程

通过生态林地修复，栽种香椿、竹子、洋槐树等苗木新增林地 229. 84 公顷，切实提高森林植被覆盖率，实现了植被护坡并减少水土流失。同时，该项目充分结合当地场镇建设，对废弃矿渣堆的整治场地进行园林绿化改造，分别在落卜镇河东、河西片区构建了 30 余亩的矿山公园，将荒废的矿渣堆改造成绿水青山，改善了项目区地形地貌景观和人居环境，获得了良好的生态效益，受到了叙永县广大群众的大力支持和拥护，大力推动了叙永县经济和谐发展和生态文明建设。

名山区探索创新农村生活垃圾分类处理“高岗村模式”

雅安市名山区聚焦乡村振兴规划试点重点难点任务，以解放乡高岗村探索农村生活垃圾分类处理机制为突破点，形成以组织带动为引领、以源头减量为核心、以常态管理为基础的农村生活垃圾“户分类、村收集、乡运输、县处理”模式，走出了一条可操作、可复制、可持续的城乡环境治理的好路子，实现了农村人居环境从“脏、乱、差”到“净、畅、丽”的转变，当地群众依托生态优势开起“农家乐”“茶家乐”，发展第三产业，乡村旅游发展已初见成效。2018 年 7 月 10 日，省委书记彭清华在名山区解放乡调研时高度评价农村生活垃圾处理模式，要求总结经验并全面推广。此项工作的经验报告被《四川改革动态》刊用，省级主流媒体四川卫视、《四川日报》头版头条对该模式进行了宣传报道。

一、以组织带动为引领，发挥群众主体作用，变垃圾治理“被动看”为“主动干”

一是突出“民意”引领。针对群众反映强烈的垃圾池臭气熏天、垃圾外溢二次污染等突出问题，将环境综合治理作为民生“一号工程”抓紧抓实，通过多次召开村两委会、党员大会、村民代表大会、村民小组会议等会议，广泛征求群众意见和建议，决定坚决消灭“垃圾池污染”，把村内所有垃圾池全部彻底拆除，倒逼农村生活垃圾治理。二是突出“宣传”引领。开展“环境卫生人人参与·美好环境家家受益”等主题宣传活动，制作内容通俗易懂、群众喜闻乐见的宣传单，组织村组干部、党员、老干部、技术员等队伍，依托“农民夜校”等载体，进组入户以院坝会、户长会等形式宣传垃圾分类知识，倒逼群众提升环保意识和自主垃圾分类知识。三是突出“权利”引领。按照群众意愿，每户每年主动出资 100 元垃圾清运费，村委会制定相关财务制度，专账专用，实现一年一交、一年一结算，收支情况全面公示、公开透明，倒逼群众提升监督的“权利”意识，加强对资金使用情况的监督。

二、以源头减量为核心，创新垃圾分类机制，变垃圾处理“二次污染”为“无害化”

一是实行“三分类”归类。结合村组实际，推行农村生活垃圾“三分类”归类：第一类为可回收、可利用的垃圾，如有机垃圾、建筑垃圾等，不能装入垃圾收集袋；第二类为不可回收、需深埋做无害化处理的垃圾，如动物尸体等，不能装入垃圾收集袋；第三类为不可回收的垃圾，无须做无害化处理的垃圾，如玻璃类、塑料类等，装入指定垃圾收集袋。二是实行“三分类”处理。按照要求“三分类”归类后的农村生活垃圾分门别类处理：针对第一类生活垃圾，将有机垃圾放入茶园果园作为有机肥料，将建筑垃圾用于建房、填方、补路等建设，将废旧物品变卖换钱或废物利用。针对第二类生活垃圾，进行深埋、做无害化处理。第三类生活垃圾，必须放入指定垃圾收集袋，由清运员定时定点清运。三是实行“三分类”服务。实行“日清扫、周清运”固定服务，分别在周一到周六，依次分别清运 6 个村的垃圾。实行村干部示范服务，模范带动左邻右舍主动进行垃圾分类。实行党员贴心服务，每周一至周六，村支部书记、值班村干部亲自陪同垃圾清运员挨家挨户收垃圾，督促垃圾分类，亲手示范分类，做好“传帮带”。通过“垃圾分类、源头减量”实践，全乡实现垃圾清运成本和垃圾量双减，其中垃圾量农户源头减量 2/3，清运员工作量均减少了 2/3 以上。

三、以常态管理为基础，建立长效监督制度，变垃圾分类“被动要求”为“主动自觉”

一是建章立制促规范。将农村生活垃圾分类纳入“村规民约”，将门前“五包”（包卫生、包绿化、包秩序、包设施、包文明）制度以责任落实到户，开展“五乱”（垃圾乱扔、广告乱贴、摊位乱摆、车辆乱停、工地乱象）监管，不留死角，实现网格监管。二是考核激励生动力。每月开展“爱美二七”评比活动，每季度开展“洁美家庭”评比活动，每年开展“生态文明户”创建活动。每季度评选 10 户“季度环境卫生示范户”，年终评选 10 户“年度环境卫生示范户”，全村公示，发放奖品，有效激发群众主动自觉参与环境治理内生动力。三是常态监督见长效。采取“三位一体”监督常态长效管理，即农户监督清运员是否按时清运、是否保证清运质量，村两委按照“扫干净、码整齐、有归栏”的要求监督督促农户是否持之以恒、是否养成垃圾分类好习惯，垃圾清运员监督农户是否按规定对垃圾进行分类并可以拒收。通过“三位一体”环环制约、相互监督，有效推进垃圾分类，提升环境治理。

什邡市发扬愚公精神 变灰色记忆为绿色希望 开展磷石膏堆场综合整治

磷石膏安全堆存和综合利用属于世界性难题，也是造成沱江水污染的重要问题。2017 年，中央环保督察组指出沱江水污染问题后，什邡市委、市政府直面问题，进一步强力推动，以愚公移山的决心打响磷石膏堆场综合整治攻坚战，通过强化顶层设计、源头管控、堆场整治等措施，多渠道为磷石膏“找出路”，让“渣区变景区”“废物变宝物”，最终形成磷石膏治理“什邡模式”，成为什邡绿色发展的见证。

一、基本情况

四川省什邡市磷矿资源丰富，其磷化工产业从 20 世纪 60 年代开始起步，为四川经济发展做出重大贡献。但是，由于缺乏有效技术，产生的磷石膏难以利用，经过几十年积累，形成磷石膏堆场 7 个，堆存量达 2 380 万吨。由于企业、堆场沿江分布，“三防”措施差及滑坡垮塌风险等因素，带来一系列环境问题，特别是对水生态环境造成了影响。

2017 年中央第五环境保护督察组向四川反馈意见时指出：沱江是长江重要的一级支流，由于长期不合理开发利用，导致水资源、水环境、水生态问题叠加显现。

四川省整改方案明确：实施德阳市磷污染减排攻坚行动，并将磷石膏堆场列入全省十大突出环境问题进行重点整治。

穿心店磷石膏堆场整治前

二、做法与经验

什邡市委、市政府直面问题，立下愚公志，打响了磷石膏堆场综合整治攻坚战。

攻坚任务强化顶层设计，做到“对症下药”。什邡市委、市政府成立了磷石膏问题治理攻坚组，采取“一堆一策”“一人一堆”推进整治。什邡市委、市政府委托四川省环境保护科学研究院编制“1+7”整治工作方案，根据不同堆体和不同治理主体，分别采取远期封场、中期封场利用和近期规范取矿综合利用三种治理方式，把准脉、开对方。一个市领导负责一个堆场，治理任务定人、定时、定责，负责部门组织协调，开展定期调度督查，不断压实责任，及时传递压力，强化协同整改。

排除隐患强化规范整治，实现“防渗增绿”。对还在使用的堆体开展规范整治，实施削坡、覆膜、盖土、植绿，做好渗漏液收集，建好挡墙、截洪沟，全方位开展综合治理。以穿心店磷石膏堆场为例，将堆场治理、地震遗址公园打造和沿山旅游开发一体推进，综合整治成效明显。首抓削坡减压防风险，实施堆场削坡排险工程，堆放磷石膏各层之间设置运输平台，严防垮塌。截至 2018 年年底，挖、填磷石膏约 163 万立方米、削坡 28 万平方米，新建河道挡墙 1 510 米。其次科学盖膜导流除污染，对堆体整体覆盖防渗膜和防尘网，严防雨水渗入堆体，避免扬尘污染。截至 2018 年年底，磷石膏堆体覆膜 22 万平方米，覆土 17 万平方米，建成渗滤液收集沟 3 500 米。最后创新覆土植绿造景观，集中整治后的堆场覆土、种草、增绿，着力打造一个体育休闲公园。

穿心店磷石膏堆场整治中

严控增量强化监督管理，实现“消增削存”。坚持“禁、限、退”三力齐发，从源头上严控增量、削减存量。不再新上涉磷化工企业和涉磷石膏产生项目，不再审批新增磷石膏渣场用地，全面停止磷矿开采。限制涉磷企业新增产能，对产消不平衡、存量到期未能处理利用的，实施限产或停产。近年来，已先后关闭临江化工、蓥峰实业、蓝剑农化等7家磷石膏产生企业，涉磷石膏企业减少至4家，磷石膏年产生量从高峰期的236万吨下降至2018年的79.16万吨。鼓励磷化工企业研发推广先进技术，由粗加工向精细化加工转型。目前每生产1吨产品，磷石膏产生量从2012年的3吨降至目前的2.5吨。

产消平衡强化综合利用，实现“变废为宝”。以大规模利用和高附加值利用为方向，全面提高综合利用水平和效率，促进磷石膏综合利用产业化发展。目前，全市有宏达股份、泰山石膏、华磷科技等8家企业对磷石膏进行综合利用，年消化能力310万吨，产品包含建筑石膏粉、水泥缓凝剂、石膏板等，其中磷石膏纸面石膏板和磷石膏制高强板产品市场前景良好。2018年什邡市实际消耗磷石膏142.41万吨，消大于产，全市磷石膏堆存量逐年减少。

三、工作成效

经过近两年努力，什邡市7处磷石膏堆场已基本完成整治。随着整治工作的推进，环境效益已逐步显现。穿心店磷石膏堆场整治完成后，已实现“渣山变景区”，成为典范。该堆场整治启动后，其下游1千米处石亭江高景关断面总磷浓度总体呈下降趋势。宏达磷石膏堆场治理完成后，堆场周边地表水总磷监测结果显示，对周边地表水未见明显影响。什邡市磷石膏综合利用率已达180%，高于全国140%；2018年，石亭江高景关断面水质全面达标，石亭江金轮断面总磷浓度较2017年下降64.4%，消除劣Ⅴ类水体。2018年4月，全国磷化工行业污染防治及资源化利用技术措施现场培训会在德阳召开，来自全国10个省（市）的环境保护部门代表、磷化工企业代表到什邡交流学习。

穿心店磷石膏堆场整治后

整治是还历史欠账，发展是可持续的恒动力。什邡还在磷石膏综合利用上深化探索，培育了泰山石膏、华磷科技等企业，将磷石膏资源利用产品化的同时，以生态手法修复磷石膏堆场，把工业遗存融入绿色自然，工业旅游促进循环效益，形成磷石膏治理“什邡模式”，成为什邡绿色发展的见证。

绿色产业

成都市推进文体旅商农融合
高质量建设天府绿道

一、基本情况

为深入贯彻党的十九大精神和习近平生态文明思想，成都市积极践行五大发展理念，坚定落实习近平总书记来川视察时对成都提出的“特别是要突出公园城市特点，把生态价值考虑进去”重大要求，高起点、大手笔启动天府绿道规划建设，着力打造覆盖城区、贯穿全域的绿道系统，构建支撑城市绿色发展的功能体系，以天府绿道为重要抓手，加快推进美丽宜居公园城市建设。截至2018年年底，全市已累计建成绿道2 607千米，三级绿道体系加快串联成网，天府绿道正在成为城市绿色发展的靓丽名片。

二、做法与经验

（一）践行新理念，系统推进绿道规划建设

在谋划和推进天府绿道建设过程中，成都市坚持以人民为中心、以生态为本底、以产业为支撑、以田园为基调、以文化为特色，按照充分彰显成都生活城市特质、培育未来可持续发展动能、回应市民美好生活向往的要求，以及建设大生态、构筑新格局的思路，梳理市域11 534平方千米生态基底和2 800平方千米城乡建设用地情况，规划建设总长约1.69万千米的天府绿道。结合“双核联动、多中心、网络化”城市格局和“两山两环两网六片”生态禀赋，顺应自然肌理，形成以“一轴两山三环七带”区域级绿道为骨架，城市级绿道和社区级绿道相互衔接的三级绿道体系总体布局，努力再现绿满蓉城、花重锦官、水润天府的蜀川画卷。

天府绿道建设

（二）植入新功能，构建多功能复合综合体系

通过串联生态景观资源、公共服务设施及交通枢纽，打造生态景观、慢行交通、休闲游览、城乡融合、文化创意、体育运动、景观农业、应急避难八大功能，大力推行“绿道+”模式，构建绿色生态、交通、功能、生活和产业五大体系。

（1）绿道+生态保育。已通过绿道串联起 1 113.79 平方千米的市域“生态区、绿带、公园、小游园、微绿地”五级绿化体系和碎片、隔离、零散的自然生态斑块，整合为相对完整的绿色空间系统，持续保育和恢复绿道及周边地区生态环境，不断提升区域生态环境品质和绿道可达性。

（2）绿道+场景营造。推动绿道建设发展与社区生活、公共空间、乡村振兴、生态治理融合，用市场化模式吸引企业参与，用共建共享理念吸引社会参与，大力营造锦城绿道江家艺苑、锦江绿道江滩公园等一系列以生态为本底、多功能复合的消费场景、创新场景和文化场景，全面增强绿道的综合效益。

（3）绿道+慢行服务。坚持“以轨道交通引领城市发展、以绿道体系引领城市生活”的理念，实现公共交通与慢行系统有机融合，形成“快慢结合、便捷顺畅”的交通衔接网络，已建成的 2 607 千米绿道初步呈现了让群众“慢下脚步、静下心来”享受生活的场景，为城市节奏“降速”、为市民生活“增温”。

（4）绿道+产业发展。统筹绿道体系规划和全市 66 个产业功能区规划，用绿道串联创新文化、前沿科技和商业模式等新经济特色因子，增强绿道与周边产业功能区、农业园区互动性，形成产业功能区生态圈和绿色生活圈的良性互动，推动绿色价值全面转化，实现产业经济发展与城市诗意栖居共生共荣。

（三）采用新模式，保障投资建设营运可持续

在保护利用现状资源基础上，充分发挥“有为政府”和“有效市场”的作用，坚持“政府主导、市场主体、商业化逻辑”的理念，确保绿道建设营运可持续。

（1）充分保护利用现状资源。一是深入挖掘绿道山水自然和历史文化资源禀赋，结合川西林盘保护和修复，进行差异化打造，突出地域特色，传承巴蜀文明。二是进行细致的实地踏勘工作，充分保护利用现状资源，少拆多改，避免过度设计、过度建设。三是制定《乡村道路绿道化改造导则》《成都市川西林盘保护利用建设技术导则》，对原有乡村道路进行绿道化改造，结合林盘保护，进行乡村“景观化、景区化”建设。

（2）完善政府规划政策引导机制。一是市级主管部门、区（市）县政府创新性开展工作，制定引导性政策，优化配置资源，国有公司持有相应资产，确保项目的基本公共服务功能。二是注重多规融合，把绿道规划与土地利用规划、农业产业规划、城市特色镇规划进行有机融合，成组成团集中布局，放大区域效益，通过绿道促进功能提升、业态转型、空间品质和区域价值整体提升。三是探索建立三级绿道的科学评估体系，构建常态化项目全覆盖的考评机制，每年向社会发布评估报告，接受社会监督。

（3）建立专业化投资建设营运机制。广泛引进市场主体参与建设营运，建立政府监管、公司化管理、专业化营运的体制机制，提高营运管理水平。相关部门成立了天府绿道公司，负责锦城绿道的投资、建设和营运，不断完善运作机制，并推动天府绿道公司上市，进行专业化、市场化运作。

（4）促进文体旅商农产业融合。通过绿道建设完善城市公共服务设施，在确保基本公共服务基础上，植入商业功能，融合文体旅商农相关产业，满足群众多样化需求，平衡营运成本，营造高品质生活场景和消费场景，把绿道的生态价值转化成经济价值、社会价值和人文价值，提高绿道的综合效益。梳理绿道建设案例，总结绿道项目在引入社会资金参与绿道建设、文体旅商农融合和区域协同发展等方面的经验，编制《天府绿道文体旅商农融合案例选编》，推广费省效宏的做法。

三、工作成效

第三方机构戴德梁行发布的天府绿道项目已建成区域综合评估报告认为：“天府绿道在全国范围内具有创新性、示范性、引领性，已在生态保障方面发挥较大作用，在推动成都文体旅商农融合、区域协调发展、引领城市新的生活和发展方式上也已初见成效。”

（1）规划成型。以构建高品质生活场景和新经济消费场景为目标，按照“可进入、可参与、景观化、景区化”理念，形成与城市战略目标和发展阶段相适应的总体规划，相关部门编制印发了《成都市天府绿道建设导则》，为天府绿道体系建设提供了科学指导。

（2）建设成网。相关部门大力推进重点示范工程建设，“一轴两环”中建成

102千米熊猫绿道并向市民开放，锦城绿道建成180千米，锦江绿道开工建设101千米，全市建成各级绿道2 607千米，区域级绿道、城区级绿道、社区级绿道三级绿道体系正加快串联成网。

（3）功能成链。相关部门植入了2 191个文商旅体设施，启动了1 080处并已建成了370处各类基本公共服务设施，启动了100个川西林盘保护与修复工作，初步形成了40万亩的景观农业，生态增绿、慢行系统、休闲游览、文化创意等功能推陈出新、全面突破，猛追湾—合江亭旅游街区、天府芙蓉园、江家艺苑、江滩公园等特色街区形成了慢行交通、文化展示、体育健身、生态景观等场景功能和时尚消费、文化创意、流量经济、共享经济等新兴业态。特别是锦江绿道江滩公园、毗河绿道音乐文创公园等消费场景、商业模式全面植入，绿道经济初步成势，可持续发展内生动力初步显现。以绿道为脉络的城市功能体系和生活场景正在逐步形成。

（4）营销成势。相关部门组织开展国际友城雕塑展、“向东跑·去跨年”等国际性自主IP活动，策划实施“寻找锦城绿道天才玩家”“天府绿道研习游”等营销活动，策划开展了元旦、春节等一系列节庆主题活动，巧妙植入绿道元素，强化市民参与，天府绿道品牌显示度和影响力持续扩大。

洪雅县专注绿色有机农业 做强产业 助力乡村振兴

洪雅县是国家生态县、全国生态文明示范工程试点县。近年来，洪雅县依托自身实际，找准突破方向，大胆改革创新，调整农业产业布局，做靓绿色有机品牌，探索出一条独具特色的现代绿色农业发展之路，实现了“生态美”与“百姓富”的有机统一，为乡村振兴奠定了坚实的产业基础。

一、生态循环构建绿色有机产业体系

在中保镇种养循环现代农业产业园区，一个个蔬菜大棚整齐排列，宽阔的生产便道、笔直的田间道纵横交错，清澈的溪水在水渠里缓缓流淌，三三两两的工人正使用管道向田里喷洒沼液。

“园区内每隔50米便设有一个有机沼液肥输送管道接口，沼液是从东岳镇蒙牛现代牧场产生的粪便经沼化处理后，通过输送管道以全密闭方式跨过青衣江直接送到田间地头，农民可以随时取用，真正实现了‘畜—沼—田’循环综合利用。”该园区相关负责人介绍，园区巧妙地将种植业和养殖业有机高效结合在一起，解决了养殖污染，减少了化肥用量，提高了产品质量，真正实现了绿色、生态。

作为全省现代农业示范县、全省畜牧业重点县，要实现生态建设的目标，重中之重就是解决农业面源污染问题。为此，自2011年以来，洪雅县便开始坚持“种养平衡、循环发展”的理念，以现代牧场为突破口，积极探索沼液种粮、种草、种菜等循环发展路径，投资6 000余万元，撬动社会资本超亿元，铺设管道600多千米，建成种养循环示范区6万亩，每年可消纳沼液35万吨，既解决养殖污染问题，又变废为宝促农增收，成为全省循环经济典范。

田间收菜

“通过种养循环，洪雅在畜禽养殖粪污利用上找到了一条绿色发展的好路子，实现了‘一突破、二降低、三促进’。”洪雅县农牧局相关负责人介绍，“一突破”：突破了畜牧业污染治理难的瓶颈；“二降低”：降低了化肥使用量，循环园区基本实现了化肥零施用，降低了农业生产的劳动力成本；“三促进”：促进了种植业的绿色发展，促进了农民增收，促进了生态改善，确保了农业面源污染治理到位。据测算，该县种养循环示范区农业经营每年每亩节本增收约500元。

美丽的田园风光

不仅如此，洪雅县还紧紧围绕“产出高效、产品安全、资源节约、环境友好”的农业发展要求，大力推进高标准农田建设，夯实现代绿色农业发展基础。目前规划有机茶生产基地25 000亩；在中保镇、三宝镇、瓦屋山镇、高庙镇规划建设有机蔬菜基地5 000亩；在中保镇、洪川镇建有机藤椒生产基地3 000亩；在中保镇、东岳镇建有机水稻生产基地2 000亩。

二、瞄准高品质叫响绿色有机农业品牌

茶叶是洪雅县的主导产业，也是农民增收致富的支柱产业。2017年，洪雅农村居民人均可支配收入达15 813元，其中仅茶叶一项就贡献了5 600元。

经过多年的发展，目前洪雅茶园达到28万亩，面积位居全省第二。然而，洪雅茶产业仍然面临着品牌不响、产品附加值不高的问题。如何破局？洪雅县按照省委十一届三次全会“打造食品饮料万亿级支柱产业”的战略部署和市委、市政府关于打造“一杯茶”工程的要求，瞄准高品质，在生态和有机上做足文章。

“要做到高品质，安全是前提和保障。”洪雅县农牧局负责人介绍，洪雅主要从三个方面保障茶产品的质量安全。政策上，强化引导，2018年初以县委、县政府名义出台了《关于全县范围内严格控制化肥和化学农药使用　全面推广有机肥和生物农药的意见》，并对申报绿色、有机的茶叶基地在认证费用上给予补贴；技术上，大力推广绿色防控技术，全面开展有机肥替代化肥、生物农药替代化学农药两大行动；管理上，依托专业公司开展社会化服务，让管理更专业、更科学、更有效。

在此基础上，该县紧扣供给侧结构性改革，适应市场打造高品质茶叶。经过几年努力，洪雅全县有机茶认证面积已达7 800亩，雅雨露黄甲山茶业基地更通过了欧盟、美国、日本和国内的有机茶认证。该县农牧局负责人表示，为更好地发挥资源优势，下一步，洪雅县将大力发展绿色有机高端茶园，3年内建成有机茶基地5万亩、认证有机茶3万亩，力争建成全省有机茶第一县。

茶园风光

事实上，茶产业走高品质发展之路只是洪雅农业产业转型提质的一个缩影。截至2018年年底，洪雅全县已有12家企业、26个产品通过有机产品认证，有机产品认证面积近万亩，并成功创建国家有机产品认证示范区，是眉山市唯一一个国家级有机产品认证示范区创建县。坚持高品质发展、品牌化营销，有效促进了洪雅的生态优势转化为产业优势，也促进了洪雅由“农产品大县”向“农产品品牌大县”转变，为乡村振兴提供了有力的产业支撑。

荣县扎实推进长江上游丘区生态循环农业绿色发展样板区建设

自贡荣县是第一批国家农业可持续发展试验示范区。全县以全面实施乡村振兴战略为契机，全县上下按照“建基地、集技术、强机制、优环境、升品质”的建设思路，积极推广“345”农业绿色发展模式，突出“生态循环农业、优美田园风光、幸福美丽新村、农民生活富裕”的重点，科学谋划、精心部署、攻坚克难，扎实推进试验示范区建设。

一、统筹谋划，完善农业绿色发展政策创设

一是制定激励扶持政策。相关部门制定了《荣县水环境生态补偿办法（试行）》《关于制定高山镇团结水库等灌区农业供水价格的通知》《关于荣县农业水价成本监审报告》《关于印发荣县信用保证保险贷款管理办法的通知》《关于进一步规范农业保险承保理赔有关工作的通知》等一批与农业绿色发展相关的农业用水、金融保险等扶持政策，加大资金整合力度，全面推进示范区重点工程建设。二是制定资源保护制度。为加强森林资源保护管理，相关部门印发了《关于全面建立保护发展森林资源目标责任制的通知》。为加强农业空间管控，相关部门印发了《荣县建立粮食生产功能区和重要农产品生产保护区的实施方案》。三是制定环境整治政策。相关部门出台了《荣县 2018 年农村环境综合整治实施方案》《荣县 2018 年全县化肥农药零增长实施方案》《荣县 2018 年农药减量控害零增长工作方案》《荣县农膜科学使用促进农田残膜回收利用实施方案》《荣县秸秆资源综合利用实施方案》。四是完善绿色宣传制度。相关部门印发了《关于 2018 年公共机构节能宣传周和低碳日活动安排的通知》，深入开展节能宣传周活动和全国低碳日宣传活动。五是目标考核制度。相关部门印发了《关于 2018 年度环境保护党政同责工作考评细则的通知》《荣县环境保护局行政约谈办法》，全面推进生态文明建设和环境保护工作。

二、强化措施，推进试验示范区建设

一是领导重视全面部署落实。县政府成立了创建国家农业可持续发展试验示范区建设工作领导小组，负责试验示范区建设的组织管理与协调工作。自开展试

验示范区创建工作以来，政府主要领导亲自抓申报、创建、评估、建设等工作，专题研究试验示范区的目标点位、特色产业、建设内容、重点项目、配套制度等事项，并形成了部门和乡镇责任清单。二是规划引领明确重点任务。邀请四川农业大学、农业部沼科所、省农科院及省、市农业部门和规划部门专家到荣县指导，把保护或恢复生态环境放在第一位，加强生态环境监测，稳步推进农业开发。在试验示范区工作领导小组的领导下，通过协调发科、农工委、财政、农、林、水、规建、国土等部门，将农业可持续发展试验示范区与现代农业、现代林业、现代牧业融合示范区等规划进行统筹，实现多规同一，并结合远期目标突出近期任务。围绕农业产业、资源环境、农村社会三个方面的可持续，重点开展“12345”五大方面建设。一优化：优化农业发展布局。划定优化发展区、适度发展区和保护发展区，做大做强“1+4”生态循环农业园区。两保护：保护水土资源、保护种质资源。三治理：农业面源污染治理、产地土壤污染治理和农村人居环境治理。四提升：提升生态环境、提升生活质量、提升融合水平、提升品牌效益。五支撑：制度、政策、科技、人才、监管支撑。三是统筹协调落实推进措施。坚持以实施项目为抓手，方案汇集了项目 54 个，总投资金额 204 亿元。为争取项目落实落地，各储备项目由牵头单位负责编制项目建议书，及时报对口省市部门备案，同时反馈备案情况，形成强大的争取项目合力。邀请农业农村部农业生态与环境保护总站和四川省宅院为技术指导单位，还成立了农业可持续发展专家委员会，专家成员涵盖了农业、财政、水务、林业、国土、环保、交通、气象等各行各业的专家，为农业可持续发展提供科学咨询。将试验示范区三年工作方案的任务和责任分解发到各部门和乡镇，并纳入全县农业农村工作绩效考核内容，县委农工委、县农牧业局会同县目标督查办公室开展专项督查。

三、突出重点，绿色发展取得实效

一是农业生产方式进一步转变。完成 55 万亩粮食生产功能区和重要农产品生产保护区划定任务。优势特色产业不断壮大，已初步建成“1+4”优势特色产业园。已创建成 5 个国家级畜禽标准化示范场、16 个省级示范场，畜牧标准化率达到 70%以上，农业标准化率达 45%，粮经融合示范区 20 万亩。二是产业发展基础进一步夯实。全县建成高标准农田 33 万亩，新建及整治灌排渠 293 千米，小型水利工程 2 542 座，新建及整治机耕路 817 千米。农田灌溉水有效利用系数达到 0. 42。农机总量达 18. 5 万余台套，农机总动力达到 35. 4 万千瓦。三是产地环境保护进一步强化。建立 IPM 绿色防控示范区，粮食作物（水稻、玉米）核心区 9 200 亩，辐射带动面积 21 万亩以上，核心区减少农药用量 30%，辐射带动区减少农药用量 20%。推广测土配方施肥面积 130 万亩。全县粪污处理设施装备配套率达到 85%，粪污资源化利用率达到 80%，病死畜禽无害化处理率 100%，秸秆利用率 90%。四是新型经营主体带动能力进一步增强。培育新型职业农民共计 408 人。其中培育现代青年农场主 10 人，农业职业经理人 12 人，结合“1+4”主导产业和特色产业基地，培育新型农业经营主体带头人 356 人，培育社会服务型人才 30 人。受训农民增强了致富的本领，涌现出了大批典型案例，建立新型职业农民科技示范园 30 多个。新发展专业合作社、家庭农场 120 个，新增省级家庭农场示范场 4 家，推荐省级示范专业合作社 5 家。五是农产品安全进一步得到保障。通过省级农产品质量安全监管示范县三年资格复审考核。全年抽样检测农产品 549 个，合格率均为 100%。乡镇对辖区内农产品开展农残速检及“瘦肉精”等检测，合格率 100%。

宣汉县积极推广农村“三沼”生态循环模式

“三沼”即沼气、沼渣、沼液，农村“三沼”生态循环模式，采用“猪（牛）沼果”“猪（牛）沼菜”“猪（牛）沼粮”等方式，将猪场或牛场粪污进行沼气化处理后，沼气供周边农户和养殖企业使用，沼渣沼液由果园、菜园、粮食生产基地消纳利用，做到沼气不排空，沼渣沼液不直排，科学综合利用“三沼”，有力推进节能减排、有效遏制畜禽粪污面源污染。

为深入贯彻落实习近平总书记“绿水青山就是金山银山”的重要理念，宣汉县农村沼气建设主动融入乡村振兴战略，积极探索农村生态环境与农村沼气产业发展模式，助推农村沼气脱贫攻坚专项扶贫建设。

一、基本情况

目前，达州市宣汉县有县级农村沼气服务机构 1 个，乡镇农村沼气服务站点 54 个，村组沼气网点 124 个，服务机构配置抽渣车 14 台、挂臂车 2 台、平板车 1 台、特种服务车 1 台、抽渣泵 1 440 台，从业人员 200 多名。建成农村户用沼气池 4. 8 万口，建大型沼气工程 8 处，建新村沼气集中供气工程 14 处，建地上式小型沼气工程 20 处、地下式小型沼气工程 78 处，建沼渣沼液储存池、中转池、田间池约 21. 5 万立方米，建沼渣沼液综合利用示范基地 32 处，沼液提灌 30 处，养殖废水人工湿地 200 处，架设沼液输送管网 20. 7 万米，年产万吨有机肥厂 2 个，规模养殖场粪污沼气工程配套率达 30. 4%。

二、配套措施

沼气工程建设采取三个模式，一是全混常温建设循环利用模式，即对养殖场所有的粪便、尿及污水，在常温下全部原料混合厌氧处理，产生的沼气供周边农户和养殖企业生活使用，沼渣沼液就近就地被果、菜、粮基地消纳。如南坝镇解放村等 13 处建设的省级新村沼气集中供气、98 处小沼和农村户用沼气池工程，项目建设资金分三部分，即中央、省级财政补助为主，养殖企业和“三沼”用户自筹作为补充。二是全混中温建设循环利用模式，即对养殖场所有的粪便、尿及污水，采用升温方式对原料进行厌氧处理，产生的沼气供养殖企业生产生活使用，沼渣沼液部分就近就地被果、菜、粮基地消纳，多余沼液部分易地循环利用，多余沼渣运往种植基地或有机肥厂。如宣汉大巴山牧业有限公司七里牧场等 7 处建设的大型沼气工程，资金来源包括中央补助、企业自筹两部分。三是分类常温建设循环模式，即尿和污水与鲜粪分别进行厌氧发酵处理，沼气集中后供场内外使用，沼渣当作商品销售，就近利用不完的沼液运往种植基地消纳。如明月乡重石村养牛场等 3 处建设的大小沼气工程，资金来源分为财政投入为主、养殖业主投入为辅两大部分。

沼气工程营运采用三种模式，一是村委管理模式。村委高度重视，建设单位将沼气工程移交所在地村委管理，村委落实专人负责运行、管理、维护沼气工程，将“三沼”经济收入扣除运行成本后，产生的收益归村集体经济组织。如南坝镇解放村等 3 处省级新村沼气集中供气工程建设完成后，因农户“三沼”使用积极性高，村将收取沼气费的 60%作为运行管理人员工资，扣除运行、维护等费用后，余下的收入归集体支配，村委组织村民和养殖场就近就地开展沼渣、沼液综合利用，减少了种植户化肥使用量、劳动投入量、农药使用投入量，提升了种植产品品质，增加了种植户收入。二是养殖企业管理模式。工程建设完成后，养殖业主确定出专人，对其开展专业操作、管理、维护培训，培训合格后，让其上岗负责运行管理维护，产生的“三沼”收入全部归养殖业主，产生的运行管护和人员工资由养殖业主全额承担。如红岭镇松岩村等 7 处省级新村沼气集中供气工程、98 处小沼，县明确沼气集中供气指导价，养殖业主确定出专人，负责沼气工程日常安全运行、维护和管理，沼气工程产生“三沼”经济收入归养殖企业。三是委托管理模式。工程建设完成后，委托专业合作社管理，沼气用户、养殖场、专业合作社共同确定好运行管理制度，明确职责分工，沼气用户规范科学安全用气，养殖场保障沼气工程所需原料，专业合作社负责沼气工程日常运行管理、安全检查排查、“三沼”综合利用等。如石铁乡池岸村等 3 处集中供气工程和 1 处大型沼气工程，养殖场无专业管理人员，而沼气用户承担沼气费用低，用气积极性高，沼气工程的“三沼”经济收入归委托者，受托者所产生的工资、费用由委托者承担。

三、推广情况

（一）农村户用沼气池

通过自建自管、自建代管、代建代管方式，推广农村户用沼气池 4.8 万口，地下式发酵池容积达 38.4 万立方米，年产沼气 2 764.8 万立方米沼气，年产沼渣沼液 28.5 万吨，近 16.8 万人使用上沼气，9.6 万亩种植基地利用沼渣沼液，有效供给了农村清洁能源，美丽了家庭居住环境，助推了庭院微循环经济健康发展。

（二）沼气新村集中供气工程

推广全混常温、中温等采用全混与分类处理相辅相成的方式建设省级新村集中供气工程 14 处，地上、地下式小沼工程 98 处，年产沼气 132.8 万立方米，集中供气农户达 2 000 户，为养殖场周边农户提供了大量的再生清洁能源，有效整治了畜禽粪污面源污染，改善了养殖场周边环境，带动了周边种植业大发展，提升了种植产品品质，区域循环经济带动效果显现。

宣汉县明月乡重石村沼气新村集中供气工程效果图

（三）大中型沼气工程

推广企业自主管理与托管相结合的方式，建设全混中温厌氧大中型沼气工程8处，年产沼气246.6万立方米用于厂区生产生活或发电，向周边500多户农户供气；年产沼渣5.76万吨、沼液11.52万吨，以就近消纳为主，易地循环利用为辅，为果园、菜园、粮食生产区等种植基地输送“有机营养”，开展沼渣沼液综合利用8万亩，平均每亩增收减支近200元。大型沼气工程的建设，撬动了大畜牧与大种植融合发展，种养全域循环经济得到全面提升，加速提档升级农业产业。

沼气建设带来的效益明显。一是能源效益。全县年产沼气3 144.2万立方米，为生产生活提供约1 048亿千卡的有效能，相当于12.5万吨原煤或15.7万吨薪柴（6.7万亩薪柴的产柴量）所提供的有效能。二是经济效益。农户使用沼气，可以减轻家务劳动强度，提升农村生产生活品质。沼气使用户每年还可减少燃料支出600元（按现煤价500元/吨计）；开展沼渣沼液综合利用，每口农村户用沼气池可为沼渣沼液使用户减少农药和化肥支出100元左右、发展种养殖业增收100~200元，沼气户年均节支增收800~900元。三是生态和节能减排效益。全县年产沼气3 144.2万立方米，可替代薪柴15.7万吨，使31.1万亩林地得到保护，减少水土流失47.1万吨。生态效果明显，减少二氧化碳排放817吨，节能减排效果十分显著。四是社会效益。通过农村沼气建设与畜禽粪污面源污染治理相结合，改变农村卫生环境状况，杀灭人畜粪便中的有害病菌和虫卵，遏制农村“脏、乱、差、臭”等，保护人们健康，促进美丽乡村建设和农村面貌改善；通过农村沼气建设与农村能源脱贫攻坚专项扶贫相结合，减少种植户劳动量，提高农产品品质，改变农民传统的生产生活方式，助力生态脱贫增效明显；通过农村沼气建设与种养产业融合，切实减少化肥、农药施用量，改良土壤提升产业，加速种养循环经济发展。

成都市创新金融生态培育机制构建绿色金融体系

一、基本情况

为加快全市经济向绿色化转型，动员和激励更多社会资本投入绿色产业，加快培育新的经济增长点，提升经济增长潜力，成都市将发展绿色金融贯穿于建设全面体现新发展理念的城市、建设美丽宜居公园城市、建设国家西部金融中心的全过程，着力构建“载体建设+政策倾斜+创新引导”的绿色金融发展生态培育机制，建立健全绿色金融体系。新都区作为成都市绿色金融发展载体，已成功申报四川省绿色金融发展试验区，成都市绿色金融发展逐步取得先行优势。

二、做法与经验

（一）建设绿色金融服务载体，形成绿色金融集聚优势

（1）重点打造绿色金融中心，推动机构集聚。根据成都市“11+2”特色金融功能区规划，新都区重点打造绿色金融功能区，集市、区两级政府合力，以新都区为核心打造绿色金融中心，围绕绿色金融发展的区位集聚特征与空间需求，高标准规划建设绿色金融专业服务机构集聚区，形成银行、证券、保险、基金、租赁、小贷、担保、评级评定等多元化主体集聚发展的绿色金融服务生态体系，方便绿色产业企业通过绿色金融中心得到“一站式”服务。以绿色环保集装箱为特色的成都绿色金融中心起步区建设已全面完成，兴业银行、四川联合环境交易所、锦泰保险等近十家金融机构的绿色金融专业服务中心实现入驻。

（2）设立绿色金融专营分支机构，推动服务集聚。全面调研绿色金融行业，支持和引导银行业金融机构整合内部资源，设立绿色金融专营分支机构、业务中心、绿色金融事业部，专司绿色信贷、绿色债券、绿色股权、绿色基金等金融服务，着力提升金融支持绿色产业发展专业性和精准度。积极推动兴业银行成都分行在新都区建立了绿色金融专业支行，专司绿色金融业务。同时，成都银行成立绿色金融团队对成都银行新都支行进行绿色化改造。

成都绿色金融中心共建联盟签约仪式

(3) 强化“产学研”联动支持，推动智力集聚。组建成都市绿色金融专业委员会和绿色金融实验室，打造成都绿色金融决策咨询智库，加强与中国金融学会绿色专业委员会和四川省金融学会的沟通协调，围绕绿色金融发展突出问题开展专题研究，提供决策咨询服务。现已组建了成都市绿色金融中心共建联盟，成立成都香城绿色金融控股有限公司，作为推进绿色金融中心建设的工作抓手。四川联合环境交易所和西南财经大学拟引入世界资源研究所或美国环保协会、清华大学环境学院共同建设成都绿色金融实验室。成都银行已启动绿色信贷业务标识的系统改造工作。

成都绿色金融中心

(二) 加大市区政策支持，形成绿色金融发展优势

(1) 政策引领，明确发展方向。根据四川省人民政府办公厅《关于印发四川省绿色金融发展规划的通知》(川办发〔2018〕7号) 等文件精神，按照推进低碳

城市试点和绿色金融有关工作专题会议要求，深入调研的基础上，学习借鉴外地经验做法，结合本地金融发展优势，成都市印发《关于推动绿色金融发展的实施意见》（成办发〔2018〕31 号），指导新都区完成了《成都市绿色金融中心专项课题研究报告》和《新都区绿色金融特色功能区建设实施方案》，明确了成都市绿色金融的发展方向和重点。

（2）财政支持，形成政策合力。加强财政金融互动，进一步加大财政支持力度，探索对绿色信贷和绿色债券予以贴息支持。落实绿色企业上市挂牌奖励政策，符合条件的绿色产业、项目库企业可按规定享受税收优惠。建立绿色企业、绿色项目认证补贴制度，推动形成支持绿色金融发展的政策合力，提高绿色投资社会认可度。成都市印发了《关于进一步加快建设国家西部金融中心的若干意见》（成委发〔2018〕10 号），对发行绿色债券的企业，给予单户企业最高不超过 100 万元的奖励；对绿色企业上市融资，分阶段给予最高 350 万元的奖励。新都区相应出台了《成都市新都区绿色金融发展若干政策意见》，健全绿色金融中心的支持政策体系。

（3）货币政策引导，加大新绿色信贷投放。探索将绿色信贷等纳入宏观审慎管理框架，充分运用再贷款、再贴现等货币政策工具，支持金融机构开展绿色信贷业务。探索制定差异化信贷管理政策，对绿色信贷规模达到一定比例的银行业金融机构，探索适当提高监管容忍度，引导金融机构加大对绿色产业的信贷投放力度。

（三）鼓励金融服务创新，形成绿色金融创新优势

（1）创新“绿票通”，降低绿色企业融资成本。针对绿色企业票据融资成本高的问题，会同中国人民银行成都分行营业管理部积极争取划拨单列再贴现规模，为绿色企业办理商业汇票（包括银票和商票）贴现，并享受优惠利率，优先倾斜于生态经济、循环经济、低碳经济等领域的中型、小微企业，并以放款速度快、融资成本低的优势，为破解绿色中小企业融资难、融资贵问题开辟了新途径。

（2）大力发展绿色直接融资，扩大企业融资渠道。建立成都绿色企业上市后备库，持续培育和推进绿色领域重点企业的上市申报进程，鼓励中小绿色企业在天府（四川）联合股权交易中心和新三板挂牌交易。2016 年 2 月以来，实现 4 家绿色企业在新三板挂牌。开展首届绿色债券推介会，推动金融机构发行绿色资产支持证券（绿色 ABS）、绿色资产担保债权、绿色收益支持证券，盘活绿色信贷资源，丰富绿色债券品种。

（3）创新环境权益类金融产品，助力低碳城市建设。围绕碳排放权、排污权、用能权、水权等环境权益交易创新开发金融产品。积极参与四川省用能权有偿使用和交易试点，推动成都平原经济区开展排污权交易试点工作。依托四川联合环境交易所，围绕“四个一”探索推进绿色金融相关工作，开展以“国家核证自愿减排量（CCER）”为主要交易品种的碳交易，开展“碳中和”试点、启动实施“碳惠天府”计划，支持锦泰财产保险公司结合碳交易启动绿色车险项目，助力成都市国家低碳城市试点建设。

年度大事记

四川省绿色发展2018年度大事记

1月

1月2日，省政府副省长杨洪波组织召开专题会议，研究部署中央环境保护督察反馈意见整改工作。

1月9日，省政府印发《四川省水资源税改革试点实施办法》，指出水资源税改革是保障水资源安全、落实最严格水资源管理制度的战略需要，对发挥税收杠杆调节作用、加强水资源管理和保护、推动形成绿色发展方式和生活方式具有重要意义。

1月10日，省委办公厅、省政府办公厅印发《贯彻落实省委经济工作暨全省金融工作会议重要部署责任分工方案》，要求扎实做好中央环保督察反馈问题整改，制定整改方案、明确整改责任、限期整改落实，推动省级环保督察常态化、制度化。

1月11日，省政府副省长、省落实中央环境保护督察反馈意见整改工作领导小组办公室主任杨洪波主持召开专题会议，研究落实中央第五环境保护督察组督察反馈意见整改方案，安排部署下一步工作。

1月16日，省政府省长尹力主持召开省政府常务会议，审议《四川省落实中央第五环境保护督察组督察反馈意见整改方案》。

1月17日，省政府副省长杨洪波赴国家环境保护督察办公室汇报《四川省落实中央第五环境保护督察组督察反馈意见整改方案》有关事宜。

1月18日，省政府办公厅印发《四川省绿色金融发展规划》，创建和完善四川省绿色金融创新体系和绿色金融市场体系，提供与环境风险、气候变化、低碳环保、可持续发展相关的保险产品和服务，有效发挥保险在经济补偿方面的有效作用，支持和促进四川省经济绿色发展。

1月22日，时任省委书记王东明主持召开省委常委会议，审议《四川省落实中央第五环境保护督察组督察反馈意见整改方案》。

1月25日，省政府办公厅印发《关于推进竹产业转型发展的意见》，提出到2022年，基本形成以川南竹产业集群和青衣江、渠江、龙门山三大竹产业带为支撑的现代竹业发展格局，建成竹业重点县40个，竹林基地稳定在1 800万亩，现代竹林基地突破 1 000 万亩，竹产品就地加工转化率和品牌覆盖率均超过 70%，竹旅游康养达到 5 300 万人次，综合产值达到 500 亿元，竹农人均竹业年收入达到 1 500 元。

2 月

2 月 1 日，长江经济带生态保护修复暨推动建立流域横向生态补偿机制工作会议在重庆召开，省政府副秘书长黄小平代表四川省与云南省、贵州省签订《赤水河流域横向生态保护补偿协议》。

2 月 2 日，石渠县长沙贡玛国家级自然保护区成功申报成为四川省第二个国际重要湿地。

2 月 3 日，省委、省政府向国务院报送《四川省落实中央第五环境保护督察组督察反馈意见整改方案》，并抄送国家环境保护督察办公室。

2 月 6 日，省政府办公厅印发《四川省重污染天气应急预案（2018 年修订）》，修订预案统一将 PM2. 5 浓度作为重污染天气预警分级指标，分为四级，预警时间更加精确。

2 月 12 日，省政府办公厅印发《关于扶持发展脱贫攻坚造林专业合作社的意见》。四川是扶贫工作重点省和林业资源大省，贫困人口分布与林业生态建设重点区域高度重叠，林业生态建设与广大农民群众生产生活生存息息相关。扶持发展造林合作社，是坚决打赢脱贫攻坚战的重大行动，是创新脱贫攻坚机制、践行“绿水青山就是金山银山”理念的重大举措，是保障群众深度参与、推进共建共享美丽繁荣和谐四川的重要途径。

2 月 14 日，《四川省生态保护红线划定方案》获环境保护部批准，四川省生态保护红线面积为 14. 80 万平方千米，占全省面积的 30. 45%，主要分布在川西高原与山地、盆周山地区域，呈“四轴九核”空间分布格局。

2 月 23 日，省政府办公厅印发《四川省支持推进秸秆综合利用政策措施》，提出从财政、税收、土地等 6 个方面拿出 14 条“真金白银”举措，促进四川省秸秆综合利用率和综合利用水平提升，促进相关产业进一步发展。

2 月 24 日，为深入贯彻落实党中央、国务院对长江经济带发展做出的重大决策部署，坚持“共抓大保护，不搞大开发”导向和“生态优先、绿色发展”战略定位，科学划定四川省生态保护红线、环境质量底线、资源利用上线和环境准入负面清单，推进长江经济带环境质量改善和绿色转型发展，按照《环境保护部办公厅关于印发〈长江经济带战略环境影响评价工作方案〉的通知》要求，省政府决定成立四川省长江经济带战略环境影响评价工作协调小组，杨洪波副省长任组长。

2 月 26 日，省政府办公厅转发实施《四川省农村生活污水治理五年实施方案》，从2018年起，加快推进全省农村生活污水处理设施建设，补齐农村生活污水处理设施建设短板，通过5年努力，实现全省约4.5万个行政村农村生活污水处理设施全覆盖。方案要求，各地各部门要积极探索符合四川省农村特点、可复制可推广的农村生活污水治理模式，全面提高农村人居环境质量，巩固脱贫攻坚成果，为加快推进农业农村现代化、建设美丽繁荣和谐四川做出贡献。

3月

3月14日，省政府副省长杨洪波率队赴南宁市、贵阳市对水环境综合整治开展为期3天的调研考察。

3月19日，省政府副省长杨洪波赴眉山市丹棱县调研农村生活污水处理情况。

3月23日，省政府办公厅印发《四川省加快推进供应链创新与应用实施方案》，指出提质增效，注重绿色，提高资源综合利用率，构建覆盖设计、生产、流通、消费和回收等各环节的绿色产业体系。

3月28日，生态环境厅厅长于会文受省政府委托向省十三届人大常委会报告全省2017年度环境状况和环境保护目标完成情况。

3月29日，四川省和成都市党政军领导义务植树活动在成都简阳市举行。

3月30日，长江经济带战略环评四川省“三线一单”编制工作推进会在宜宾市举行。生态环境部副部长黄润秋、省政府副省长杨洪波出席会议并讲话。

3月30日，省政府办公厅转发省发展改革委、住房城乡建设厅《四川省生活垃圾分类制度实施方案》，加快建立分类投放、分类收集、分类运输、分类处理的垃圾处理系统，努力提高垃圾分类制度覆盖范围，将生活垃圾分类作为推进绿色低碳循环发展的重要举措，不断完善城市管理和服务，创造优良人居环境。

4月

4月11日，经省政府同意，省节能减排及应对气候变化工作领导小组办公室印发《四川省落实〈全国碳排放权交易市场建设方案（发电行业）〉工作方案》，初期纳入发电行业（含其他行业自备电厂）年度排放达到2.6万吨二氧化碳当量（综合能源消费量约1万吨标准煤）及以上的企业。

4月12~14日，2018年澳门国际环保合作发展论坛及展览在澳门特别行政区召开，杨洪波副省长率省发展改革委、生态环境厅、省政府驻广州办等部门单位负责同志组成的省政府代表团参加会议。

4月19日，省政府副省长杨洪波主持召开四川省“三线一单”编制技术方案审议会。

4月26日，习近平总书记在长江经济带发展座谈会上对成都强化顶层设计抓生态文明建设特别是锦江水生态治理的举措和成效给予充分肯定。

5 月

5 月 2~4 日，省委书记彭清华到甘孜州调研，提出州内部分地区使用大量木材建房影响生态保护的问题。省林草局代省政府起草了《关于实施川西北民生项目木材替代行动的指导意见》。

5 月 4 日，住房城乡建设厅印发《四川省生态园林城市系列评定管理办法》及《四川省生态园林城市系列标准》，全省城市园林建设更加注重绿色节能、自然环保和可持续发展。

5 月 4 日，住房城乡建设厅在成都召开四川省第四届绿色建筑与建筑节能大会，促进四川省住房和城乡建设领域科技创新、绿色建筑、建筑节能深入开展。

5 月 7 日，省全面落实河（湖）长制工作领导小组召开 2018 年第一次会议暨总河长会议。会议主要听取了全省河（湖）长制工作推进情况及下步工作安排的汇报，听取了 10 大主要河流河长制工作推进情况汇报、中央环保督察和省级环保督察发现水污染问题整改情况汇报、城镇污水和黑臭水体治理情况汇报、长江入河排污口专项检查行动情况汇报，审议了《中共四川省委办公厅 四川省人民政府办公厅 关于全面落实湖长制的实施意见（送审稿）》《四川省河长制工作提示、约谈、通报制度（送审稿）》。

5 月 8 日，生态环境部副部长黄润秋在北京主持召开长江经济带战略环评“三线一单”编制工作座谈会。省政府副秘书长黄小平就四川省编制工作推进情况做交流发言。

5 月 8 日，经省委常委会审议通过，省统计局、省发展改革委、生态环境厅、省委组织部四部门联合发布了 2016 年四川省生态文明建设年度评价结果公报，绵阳市、攀枝花市、广元市 2016 年度绿色发展指数位居全省前三位。

5 月 9 日，生态环境部副部长翟青在四川省主持召开环境保护督察工作调研座谈会。省政府副省长杨洪波、生态环境厅厅长于会文等来自四川、重庆、贵州、云南、西藏、陕西、甘肃、宁夏、新疆、新疆生产建设兵团的 30 名省、区、市人民政府负责同志及环保部门主要负责人参加会议。

5 月 9 日，省发展改革委、财政厅、住房城乡建设厅联合印发《四川省资源循环利用基地建设推进工作方案》，着力推动建设一批高环保标准、高技术水准的资源循环利用基地，安全、集中、高效地处置和利用城市废弃物。

5 月 10 日，省发展改革委印发《四川省推进园区循环化改造三年行动计划（2018—2020 年）》，在全省范围内持续推进园区循环化改造工作，进一步提升循环经济发展水平。到 2020 年，将推动 30 个以上园区实施循环化改造，全省 75% 以上的国家级园区和 50%以上的省级园区实施循环化改造。

5 月 11 日，全国首个公园城市规划研究院在成都成立。

5月17日，生态环境部通报《大气污染防治行动计划》实施情况终期考核结果，四川省被考核为优秀。

5月20日，省发展改革委向国家发展改革委报送了《四川省“十三五”能耗总量和强度“双控”目标完成情况中期评估报告》。

5月22日，省林草局印发四川省集体林地“三权分置”改革指导意见。

5月29日，经省政府同意，省节能减排及应对气候变化工作领导小组办公室印发《四川省2018年节能减排降碳工作安排》，明确了年度工作要点和节能降碳目标任务。

5月29日，受省政府委托，省发展改革委主任范波在四川省第十三届人民代表大会常务委员会第四次会议上做关于全省2017年节能减排工作情况的报告。

5月29日，生态环境厅厅长于会文在四川省第十三届人民代表大会常务委员会第四次会议上汇报四川省自然保护区管理工作情况。

5月30日，经省政府同意，省发展改革委印发《四川省重点生态功能区产业准入负面清单（第二批）（试行）》。

5月31日，成都发布国内首个城市低碳发展蓝皮书《成都市绿色低碳循环发展报告（2017）》。

6月

6月4日，审计署驻成都特派办进驻生态环境厅开展省政府尹力省长自然资源资产任中审计。

6月11~17日，以“节能降耗 保卫蓝天”和“提升气候变化意识，强化低碳行动力度”为主题，全省范围内集中开展了全国节能宣传周和全国低碳日活动。

6月15日，省政府印发《四川省人民政府关于命名第一批省级生态园林城市（县城）的通知》，省政府命名隆昌市、什邡市、珙县等11个市（县）为全省第一批省级生态园林城市（县城）。

6月22日，省政府副省长杨洪波带队督察雅康高速省督挂牌事项整改情况。

6月25日，省生态环境保护大会在成都召开，省委书记彭清华出席会议并讲话，省委副书记、省长尹力主持会议，省政协主席柯尊平、省委副书记邓小刚出席会议。

6月26日，省发展改革委确定18个县（市、区）为第一批秸秆全域综合利用试点示范，并对其中7个县（市、区）秸秆收储运体系建设予以资金支持。

7月

7月2~4日，由国家发展改革委会同有关部门、单位组成的2017年度能源消耗总量和强度“双控”第三考核组对四川省相关工作情况进行了现场评价考核。

考核组认为，四川省圆满完成了 2017 年度能耗“双控”目标任务，“十三五”能耗“双控”目标完成进展顺利，并对四川省节能工作给予了充分肯定和高度评价。

7 月 4 日，省政府印发《关于进一步加强规划环境影响评价的意见》，要求从源头预防环境污染和生态破坏，加快形成节约资源和保护环境的空间格局、产业结构、生产方式、生活方式，全面推动高质量发展；对环境影响重大的产业编制相应的产业专项规划，同步开展环境影响评价，减少资源消耗、污染排放和生态破坏，严格环境准入，实现绿色发展。

7 月 5 日，省林草局与四川银监局、自然资源厅联合印发全省推进林权抵押贷款贯彻意见。

7 月 9 日，省委深化改革领导小组第二十九次会议审议通过《四川省生态环境损害赔偿制度改革实施方案》。

7 月 20 日，省政府印发《四川省生态保护红线方案》，划定四川省生态保护红线面积 14. 80 万平方千米，占全省面积的 30. 45%。

7 月 27 日，四川省推进“厕所革命”工作领导小组成立，省政府杨洪波副省长任组长。

8 月

8 月 1 日，第二届国际城市可持续发展高层论坛暨首届国际城市可持续发展博览会在成都市国际会议中心成功举行。

8 月 3 日，住房城乡建设厅发布《四川省绿色建筑评价标准》。

8 月 6 日，省政府印发《关于深化四川电力体制改革的实施意见》。

8 月 13 日，省政府常务副省长王宁、副省长杨洪波组织召开自然保护区生态环境问题整改专题会议，研究全省自然保护区生态环境问题整改工作。

8 月 15 日，住房城乡建设厅报请省委、省政府出台《四川省农村人居环境整治三年行动实施方案》。

8 月 29 日，岷江河长、省人大常委会副主任刘作明带队赴眉山市检查岷江流域水污染防治工作暨中央环保督察反馈问题整改推进情况。

9 月

9 月 2 日，国家“绿盾 2018”自然保护区监督检查专项行动第七巡查组在川开展检查督导，省政府副秘书长代永波主持召开四川省“绿盾 2018”自然保护区监督检查专项行动工作汇报会。

9 月 6 日，省委办公厅、省政府办公厅印发《关于印发〈四川省深化环境监测改革提高环境监测数据质量实施方案〉的通知》。

9 月 6 日，省委办公厅、省政府办公厅印发《四川省生态环境损害赔偿制度改革实施方案》。

9月11日，省发展改革委印发《关于加快创新和完善促进绿色发展价格机制有关事项的通知》，积极运用价格政策助力打好污染防治攻坚战，筑牢长江上游生态屏障。

9月11日，生态环境部副部长黄润秋带队赴眉山市洪雅县瓦屋山省级自然保护区调研生态环保问题整改工作。

9月11日，省政府第十二次常务会议审议通过《四川省自然保护区管理条例（修正草案送审稿）》《四川省〈中华人民共和国大气污染防治法〉实施办法（修订草案）》《关于全面加强生态环境保护 坚决打好污染防治攻坚战的实施意见（送审稿）》。

9月12日，省林草局印发《关于全面推动四川林业高质量发展的意见》。

9月17日，四川省节能减排及应对气候变化工作领导小组办公室通报了各市（州）2017年度能源消耗总量和强度“双控”目标责任评价考核情况。攀枝花、德阳、绵阳、广元、遂宁、内江、乐山、雅安、眉山9个市为超额完成等级，成都、自贡、泸州、南充、宜宾、广安、资阳、阿坝、甘孜9个市（州）为完成等级，巴中、凉山2个市（州）为基本完成等级，达州市考核结果为未完成等级。

9月17日，省政府组织召开四川省落实中央环境保护督察反馈意见整改工作暨县级城市集中式饮用水水源地环境问题整治工作推进会。

9月18日，省政府办公厅印发《四川省大气污染防治考核暂行办法》，将大气污染防治约束性指标和大气污染防治重点任务完成情况作为对市（州）人民政府的考核内容。

9月20~24日，“中国（四川）国际循环经济博览会”在成都举行，以“绿色发展新时代·循环引领新征程”为主题，着力普及绿色低碳循环发展理念，宣传循环经济典型模式，推广先进产品、技术和装备，共有100多家国内外企业、单位参展，总展览面积超过7 000平方米。

9月26日，省委书记彭清华组织召开四川省河（湖）长工作推进会议。彭清华强调，全省各级各部门要深入学习贯彻习近平生态文明思想和习近平总书记关于全面推行河（湖）长制的重要指示精神，自觉践行“绿水青山就是金山银山”理念，以更坚定的决心、更有效的举措、更扎实的作风，全面加强河湖管理保护，不断改善四川水生态环境，切实筑牢长江上游生态屏障。

9月26日，成都获得联合国工业发展组织首批全球绿色低碳领域先锋城市蓝天奖，成为全球荣获该项殊荣的3个城市之一（与深圳、法国里昂共同折桂）。

9月28日，省人大常委会第六次会议审议通过《四川省自然保护区管理条例（修正草案送审稿）》。

9月30日，四川省第十三届人民代表大会常务委员会第六次会议通过《关于修改〈四川省《中华人民共和国节约能源法》实施办法〉的决定》，对 2014 年发布的《四川省〈中华人民共和国节约能源法〉实施办法》中第十二条、第十三条、第十五条、第十六条、第四十二条的相关内容进行了修改，确保了与 2016 年修订的《中华人民共和国节约能源法》、2016 年国家发展改革委发布的《固定资产投资项目节能审查办法》、2017 年四川省发展改革委发布的《四川省固定资产投资项目节能审查实施办法》等法律、规章内容的一致性。

9 月 30 日，沱江流域水环境治理工作现场会议在内江举行。省委副书记、省副总河长、沱江河长邓小刚主持会议并讲话，副省长、沱江河长杨洪波出席会议并讲话，沱江流域各市签订了《沱江流域横向生态补偿协议》。

10 月

10 月 10 日，国家发展改革委、住房城乡建设部复函同意了成都市长安静脉产业园等 50 家单位资源循环利用基地实施方案，四川省包括成都市长安静脉产业园、绵阳中科绵投、南充市嘉陵区、四川宜宾在内的 4 家资源循环利用基地获批。

10 月 10 日，省发展改革委发布了关于 2017 年度市（州）人民政府控制温室气体排放目标责任考核结果的公告，广元市、绵阳市为优秀等级，成都市、自贡市、攀枝花市、泸州市、遂宁市、乐山市、宜宾市、雅安市、眉山市、阿坝州、凉山州为良好等级，德阳市、内江市、南充市、广安市、达州市、巴中市、资阳市、甘孜州为合格等级。

10 月 18~20 日，2018 中国国际节能环保技术装备展示交易会暨中国（成都）国际绿色产业博览会在成都举办，围绕打造绿色产品、绿色工厂、绿色园区、绿色供应链技术支撑体系目标，集中展示工业节能、清洁能源高效利用与新材料、大气污染防治、节水与水污染防治、固体废物处理、环境监测服务等领域先进实用技术，打造国内外有较强影响力的节能环保技术装备展示和交易平台，搭建企业与用户、政府交流对话平台。

10 月 22 日，省政府第十五次常务会议审议通过《四川省沱江流域水环境保护条例（草案）》。

10 月 24 日，省政府办公厅印发《四川省加强质量认证体系建设 促进全面质量管理实施方案》，要求到 2020 年，全省力争国家地理标志产品及生态原产地产品达到 300 个，有机产品认证示范（创建）区达到 40 家以上，创建“天府品质”公共品牌，力争完成 100 个“天府品质”认证，建设国家级质检中心 30 家、省级质检中心 60 家以上，各类检验检测机构达到 2 000 家以上。

10 月 24 日，省林草局印发《四川省现代林业园区建设实施方案》。

10 月 25 日，省政府办公厅印发《关于成立四川省生态环境损害赔偿制度改革工作领导小组的通知》。

10 月 25 日，为贯彻落实党中央、国务院和省委关于生态环境损害赔偿制度改革决策部署，省政府决定成立四川省生态环境损害赔偿制度改革工作领导小组，杨洪波副省长任组长。

10 月 25 日，省政府办公厅印发《关于进一步规范电镀行业发展的意见》，切实解决电镀生产中存在的散、乱、污问题，促进行业整体转型升级和绿色发展，提升四川省制造业表面处理水平和能力，进一步规范电镀行业发展。

10 月 26 日，省委办公厅、省政府办公厅印发《四川省迎接中央生态环境保护督察“回头看”工作方案》，成立省委书记、省长任“双组长”的四川省迎接中央生态环境保护督察“回头看”工作领导小组。

10 月 29 日，住房城乡建设厅印发《四川省加快推进新型城镇化工作领导小组办公室关于开展公园城市建设试点的通知》，启动全省公园城市建设试点工作。

10 月 30 日，省发展改革委、住房城乡建设厅、水利厅印发《关于建立健全和加快推行城镇非居民用水超定额累进加价制度的实施意见》，确保非居民用水超定额累进加价制度落地见效，充分发挥价格杠杆促进水资源节约和保护的调节作用。

10 月 31 日，省林草局在成都组织召开天然林资源保护工程 20 周年新闻通气会。

10 月 31 日，省政府秘书长唐利民主持召开迎接中央生态环境保护督察“回头看”专题会议，通报迎接中央生态环境保护督察“回头看”工作准备情况，安排部署迎检工作。

11 月

11 月 2 日，省林草局印发《高质量绿化全川三年行动实施方案》。

11 月 3 日，中央第五生态环境保护督察组进驻四川省，开展为期一个月的督察“回头看”。全国人民代表大会华侨委员会副主任委员黄龙云任组长，生态环境部副部长刘华任副组长。

11 月 5 日，省委副书记、省长尹力率省直有关部门负责人赴内江市和自贡市，开展为期 2 天的中央环保督察整改落实情况专项督导，了解两市整改方案落实总体情况，现场检查沱江流域治理和环保基础设施建设营运等情况。

11 月 5 日，生态环境厅召开干部大会并举行挂牌仪式，副省长杨洪波出席。

11 月 8 日，由四川省林草局、阿坝州政府和香港海洋公园联合举办的“2018 四川自然保护周”在香港海洋公园开幕，“大美四川 熊猫家园 川港同心 共创美好”为主题，省委书记彭清华、香港特别行政区政府行政长官林郑月娥、香港中联办副主任杨健等出席开幕典礼并致辞。

11 月 13 日，省委书记彭清华在《四川省服务保障中央生态环境保护督察

“回头看”工作专报》（2018 年第 3 期、第 16 期、第 24 期）上做出重要批示，杨洪波副省长随即做出批示，要求认真核查、分类处理中央督察组转办的群众举报和交办的信访问题，列出整改清单、落实整改责任，不拖延、不推诿，立整立改，该问责的严肃问责；通过“回头看”问题整改，进一步树立环保意识，健全长效机制，提升四川省生态文明建设水平。

11 月 13 日，省委副书记、省长尹力赴阿坝州和广元市调研，强调要坚定践行习近平生态文明思想，严守生态环境保护红线，以高度的责任感使命感扎实推进生态文明建设和生态环境保护，努力提升自然保护区生态环境、物种资源和生物多样性保护水平。

11 月 14 日，省委书记彭清华前往德阳市督导中央环境保护督察反馈问题整改落实情况，专题研究沱江流域水污染治理工作，以点带面推动全省重点生态环境问题整改，确保中央生态环境保护决策部署和督察“回头看”各项要求全面落地落实。

11 月 16 日，省委、省政府印发《关于全面加强生态环境保护 坚决打好污染防治攻坚战的实施意见》。

11 月 16 日，中央生态环境保护督察“回头看”典型案例通报：“绵阳市安州区磷石膏堆积如山、整改推进不力、环境问题突出”。

11 月 17 日，针对生态环境部通报绵阳市问题，省委书记彭清华、省长尹力、副省长杨洪波相继做出重要批示，要求高度重视，立整立改，严肃问责，举一反三，推动问题解决，全面做好四川省生态环境保护工作。

11 月 19 日，省委副书记、省长尹力主持召开省政府第十七次常务会议，研究部署生态环境保护等重点工作。

11 月 26 日，经省政府同意，省发展改革委印发《四川省用能权有偿使用和交易管理暂行办法》，对用能权交易市场管理做出整体部署和指导，规范四川省用能权初始用能权分配，能源消费报告、审核和核查，交易管理、履约机制、监督管理等行为，加强对用能权有偿使用和交易的控制和管理，规范四川省用能权交易市场的建设和运行。

11 月 27 日，国家发展改革委发布第 14 号公告，经国务院审定同意，公布了各省（区、市）2017 年度能源消耗总量和强度“双控”目标完成情况、措施落实情况考核结果。四川省被评为超额完成等级，并获通报表扬。

12 月

12 月 1 日，中央生态环境保护督察“回头看”典型案例通报：“内江市水污染防治整改工作滞后、局部水环境质量仍在下降”。

12 月 2 日，针对生态环境部通报内江市问题，省委书记彭清华、省长尹力、副省长杨洪波相继做出重要批示，要求分析原因、吸取教训，逐一梳理研究整改办法，做好督察整改工作。

12月3日，四川省2018年第四季度重大项目暨污染防治“三大战役”重大项目集中开工仪式在成都举行。省委书记彭清华出席仪式并宣布开工，省委副书记、省长尹力出席仪式并讲话。

12月3日，中央第五生态环境保护督察组结束对四川省的进驻督察工作。

12月4日，《四川省沱江流域水环境保护条例（草案）》提交省第十三届人民代表大会常务委员会第八次会议审议。

12月6日，省十三届人大常委会第八次会议召开，审议省人大常委会执法检查组关于检查中央环保督察反馈意见整改工作情况的报告。

12月7日，中央生态环境保护督察“回头看”典型案例通报：“西昌市虚报整改情况”。

12月8日，针对生态环境部通报西昌市问题，省委书记彭清华、省长尹力、副省长杨洪波相继做出重要批示，要求以此为鉴，举一反三，坚决推动整改工作到位，坚决杜绝虚报整改结果的情况。

12月12日，省政府办公厅印发《关于优化区域产业布局的指导意见》，提出21个市（州）的重点布局产业及重点发展领域，并提出相关激励措施。

12月15日，生态环境部部长李干杰在南宁主持召开第二批“绿水青山就是金山银山”实践创新基地和国家生态文明建设示范市县命名表彰会议，四川省成都市温江区、金堂县、南江县、洪雅县4个县区获得第二批国家生态文明建设示范县命名，巴中市恩阳区获第二批“绿水青山就是金山银山”实践创新基地命名。

12月18日，省委、省政府印发《关于推进竹产业高质量发展 建设美丽乡村竹林风景线的意见》。

12月20日，省发展改革委印发《关于落实加快创新和完善促进绿色发展电价机制有关事项的通知》，进一步明确了健全促进节能环保的电价机制的工作要求。

12月24日，省委副书记、省长尹力主持召开省政府第十九次常务会议，观看长江经济带生态环境警示片，审议并原则通过四川全面加强生态环境保护、坚决打好污染防治攻坚战“八大战役”九个实施方案。生态环境厅厅长于会文参会并报告相关情况。

12月28日，省人大常委会召开《四川省〈中华人民共和国大气污染防治法〉实施办法》实施座谈会。